当代中国学术思想史丛书

编委会主任 谢伏瞻　总主编 赵剑英

当代中国近代史理论研究

Contemporary Studies of
Modern Chinese Historical Theories

（1949-2019）

王也扬　赵庆云　著

中国社会科学出版社

图书在版编目(CIP)数据

当代中国近代史理论研究：1949—2019 / 王也扬，赵庆云著. —北京：中国社会科学出版社，2019.12

（当代中国学术思想史丛书）

ISBN 978-7-5203-5354-0

Ⅰ.①当… Ⅱ.①王…②赵… Ⅲ.①中国历史—近代史—研究 Ⅳ.①K250.7

中国版本图书馆CIP数据核字（2019）第221505号

出 版 人	赵剑英
责任编辑	刘志兵
责任校对	李　剑
责任印制	戴　宽

出　　版	中国社会科学出版社
社　　址	北京鼓楼西大街甲158号
邮　　编	100720
网　　址	http://www.csspw.cn
发 行 部	010-84083685
门 市 部	010-84029450
经　　销	新华书店及其他书店

印刷装订	北京君升印刷有限公司
版　　次	2019年12月第1版
印　　次	2019年12月第1次印刷

开　　本	710×1000 1/16
印　　张	23.75
字　　数	365千字
定　　价	138.00元

凡购买中国社会科学出版社图书，如有质量问题请与本社营销中心联系调换

电话：010-84083683

版权所有　侵权必究

当代中国学术思想史丛书
编辑委员会

主　任　　谢伏瞻

副主任　　蔡　昉　　高　翔　　高培勇　　姜　辉　　赵　奇

编　委　（按姓氏笔画为序）
　　　　　　卜宪群　　马　援　　王延中　　王建朗　　王　巍
　　　　　　邢广程　　刘丹青　　刘跃进　　李　扬　　李国强
　　　　　　李培林　　李景源　　汪朝光　　张宇燕　　张海鹏
　　　　　　陈众议　　陈星灿　　陈　甦　　卓新平　　周　弘
　　　　　　房　宁　　赵　奇　　赵剑英　　郝时远　　姜　辉
　　　　　　夏春涛　　高培勇　　高　翔　　黄群慧　　彭　卫
　　　　　　朝戈金　　景天魁　　谢伏瞻　　蔡　昉　　魏长宝

总主编　　赵剑英

书写当代中国学术史,加快构建中国特色哲学社会科学

谢伏瞻[*]

在中华人民共和国成立70周年之际,中国社会科学出版社修订出版《当代中国学术思想史丛书》(以下简称《丛书》),对于推动我国当代学术史研究,加快构建中国特色哲学社会科学学科体系、学术体系、话语体系具有重要的意义。

党的十八大以来,以习近平同志为核心的党中央高度重视哲学社会科学。2016年5月17日,习近平总书记主持召开哲学社会科学工作座谈会并发表重要讲话,明确提出加快构建中国特色哲学社会科学学科体系、学术体系、话语体系的重大论断和战略任务。这是一个极为重要的战略考量,关系我国哲学社会科学的长远发展,关系中国特色社会主义事业发展全局,是重大的学术任务,更是重大的政治任务。广大哲学社会科学工作者要以高度的政治自觉和学术自觉,以强烈的责任感、紧迫感和担当精神,在加快构建中国特色哲学社会科学"三大体系"上有过硬的举

---

[*] 谢伏瞻:中国社会科学院院长、党组书记。

措、实质性进展和更大作为。《丛书》即为加快构建中国特色哲学社会科学"三大体系"的具体措施之一。

研究学术思想史是我国的优良传统之一。学术思想历来被视为探寻思想变革、社会走向的风向标。正如梁启超在《论中国学术思想变迁之大势》中所言，"学术思想与历史上之大势，其关系常密切。""学术思想之在一国，犹人之有精神也；而政事、法律、风俗，及历史上种种之现象，则其形质也。故欲觇其国文野强弱之程度如何，必于学术思想焉求之。"我国古代研究学术思想史注重"融合""会通"，对学术辨识与提炼能力有特殊要求，是专家之学，在这方面有大成就者如刘向、刘歆、朱熹、黄宗羲等皆为硕学通儒。近代以来，随着"西学东渐"，我国哲学社会科学各学科逐渐发展起来，学术思想史研究亦以梁启超的《中国近三百年学术史》为发轫，以章炳麟、钱穆等为代表的一批学者用现代学术视角"辨章学术、考镜源流"，开始将学术思想史研究与近现代哲学社会科学发展结合起来，形成了不少有影响的名品佳作。新中国成立以后，在马克思主义指导下，我国哲学社会科学不断发展，特别是改革开放以来，哲学社会科学的地位更加凸显，在研究工作的广度和深度上不断取得新突破。但是，我国当代学术思想史研究没有跟上哲学社会科学发展的步伐，呈现出"有数量缺质量、有专家缺大师"的状况，有分量的研究成果寥若晨星，公认的学术思想史大家屈指可数。新时代，我国哲学社会科学地位更加重要、任务更加繁重，有组织、有计划地开展学术思想史研究和出版工作，系统梳理我国当代哲学社会科学各学科学术思想的发展脉络，总结各学科积累的优秀成果，既是对学术研究传统的继承和发扬，弥补当代学术思想史研究的不足，也将在中国特色哲学社会科学"三大体系"建设中发挥独特而重要的作用。

中国社会科学院是党中央直接领导的哲学社会科学研究机构，在加快构建哲学社会科学"三大体系"建设中发挥着主力军作用。早在建院之初的1978年，胡乔木同志主持的《1978—1985年全国哲学社会科学发展规划纲要（初稿）》就提出了研究"中国经济思想史""中国政治思想史""中国教育思想史""中国伦理思想史"等近10种"学术思想史"的规划。"当代中国学术思想史"丛书初版于2009年，在新中国成立70周年之际，予以修订再版，充分体现出我院作为"国家队"的担当。《丛书》以新中国成立以来学术思想史演进中的脉络梳理与关键问题分析为主要内容，集中展现在中国共产党坚强领导下，创建、发展和繁荣哲学社会科学各学科学术思想史的历程，突出反映70年来哲学社会科学各领域的成就与经验，资辅当代、存鉴后人，具有较强的学术示范意义。

学术思想史研究为哲学社会科学学科体系建设提供了有力的支撑。学科体系是加快构建中国特色哲学社会科学的根本依托。经过几十年的发展，我国哲学社会科学已拥有20多个一级学科、400多个二级学科，学科体系已基本确立，但还不健全、不系统、不完善，离习近平总书记提出的基础学科健全扎实、重点学科优势突出、新兴学科和交叉学科创新发展、冷门学科代有传承的要求还有相当大的差距。学科体系建设的前提是对各学科做出科学准确的评估，翔实的学术思想史研究天然具备这一功能。《丛书》以"反映学科最新动态，准确把握学科前沿，引领学科发展方向"为宗旨，系统总结文学、历史学、语言学、美学、宗教学、法学等学科 70 年的学术发展历程。其中既有对基础学科、重点学科学术思想史的系统梳理，如《当代中国美学研究》《当代中国文艺学研究》等；又有对新兴学科、交叉学科和冷门学科学术思想史的开拓性研究，如《当代中国近代思想史研究》《当代中国边疆研究》《当代中国简帛学研究》等。从学术思想史的角度，系统评价各学科的发展，对于健全学科体系、优化学科布局，加快构建中国特色哲学社会科学学科体系无疑是大有裨益的。

学术思想史研究为哲学社会科学学术创新提供了坚实的基础。学术体系是加快构建中国特色哲学社会科学的核心。主要包括两个方面：一是思想、理念、原理、观点、理论、学说、知识、学术等；二是研究方法、材料和工具等。习近平总书记指出，理论的生命力在于创新。只有不断推进知识创新、理论创新、方法创新，才能着力打造"原版""新版"的哲学社会科学。学术创新是有前提的，正如总书记所深刻指出的，理论思维的起点决定着理论创新的结果，理论创新只能从问题开始。从某种意义上说，学术创新离不开学术思想史研究，只有通过坚实的学术思想史研究，把握学术演进的脉络、传统、流变，才能够提出新问题、新思想，形成新的学术方向，这是《丛书》为哲学社会科学学术创新作出的贡献之一。学术思想史的研究内容、研究方法、材料与工具自成体系，具有构建学术体系的各项特征。《丛书》通过对学术思想史研究的创新，为哲学社会科学学术创新提供了有益的尝试。

一是观点创新。中华人民共和国成立以来，随着马克思主义在哲学社会科学领域指导地位的确立，我国思想界发生了大规模、深层次的学术变革，70年间中国学术已经形成了崭新格局。《丛书》紧扣"当代中国"这一主题，突破"当代人不写当代史"的思想束缚，独辟蹊径、勇于探索，聚焦中国特色哲学社会科学的发展道路、马克思主义指导下的中国学术发展、中国传统学术继承和外来学术思想借鉴，民族复兴在学术思想史上的反映等问题，从而产生一系列的观点创新。

二是研究范式创新。一个时代的主流思想和历史叙事，是由反映那个时代的精神的一系列概念和逻辑构成的。当代中国学术的源流、变化与当代中国政治、经济、文化、社会的变革密切相关。《丛书》把研究中国特色学术道路的起点、进程与方向作为自觉意识，贯穿于全丛书，注重学术思想史与中国学术道路的密切联系、学理化研究与中国现实问题的密切联系、个别问题研究与学术整体格局的密切联系、研究当代中国与启示中国未来的密切联系，开拓了学术诠释中国道路的新范式。

三是体例创新。《丛书》将专题形式和编年形式相互补充与融合，充分体现了学术创新的开放性，为开创学术思想史书写新范式探路。对于当代学术思想史研究，创新之路刚刚开始，随着《丛书》种类的增多，创新学术思想史研究的思路还会更多，更深入。

学术思想史研究为构建哲学社会科学话语体系提供了广阔的平台。话语体系是学术体系的反映、表达和传播方式，是有特定思想指向和价值取向的语言系统，是构成学科体系之网的纽结。习近平总书记指出，在解读中国实践、构建中国理论上，我们应该最有发言权。这就要求我们在构建话语体系时，要坚持中国立场、注重中国特色，用中国理论阐释中国实践，用中国实践升华中国理论，更加鲜明地展现中国思想，更加响亮地提出中国主张。要主动设置议题，勇于参与世界范围的"百家争鸣"。《丛书》定位于对当代中国学术思想的独家诠释，内容是原汁原味的中国学术，具有学术"走出去"、参与国际学术对话、扩大我国学术思想影响力、增强中华文化软实力的条件。《丛书》通过生动的叙述风格传播中国学术、中国文化，全面、集中、系统地反映我国当代学术的建构过程，让世界认识"学术中的中国""理论中的中国""哲学社会科学中的中国"。习近平总书记强调，把中国实践总结好，就有更强的能力为解决世界性问题提供思路和办法。《丛书》通过对当代中国学术思想史的描绘，让世界了解中国特色的学术发展之路，进而了解中国特色社会主义文化和中国特色社会主义道路。《丛书》中的《当代中国法学研究》《当代中国宗教学研究》《当代中国近代史研究》《当代中国近代社会史研究》等已经翻译成英文、德文等多种语言，分别在有关国家出版发行，为当代中国学术思想的国际化传播开拓了新路。

目前，《丛书》完成了出版计划的一部分，未来要继续作好《丛书》出版工作。关键是要坚持正确的政治方向、学术导向和价值取向。要提高政治站位，增强"四个意识"，坚定"四个自信"，做到"两个维护"，在思想上政治上行动上同以习近平同志为核心的党中央保持高度一致。要坚持马克思主义的指导地位，特别是用习近平新时代中国特色社会主义思想指导学术思想史研究和出版工作。要落实意识形态工作责任制，做到守土有责、守土负责、守土尽责。作好《丛书》出版工作必须坚持以质量为生命线。在任何时候都要坚持质量第一的方针，坚持"宁缺毋滥"的原则，多出精品力作。要把社会效益放在首位，实现社会效益和经济效益相统一。要严格遵守学术规范，秉承认真负责的治学态度，严肃对待学术研究，潜心研究，讲究学术诚信，拿出高质量的学术成果。

当今世界处于百年未有之大变局，中国特色社会主义进入新时代，这都对哲学社会科学提出了更高的要求，广大哲学社会科学工作者要积极响应习近平总书记和党中央号召，以习近平新时代中国特色社会主义思想为指导，努力提高政治站位，增强思想自觉，敢于担当，奋发有为，繁荣中国学术，发展中国理论，传播中国思想，加快构建中国特色哲学社会科学"三大体系"，为实现"两个一百年"奋斗目标，实现中华民族伟大复兴的中国梦作出应有的贡献。

是为序。

2019 年 10 月

目　录

前　言 …………………………………………………………… （1）

第一章　中国共产党建政与近代史理论范式的确立 ………… （1）

第一节　中国近代史学科及其理论溯源 ………………………… （1）
　一　历史分期与中国近代史学科的兴起 ………………… （1）
　二　"现代化"叙事与"革命"叙事 ……………………… （10）
　三　近代史基本研究方法与学术规则 …………………… （23）

第二节　政权鼎革与近代史学科地位的跃升 …………………… （30）

第三节　毛泽东相关论述奠定近代史基本理论 ………………… （35）

第四节　中国近代史分期问题与"三次革命高潮"说 ………… （43）
　一　中国近代史学科时限问题讨论 ……………………… （44）
　二　"三次革命高潮"说解析 …………………………… （71）

第五节　中国近代史研究的一些方法路向 ……………………… （80）
　一　实证方法与资料建设 ………………………………… （80）
　二　眼光向下与社会历史调查 …………………………… （84）

第六节　阶级斗争观点的一路强化 ……………………………… （88）

第二章　1966—1976年间的近代史叙事及其理论状况 …… （100）

第一节　《评新编历史剧〈海瑞罢官〉》：史学完全变成政治
　　　　斗争的工具 …………………………………………… （100）

第二节 《为革命而研究历史》:"文革史学"的思想
　　　　理论形态 …………………………………………（108）
第三节 史学大批判运动 …………………………………（118）
第四节 "文革史学"架构中的近代史及其理论与史学
　　　　方法的畸变 ………………………………………（126）

第三章 思想解放大潮与近代史理论风云 ……………………（148）
　第一节 黎澍与新时期思想解放潮起 ……………………（148）
　第二节 中国马克思主义史学道路的反思与重建 ………（161）
　第三节 "史学理论热" ……………………………………（172）
　　一 历史动力问题讨论 …………………………………（172）
　　二 历史创造者问题讨论 ………………………………（178）
　　三 历史规律问题讨论 …………………………………（182）
　　四 农民战争问题的再讨论 ……………………………（192）
　第四节 中国近代史诸问题的理论再思考（上）…………（196）
　　一 关于太平天国研究 …………………………………（197）
　　二 关于洋务运动研究 …………………………………（203）
　第五节 中国近代史诸问题的理论再思考（下）…………（208）
　　一 关于戊戌维新研究 …………………………………（208）
　　二 关于义和团运动研究 ………………………………（216）
　　三 关于辛亥革命研究 …………………………………（223）
　　四 关于近代人物研究 …………………………………（227）
　　五 关于中国近代史基本线索讨论 ……………………（229）

第四章 世纪之交的中国近代史理论研究 ……………………（231）
　第一节 中国近代史研究范式讨论 ………………………（231）
　　一 中国近代史分期问题续论 …………………………（231）
　　二 近代中国社会性质问题讨论 ………………………（241）
　　三 中国近代史研究范式问题讨论 ……………………（248）

第二节 "在中国发现历史"的影响及思考 …………………（267）
第三节 借鉴西方理论与挖掘传统资源 ……………………（276）
  一 关于借鉴西方理论 ……………………………………（276）
  二 关于挖掘传统史学理论资源 …………………………（278）
第四节 跨学科研究与"碎片化"讨论 ………………………（287）
  一 关于史学的跨学科研究 ………………………………（287）
  二 关于"碎片化"问题讨论 ………………………………（293）
第五节 后现代思潮对史学研究之影响 ……………………（299）
第六节 公众历史学与史学大众化问题 ……………………（309）
第七节 计算机网络技术在史学研究中的运用 ……………（327）

结　语 ………………………………………………………………（342）

主要参考书目 ………………………………………………………（354）

前　言

史学理论一般来说包括两个部分：一是史学自身的理论，诸如史学认识论、史学方法论、史学学科建设理论等；一是客观历史的理论，其还可以抽象为历史哲学。无论史学自身理论，还是历史哲学，都覆盖全部历史。历史是一条斩不断的长河，古代和近代乃至当代是贯通的。这些都给本书的写作造成某种困难：近代史研究的理论如何来谈？怎样才能不与古代史研究的理论重复？斟酌再三，便写成了现在这个样子。读者看到，书中所涉理论问题，近代与古代乃至当代的界限，仍然"择"不清楚。我们只是尽量多谈了一些属于近代史学科建设的理论，又不能不谈覆盖全部历史的理论及其背景。还有，如梁启超所说，"中国之学术思想常随政治为转移"。我们在叙述中努力压缩了后者，但"文化大革命"十年，还是绕不开政治斗争，费了不少笔墨。

本书撰写分工：第一章、第四章由赵庆云所写，王也扬对第一章第六节作了补充。第二章、第三章和结语由王也扬所写。全书由王也扬修改，综合定稿。第三章中所使用的材料，有一部分由尹媛萍博士提供，特致谢忱。

著　者
2019 年 9 月

第 一 章

中国共产党建政与近代史理论范式的确立

第一节　中国近代史学科及其理论溯源

一　历史分期与中国近代史学科的兴起

中国近代史学科的兴起，源于现代意义的历史分期。在中国传统史学中，基本上以王朝更迭作为分期标准和历史叙述的基本脉络，因而二十五史皆为朝代史。以时代发展作为历史分期，始于欧洲史家将欧洲历史分为古代（Ancient）、中世纪（Medieval）与近现代（Modern）三个时期。在他们笔下，欧洲的近现代史（Modern history）约始自14世纪的文艺复兴时代。[①] 这种以时代划分历史时期的研究方法于20世纪初年渐成时趋，很大程度上受进化论的影响。西学的启示，使得不少中国学者对以王朝断代的分期模式提出尖锐批评。曾鲲化说："中国历史旧例，只区朝代而无时代之分，此蔽读史者之智识，塞读史者之感情之大端也。"[②] 许之衡亦认为："断代一例尤为史家之大惑。断代者，徒为君主易姓之符号，是朝史而非国史也，谓之二十四朝之家谱，又岂过欤。故今后作史，必不当断代，

---

①　沟口雄三指出："'近代'这一概念，本来是地区性的欧洲的概念，至多不过是他们欧洲人内部对旧时代而言的自我歌颂的概念，可是随着欧洲自我膨胀到世界一样大，不知不觉地就成了世界性的概念。这时，'近代'一词甚至成了证明他们在世界史上的优越地位的指标。亚洲对此则或由抵抗而屈服，或由赞美而追随，结果是被迫接受了这个概念。"参见［日］沟口雄三《中国前近代思想的演变》，索介然、龚颖译，中华书局2005年版，第7页。

②　曾鲲化：《中国历史》第一章，东新译社1903年版。

而不嫌断世（如上古、中古、近古之类），藉以考民族变迁之迹焉。"①

作为"新史学"的开创者和领军人物，梁启超始终关注历史叙述的时代分期问题。他明确提出："关于时代的划分，须用特别的眼光。我们要特别注意政治的转变从而划分时代，不可以一姓兴亡而划分时代。"② 早在1901年写《中国史叙论》的时候，梁就参考日本人桑原骘藏所著《东洋史要》③，将中国史分成上世、中世与近世三期：自黄帝至秦统一为上世史，是中国的中国时代；自秦统一至清代乾隆末年为中世史，是亚洲的中国时代；自乾隆末年至今为近世史，是世界的中国时代，也是"中国民族合同全亚洲民族，与西人交涉竞争之时代也"。④ 梁启超援引这套分期策略，由此建立了一个社会进化学说制导下的线性历史叙述结构，其根本目的在于建构自己民族的线性进化历史。⑤ 他的这一历史分期，影响至为深远，可以视为中国本土"近世"出现之滥觞。⑥

时代分期转道日本史著传入中国，很快形成风尚。这既是在进化论影响下现代历史哲学的产物，也呼应着以民史代君史的新史学潮流。以时代特征为历史分期的标准，成为此后历史编纂的主流，产生了上古、中古、近古、近世、近代、现代等名目。傅斯年明确指出："仅知朝代之辩，不

---

① 许之衡：《读国粹学报感言》，《国粹学报》1905年第6期。
② 梁启超：《中国历史研究法补编·政治专史及其做法》，载梁启超撰，汤志钧导读《中国历史研究法》，上海古籍出版社1998年版，第270页。
③ 桑原骘藏援用西洋史分期模式，将中国历史分为上古、中古、近古与近世四个时期，将彼时尚未终结的清代划入"近世"，是为"欧人东渐时代"。（参见［日］桑原骘藏《东洋史要》，樊炳清译，上海商务印书馆1899年版，第9—10页。）岸本美绪认为，桑原一方面以"欧人东渐"为"近世"特征，同时以1644年清军入关为"近世"开端。"可以说同时兼顾了中国王朝更替的视野和全球性的视野。"（参见岸本美绪《中国史研究中的"近世"概念》，载《新史学》第4卷，中华书局2010年版，第84页。）桑原的分期模式影响深远，民初出版的历史教科书"概以桑原氏为准，未见有变更其纲者"。（参见傅斯年《中国历史分期之研究》，《傅斯年集》，花城出版社2010年版，第24页。）
④ 梁启超：《中国史叙论》，《饮冰室合集·文集》之6，中华书局1989年版，第11—12页。
⑤ 参见［美］杜赞奇《从民族国家拯救历史》，王宪明译，社会科学文献出版社2003年版，第21—36页。
⑥ 梁氏亦有研究近代史之实践，萧一山评之曰："为近代史的研究，建立了可信赖和足为信史的一些楷模。"（参见萧一山《近代史书、史料及其批评》，载包遵彭、李定一、吴相湘编《中国近代史论丛》第1辑第1册，台北正中书局1956年版，第93页。）

解时期之殊，一姓之变迁诚不足据为分期之准也。"① 金毓黻也以时代分期作为区分"新史"与"旧史"的重要特征。②

正因时代分期，不少名为"中国近世史"的著作应运而生。据方秋梅研究，自19世纪末至20世纪初，学界较多使用"近世"，而甚少用"近代"，其要因正在于当时以朝代来划分历史时期的"断代史"受到批判，人们倾向于回避"代"字。直至20世纪20年代，随着"近代"一词用例增多，"近世"与"近代"被混同使用。至20世纪40年代，"近世"一词的用例逐渐减少，书名几乎皆用"近代史"。③ 不过应该注意，当时学界对于"近世"和"近代"的使用虽有微妙的变化，却并无严格界定和区分。二者皆体现着"近代性"的基本内涵，其共同点在于表示在历史时间脉络中接近历史编写者当下的历史时期，约略等同于西方史家的"Modern history"。

时代分期更能反映历史的演变大势，但其分期界标却因着眼点不同而难以达成共识，远不如王朝分期断代那么固定。如张玉法所言："历史最大的特性是'变'（Change），历史分期的目的是在找出'变点'（Turning Point），观察历史的'质变'与'量变'，从而了解各时代的特性。"④ 对于中国近代史的开端，或曰进入近代中国的"变点"，因视角不同而众说纷纭，即便梁启超本人的看法也数度变易。⑤

论及民国学人对近代史起点之认识，"明清之际"开端与"鸦片战争"开端成为具有代表性的两种观点，各有其代表作及支持者。⑥ 在此略

---

① 傅斯年：《中国历史分期之研究》，《傅斯年集》，花城出版社2010年版，第24页。
② 参见金毓黻《中国史学史》，河北教育出版社2002年版，第433页。
③ 参见方秋梅《"近代"·"近世"——历史分期与史学概念》，《史学史研究》2004年第3期。
④ 张玉法：《现代中国史的分期问题》，载《中国现代史论集》第1辑《总论》，台北联经出版事业公司1980年版，第3页。
⑤ 详参刘龙心《中国近代史：一门次学科领域的兴起》，载《"史学·时代·世变：郭廷以与中国近代史研究"学术研讨会论文集》，第5页。
⑥ 参见顾颉刚撰，王晴佳导读《当代中国史学》，上海古籍出版社2002年版，第79页。当然，也有认为近代应始于宋元。如夏曾佑、金兆梓以宋朝为近代开端，钟毓龙、吕思勉以"元初"为近代开端。（参见夏曾佑《最新中国教科书中国历史》，商务印书馆1904年版；金兆梓《本国史（新中华初中）》，中华书局1928年版；钟毓龙《本国史教本》，中华书局1914年版；吕思勉《本国史》，商务印书馆1924年版。）

作申论。

近代始于明清之际说者,主要着眼于中西交通,"欧人东渐"。郑鹤声认为:"新航路发现以来,世界交通,为之大变,人类生活与国际关系,较之中古时代,显有不同之处,是即中古史与近世史之所由分界也。近世史之演变,有'继往开来'之趋势,其一切表现,皆在根据往古事迹而发扬光大之。且推陈出新,由此而孕育未来之局势。每以民族思想为其演变之原动力。故近世史之范畴,实包括三四百年之历史,无论中西,大都皆然。"并表示"我国坊间出版之中国近世史,率以鸦片战争为开始,则为截其中流而未探渊源也"。[1] 江苏镇江中学所编《中国近世史》亦明确指出:"编近世史者大都开始于鸦片战争,亦有以最近世史称者。编者以为鸦片战争虽可表示欧人侵略之滥觞,然道光以前之事实尤为鸦片战争之背景,似未可一概抹煞——例如乾隆朝之闭关嘉庆朝之匪祸——编者敢认定近世史必开始于十七世纪者此也。"[2] 陈登原说:"然近世,自明末以迄于今兹,固有特殊之现象,为上古、中古、近古所未有者矣。"[3] 柳诒徵同样以明末为中国近世的开始,并从西方宗教、学术、思想输入,中国开始与西方诸国有对等交际,以及中国大陆历史向海洋历史转换三个方面予以论证。[4]

将近代史开端定于明清之际的新航路开辟,实则欲将中国纳入西方相同的时间序列中,成为普遍历史的一部分,进而赋予中国历史以现代性。[5] 此说强调中国与西方历史保持同步,可便于东西洋史"互相参校。俾学者于研究东西洋史,不致发生误会"[6],因而在 20 世纪 30 年代的中

---

[1] 参见郑鹤声《中国近世史·编纂凡例》,前编第一分册,南方印书馆 1944 年版。
[2] 《中国近世史·例言》,江苏省立镇江中学 1929 年版,第 1 页。
[3] 陈登原:《中国文化史》,辽宁教育出版社 1998 年版,第 593 页。
[4] 参见柳诒徵《中国文化史》下册,中国大百科全书出版社 1988 年版,第 647 页。
[5] 参见章清《"普遍历史"与中国历史之书写》,载杨念群、黄兴涛、毛丹主编《新史学:多学科对话的图景》上册,中国人民大学出版社 2003 年版,第 263 页。
[6] 参见李岳瑞原编《(评注)国史读本》第 1 册,印水心修订,上海世界书局 1926 年版,第 3 页。

国历史教科书中影响颇广。① 吕思勉、杨东莼等亦曾持此说。② 在1949年后，持此说者受到批判，详情后述。

近代始于1840年鸦片战争说者，主要着眼于列强入侵。较早如李泰棻的《新著中国近百年史》（3册，商务印书馆1924年5月版）、孟世杰的《中国最近世史》（4册，天津华泰印字馆1925年8月版）均持此说。魏野畴认为："做历史的人，要明白现代的趋势和问题。历史本身就是要追溯现代趋势，并明白现代问题的来历，给人一个解决现代问题的刺激，希望和指点。""西方的势力倒卷东来，打破我们长期的迷梦和黑暗，这实在是千古未有的奇局了。论这时期，才不过一百多年，但其中的变化非常剧烈，复杂，而重要，很够得上称为一个时期，即第三时期的近世史。"他进而认为三元里抗英"是中国民族觉悟的开始"。③

至20世纪30年代，鸦片战争开端说影响渐广。沟口雄三梳理了"鸦片战争近代史观"的形成过程，他将"鸦片战争近代史观"视为"基本上是出于革命的需要，通过对革命路线的战略性分析而产生的"。④ 然而不仅后来的革命史观持如是说，一些运用"现代化叙事"的学者如蒋廷黻、罗家伦等亦认同"鸦片战争近代史观"。罗家伦虽表示"近代史名称，也不过是就研究便利而划分的一个段落"，实则相当强调以鸦片战争为近代史开端，以"认定这件事对于中西短兵相接后，所发生的各种影响的重要性"，此后"中国确是和西洋一天一天的增加了许多国际的关系，发生了许多深刻的影响。不只是军事、经济和所谓一切物质文明，因此发展了新的局势，而且政治制度、社会制度和文化基础，也因此受了剧

---

① 参见刘超《鸦片战争与中国近代史研究》，《学术月刊》2007年6月号。
② 吕思勉在《中国近代史讲义》中，认为中国近世史始于明代中叶欧人东来。（参见吕思勉《中国近代史讲义》，华东师范大学出版社1997年版，第4页。）不过吕氏亦承认"鸦片战争是近世史上中西冲突的第一件事"。（参见吕思勉《中国近世史前编》，载《吕著中国近代史》，华中师范大学出版社1997年版，第175页。）杨东莼强调："明清之际，西学和西教士同时传入我国，中西交涉，才由此开始……所以根据这一点，又把明清之际到清末整个时期划为近世期。"（参见杨东莼《（高中）本国史》，上海北新书局1946年5月初版，第12页。）
③ 参见魏野畴《中国近世史》，申江书店1930年版，第12、18、101页。
④ 详参［日］沟口雄三《中国的冲击·代跋》，生活·读书·新知三联书店2011年版，第223—237页。

烈的震动和变更。现在没有几件中国的事实，是可以离开世界的环境讲得通的"。① 蒋廷黻亦主鸦片战争开端说。他认为，中国与西方虽然在 19 世纪以前就有过关系，"但是那种关系是时有时无的，而且是可有可无的"。② 1958 年 7 月 9 日，郭廷以与胡适、蒋廷黻晤谈近代史，胡适云："近代史范围应拓大，可包括十六世纪以来，即近三百年，不必限鸦片战争以后"，蒋未作表示，实则不以为然。③

值得注意的是，20 世纪 30 年代前期出现了许多冠名"近百年史"的书籍，可见时人有意识将鸦片战争以后的一百年当作一个固定的历史段落来加以叙述，实际上标示了鸦片战争的关键地位。此后，随着以鸦片战争为"近代"起点的用法普遍为人们所接受，"近代史"取代了"近百年史"之名。陈恭禄的《中国近代史》本欲起名"中国近百年史"，因同名书籍很多，为避免混乱而改为"中国近代史"。④

对鸦片战争作为近代开端做出系统理论阐释的是李鼎声。李氏在 1933 年出版的《中国近代史》中明确表示："我们之所以不以明末清初为近代史的开头，而是近代发端于鸦片战争，理由是很简单的，明末清初不过是两个朝代的交替期，不能代表一个历史的大转变期。而鸦片战争确是中国开始为国际资本主义浪潮所袭击，引起社会内部变化的一个重大关键。""从鸦片战争后，中国才日益走上殖民地道路，在革命经济上，在阶级阵营上，以及文化思想上都表现了巨大的转变。"⑤

李氏批评明清之际开端说"不过是两个朝代的交替期"，但明清之际在时间上亦与新航路开辟、"欧人东渐"大体相合。坚持以清初为近代开端的萧一山为自己辩解曰："盖本书所述，为清代社会之事变，而非爱新一朝之兴亡。换言之即所述清国史，亦即清代之中国史，而非清朝史，或

---

① 参见罗家伦《研究中国近代史的意义和方法》，原载《武汉大学社会科学季刊》1930 年第 1 期，据李定一、包遵彭、吴相湘编《中国近代史论丛·史料与史学》第 1 辑第 1 册，台北正中书局 1959 年版，第 52—53 页。
② 蒋廷黻：《中国近代史大纲》，江苏教育出版社 2006 年版，第 1 页。
③ 《郭景宇先生的日记残稿》，台湾"中央研究院"近代史研究所 2012 年版，第 82 页。
④ 参见陈恭禄《中国近代史·序》，1934 年，第 2 页。
⑤ 参见李鼎声《中国近代史》，光明书局 1937 年版，第 4 页。

清家史也,故本书又名曰中国近世史。"①

鸦片战争为近代开端说遂成为学界主流观点。20世纪30年代出版的二十余种中国近代史著作大多以鸦片战争为开端,至1940年国民政府教育部重订《文理法农工商各学院必修选修科目表》,将"中国近世史"列为历史系必修科目,并确定其范围"起自道光至抗战为止",而明清史之下限因此确立在"道光时为止,俾与中国近世史衔接",这意味着官方的肯定。②

以鸦片战争为近代史起点能得到诸多史家乃至官方的认同,实有其时代的背景。清末就有人将鸦片战争视为历史转折点,如李鸿章所谓"数千年来未有之变局"。后来民族危机日益深重,20世纪20年代反帝运动高涨,20世纪30年代日本侵略加剧,使人们更多地从国耻、国难的角度反观历史,更加关心"近百年史"。第一次鸦片战争作为列强侵略的起点被凸显了出来,进而形成以鸦片战争、英法联军之役、中法战争、中日甲午战争、八国联军之役为主轴的叙事模式。这种叙事模式,"成为世变激荡下,现代学人激励中国抵抗帝国主义压迫的力量来源。'反帝国主义'论述,在此意义下,乃成凝聚国族意识、激发民族主义的主要动力"。③而若以"西力东渐"的明清之际作为近代开端,则难以为20世纪30年代以来日益高涨的反对帝国主义侵略的民族革命提供正当性。

"革命叙事"与"现代化叙事"均以鸦片战争为中国近代史的开端,反映出二者虽在一些近代史事的诠释上适相对立,实则具有某种共通性。"革命叙事"强调"反帝反封建",民族主义色彩甚浓,"现代化叙事"亦以民族主义为底色。李怀印所著《重构近代中国》第二章名为"现代化叙事之起源:1949年前的民族主义史学",当是有见于民族主义已成为形塑中国近代史叙事的关键因素。鸦片战争开端说渐居主流,但可能主要限于政治史。一论及学术思想文化,则又多以"近三百年"为时限,将近代开端上探至明清之际。梁启超、钱穆均著有《中国近三百年学术史》,蒋维知亦

---

① 萧一山:《清代通史·序例》,北京出版社1923年版,第3页。
② 参见教育部编《大学科目表》,重庆正中书局1940年版,第48—49页。
③ 刘龙心:《中国近代史:一门次学科领域的兴起》,载《"史学·时代·世变:郭廷以与中国近代史研究"学术研讨会论文集》,第26页。

著有《中国近三百年哲学史》。

清末采行学堂分科教育以后，自西方引进"学科"（discipline）这一知识分类概念。这样，学科概念便"构成了20世纪以后学术发展的基本架构"。① 如前所述，"中国近世（代）史"的名目是随着时代分期出现的，而中国近代史形成一门学科，则还需在现代教育体制中予以确立。1920年，北京大学本科历史系设立"中国近世史"一门，预科设有"中国最近世史"，其目的为"讲明中国最近百年之史事，使明中国现在之大局因何因果而来"。② 是为近代史学科之肇始。随后，东南大学于1924年亦设有中国近百年史。但总体说来，20世纪20年代中期以前开设中国近世（代）史课程的学校仅北京大学、东南大学、厦门大学等。皆因此时中国近代史仅具雏形，投身研究者极少。③ 直至1926年罗家伦出任清华大学校长，在历史系开设中国近百年史，聘请蒋廷黻为历史系主任，开设中国外交史和中国外交史专题研究两门课。蒋廷黻回忆："清华五年实在是够刺激的，可以说我是发现一个新大陆——中国近代史。"④ 罗、蒋二人于1930年在北大史学系开设鸦片战争及太平天国史、中国国际关系史，致力于推进中国近代史学科的学术化。加之清内阁大库明清档案被发现，激发了学者研究中国近代史的兴趣。经过前驱者如此这般的努力，中国近代史逐渐在史坛争得一席之地，成为相对独立的学术研究领域。

不过，从当时整个历史研究状况来看，中国近代史仍是一块肥沃而荒芜的园地。有识史家如梁启超、章太炎等均对学界详古略今之学风有所批评。1923年梁启超感叹："史事总是时代越近越重要，考证古史，虽不失为学问之一种，但以史学自任的人，对于和自己时代最接近的史事，资料较多，询访质证亦方便，不以其时做成几部宏博翔实的书以贻后人，致使

---

① 刘龙心：《中国近代史：一门次学科领域的兴起》，载《"史学·时代·世变：郭廷以与中国近代史研究"学术研讨会论文集》，第9页。

② 参见《国立北京大学讲授国学之课程并说明书》，《北京大学日刊》第720号，1920年10月19日。

③ 详参刘龙心《中国近代史：一门次学科领域的兴起》，载《"史学·时代·世变：郭廷以与中国近代史研究"学术研讨会论文集》，第12—13页。

④ 蒋廷黻：《蒋廷黻回忆录》，台北传记文学出版社1984年版，第129页。

后人对于这个时代的史迹永远在迷离惝恍中,又不知要费多少无谓之考证才能得其真相,那么,真算史学家对不起人了。我想将来一部'清史'——尤其是关于晚清部分,真不知作何交代?直到现在,我所知道的,像还没有人认这问题重要,把这件事引为己任。"① 他还认为,学者藐视近代史研究,"此则乾嘉学派之罪也"。② 章太炎则在1924年指陈史学五项弊端,其三即为"详远古而略近代"。③ 并指出:"盖时代愈近者,与今世国民性愈接近,则其激发吾人志趣,亦愈易也。"④ 研治古史的顾颉刚也说:"以近代史的复杂与切用,实当许有人从事工作,乃现在青年学子喜治古史,弟每叹息。……应当以研究方面诏示青年,使毋向二千年前故纸堆中钻去。"⑤ 金毓黻明确提出:研究古代史,"皆以明瞭已往为的。尝取某一事某一人作具体之研究,务得其真确性而不问其有用与否";而"研治近百年史,专以明瞭现在及将来为的,藉过去之史实,以说明现在仍循之途径",因此"究以治近代史者切于人生"。⑥ 曾投身近代史撰著的萧一山认为:"史学有详近略远之例,有鉴往知来之机,而皆以近代为枢纽。"⑦ 汪荣宝则说:"学者欲知今日中国变迁之由来及世界列国对我之大势,则研究近世史为尤要。"⑧ 罗家伦强调:"要知人类或民族过去的来历和演进、现在的地位和环境,以及他将来的生存和发展,都非研究他近代的历史不可。这不是说远的古的不要研究,或是研究了也不重要,乃是说近的切的更当研究,尤为重要。所以做近代的人,必须研究近

---

① 梁启超:《中国近三百年学术史》,岳麓书社2010年版,第93页。
② 同上书,第289页。
③ 章太炎:《救学弊论》,《华国月刊》第1卷第12期,1924年8月15日。
④ 章太炎:《劝治史学并论史学利弊》,《新闻报》1924年7月20日,转引自《北京大学日刊》第1526号,1924年9月24日。
⑤ 《顾颉刚致罗家伦函》(1930年7月31日),收入中国国民党中央委员会党史委员会编《罗家伦先生文存附编》,台北,1999年印行,第396页。
⑥ 金毓黻:《静晤室日记》第9册,辽沈书社1993年版,第6763页。
⑦ 萧一山:《近代史书史料及其批评》,转引自金毓黻《静晤室日记》第6册,辽沈书社1993年版,第4834页。
⑧ 汪荣宝:《中国历史教科书》,载《近代中国史料丛刊续编》第94辑,台北文海出版社有限公司1965年重印,第2页。

代史；做中国近代的人，更须研究中国近代史。"①

这些史家皆从史学社会功能角度着眼，指陈研究中国近代史的重要价值。有识者的呼吁与倡导，的确使中国近代史在20世纪30年代以后获得长足发展。但作为一门新兴学科，中国近代史本就难免先天不足；加之近代学者承续清学余荫，争趋于先秦古史，近代史仍难受到主流学界的重视。如向达所言："解放前，中国历史学工作，在研究方面以及在大学的历史教学方面一般都表现出一种畸形的发展：研究工作偏重于上古的商周，近代史只谈外交不及其他。大学历史教学的教和学都从兴趣出发，不顾科学体系和客观要求；有的大学历史系竟从不开中国近代史课程。"②当时的国家级学术机关——中央研究院历史语言研究所成立时，并无近代史组的规划，就很说明问题。③

二 "现代化"叙事与"革命"叙事

不少学者认为，可以将20世纪90年代以后近代史研究的所谓范式之争追溯到20世纪30年代。④ 欧阳军喜以陈恭禄、李鼎声两人所著《中国近代史》为中心，比较20世纪30年代出现"革命"与"近代化"这两

---

① 罗家伦：《研究中国近代史的意义和方法》，《武汉大学社会科学季刊》1930年第1期。
② 方回：《解放四年来新中国的历史科发展概况》，《光明日报》1953年10月3日。
③ 朱家骅于抗战时期多次希望史语所加设近代史组，傅斯年以"人才延揽不易"，以及史语所过去重心未放在近代史料的收集上为由加以拒绝。刘龙心认为，这并不表示傅斯年轻视近代史（参见刘龙心《中国近代史：一门次学科领域的兴起》，载《"史学·时代·世变：郭廷以与中国近代史研究"学术研讨会论文集》，第11—12页）。傅氏之真实态度姑且不论，然由台前去台后"中央研究院"设立近史所所遇阻力与波折，主流学界对近代史的轻视诚为不争的事实。他们"认为学术研究要追求真理，真理是要下定论的，近代史时空距离太近，缺乏客观性，不能成为一个学术研究对象，尤其现代史更不可能"。因此郭廷以陷入在"中央研究院"的"孤立窘境"。（参见陈仪深、黄克武等《郭廷以先生门生故旧忆往录》，"中央研究院"近代史研究所2004年版，第361页。）
④ 夏明方认为："20世纪以来大陆的中国近代史研究主要是在两大范式的交替主导之下展开的，这就是以冲击—反应论为核心的近代化范式和以反帝反封建论为主要内容的革命范式。"（参见夏明方《一部没有"近代"的中国近代史——从"柯文三论"看"中国中心观"的内在逻辑及其困境》，《近代史研究》2007年第1期。）德里克认为："从长时段的视角来看，关于革命和现代化论争的前例可以回溯到1930年代。"（参见[美]阿里夫·德里克《欧洲中心霸权和民族主义之间的中国历史》，《近代史研究》2007年第2期。）

种近代史话语,自有其见地。①20世纪三四十年代,日本对华的全面侵略及中国国内国、共两大政治势力的斗争,构成了中国近代史的基本言说语境。如胡绳所谓:中国近代史研究"不仅仅是个学术问题,而且是一个实践问题,是直接有关当时如何改造中国的实践问题"。②在那样的历史氛围中,不同政治倾向的学者关于近代史的论述,不可避免地受到其自身政治立场的支配。以"现代化"与"革命"为标志的两种叙事模式,即对于中国近代史的诠释在不少方面适相反对。这两种叙事,所着眼的并非已逝去的历史本身,而在于中国的现实与未来,只不过以历史为载体,来表述他们直面的焦虑,以及对未来的期待。两类政治立场不同的史家,通过论述近代历史以思考民族的前途命运,并为应对时代大变局、走出民族困境寻求破解之道。

关于"现代化"叙事。20世纪30年代,中国知识界正式提出"现代化"的理念。罗荣渠认为,此一理念"与战后西方学者根据马克斯·韦伯的观点提出的现代化概念是基本一致的";"实际上,中国现代化运动从自己的实践中提出现代化的概念和观点,早于西方的现代化理论约20年"。③不过,二者的实质存在一定的差别。30年代知识分子对于现代化的内涵各有己见,其中不乏肯定德国和苏联的集权政治、经济体制者,并将之视为中国"现代化"应仿效的模式,这与50年代在美国盛行的现代化理论不可混为一谈。

中国近代史的"现代化"叙事,诞生于"现代化"话语日渐流行的语境之中。"现代化"话语是进化史观的产物,即认为人类社会是一个"今胜于昔"的线性演进过程,走向现代是必然趋势。早在1923年2月,梁启超为《申报》创刊五十周年而作《五十年中国进化概论》,就提出中

---

① 参见欧阳军喜《20世纪30年代两种中国近代史话语之比较》,《近代史研究》2002年第2期。
② 胡绳:《关于中国近代史研究的若干问题》,《胡绳全书》第3卷(下),人民出版社1998年版,第510页。
③ 罗荣渠:《从"西化"到现代化——五四以来有关中国的文化趋向和发展道路论争文选》,北京大学出版社1990年版,第22页。

国人从"知不足"到"要求全人格的觉悟"是历史进化的标志。① 1933年7月,《申报》月刊再发起关于"中国现代化问题"的讨论。讨论者均将"现代化"作为当时中国的根本出路。此后,主流知识界开始普遍使用"现代化"这一概念,取代了原来一度流行的"西化"概念。如冯友兰指出:"西洋文化之所以是优越底,并不是因为它是西洋底,而是因为它是近代底或现代底。我们近百年之所以到处吃亏,并不是因为我们的文化是中国底,而是因为我们的文化是中古底。"②

"现代化"叙事体系以受过史学专业训练的陈恭禄、蒋廷黻各自所著《中国近代史》为代表作。其基本特点是以"近代化"("现代化")作为中国近代史的中心主题,将中国近代史视为在西方冲击下,不断调整自身,从传统社会向现代社会转变的过程,以接受"近代化"之自觉与彻底程度作为衡量近代中国人物和史事的唯一标准。在这一叙事体系下,中国近代史便以列强入侵为起始,中国内部所有的变革只是不断回应西方挑战的过程。这种以"冲击—反应"为主轴的论述模式,由美国马士(Morse)的《中华帝国对外关系史》(*The International Relations of the Chinese Empire*)开其先河。马士此著将中国近代史分为:中外冲突时期(The period of conflict, 1834—1860)、中国屈从时期(The period of submission, 1861—1893)、中国被制服时期(The period of subjection, 1894—1912)。③ 陈恭禄、蒋廷黻、郭廷以所著《中国近代史》,均深受其影响。蒋廷黻虽曾批评马士之书仅凭英、美两国的资料而观点片面④,然其所著《中国近代史》的基本观点与论述框架皆本于马士。邵循正在新中国成立后的批判中认为,马士此书为"中国买办资产阶级的宣传手册和蓝本"⑤,无论欧美还是中国的"资产阶级学者",都奉马士的著作为

---

① 参见梁启超《饮冰室合集·文集》第14册第39卷。
② 冯友兰:《新事论》,《三松堂全集》第4卷,河南人民出版社1986年版,第225页。
③ 邵循正批评此种分期模式曰:"这无异说,中国近代的历史,就是殖民主义者的历史,而殖民主义者带给中国进步与幸福乃是有大造于中国的",所以"这部书最显著的反映出英国官方的观点和赫德的看法"。邵循正:《〈中华帝国对外关系史〉(第一卷)中译本序言》,《邵循正历史论文集》,北京大学出版社1985年版,第203页。
④ 参见蒋廷黻《蒋廷黻回忆录》,台北传记文学出版社1984年版,第95页。
⑤ 《北京大学历史系的科学讨论会》,《光明日报》1956年7月5日第3版。

"圭臬之作",仅在其基础上"做了局部的补充"①。这种论断自然带有时代印痕,但所论马士著作的影响之巨则并非夸张。

"现代化"叙事以鸦片战争为近代史起点,因鸦片战争"是中国历史上一件划时代的大事","是中国开始'近代化'的第一声"。② 前述1933年《申报》发起"中国现代化"问题的讨论时,编辑对其要旨的解释,便将"现代化"作为鸦片战争以来中国历史的主题:"'中国现代化'这个问题,与其说它是一个新问题,毋宁说它是一个八九十年来的宿题。盖中国自于前清道光年间经过了鸦片战争的挫败,全国上下,即感受到西方势力进侵的重大刺戟。那时就有人认为从此开了中国三千余年来的一大变局,不能不急急巩固国防,发展交通,以图补救。"③

陈恭禄著《中国近代史》于1928年着手撰写,1934年初完稿,共19篇,计60万字。1934年5月由商务印书馆出版,"数月内售至四版"。④ 因其"取材綦富,叙述尤详"⑤,被教育部列为大学丛书之一。蒋廷黻为留美博士,1923年回国后任教南开大学,作为中国近代外交史的开拓者之一,蒋氏在20世纪三四十年代"已经执中国近代史研究之牛耳"。⑥ 他编纂《近代中国外交史资料辑要》,撰写《评〈清史稿·邦交志〉》《琦善与鸦片战争》《最近三百年东北外患史》《中国与近代世界的大变局》《中国近代化的问题》等论文,影响最大者当为《中国近代史》这本5万字的小册子。蒋廷黻的《中国近代史》撰写于1938年春夏之交,既为其长久从事中国近代外交史厚积薄发之作,亦为抗战烽火中的时代产物,体现了对中国近代史的整体思考。蒋著《中国近代史》出版之后,风行一

---

① 邵循正:《〈中华帝国对外关系史〉(第一卷)中译本序言》,《邵循正历史论文集》,北京大学出版社1985年版,第202页。
② 姚薇元:《鸦片战争史实考·自序》,贵阳文通书局1942年版,收入《民国丛书》第5编第67册,上海书局1996年影印。
③ 《申报月刊·中国现代化问题特辑》,第1页。
④ 陈恭禄:《中国近代史·自序》,商务印书馆1936年版,第3页。
⑤ 参见金毓黻《静晤室日记》,第4351页。
⑥ 参见[美]费正清《费正清对华回忆录》,上海知识出版社1991年版,第98页。1948年中央研究院遴选院士,傅斯年向胡适推荐蒋廷黻,说舍此"近代史当无第二人"。(参见傅斯年《致胡适》,载欧阳哲生编《傅斯年全集》第7卷,湖南教育出版社2003年版,第349页。)

时,"可以说旧中国史学界有关近代史与中国对外关系史著作,几乎有半数以上都是因袭了蒋廷黻的史学观点"。① 80 年代以后,此书再次风行大陆学界,历经半个世纪时间的汰洗仍受重视,被确认为"代表一个时代的学术精品"。②

陈、蒋二人从"现代化"角度来阐释近代史,有诸多相似点。

首先,他们均反对以近代史作为宣传品,力图将中国近代史学术化,视研究近代史为严谨的学术活动。陈恭禄强调其撰著目的"既非为片面之宣传,又非为造成国际间之仇恨,惟愿平心静气,根据事实,叙述外交上之史迹,讨论其问题,研究其经过,对侵略之罪恶,决不为之稍讳,庶可成为认识列强责任之信史也"。③ 蒋廷黻则明确宣示:"研究外交史不是办外交,不是作宣传,是研究历史,是求学问,二者绝不可混合为一。你如拿历史来宣传,你不是历史家,是宣传家;你的著作不是历史,是宣传品。"④ 他认为,当时中国所需要的"与其说是宣传品所能供给的感情之热,不若说是历史所能供给的知识之光"。⑤

其次,陈、蒋二人皆以中外关系史作为叙述主体,以"现代化"作为贯穿史事的主题。陈恭禄在自序中揭示:"及至近代,实用科学大有进步,世界上之交通日趋便利,国际上之关系,以商业政治之促进,大为密切。外来之影响,乃为造成中国现状基本势力之一。中国以悠久之历史,倾向于保守;领袖之思想,民众之观念,均其极端之表现。政治家不能认识其所处之新环境,而能断然有适当之处置。列强或欲适用西法于中国,或谋商业之利益,或求政治上之势力,或存兼并领土之野心,而中国本于固有之心理与惯例,应付新时代之问题,莫不失败。中西冲突遂为近代中国史上之大事。"⑥ 蒋廷黻则在《中国近代史》总论中开宗明义:"近百年的中华民族根本只有一个问题,那就是:中国人能近代化吗?能赶上西

---

① 刘耀:《蒋廷黻的文化史观与中国近代史》,《人文杂志》1983 年第 6 期。
② 沈渭滨:《蒋廷黻与中国近代史研究》,《复旦学报》1999 年第 4 期。
③ 陈恭禄:《中国近代史·自序》,商务印书馆 1934 年版。
④ 蒋廷黻:《外交及外交史料》,《天津大公报·文学副刊》第 249 期,1932 年 10 月 10 日。
⑤ 同上。
⑥ 陈恭禄:《中国近代史·自序》,商务印书馆 1934 年版,第 1 页。

洋人吗？能利用科学和机械吗？能废除我们家族和家乡观念而组织一个近代的民族国家吗？能的话，我们民族的前途是光明的；不能的话，我们这个民族是没有前途的。因为在世界上，一切的国家能接受近代文化者必致富强，不能者必遭惨败，毫无例外。"① 他将"西方化"为核心的现代化视为近代中国不可避免的趋向，并以之为标准衡量近代中国不同时期的四个救国方案，将中国之前途命运系于"近代化"，阐述如此鲜明有力，加之蒋氏在学界、政界的影响，无怪乎此书后来居上，其声望反超越了陈恭禄60万言的《中国近代史》。

再次，二人对于中国自鸦片战争以来所遭受的屈辱苦难之根源均持反求诸己的态度，而反对将之归咎于"帝国主义"的剥削和压迫。其时国、共两党均以"反帝"口号作为激励民气、动员群众的革命舆论工具。自由主义知识分子胡适则认为，中国的衰落是因贫穷、疾病、愚昧、贪污和扰乱这"五鬼"，而不能怪帝国主义。② 陈恭禄、蒋廷黻在其近代史论述中，亦均倾向于民族自省。陈恭禄强调清朝政府的愚昧无知、处置失当，导致鸦片战争爆发。③ 蒋廷黻则坦言："那些日以继夜终年高喊打倒帝国主义，而不能提高自己生活水准的人，我认为他们是自戕、是怯懦。"④ 他因而认为"在鸦片战争以前，我们不肯给外国平等待遇；在以后，他们不肯给我们平等待遇"，并将第一次鸦片战争视为"东西对打"。⑤

与此相关的是，陈、蒋二人对于近代史上的中外冲突皆肯定"妥协"之价值。蒋廷黻在1933年8月论述说："如果中国的近代史能给我们一点教训的话，其最大的就是：在中国没有现代化到相当程度以前，与外人妥协固吃亏，与外人战争更加吃亏。"⑥ "不战而和当然要吃亏……但战败以后而求和，吃亏之大远过于不战而和。"⑦ 蒋氏认为，近代以来列强对中

---

① 蒋廷黻：《中国近代史》，上海古籍出版社2006年版，第2页。
② 参见胡适《我们走哪条路》（1930年），载欧阳哲生主编《胡适文集》第5卷，北京大学出版社1998年版，第353页。
③ 参见陈恭禄《中国近代史》，商务印书馆1935年版，第54—57页。
④ 蒋廷黻：《蒋廷黻回忆录》，台北传记文学出版社1979年版，第78页。
⑤ 蒋廷黻：《中国近代史》，第4、6页。
⑥ 蒋廷黻：《论妥协并答天津益世报》，《独立评论》第62号，1933年8月6日。
⑦ 蒋廷黻：《中国近代史》，第56页。

国的侵略皆因士大夫守旧多事而招致。他为琦善辩护，认为"他审察中外强弱的形势和权衡利害的轻重，远在时人之上"。"林（则徐）于中外形势实不及琦善那样的明白。"① 蒋氏着眼于曲全邻好，对琦善、李鸿章、袁世凯的妥协外交均予肯定。他对中国近代史上的"和"与"战"的价值判定，亦基于其现实中对日和战问题上的倾向：他反对"唱高调"，主张通过妥协到国际生活中寻找出路。②

最后，两人皆持精英主义立场，轻视普通民众的作用。蒋廷黻反感中国共产党动员民众革命："民心固不可失，可是一般人民懂得什么国际关系？"③ 他强调："我们近六十年来的新政都是自上而下，并非由下而上。一切新的事业都是少数先知先觉者提倡，煞费苦心，慢慢的奋斗出来的。"④ 陈恭禄将三元里人民抗英事件称为时人的"夸张"和"自慰"。认为太平天国起义、义和团运动等民众暴力，对于中国造成极严重的灾难性后果。⑤

陈恭禄、蒋廷黻作为自由主义知识分子，以一种悲观的笔调叙述鸦片战争以来中国面对外力侵入所遭遇的一系列挫折，反思导致当前困境的历史原因。他们批判民族惰性，实则上承新文化运动时期自由派反思国民性之余绪，其初衷亦为直面民族弱点与缺失，以反求诸己的反思促国人振

---

① 蒋廷黻：《琦善与鸦片战争》，《清华学报》第6卷第3期，1931年10月。对蒋氏之扬琦抑林，国民政府治下主流学术界亦颇有不以为然者。1935年陶元珍撰文反驳蒋的观点，"在外交方面应受责备的地方，远较值得称赞的地方为多"；条举史实论证琦善军事方面可责备之处有四：对政府缺乏起码的诚实，对外人"不免卑屈"，对敌方的认识除了船炮的利害而外是"一无所知"，对汉奸式人物鲍鹏"根本就不该用"。（陶元珍：《读〈琦善与鸦片战争〉》，《大公报·图书副刊》1935年5月2日。）另一外交史研究者张忠绂则讥之为"做翻案文章，以惊世骇俗"，"攻击林文忠公，而袒护琦善"；"变法以后，效法西人为势所必然，但因此而失去本身的准则，驯至是非优劣莫辩，殊堪惋惜"。（张忠绂：《迷惘集》，台北文海出版社1978年版，第225页。）在《中国近代史》中，蒋廷黻对林则徐、琦善的评价较之此前有了微妙变化，似乎表明中日战端既开之后，蒋廷黻对和战的看法有所调整。茅海建对此有所体认，他认为，蒋氏此时虽仍批评林，但已然把林放在比琦善更高的位置。（参见茅海建《天朝的崩溃》，生活·读书·新知三联书店2005年版，第32页。）
② 参见蒋廷黻《中国近代史》，第4页。
③ 同上书，第15页。
④ 同上书，第58页。
⑤ 参见陈恭禄《中国近代史》，商务印书馆1935年版，第67、210—218、557页。

作,"哀其不幸、怒其不争"为其基本态度。

"现代化"叙事体现出强烈的民族意识,在一定意义上回应了救亡图存的时代主题。从近代化的角度回溯考察近代中国的艰难历程,剖析各个救国方案的成败得失,自不无资鉴现实的积极意义。但此一叙事体系的局限也不可忽视:其一,将现代化等同于欧化,近代史等同于欧化史,如此一来,丰富多面的中国近代史就被化约成西方文化在中国的扩张史,其"欧洲中心论"的偏见阻碍了真正研究这一时期那些与西方入侵没有关联,或关联较少的历史侧面。[1] 其二,以现代化作为唯一的审视视角,着力强调近代以来中西文化观念冲突的一面,而对中西冲突中侵略与反侵略的一面视而不见。

关于"革命"叙事。近代中国处于急剧变革的历史时期,"革命"在其中扮演了至关重要的角色。因而,以"革命"为基调、以"革命"为基本价值取向的近代史叙事体系,几乎与"现代化"叙事同时并起。论及"革命"话语体系的渊源及流变,欧阳军喜追溯到拉狄克的《中国革命运动史》、莫斯科中山大学1928—1929年编印的中国革命运动史教材《中国十九世纪与二十世纪之革命运动史》两书的直接影响。[2] 但实际上,"革命"叙事还有中国自身的发展脉络。

近代中国外患频仍,国难深重,早期的中国近代史书写,多以外患史、国难史为主题,以寻溯近代中国积贫积弱的根源,并以之凝聚国人民族意识。据俞旦初统计,20世纪初期,着眼于近代以来的国耻、国难,以外患为主题的著作达37种,其中翻译的20种,编写的17种。[3] 这种着眼于列强侵略的近代史著作,以鸦片战争、英法联军之役、中法战争、中日甲午战争、八国联军为最重要的内容。

20世纪20年代,在苏俄革命意识形态及列宁"帝国主义论"影响

---

[1] 参见[美]柯文《在中国发现历史——中国中心观在美国的兴起》,中华书局1989年版,第40页。

[2] 参见欧阳军喜《20世纪30年代两种中国近代史话语之比较》,《近代史研究》2002年第2期。

[3] 参见俞旦初《二十世纪初年中国反帝爱国史学初考》,载《辛亥革命史丛刊》第7辑,中华书局1987年版,第42—60页。

下，中国共产党率先提出"反帝"口号①，同样在苏俄扶植下，国民党亦高举"反帝"旗帜。②1926年7月9日，蒋介石在向北伐将士演讲中声称："抵抗帝国主义，实为国民革命最大之使命。"③"反帝"民族革命成为国、共两党的共同诉求。此前一年5月爆发的五卅运动，已在全国上下形成反帝高潮。如此背景，逐渐形成了以"反帝国主义侵略"为中心的话语模式，这是"革命"叙事的基础。如刘彦于1927年重印《中国近时外交史》（1911），改名为《帝国主义压迫中国史》，并在"自叙"中揭示："今者打倒帝国主义、取消不平等条约之口号已遍于全国，究竟帝国主义在中国所作之罪恶，其具体的演进为何如，不平等条约其具体的演进又为何如，应有专书阐明之，以为民族运动实际之补助。"吴寿彭等著《帝国主义侵略中国史》，其目的在于"说明帝国主义所加于中国的痛苦，要说明反帝国主义是中国的唯一出路"。④

"革命"叙事之形成同唯物史观的早期传播有密切关系。德里克指出：唯物史观的引入，使得对中国历史进行比较激进的再解释成为可能。换言之，历史唯物主义提供了一种重新解释中国历史的方法论。⑤李大钊在其著作中运用唯物史观对近代历史加以分析："中国今日扰乱之本原，全由于欧洲现代工业勃兴，形成帝国主义。"⑥"中国人民一方面遭受国际帝国主义者的压迫，另一方面又遭受中国军阀的压迫。外国帝国主义者在

---

① 中共二大提出革命任务之一为"推翻国际帝国主义的压迫，达到中华民族完全独立"。[参见《关于"国际帝国主义与中国共产党"的决议案》，《中共中央文件选集》（1），中共中央党校出版社1989年版，第34—36页。]中共三大宣言中明确提出"打倒军阀""打倒国际帝国主义"。[参见《中国共产党第三次全国代表大会宣言》，《中共中央文件选集》（1），第128页。]

② 1926年国民党二大宣言中明确指出："中国国民革命，实为世界革命之一大部分，其努力之目标，在打倒帝国主义。"[参见《中国国民党第二次全国代表大会宣言》（1926年1月），载荣孟源主编《中国国民党历次代表大会及中央全会资料》上册，光明日报出版社1985年版，第106页。]

③ 蒋介石：《国民革命军出师北伐告将士书》，载秦孝仪主编《先总统蒋公思想言论总集》卷30，中国国民党中央委员会党史委员会1984年版，第10页。

④ 吴寿彭等：《帝国主义侵略中国史》，武汉中央陆军军官学校武汉分校1929年版。

⑤ Arif Dirlik, *Revolution and History: The Origins of Marxist Historiography in China, 1919–1937*, California: University of California Press, 1978, pp. 1–4.

⑥ 李大钊：《狱中自述》，《李大钊文集》第5卷，人民出版社1999年版，第235页。

中国的权力决定了中国军阀的存在，因为后者是帝国主义列强的走狗。"① 因此，"想脱除列强的帝国主义及那媚事列强的军阀的二重压迫，非依全国国民即全民族的力量去做国民革命运动不可"。② 他认为，中国近代史"是一部彻头彻尾的帝国主义压迫中国民族史"，也"是一部彻头彻尾的中国民众反抗帝国主义的民族革命史"。③ 正是这样的言说，演出了国共两党以"打倒军阀，打倒帝国主义"为号召，合作进行的"国民革命"。

中国共产党从推进革命的现实需要出发，注重从反帝革命运动角度对中国近代史的论述，并运用列宁关于帝国主义的学说以揭示帝国主义的本质。④ 恽代英1926年印行《中国民族革命运动史》，华岗1931年出版《中国大革命史（1925—1927）》⑤，"革命"叙事于此初具规模。

"革命"叙事的基本预设直接来自列宁、斯大林关于中国社会与中国革命的一系列判断。其核心乃为运用唯物史观对近代中国"半殖民地半封建"的社会性质之判定⑥，在随后开始的社会史论战和中国农村性质论战中，这一观点居于主导地位。反帝反封建的革命任务也就是"半殖民地半封建"社会性质的顺理成章的逻辑推演。帝国主义成为近代中国蒙受屈辱、落后挨打的总根源，而中国国内的封建主义（包括军阀）则是帝国主义的走狗，中国近代史遂被化约为一部中国人民反帝、反封建的历史。

李鼎声1933年出版的《中国近代史》⑦，全书分为18章，论述了自鸦片战争至1933年日本侵占热河、察哈尔的近百年历史。此书着重把握社会形态演变的趋势，强调国际资本主义带来的影响与阶级分化。作者指

---

① 李大钊：《在共产国际第五次代表大会第二十二次会议上的报告》，《李大钊文集》第5卷，第1页。
② 李大钊：《在中国国民党第一次代表大会上的发言》，《李大钊文集》第4卷，第369页。
③ 李大钊：《孙中山先生在中国民族革命史上之位置》（1926年3月12日），《李大钊全集》第5卷，人民出版社2006年版，第96页。
④ 参见述之《帝国主义与义和团运动》，《向导周报》1924年第81期。
⑤ 上海春耕书店1931年版。
⑥ 列宁在1915年《社会主义战争》中表明中国是"半殖民地"国家；1922年蔡和森首次明确使用"半殖民地"和"半封建"两个概念。1929年中共中央首次使用"半殖民地半封建"概念。（参见陈金龙《"半殖民地半封建"概述形成过程考析》，《近代史研究》1996年第4期。）
⑦ 上海光明书局1933年9月版。

出：鸦片战争以后，中国社会日益走上殖民地化的途程，国际资本主义浪涛的袭击带动了部分民族资本的兴起，但民族资本"受着国际资本的桎梏与奴役"，因而"中国的近代史完全不能与资本主义国家的近代史相提并论，后者是一部资本主义的发达史，但前者却是一部中国民族沦为半殖民地及国民经济受着帝国主义破坏的历史"①，此书以近代以来帝国主义侵略和中国人民反抗为主线，揭示"国际资本的群魔怎样从中国吸吮着膏血来膨胀它们自身，怎样驱使它们的鹰犬来榨取中国广大的勤劳人口，以及中国的被压榨的奴隶大众怎样用自己的战斗力量来反抗此种残酷的吸血与绞榨。至于宫廷的变故、官僚的功罪、武人的勋业、英雄的言行，在别的历史书要用繁重的卷帙去描写叙述，而在我们这里却反而不重视了。因为我们的目的并不是要熟悉掌故，亦不是要替少数人作传的"。②

李鼎声引入了阶级斗争理论来分析近代史。因此，在注重叙述帝国主义列强历次侵华战争的同时，他尤为注重农民起义、民众反帝运动、劳工政治斗争。他以阶级分析方法，分析帝国主义入侵后中国内部不同阶级的不同态度。封建官僚为了维护他们的阶级利益，往往不惜与帝国主义结合，洋务运动在他看来就是国际资本主义与封建统治者利益结合的一个例证。这种结合，反而有害于民族资本主义的发展。因而，在他的论述中，向西方学习走向"现代化"之路被直接否定了。这与蒋廷黻、陈恭禄等人以"现代化"为线索的近代史著述判然有别。

1937年延安解放社出版了张闻天主持的当时以"中国现代史研究委员会"名义编著的《中国现代革命运动史》，篇幅虽仅17万字，却影响甚广。此书以旧民主主义革命时期的农民运动、资产阶级革命运动、新民主主义革命时期的无产阶级革命运动为研究对象，其梳理的中国革命史基本线索为：太平天国革命运动—戊戌变法—义和团运动—辛亥革命—五四运动—中国共产党诞生—中国工人运动发展—国共合作—大革命。这标志着中国革命史的叙事体系初步建立起来。③

---

① 李鼎声：《中国近代史》，上海光明书局1933年版，第5页。
② 同上。
③ 参见桂遵义《马克思主义史学在中国》，山东人民出版社1992年版，第429页。

"革命"叙事的成熟定型，还要待 1939 年毛泽东发表《中国革命和中国共产党》之后。随着毛泽东在中共党内最高领袖地位的确立与巩固，其对于中国近代社会性质、革命对象、革命动力等问题的论断，日渐被视为毋庸置疑的"真理"。毛将近代中国历史主题概括为："帝国主义和中国封建主义相结合，把中国变为半殖民地和殖民地的过程，也就是中国人民反抗帝国主义及其走狗的过程。"[1] 这一概括构成了中共史家铺陈论述近代史的主线。

范文澜 1947 年出版的《中国近代史》，是在毛泽东的直接布置与指点之下完成的。范文澜（1893—1969），浙江绍兴人，早年毕业于北京大学，曾留学日本，后任教于南开大学、北京大学、河南大学等校，1939 年加入中国共产党，次年到延安任马列学院历史教研室主任。1943 年 3 月 16 日，毛泽东在中共中央政治局会议上提出，要重点开展中国近百年史的研究，并提议中国近百年史各专门史的研究做如下分工：政治史（范文澜），军事史（总参谋部、总政治部），经济史（陈伯达），哲学史（艾思奇），文学史（周扬）。[2] 而毛泽东从政治角度出发，运用政治话语对中国近代史做出的一系列论断，对范文澜的著述无疑有着直接的指导作用。范著《中国近代史》"以丰富的史料，生动而又严谨的笔触解释了"毛泽东提出的"两个过程"[3]。以至于沈渭滨将由范著《中国近代史》上编第一分册初创、新中国成立后占据主导地位的研究规范称为"毛—范近代通史体系"[4]。

范著《中国近代史》诚为个人撰著，但同时又系统地表述了革命者

---

[1] 毛泽东：《中国革命和中国共产党》，《毛泽东选集》第 2 卷，人民出版社 1991 年版，第 632 页。

[2] 《在中央政治局会议上讲话的要点》，《毛泽东文集》第 3 卷，人民出版社 1996 年版，第 10 页。另据蔡美彪回忆："1943 年党中央组织人力，分别编写四部著作，负责人分别是：经济史陈伯达，政治史范文澜，军事史郭化若，文化史欧阳山。"（参见蔡美彪《严谨务实 淡泊自甘——一代史学宗师范文澜》，《社会科学管理与评论》1999 年第 1 期。）二者略有出入，但范文澜只负责写政治史这一点吻合。

[3] 参见王庆成《在纪念范文澜诞辰 100 周年学术座谈会上致词》，《近代史研究》1994 年第 1 期。

[4] 参见沈渭滨《蒋廷黻〈中国近代史〉导读》，上海古籍出版社 1999 年版，第 44 页。

对中国近代史的基本看法，并构成了中国共产党主流意识形态的核心话语，堪称革命时代的《资治通鉴》①，对于中共革命力量的动员与整合，居功至伟。值得一说的是，在范文澜的所有近代史著述中，从来不曾直接提及蒋廷黻，但毋庸置疑，蒋著《中国近代史》是范氏虚悬的批驳靶标，将二者对照，不难发现范文澜批驳的机锋处处指向蒋氏。

蒋廷黻提出："……战败以后而求和，吃亏之大远过于不战而和。"②范著则着意与之针锋相对提出"抵抗"与"投降"两条路线的斗争，将妥协乞和的穆彰阿、琦善、李鸿章、袁世凯、段祺瑞、汪精卫等作为卖国贼大加批驳，对坚持抵抗的林则徐、关天培则颂为民族英雄。蒋廷黻认为近代中国唯一明智之举是向列强妥协，唯有妥协方能向西方学习。范文澜则揭示，妥协者反而是因循苟且者，抵抗派才真正具有"向西方学习"这一在蒋氏看来最大的优点。范文澜强调："另一类人如颜伯焘、裕谦，他们形式上类似抵抗派，实际上是极端顽固的闭关主义者，这种人所能得到的唯一结果就是失败。"③

另一个针锋相对之处在于两人对于下层民众的反抗运动之态度。蒋廷黻无疑是精英主义者。范文澜则以人民本位立场，对于下层民众的斗争不惜笔墨着力描绘。如平英团之类的斗争，在蒋氏著作中是没有位置的，而在范著中则详加叙述。对近代中国的两次以农民为主力军的运动——太平天国起义与义和团运动更加以浓墨重彩的状写，将太平天国运动称为"揭开资产阶级民主革命序幕"的历史大事，将义和团运动称为"有志愿、有纪律"的反帝运动④，予以充分肯定，并将太平天国运动与中国共产党领导的革命联系起来。

"革命"叙事既成为中国共产党从事阶级斗争、发动群众起来革命的武器，其形成与演进及走向成熟的过程，便与党领导的革命事业息息相关。但因其过于强调为现实政治服务，"革命"叙事有时也存在将诠释凌驾于史料证据之上的弊病。钱穆批评曰："彼之把握全史，特把握其胸中

---

① 参见戴逸《时代需要这样的历史学家》，《近代史研究》1994年第1期。
② 蒋廷黻：《中国近代史》，第56页。
③ 范文澜：《中国近代史》上编第1分册，冀中新华书店1947年9月印行，第54页。
④ 同上书，第159、364—368页。

臆测之全史。彼对于国家民族已往文化之评价,特激发于其一时之热情,而非有外在之根据。其绾合历史于现实也,特借历史口号为其宣传改革现实之工具。"①

三　近代史基本研究方法与学术规则

晚清民国以降,史学"科学化"是史家挥之不去的情结②,被称为"倡导有计划的研究中国近代史之第一人"的罗家伦亦深受影响③。他在1931年发表的《研究中国近代史的意义和方法》,正式揭橥研究近代中国历史的原则和方法。此文堪比傅斯年的《历史语言研究所之工作旨趣》,系统表述了罗氏对如何将中国近代史研究建基于"科学"之上的取径。

对当时大多数中国近代史著述,罗家伦难以认同,称之为"带有营业性的中国近代史出版品","学术界却不能认为研究"。④ 而史学要"科学化",必须以史料为基础。他直言:"现在动手写中国近代史,还不到时期。要有科学的中国近代史,——无论起于任何时代——非先有中国近代史料丛书的编订不可。所以若是我在中国近世史方面要做任何工作的话,我便认定从编订中国近代史料丛书下手。""必须有这各部分的史料丛书几百种后,才可以动手写科学的中国近代史。"⑤

在罗氏的构想中,浩瀚且零乱的中国近代史料应分成三类编成丛书。第一类为中国史料,包括档案、官书、禁书、当事人的文件和记载、专家著述、定期刊物、图画等七种。第二类为外国文字材料。第三类为专题研究成果。⑥ 概而言之,罗家伦认为中国近代史研究"科学化"的途径,一为"放开眼光,扩大范围,随时随地,和猎狗似的去寻材料",一为开展

---

① 钱穆:《中国近三百年学术史》上册,商务印书馆1997年版,第4页。
② 参见许冠三《新史学九十年》上册,香港中文大学出版社1986年版,第Ⅵ页;朱发建《中国近代史学"科学化"进程研究》,湖南师范大学出版社2005年版,第4—6页。
③ 参见王聿均《罗志希先生对史学与文学的贡献》,载《罗家伦先生文存》第12册,"国史馆"、中国国民党中央委员会党史委员会1989年版,第905页。
④ 罗家伦:《研究中国近代史的意义和方法》,载李定一、包遵彭、吴相湘编《中国近代史论丛·史料与史学》第1辑第1册,台北正中书局1959年版,第54页。
⑤ 同上书,第61、63、80页。
⑥ 同上书,第80页。

专门分题研究。否则贸然著述，则不过"建筑华厦于流沙之上，或是用纸壳子来糊成房子，风雨一来，全部崩溃"。①

　　罗家伦此文对于中国近代史学科发展影响甚广，多有应和者。赵丰田在 1940 年提出："近来国内治中国近世史者，风起云涌，颇极一时之盛。然而史料繁多，搜辑需时，范围广大，端赖分工。若仅凭一人之力，抄撮选辑，仓卒成书，如今日书肆流行之数种课本者，为争取一时之名利则可，殊不足以入著述之林也。大抵今后有志治中国近世史者，有两种工作为之先焉。第一须为专题之研究，第二须先从事各种书目之编作。二者中尤以先编作书目为最切要，以其为用，于人于己皆足供进一步研究之便利也。"② 其看法与罗家伦如出一辙。而直接受罗家伦影响、互相引为同道且致力于建立"科学的中国近代史"者，当属蒋廷黻与郭廷以。③ 郭廷以赴台湾后，成立中研院近代史研究所，其主要工作"一为搜集整理史料，二为专题研究，三为编纂完整之近代中国史"。④ 郑鹤声在 1951 年发表《怎样研究中国近代史》，重复"要有科学的中国近代史，非先有中国近代史料丛书的编订不可"之论⑤，罗氏此文影响力之深远可见一斑。

　　罗家伦所揭示的研究中国近代史的理念方法，其核心为史料方法。罗氏强调："其实什么是历史研究法？严格地讲，历史研究法只是史料研究法。""我所谓研究中国近代史的方法，主要的部分，就是整理中国近代史料的方法。"⑥ 罗氏的理念方法，深受兰克客观主义史学之影响，且出自当时中国"史学只是史料学"这一主流学术语境。与古代史相比，近代史资料浩如烟海，学者们的看法不同，研治路数亦各有千秋。罗家伦

---

① 罗家伦：《研究中国近代史的意义和方法》，载李定一、包遵彭、吴相湘编《中国近代史论丛·史料与史学》第 1 辑第 1 册，第 80 页。
② 赵丰田：《评教案史料编目》，《史学年报》第 3 卷第 2 期，总第 12 期（北平燕京大学历史学会），1940 年 12 月，第 174 页。
③ 参见林志宏《蒋廷黻、罗家伦、郭廷以：建立"科学的中国近代史"及其诠释》，《思与言》第 42 卷第 4 期，2004 年 12 月。
④ "中央研究院"近代史研究所编著：《"中央研究院"近代史研究所三十年史稿》，"中央研究院"近代史研究所 1985 年版，第 2 页。
⑤ 郑鹤声：《怎样研究中国近代史》，《文史哲》1951 年第 2 期。
⑥ 罗家伦：《研究中国近代史的意义和方法》，载李定一、包遵彭、吴相湘编《中国近代史论丛·史料与史学》第 1 辑第 1 册，第 61、63 页。

说:"'文献足征'而且'所见异词'优于'所闻异词',是研究近代史所占最重要的优势。"① 梁启超究心于近代史,并撰有《戊戌政变记》《戊戌六君子传》《李鸿章》等著述,对此的认识则更深一层。他认为:"不能谓近代便多史料,不能谓愈近代之史料即愈近真。"他直言不讳:"如吾二十年前所著《戊戌政变记》,后之作清史者记戊戌事,谁不认为可贵之史料?然谓所记悉为信史,吾已不敢自承,何则? 感情作用所支配,不免将真迹放大也。"② 但他对近代史研究还是觉得易于古史,盖因史实材料多为人们所皆知:"大概考证的工夫,年代愈古愈重要,替近代人如曾国藩之类做年谱,用不着多少考证,乃至替清初人如顾炎武之类做年谱,亦不要多有考证,但随事说明几句便是,或详或略之间,随作者针对事实之大小而决定。"③

胡适认为:"秦、汉时代材料太少,不是初学所能整理,可让成熟的学者去工作。材料少则有许多地方须用大胆的假设,而证实甚难。非有丰富的经验,最精密的方法,不能有功。晚代历史,材料较多,初看去似甚难,其实较易整理,因为处处脚踏实地,但肯勤劳,自然有功。凡立一说,进一解,皆容易证实,最可以训练方法。"④ "近代史的史料比较丰富,也比较易于鉴别真伪。"⑤ 可见胡氏对研究近代史的难度偏于乐观。李絜非也认为:"近世史为期不过百年,虽史实繁颐,范围广泛,但时近事切,耳熟能详,在其史实的可靠性上,较古史为多且便。……所以研究近世史,并不需要什么考证工作,取材利便,但依丰富而可靠的史料,加以排比与解释便足,似较研究古史为方便。"他认为研治近代史之难处,"第一,是置身其中,难为冷静观察一切,乃不免感情用事,非厚诬当世,即触忌时人。第二,是重要史料未及发表时间,而无从阅读,虽有所掇拾与成篇,终其支离破碎,无当宏指,传闻失实,难获真确。第三,限

---

① 罗家伦:《研究中国近代史的意义和方法》,载李定一、包遵彭、吴相湘编《中国近代史论丛·史料与史学》第1辑第1册,第58—59页。
② 梁启超:《中国历史研究法》,《饮冰室合集·专集》之73,第91页。
③ 梁启超:《中国历史研究法》(补编),《饮冰室合集·专集》之1,第6、80页。
④ 耿云志、欧阳哲生编:《胡适书信集》上册,北京大学出版社1996年版,第557页。
⑤ 罗尔纲:《师门五年记·胡适琐记》(增补本),三联书店2006年版,第21页。

于时空，国际间之合作无由，而个人之才力，又每举鼎绝膑，不克胜任愉快，则虽有研究与结果，终不免挂一漏万，或买椟还珠"。①

梁启超、胡适等人，对研究近代史的难度不免有所低估，反倒是马克思主义史家华岗体认更深："研究中国近代史，有很多便利的地方，同时也有很多困难的地方。所谓便利的地方，就是近代史料要比古史料丰富得多，而且比较容易搜集。中国近代历史之舟的搭客、划桨人和把舵人，现在还有不少健在，只要我们肯去调查访问，就可以得到许多新鲜史料，作为我们研究的根据或参考。所谓困难的地方，就是史料虽多，因为涂饰太厚，废话太多，所以反不容易察出底细来。"②

当时主流学术界对于中国近代史研究，已然形成一定的共识和学术规则。

1. 重视档案资料。蒋廷黻指出："研究外交史，不是做宣传，也不是办外交，是研究历史。历史学自有其纪律，这纪律的初步就是注重历史的资料。资料分两种：一种是原料（primary source），一种是次料（secondary source）。原料不可尽信，次料非尽不可信。比较说，原料可信的程度在次料之上。所以研究历史者必须从原料下手。"③ 陈恭禄亦强调：治近代史应"首先搜集原料"。④ 档案作为最主要的"原料"，在新的史料眼光之下，其学术价值日益受到重视。⑤ 如沈兼士认为："良以档案为未加造作之珍贵近代史料，固等于考古家之重视遗物遗迹也。"⑥

---

① 李絜非：《中国近世史》，文通书局1948年印行，第3—5页。
② 华岗：《中国近代史的特征和研究门径》，《新华日报》1943年8月8日。
③ 蒋廷黻：《〈近代中国外交史资料辑要〉上卷自序》，《蒋廷黻选集》第1册，第45页。此前，梁启超揭橥"新史学"，就曾重论述了"直接史料"与"间接史料"之别。（参见梁启超《中国历史研究法》第1册，第360页。）黄进兴认为，"直接史料"与"间接史料"的分辨，正是奠定西方近代史学的基石。（参见黄进兴《后现代主义与中国"新史学"的碰撞》，《历史研究》2013年第5期。）
④ 陈恭禄：《中国近代史·自序》，商务印书馆1934年版，第3页。
⑤ 关于学人史料眼光之变化，参见王汎森《什么可以成为历史证据——近代中国新旧史料观点的冲突》，载《中国近代思想与学术的系谱》，河北教育出版社2001年版，第344—384页。
⑥ 沈兼士：《方编清内阁库贮旧档辑刊序》（1935年1月），《沈兼士学术论文集》，中华书局1986年版，第343页。

就中国近代史而言，清代档案是"直接史料的大本营"。① 蔡元培明确宣示："历史中直接的材料与间接的材料有很大的分别。……信史是要从档案中考核出来的！"② 傅斯年则云："盖明清历史私家记载究竟见闻有限；官书则历朝改换，全靠不住，政治实情，全在此档案中也。"③ 至20世纪30年代，"故宫文献馆、北京大学研究所、中央研究院历史语言研究所、各档案保管处，现在都忙于传抄出版和利用，凡是研究近代史各种问题的人，都想从档案下手"。④ 故宫博物院陆续编辑出版《掌故丛编》《史料句刊》《文献丛编》《清代文字狱档》及中外关系档案五十余种。⑤ 可见，史学研究必须从档案等直接史料入手，史料取舍以"原料为尚"，已成为近代史研究者共同遵循的学科规范。

2. 重视搜集海外资料。陈寅恪在20世纪40年代声称不治晚清史，实则对近代史亦颇多关注，曾负责整理明清两代内阁大库档案，且指导研究生石泉撰写论文《中日甲午战争前后之中国政局》。陈氏认为："中国之内政与社会受外力影响之巨，近百年来尤为显著。"⑥ "自海通以还，一切档案，牵涉海外，非由外交部向各国外交当局调阅不可"，"边疆史料，不详于中国载籍，而外人著述却多精到之记载，非征译海外著述不可"。⑦ 陈垣亦强调：近代史的研究"非杂采各国对远东之史料不能成中国史"。⑧

---

① 顾颉刚：《禹贡学会的清季档案》，《文献论丛·论述一》，国立北平故宫博物院1936年版，第71页。

② 蔡元培：《〈明清史料档案甲集〉序》（1930年），《蔡元培全集》第5卷（1925—1930），中华书局1988年版，第513页。

③ 参见1928年9月11日傅斯年致蔡元培函，转引自高平叔《蔡元培年谱长编》第3卷，人民教育出版社1999年版，第283页。

④ 顾颉刚：《禹贡学会的清季档案》，载国立北平故宫博物院文献馆编辑会《文献论丛：国立北平故宫博物院十一周年纪念》，第72页。

⑤ 参见中国第一历史档案馆编《中国第一历史档案馆馆藏档案概述》，档案出版社1985年版，第11—13页。

⑥ 石泉、李涵：《听寅恪师唐史课笔记一则》，载《追忆陈寅恪》，社会科学文献出版社1999年版，第270页。

⑦ 陈守实：《学术日录》（1928年1月17日），载《中国文化研究集刊》，复旦大学出版社1984年版，第422页。

⑧《陈垣致陈乐素》（1940年11月26日），载陈智超编《陈垣来往书信集》，上海古籍出版社1990年版，第665—666页。

史语所初创之时,傅斯年曾欲向"中国近代史题"进军,然因为"吾国最近百年来史料每在外国文籍中",故必须尽量搜集。① 罗家伦明确提出:"不知道他国材料,或是不能运用他国材料而写中国近代史,则一定使他的著作,发生一种不可补救的缺陷。……近代的中国,不但在国际战争或外交方面,受外国的影响,就是内政的变动,也何尝不受外国的影响。或是直接的公文报告,或是间接的观察调查,在外国文字里都有重要的史料;而且他们的观察调查,有时比我们自己的还清楚。"② 他还曾说"近百年史的研究最重要的是要研究英国"。③ 罗在1926年游历英、法时,曾通过陈寅恪向清华大学建议,在欧洲各国搜集中国近代史史料。④

以治中外关系史而名的蒋廷黻,对于海外史料则有更为细致的剖别,他认为要先认清外交资料本身的性质,着重其中与本国史料间的差异性。他提出在中日甲午战前,应当留心中国方面的外交资料;而战后则需了解且研究外国史料。原因是甲午以后,中国的外交几乎完全丧失了自主权,北京当局的态度无关紧要,反倒是应该注意列强各国究竟在政策上如何进行妥协和牵制。⑤ 在重视海外史料的观念之下,不少留学海外的学生与学人致力于搜罗、抄录与中国近代史有关的外文资料。其中如萧一山、王重民、简又文等从海外搜罗太平天国文献资料,受到学界称许。留学英国的王崇武全身心投入于有关中英近代外交史料的搜集之中,仅《读剑桥怡和公司档案笔记》就有十数册,其他事件亦不厌其烦地摘抄。⑥

学者们认为,对于海外史料亦应持辩证态度。如罗家伦所言:史料粉

---

① 《国立中央研究院历史语言报告书第一期》,"中央研究院"历史语言研究所档案,档号无字198号之1。
② 罗家伦:《研究中国近代史的意义和方法》,载李定一、包遵彭、吴相湘编《中国近代史论丛·史料与史学》第1辑第1册,台北正中书局1959年版,第69页。
③ 参见张朋园、陈三井、陈存恭《郭廷以口述自传》,第109页。
④ 参见蒋永敬《罗家伦先生的生平及其对中国近代史研究的贡献》,《"中央研究院"近代史研究所集刊》(下)1974年第4期。
⑤ 参见蒋廷黻《近代中国外交史资料辑要上卷自序》,《蒋廷黻选集》,台北传记文学出版社1978年版,第46页。
⑥ 参见王崇武《日记》,藏中国社会科学院近代史研究所。

饰夸大、虚报非独中国为然，"西洋的官书和私人著作，有时也不能免。如大战期间各国发表的蓝皮、黄皮、黑皮、白皮等书，往往于选择材料之间，有意为自己辩护"。① 陈恭禄也指出："研究近代中国史者，必须打通中外隔膜，材料当博取考证，不可限于本国记录，就质量而言，自以本国材料为重要。"② 郭廷以更明确表示：外国材料也有"他们的偏执立场"，运用海外新史料时，"有时难免过重洋货，轻视国产。以外来的偏执立场，代替固有的传统成见"。③

重视域外史料的理念，势必影响到评价近代史论著的标准，如曹聚仁对陈恭禄著《中国近代史》的肯定，主要基于其能利用金陵大学的外文资料，"显得'全面'得多"。④ 又如蒋廷黻、何炳棣、赵丰田、陆钦墀、姚薇元等人的专题研究，皆因能以中外史料相互印证而得到肯定。⑤ 这一理念，使得时人认为治近代史须具备世界的眼光。王子休评价魏野畴所著《中国近代史》曰："治史的人，常受国别的限制，而失掉了世界的眼光。魏君这部著作，着眼在国际的关系，认为中国近世史是在国际间造成的，他用国际的眼光解释中国所发生的事实，我觉得这是治近世史的人必具的一种重要条件。"⑥

至于近代史的实际研究，罗家伦极为强调专题研究，认为"所谓'摩洛格拉夫'（Monograph，即专题论文——引者注）的工作，尤其是科学的史学的阶梯"。⑦ 这在当时也获得多数学人的认同。总的来说，中国近代史学科尚属初创，郭廷以在1939年仍宣称，"以近代中国史论，现在尚为史料整理编订时期，而非史书写著时期"。⑧

---

① 罗家伦：《研究中国近代史的意义和方法》，载李定一、包遵彭、吴相湘编《中国近代史论丛·史料与史学》第1辑第1册，第70页。
② 陈恭禄：《近代中国史料评论》，《国立武汉大学文哲季刊》1933年第3期。
③ 姚薇元：《鸦片战争史事考·序》，台北古亭书屋1971年版，第5页。
④ 曹聚仁：《谈〈中国近代史〉》，载《书林又话》，上海书店1999年版，第94页。
⑤ 详参潘光哲《中国近代史的书写问题：关于中国近代史知识的生产方式的一些思考》，发表于"中国近代史的再思考：中央研究院近代史研究所创所五十周年"国际学术研讨会，台北"中央研究院"近代史研究所，2005年6月。
⑥ 王子休：《序》，载魏野畴《中国近世史》，开明书店1932年版，第2页。
⑦ 罗家伦：《研究中国近代史的意义和方法》，载李定一、包遵彭、吴相湘编《中国近代史论丛·史料与史学》第1辑第1册，第80页。
⑧ 郭廷以：《中国近代史》第一册《例言》，上海商务印书馆1947年版，第2页。

第二节　政权鼎革与近代史学科地位的跃升

中国近代史学科的萌生形成，本是学术与社会转型的产物。伴随着1949年翻天覆地的政权鼎革，马克思主义史学由边缘进驻全国史坛的中心。批判清除非马克思主义史学的影响，确立唯物史观的统治地位，成为史学界的当务之急。1949年9月29日通过的《中国人民政治协商会议共同纲领》第五章第44条规定："提倡用科学的历史观点，研究和解释历史、经济、政治、文化和国际事务。"① 这个"科学的历史观点"，毫无疑问就是马克思主义的唯物史观。1949年7月1日，中国新史学研究会筹备会在北平成立，由郭沫若任主席，吴玉章、范文澜任副主席，其宗旨即为："学习并运用历史唯物主义的观点和方法，批判种种旧历史观，并养成史学工作者实事求是的学风，以从事新史学的建设工作。"② 筹备会经常组织座谈会，探讨学习和应用马克思主义研究历史。③ 1951年7月中国史学会成立，其宗旨为"团结史学界，改造旧史学，创造发展新史学"。④

破旧立新成为新中国成立初期史学界的基调。在新政权自上而下的推动之下，从学习历史唯物论和社会发展史入手的马克思主义理论学习运动蔚为热潮。不少来自"旧社会"的学人，膺服于中国共产党通过革命建立空前统一的民族国家的伟业，"看到纪律严明的军队，勤劳朴实的干部，一切为人民利益着想的政党"（陈垣语），由此亦激发出对于中共意识形态——唯物史观的学习热情。1949年5月11日，陈垣在《人民日报》发表致胡适的公开信，驳斥其所谓"共产党来了，决无自由"的论

---

① 中共中央文献研究室编：《建国以来重要文献选编》（一），中央文献出版社1992年版，第11页。

② 《中国新史学研究会筹备会昨在平成立》，《人民日报》1949年7月2日。

③ 参见蔡美彪《范文澜与中国史学会》，载《中国史学会五十年》，海燕出版社2004年版，第612页。

④ 参见《中国史学会五十年》，海燕出版社2004年版，第3页；张传玺《翦伯赞传》，北京大学出版社1998年版，第273页。

调,说自己正在"初步研究"辩证唯物论和历史唯物论,"对历史有了新的见解"。① 郑鹤声在1951年撰文:"真正的历史科学,是从马克思的科学历史观(也就是唯物史观或唯物的历史理论)发见时才建立起来的。我们明白马克思历史科学观的道理,就要把这个史观去研究历史事实。所以我们的首要问题,是在如何运用马克思主义来结合我国近代史上的问题。""而这种马列主义在中国的光辉典范,就是毛泽东思想。我们研究中国近代史,首先要以客观真确史实作根据,其次要有革命理论的贯穿,才不致陷于迷惘。"② 概而言之,如罗志田所言:"当年很多'旧社会'过来的史家,或主动或被动,在学术层面大都采取了认同新时代、试图配合主流意识形态的姿态。"③ 他们对于唯物史观的接受,自不能简单归因于政治原因,一定程度上也是出于史家的主动追求。

新中国成立后史学的一大特色,是中国近代史受到空前重视,在学术园地中占据了相当显赫的地位。郭沫若在1951年7月中国史学会成立大会上说:"中国的历史学者已经逐渐从贵古贱今的偏向转向到注重近代史的研究了。这也是史学界的一大进步。"④ 1952年华岗在总结两年来的中国史学发展时指出:"过去的史学工作者,由于受了统治阶级的蒙蔽,'复古'的倾向也很严重,现在已由'整理国故'到重视近代史的研究。两年来对近代史研究空气的提高,确是一大进步。"⑤ 1953年刘大年向苏联学者所作的报告亦强调:多数学人已转变为注重近代史研究。⑥ 在诸多史家的总结中,均将重视近代史研究作为新、旧史学至为关键的变化。⑦

非唯理念上提倡而已,且亦从学术机构、课程设置等学术建制层面对

---

① 陈垣:《致胡适之的一封公开信》,《人民日报》1949年5月11日。
② 郑鹤声:《怎样研究中国近代史》,《文史哲》1951年第2期。
③ 罗志田:《文革前"十七年"中国史学的片断反思》,《四川大学学报》2009年第5期。
④ 郭沫若:《中国历史学上的新纪元》,载《中国史学会五十年》,海燕出版社2004年版,第8页。
⑤ 华岗:《两年来中国历史科学的转变和趋势》,《光明日报》1952年3月15日。
⑥ 参见刘大年《中国历史科学现状》,《光明日报》1953年7月22日第2版。
⑦ 据美国学者福尔维克(Albert Feuerwerker,又译"费惟恺")的观察,"中国共产党人把主要力量放在使中国的近代史适合马、列、毛主义的外衣这个工作上"。(参见[美]福尔维克《披着马克思主义外衣的中国史学》,《史学资料》1961年7月1日。)

中国近代史学科大力扶持。1950年5月1日，中国科学院率先成立近代史研究所这一国家级史学研究机构，由范文澜出任所长；1955年6月正式成立中国科学院哲学社会科学部（简称学部），从事近代史研究的吴玉章、陈伯达、范文澜、胡绳、胡乔木、刘大年皆被推为相当于"院士"的学部委员。① 各综合大学和师范院校的历史系均开设有中国近代史课程。历史系教学计划的课时分配，中国近代史作为基础课程，与古代史大体可以平分秋色，这在新中国成立前的高校历史教学中简直难以想象。

开设中国近代史讲座，成为知识分子改造思想的重要举措。政协全国委员会学习座谈会制订了这样的中国近代史学习计划：（1）学习内容：从鸦片战争开始到辛亥革命止。组织六个专题讲座：鸦片战争、太平天国、甲午之战、戊戌变法、义和团、辛亥革命。除以上六个专题讲座外，还在专题开讲前举行一次关于学习近代史方法的报告，在专题终讲后举行一次学习总结报告。六个专题讲座和学习方法、学习总结，由学习干事会邀请近代史专家分别主讲。（2）学习方法：以上六个专题讲座依次进行，在每次专题报告后举行分组讨论或联组讨论一次至二次，在讨论时提倡自由辩论。（3）学习时间：近代史学习时间预定为六个月，从1955年2月开始。在近代史学习进行中遇必要时得适当插入时事政策的学习。②

无独有偶，1949年后，在美国主导下，国际上研究中国近代史逐渐出现一股热潮，成为横扫全球学术界的一大运动，这"不只深刻影响着整个史学界固有的视野和方向，对于现实的国际政治，也发生了不可轻视的力量"。③ 海外中国学聚焦于中国近代史，可能主要是基于分析中共革命何以取胜及如何因应中共政权的现实考量。

新中国成立后中国近代史学科地位跃升，固然有学科发展的内在要求，更不可忽视现实政治需要的驱动。杜赞奇认为："一个国家往往在建

---

① 据《中国科学院学部委员名单》，《人民日报》1955年6月4日第1版。其中陈伯达、胡乔木、胡绳皆一身二任，既是近代史研究者，又是党的意识形态领域高官。近代史学科的意识形态属性亦于此可见。

② 参见《顾颉刚日记》第7卷（下），台北联经出版公司2007年版，第650页。

③ 李恩涵：《研究中国近代史的趋势与必要参考书目》，载张玉法主编《中国现代史论集》第2辑，台北联经出版事业公司1970年版，第3页。

国初期会对历史比较重视,需要用历史来确认国家身份、寻找认同感。"①

对于研究中国近代史的目的与意义,不少史家均曾有所阐发。毛健予认为:"任何重要的事端的发生发展,差不多都在这八十年里规定着,寻根探源不能不向这八十年的历史事实中去找寻。对于这'昨天的'清楚了,才能对'今天的'彻底明白;对于'今天的'明白了,才能认识毛泽东思想的正确和伟大,才能在伟大的毛泽东旗帜之下,有信心有决心依照着毛泽东思想指示的方向,遵照中国共产党和人民政府的政策,为着实现'明天的'历史而勇往迈进。这样才能使已经落在革命实践后面的学术界急起直追,赶上了时代,推动历史车轮前进。""学习中国近代史首要的是立场、观点和方法问题。同时还也是一个重要的思想斗争过程。我们要下定决心,尽可能的通过中国近代史学习,把思想上存在着的或残存的一切不正确的想法和看法,一定要大胆坦白的暴露出来,想法达到消毒和断根的效果,千万不要养遗贻患,害己而又害人。因为这样才能达到去腐生肌建立正确的历史观和人生观。"②

在1956年由教育部编订的《师范学院历史系中国近代史试行教学大纲》中,也指出中国近代史是"了解'中国的昨天'以及指导我们当前的革命实践的重要的一门科学"。③ 洪英昌认为:"我们学习和研究中国近代百年史,首先是为了更好地体会毛泽东思想";"为了更好地认识和掌握中国历史发展过程和客观规律,更好地指导当前的实际斗争,为了中华民族文化的继往开来,为了使我们的学术研究牢牢地植根于中国这块肥沃的土地上,有必要重视中国近代百年史的研究"。④

刘大年从阶级斗争着眼,对近代史的意义和目的有较全面的论述:"第一,近代中国阶级、阶级斗争规律的知识可以武装一切真正的革命者,武装正在建设社会主义的我国广大人民。""第二,需

---

① 李邑兰:《杜赞奇:崛起的国家不必再谈血腥的过去》,《南方周末》2010年12月29日。
② 毛健予:《学习中国近代史的目的和要求》,《新史学通讯》1952年第15期。
③ 中华人民共和国教育部编订:《师范学院历史系中国近代史试行教学大纲》(1956年8月),高等教育出版社1957年版,第2页。
④ 洪英昌:《要重视中国近代百年史的研究》,《学术月刊》1961年第8期。

要研究近代中国阶级斗争的客观规律，来深刻阐明党在民主革命时期的路线、方针和政策。""第三，中国民主革命时期复杂的阶级斗争为中国人民积累了异常丰富的革命经验。今天迫切需要对这些经验从理论上，即从历史规律性上加以阐述、总结。""第四，我们需要掌握近代中国阶级斗争规律的知识，更有力的与资产阶级反动思想作斗争。"①

新中国成立十年之际，学者们总结道："历史科学是一门社会科学，是研究生产斗争和阶级斗争而为阶级斗争服务的。由于他是为阶级斗争服务的科学，所以历史科学本身的发展也是和阶级斗争分不开的，如果不能在思想战线上击溃各式各样的反动敌人，科学的历史就不能夺取阵地得到发展。"②这里诸如"战线""击溃""阵地"等词语，在当时的史学论文中屡见不鲜，反映出史学从"战时"走来的"战斗性"特征。③

概而言之，在时人的认识中，中国近代史既是知识分子自身改造思想的工具，也是与资产阶级反动思想进行斗争的武器。中国近代史研究的基本功能，或曰意义与目的，被定位为追溯近代以来的革命系谱，以论证新生政权的历史合法性，从而促使人们形成一致的政治认同。于是近代史研究被直接纳入新中国的意识形态建设之中，二者共享同一套话语。然而在从现实需要中获得了政治支撑而迅速发展的同时，中国近代史却不能得到全方位的审视，近代史学科也因与现实政治绾合过于紧密而受到难以摆脱的无形制约。直到1958年，刘大年还坦言："今天有些历史学家未必真正承认近百年史，特别是五四运动以来历史，中华人民共和国历史是科学研究的对象。"④

---

① 刘大年：《中国近代史诸问题》，《历史研究》1963年第3期。
② 刘尧庭、张嘉沧、荣铁生、郝立本：《从思想战线斗争看十年来历史科学的发展》，《开封师范学院学报》1959年第2期。
③ 王学典提出"战时史学"概念，即从属于救亡与战争的史学规范，并认为1949年后的史学是一种脱胎于"战时史学"，虽力图超越却又无法摆脱"战时史学"局限的史学。详参王学典《20世纪中国史学评论》，山东人民出版社2002年版，第143—144页。
④ 刘大年：《提倡艰苦劳动的学风》，《人民日报》1958年3月18日第7版。

第三节　毛泽东相关论述奠定近代史基本理论

由于中国共产党领导的新民主主义革命直接诞生于近代中国的历史土壤之中，毛泽东将对中国近代史的认识提升到攸关革命成败的高度，强调"认清中国社会的性质，就是说，认清中国的国情，乃是认清一切革命问题的基本的根据"。[①] 他提出"马克思主义中国化"的命题，其核心要义也在于认识近代国情，从中国的实际情况出发制定革命方略。毛泽东曾对近代史有过不少论述[②]，这些论述构成了其革命史观的重要组成部分，也构成了毛泽东新民主主义革命理论体系的历史依据，其关于中国革命的对象、任务、性质、动力、前途等理论皆由此生发。在新中国成立后，因毛泽东的最高领导地位，他的这些论断遂成为中国近代史研究不可移易、不容挑战的理论前提和最终评判标准。近代史学界的论题往往围绕他的论断而展开，学者的论述则不过是对其论断进行更具学理意味的诠释，并将之进一步发扬光大，这便形成新中国成立后长期指导中国近代史研究的理论范式。

毛泽东的近代史叙事并非其个人独创。这一叙事的形成过程，乃是诸多中共革命者与学者将马克思主义理论运用于中国历史分析的过程，其间充满了话语的冲突与融合，最终经由毛泽东著作，将之定型为权威叙事。其最具代表性的文本即为1939年12月写成的《中国革命和中国共产党》一文。[③]

[①] 参见毛泽东《中国革命和中国共产党》，《毛泽东选集》第2卷，人民出版社1991年版，第633页。

[②] 毛泽东还曾有过对近代史进行学术研究的想法，在1939年致何干之信中表示"将来拟研究中国近代史"。（参见《致何干之》，《毛泽东书信选集》，人民出版社1983年版，第136页。）但总体说来，他是作为职业革命者而非学者来论述近代史的。

[③] 《中国革命和中国共产党》，乃毛泽东与"其他同志"合力撰成。冯天瑜认为，参与撰写者包括王学文、何干之、艾思奇。（参见冯天瑜《"封建"考论》，武汉大学出版社2006年版，第293页。）张静如则认为张闻天、李维汉也参与了撰写。（参见张静如主编《中国共产党思想史》，青岛出版社1991年版，第230页。）

具体说来，毛泽东主要从以下几个方面奠定了中国近代史理论诠释体系的基本框架。

1. 关于中国近代社会性质。这是整个马克思主义学派中国近代史理论诠释体系的根基所在。强调对社会性质、社会形态的判定，本是马克思主义史学的题中应有之义；而对于近代中国社会性质的认识，即等同于对近代中国国情的认识，更是与中国共产党领导的民族民主革命息息相关。毛泽东明确指出，"认清中国社会的性质，就是说，认清中国的国情，乃是认清一切革命问题的基本的根据"。① 早在1912年和1919年，列宁就在自己的文章中分别提到中国是半封建国家和半殖民地国家。这一理论观念对中国共产党产生了重要影响。在1922年7月中共二大通过的《关于"国际帝国主义与中国和中国共产党"的决议案》和《关于议会行动的决议案》中，开始使用"半殖民地"概念。同年9月，蔡和森明确使用了"半殖民地""半封建"概念来说明中国社会的性质。1926年蔡和森提到"半殖民地和半封建的中国"，首次将两"半"概念联结起来冠于中国加以表述。中国共产党在1929年2月的《中央通告第二十八号——农民运动的策略》文件中，则正式提出完整的半殖民地半封建概念。② 此后经中国社会史论战、中国社会性质论战，"半殖民地半封建社会"这一概念的影响得以扩大。毛泽东在吸收融汇论战成果的基础上，对中国近代社会性质做了深入探讨。他在《中国革命和中国共产党》一文中，将"半殖民地半封建社会"的内涵予以明确，其概念表述加以定型③，明确提出：

---

① 毛泽东：《中国革命和中国共产党》，《毛泽东选集》第2卷，第633页。
② 参见陈金龙《"半殖民地半封建"概念形成过程考析》，《近代史研究》1996年第4期；陶季邑《关于"半殖民地半封建"概念的首次使用问题》，《近代史研究》1998年第6期；李洪岩《半殖民地半封建理论的来龙去脉》，《中国社会科学院近代史研究所青年学术论坛》2003年卷，社会科学文献出版社2005年版。
③ 毛泽东在1936年《中国革命战争的战略问题》一文中，已使用"半殖民地的半封建的国度"之表述；1938年5月《论持久战》中，将"半殖民地半封建"作为一个完整概念来说明近代中国社会性质。（详参龙心刚《对毛泽东使用与认识"半殖民地半封建"概念的历史考察》，《党史研究与教学》2007年第3期。）

自从一八四〇年的鸦片战争以后，中国一步一步地变成了一个半殖民地半封建的社会。自从一九三一年九一八事变日本帝国主义武装侵略中国以后，中国又变成了一个殖民地、半殖民地和半封建的社会。

中国封建社会内的商品经济的发展，已经孕育着资本主义的萌芽，如果没有外国资本主义的影响，中国也将缓慢地发展到资本主义社会。外国资本主义的侵入，促进了这种发展。外国资本主义对于中国的社会经济起了很大的分解作用，一方面，破坏了中国自给自足的自然经济的基础，破坏了城市的手工业和农民的家庭手工业；又一方面，则促进了中国城乡商品经济的发展。

中国民族资本主义发生和发展的过程，就是中国资产阶级和无产阶级发生和发展的过程……中国的资产阶级和无产阶级，作为两个特殊的社会阶级来看，它们是新产生的，它们是中国历史上没有过的阶级……中国无产阶级的发生和发展，不但是伴随中国民族资产阶级的发生和发展而来，而且是伴随帝国主义在中国直接地经营企业而来。所以，中国无产阶级的很大一部分较之中国资产阶级的年龄和资格更老些，因而它的社会力量和社会基础也更广大些。

帝国主义列强侵略中国，在一方面促使中国封建社会解体，促使中国发生了资本主义因素，把一个封建社会变成了一个半封建的社会；但是在另一方面，它们又残酷地统治了中国，把一个独立的中国变成了一个半殖民地和殖民地的中国。[①]

在毛泽东对近代中国的社会性质做了以上阐述之后，"中国共产党的理论工作者，以及在中国革命成功的推动下愿意接受马克思主义指导的史学工作者，在中国的社会性质问题上，都认同了近代中国是半殖民地半封

---

① 《毛泽东选集》第 2 卷，第 626、627、630 页。

建社会的观点"。①

2. 中国近代社会主要矛盾。在《矛盾论》中，毛泽东系统阐述了近代社会的民族矛盾与阶级矛盾在各阶段的具体变化。在《中国革命和中国共产党》一文中则概括为：

> 帝国主义和中华民族的矛盾，封建主义和人民大众的矛盾，这些就是近代中国社会的主要矛盾。当然还有别的矛盾，例如资产阶级和无产阶级的矛盾，反动统治阶级内部的矛盾。而帝国主义和中华民族的矛盾，乃是各种矛盾中的最主要的矛盾。这些矛盾的斗争及其尖锐化，就不能不造成日益发展的革命运动。伟大的近代和现代的中国革命，是在这些基本矛盾的基础之上发生和发展起来的。②

3. 关于中国近代史的基本内容。对此，毛泽东在不同场合的表述各有侧重。在《中国革命和中国共产党》一文中，他说：

> 帝国主义和中国封建主义相结合，把中国变为半殖民地和殖民地的过程，也就是中国人民反抗帝国主义及其走狗的过程。从鸦片战争、太平天国运动、中法战争、中日战争、戊戌变法、义和团运动、辛亥革命、五四运动、五卅运动、北伐战争、土地革命战争，直至现在的抗日战争，都表现了中国人民不甘屈服于帝国主义及其走狗的顽强的反抗精神。③

在《新民主主义论》中，毛泽东强调西方列强的侵略活动，"帝国主义侵略中国，反对中国独立，反对中国发展资本主义的历史，就是中国的近代史。历来中国革命的失败，都是被帝国主义绞杀的，无数革命的先

---

① 张海鹏：《60年来中国近代史研究领域有关理论与方法问题的讨论》，《近代史研究》2009年第6期。
② 《毛泽东选集》第2卷，第631页。
③ 同上书，第632页。

烈，为此而抱终天之恨"。① 而在《唯心历史观的破产》一文中，他则强调："反对英国鸦片侵略的战争，反对英法联军侵略的战争，反对帝国主义走狗清朝的太平天国战争，反对法国侵略的战争，反对日本侵略的战争，反对八国联军侵略的战争，都失败了，于是再有反对帝国主义走狗清朝的辛亥革命，这就是到辛亥为止的近代中国史。"②

4. 只有中国共产党能够救中国。这是毛泽东中国近代史理论诠释体系的结论。在《中国革命和中国共产党》一文中，他说：

> 中国人民的民族革命斗争，从一八四〇年的鸦片战争算起，已经有了整整一百年的历史了；从一九一一年的辛亥革命算起，也有了三十年的历史了。这个革命的过程，现在还未完结，革命的任务还没有显著的成就，还要求全国人民，首先是中国共产党，担负起坚决奋斗的责任。

> 中国现阶段的革命所要造成的民主共和国，一定要是一个工人、农民和其他小资产阶级在其中占一定地位起一定作用的民主共和国。换言之，即是一个工人、农民、城市小资产阶级和其他一切反帝反封建分子的革命联盟的民主共和国。这种共和国的彻底完成，只有在无产阶级领导之下才有可能。

> 中国革命是包括资产阶级民主主义性质的革命（新民主主义的革命）和无产阶级社会主义性质的革命、现在阶段的革命和将来阶段的革命这样两重任务的。而这两重革命任务的领导，都是担负在中国无产阶级的政党——中国共产党的双肩之上，离开了中国共产党的领导，任何革命都不能成功。③

---

① 《毛泽东选集》第 2 卷，第 679 页。
② 《毛泽东选集》第 4 卷，人民出版社 1991 年版，第 1513 页。
③ 《毛泽东选集》第 2 卷，第 632、649、651 页。

在《新民主主义论》一文中，他说：

> 在中国，事情非常明白，谁能领导人民推翻帝国主义和封建势力，谁就能取得人民的信仰，因为人民的死敌是帝国主义和封建势力、而特别是帝国主义的缘故。在今日，谁能领导人民驱逐日本帝国主义，并实施民主政治，谁就是人民的救星。历史已经证明：中国资产阶级是不能尽此责任的，这个责任就不得不落在无产阶级的肩上了。①

在《论人民民主专政》一文中，他说：

> 自从一八四〇年鸦片战争失败那时起，先进的中国人，经过千辛万苦，向西方国家寻找真理。洪秀全、康有为、严复和孙中山，代表了在中国共产党出世以前向西方寻找真理的一派人物。……帝国主义的侵略打破了中国人学西方的迷梦。很奇怪，为什么先生老是侵略学生呢？中国人向西方学得很不少，但是行不通，理想总是不能实现。……十月革命一声炮响，给我们送来了马克思列宁主义。十月革命帮助了全世界的也帮助了中国的先进分子，用无产阶级的宇宙观作为观察国家命运的工具，重新考虑自己的问题。走俄国人的路——这就是结论。②

在《唯心历史观的破产》一文中，他说：

> ……从一八四〇年的鸦片战争到一九一九年的五四运动的前夜，共计七十多年中，中国人没有什么思想武器可以抗御帝国主义。旧的顽固的封建主义的思想武器打了败仗了，抵不住，宣告破产了。不得已，中国人被迫从帝国主义的老家即西方资产阶级革命时代的武器库

---

① 《毛泽东选集》第2卷，第674页。
② 《毛泽东选集》第4卷，第1469—1471页。

中学来了进化论、天赋人权论和资产阶级共和国等项思想武器和政治方案,组织过政党,举行过革命,以为可以外御列强,内建民国。但是这些东西也和封建主义的思想武器一样,软弱得很,又是抵不住,败下阵来,宣告破产了。

一九一七年的俄国革命唤醒了中国人,中国人学得了一样新的东西,这就是马克思列宁主义。中国产生了共产党,这是开天辟地的大事变。

自从中国人学会了马克思列宁主义以后,中国人在精神上就由被动转入主动。从这时起,近代世界历史上那种看不起中国人,看不起中国文化的时代应当完结了。伟大的胜利的中国人民解放战争和人民大革命,已经复兴了并正在复兴着伟大的中国人民的文化。这种中国人民的文化,就其精神方面来说,已经超过了整个资本主义世界。①

此外,毛泽东还对中国近代史中革命与改良的问题,表述了明确的意见。1951年5月20日,《人民日报》发表由毛亲自撰写的社论《应当重视电影〈武训传〉的讨论》,社论说:

《武训传》所提出的问题带有根本的性质。象武训那样的人,处在清朝末年中国人民反对外国侵略者和反对国内的反动封建统治者的伟大斗争的时代,根本不去触动封建经济基础及其上层建筑的一根毫毛,反而狂热地宣传封建文化,并为了取得自己所没有的宣传封建文化的地位,就对反动的封建统治者竭尽奴颜婢膝的能事,这种丑恶的行为,难道是我们所应当歌颂的吗?向着人民群众歌颂这种丑恶的行为,甚至打出"为人民服务"的革命旗号来歌颂,甚至用革命的农民斗争的失败作为反衬来歌颂,这难道是我们所能够容忍的吗?承认或者容忍这种歌颂,就是承认或者容忍污蔑农民革命斗争,污蔑中国历史,污蔑中国民族的反动宣传为正当的宣传。

在许多作者看来,历史的发展不是以新事物代替旧事物,而是以

---

① 《毛泽东选集》第4卷,第1513—1514、1516页。

种种努力去保持旧事物使它得免于死亡；不是以阶级斗争去推翻应当推翻的反动的封建统治者，而是象武训那样否定被压迫人民的阶级斗争，向反动的封建统治者投降。我们的作者们不去研究过去历史中压迫中国人民的敌人是些什么人，向这些敌人投降并为他们服务的人是否有值得称赞的地方。我们的作者们也不去研究自从一八四〇年鸦片战争以来的一百多年中，中国发生了一些什么向着旧的社会经济形态及其上层建筑（政治、文化等等）作斗争的新的社会经济形态，新的阶级力量，新的人物和新的思想，而去决定什么东西是应当称赞或歌颂的，什么东西是不应当称赞或歌颂的，什么东西是应当反对的。

毛泽东此文，以强烈的阶级意识、阶级立场，以论战、批判的口吻，对于"革命"与"改良"作了截然对立的价值评判，这种评判对新中国成立后的史学研究，尤其是中国近代史研究产生了深远的影响，被认为"明确地解决了在中国近代历史上应当赞成什么和应当反对什么的问题"。[①]

毛泽东的近代史论述，固然不无学理的成分，但更主要的是基于政治斗争时势的考量，不可避免具有概略性、政论性与多变性的特征。[②] 而在意识形态一元化的语境下，毛的论述对国内学术研究有精神定向的作用，学者们以注经的姿态对这些论述所宣示的基本理论、原则、概念加以论证与阐发。如黎澍所言："毛泽东同志在他的著作中对于这些问题所作的分析和规定早已成为经典，成为连中国革命的敌人都不敢攻击的马克思列宁主义的坚固的阵地。在这里，我们的历史家的任务应当是用丰富的事实材料来阐明毛泽东同志的体系，并且从这里出发，遵循毛泽东同志的指示，

---

① 刘大年：《中国历史科学现状》，《光明日报》1953年7月22日第2版。
② 参见郭世佑《毛泽东的近代史论刍议》，《近代史研究》1995年第4期。毛泽东近代史论述的"政论性与多变性"特征，集中表现在其20世纪40年代对新民主主义论的表述中，如革命领导权问题，毛有中国共产党"接受"领导、"参与"领导和"领导"等多种说法，这种说法的变化乃基于"我们的力量"变化而变化。（详参王也扬《历史地看待毛泽东的新民主主义论及其变化》，《中共党史研究》2001年第3期。）

继续在中国历史领域中扩大马克思列宁主义的占领。"①

第四节 中国近代史分期问题与"三次革命高潮"说

中国近代史学科的叙事框架,深切地反映社会巨变。新中国成立后,马克思主义成为国家意识形态,具有无可置疑的主导地位。唯物史观以其科学光环、逻辑力量和变革现实的功业,赢得学人的普遍服膺。用唯物史观的理论和方法研究中国近代史、构建学科理论体系成为首要的宏大任务。1954—1957年的中国近代史分期问题讨论吸引了众多近代史学人参与,最终大体确定以"三次革命高潮"说作为叙事脉络,并以此构建中国近代史学科的基本理论框架。40余年后还有学者认为,"建国以后的研究虽在具体的论述中多有偏狭和扭曲,但总体上却虎虎而有活力,不失思想和精神上的明确主题"。②

近代史分期讨论的影响远波海外,成为西方学者关注中国马克思主义史学的焦点问题之一,虽然他们对之多持批评的态度。1956年9月在巴黎召开的第九次青年汉学家会议上,几乎所有西方学者一致反对大陆学人研究中国历史分期问题,认为中国史分期是"公式化";英国剑桥大学的郑德坤认为,讨论分期问题有政治目的;法国巴拉士"谓中国史学家把近代史分期过细,近乎幼稚"。③ 然而不可否认的是,近代史分期讨论吸引了海外学者的视听。

关于这一讨论的学术背景有两点值得注意:其一,随着翻天覆地的政治变革,中国近代史获得学科发展的强大动力,此前编纂的"单元式"或"专题式"的著作已无法满足教学科研之需,建立和完善近代史学科体系成为史学界的当务之急。④ 其二,1949—1951年苏联《历史问题》

---

① 黎澍:《是马克思列宁主义还是私人科学?》,《人民日报》1960年2月4日。
② 胡成:《80年代以来中国近代史研究的创新问题》,《文史哲》1998年第3期。
③ 参见翦伯赞《第九次青年汉学家会议纪要》,《历史研究》1956年第12期。
④ 《中国近代史参考资料丛刊》也是以专题形式编纂而成。

杂志展开了"苏联历史分期问题"讨论,在中国史学界产生了极大反响。[①]

1954年,在《历史研究》杂志创刊第1期上,胡绳发表了《中国近代历史的分期问题》一文。胡绳早年肄业于北京大学哲学系,1938年加入中国共产党,为毛泽东政治秘书之一,参与毛泽东著作整理出版,后长期出任中国社会科学院院长。胡的学术建树以治近代史最为著名。其时,胡绳以敏锐的学术感知力,率先提出中国近代史分期问题,引发了一场大规模的学术讨论。结果,他在上述文章中所构建的,"从鸦片战争到五四运动约八十年间",由太平天国、戊戌维新和义和团运动、辛亥革命"三次革命高潮"贯穿的中国近代史分期说,因与当时的社会思想甚为契合而获得认同,并对近代史研究与教学产生了覆盖性影响。

本书无意对当年讨论的各方观点进行价值评判,而主要着眼于历史认识论的层面来探讨诸多史学家在论争背后隐含的种种考量,寻绎当时学人关注之所在。

一 中国近代史学科时限问题讨论

中国近代史学科体系的建构,自应包括学科时限的确定。所谓学科时限,"是指获得学界基本共识,并形成制度性确认,在全国相关研究和教育机构统一规定采用的时限"。[②] 在今人的反思中,20世纪50年代所构建的中国近代史学科体系,颇为人诟病的一点,即在于将研究对象以1840年与1919年的上下限"斩头去尾",学科时限被固定在不到80年的范围内,一定程度上限制了研究的视野。章开沅指出:"这样极其有限的历史时空,作为课程教学已属不妥,遑论必须上下千百年探索才能把握的史学

---

① 中华书局将苏联这一讨论总结性的三篇论文翻译过来,编辑成《苏联历史分期问题讨论》(石父辑译,中华书局1952年4月初版),作为我国历史分期的参考。随后我国史学界对中国古代史分期及近代史分期的讨论相继展开。在中国近代史分期讨论中,胡绳、戴逸、金冲及、来新夏、孙守任等史家的文章无不体现了苏联历史分期讨论的影响。

② 虞和平:《改革开放以来中国近代史学科创新》,《过去的经验与未来的可能走向——中国近代史研究三十年(1979—2009)》,社会科学文献出版社2010年版,第355页。

宏观。"① 下面我们来追溯这一学科时限定型化的过程，并分析参与论争学人的种种考量。

（一）资本主义萌芽与近代史上限

前已述及，"鸦片战争为近代史上限"之说新中国成立前就有很多研究者赞同，但是在新中国成立后，这一观点具有了特殊的政治意义。"明清之际上限说"的代表人物郑鹤声在新中国成立初便立即做了自我纠正，明确表示"自鸦片战争直到今日为近代史"。② 他后来回忆："解放以前，我虽担任过中国近世史课程，实际上讲的是清史。解放后担任中国近代史课程。毛主席关于中国近代史的论述，指示我们以第一次鸦片战争为中国近代史的开端，与以前讲授的中国近世史，迥然不同。"③

郑鹤声特别强调毛泽东的"论述"，刘大年在1953年亦总结道："根据毛泽东同志的指示，中国近代史从鸦片战争开始。"④ 无疑，毛泽东的"指示"成为"鸦片战争上限说"的根本凭据。实际持"明清之际上限说"的侯外庐⑤，亦不得不在形式上对以1840年为近代史开端表示了认同。⑥

1949年毛泽东为人民英雄纪念碑起草的碑文，明确宣示：由此上溯到一千八百四十年，从那时起，为了反对内外敌人，争取民族独立和人民自由幸福，在历次斗争中牺牲的人民英雄永垂不朽。国家最高领导人以这种方式，进一步强调了1840年与现实政治的紧密关联，强调了中国共产党领导的革命是这一历史时期正义事业的最终承担者，其意义十分重大。

---

① 章开沅：《辛亥百年遐思》，《近代史研究》2011年第4期。
② 郑鹤声：《怎样研究中国近代史》，《文史哲》1951年第1卷第2期。
③ 《郑鹤声自述》，载高增德、丁东编《世纪学人自述》，北京十月文艺出版社2000年版，第18页。
④ 刘大年：《中国历史科学现状》，《光明日报》1953年7月22日。该文是刘氏作为"科学院访苏代表团团员"向苏联学界所做的介绍，俄文译稿于是年5月号苏联《历史问题》发表，中文原载《科学通报》。
⑤ 侯氏主张将中国近代史看作中国资本主义萌芽及启蒙思潮发生和发展的历史，以明清之际为开端。详参侯外庐《中国近世思想学说史》（下），三友书店1945年版。
⑥ 值得注意的是，侯氏同时集中力量研究中国资本主义萌芽和晚明思想史，可以窥见他内心仍认为明清之际有历史关节点之意义。

学术问题政治化在当时属于常态，但毕竟学界也存在不少学术层面的争鸣，如"五朵金花"①问题论争就曾盛极一时，同属分期问题的中国古史分期亦可以诸说并存；即便中国近代史分期，其具体段落的分割、近代史下限的量裁均尚有一定的论争空间，并未强制定于一说。而近代史上限问题则设置了无形禁区。鸦片战争开端说在新中国成立后的史学界似已成为不容挑战的政治定论。此时，仅有尚钺坚持以16世纪中叶为近代开端的意见。②尚钺早年就学于北京大学，1927年加入中国共产党，曾任教于云南大学、山东大学，新中国成立后时任中国人民大学中国历史教研室主任。尚钺因近代史上限的不同意见而受到众多史家的口诛笔伐，可谓学术问题政治化的一桩典型学案。

其实，作为老革命家的尚钺，他的"异端"观点亦源于毛泽东的论断，即本书前引《中国革命和中国共产党》中"中国封建社会内的商品经济的发展，已经孕育着资本主义的萌芽，如果没有外国资本主义的影响，中国也将缓慢地发展到资本主义社会"一段论述。这一论述的用意在于批驳"为帝国主义在中国的殖民事业辩护的资产阶级学者"③，以"有助于我们把中国历史从特殊论、循环论等的唯心主义泥坑中解救出来，并且有力地驳斥帝国主义诬蔑我国社会只有外力侵入才有进步和发展的胡说"④。尚钺正是从毛的这一论断出发，在1954年主编出版《中国历史纲要》后，将主要精力投入中国资本主义萌芽问题研究中的。他自己曾明确表示："我们在讲授中国人民大学的中国历史课程中，根据毛泽东同志的指示和过去学者的研究，自1950年即提出远在十六世纪中叶以前，中国已有资本主义最初的萌芽。"⑤

尚钺1956年4月出版论文集《中国资本主义关系发生及演变的初步

---

① 新中国成立后史学界曾就中国古代史分期、中国封建土地所有制形式、中国封建社会农民战争、中国资本主义萌芽、汉民族形成五个问题展开研究和探讨，取得的成果，被称为"五朵金花"。
② 尚钺：《明清社会经济形态研究·序言》，上海人民出版社1957年版。
③ 黎澍：《关于中国资本主义萌芽问题的考察》，《历史研究》1956年第4期。
④ 《中国资本主义萌芽问题讨论集·编者的话》，三联书店1957年版。
⑤ 尚钺：《中国资本主义关系发生及演变的初步研究》，三联书店1956年版。

研究》①，强调明清之际中国已出现"资本主义萌芽"。黎澍则撰文批评了这一"把明朝的中国历史近代化的倾向"。②

1957年3月中国人民大学中国历史教研室出版《明清社会经济形态的研究》一书③，尚钺在为此书所写序言中提出："关于明清两代社会性质的讨论，是中国历史上的一个大问题。这个问题的解决，不仅将影响到史学界对中国历史的某些传统看法，如中国封建社会长期性或中国社会停滞论，乃至中国社会一直到1840年外国资本主义侵入以后，中国社会基础还是小农业与家庭手工业相结合的自然经济等等，而且将影响到中国近代史究竟以什么时期为起点的问题。因为，不拘从社会经济的发展上，或从上层建筑的意识形态发展线索上，以及从中国社会内部的主要矛盾和主要矛盾方面的继续和发展上，以一八四〇年外国资本主义侵入的时间划一个分界线，都是不很妥当的，而且有着斩断历史发展线索的毛病。"虽然他反复表示："我们肯定明清之际中国社会仍然是封建社会。……我们所以这样提，不过是认为明清之际的中国封建社会，已经是在开始变化的封建社会……总之，明清之际的封建社会的性质在起着变化，不过这个变化是必须经过由量变到质变的长期的缓慢的过程。明清之际的中国社会显然还未达到质变的程度，所以仍然是封建社会"④，但是他此前又提出"不拘在经济上、政治上，以及社会矛盾和斗争的内容与形式上，我们都可以看见明代，特别是明末三五十年间，中国封建社会已在开始起着本质的变化"⑤。

尚钺在古史分期问题上持"魏晋封建说"，与毛泽东"封建制度，自周秦以来一直延续了三千年左右"的论断"挂不上钩"，不免已承受压力。⑥ 在资本主义萌芽的研究中，又以社会经济成分变化为标志，提出以

---

① 尚钺：《中国资本主义关系发生及演变的初步研究》，三联书店1956年版。
② 黎澍：《关于中国资本主义萌芽问题的考察》，《历史研究》1956年第4期。
③ 上海人民出版社1957年版。
④ 尚钺：《明清社会经济形态的研究·序言》，上海人民出版社1957年版，第3—5页。
⑤ 尚钺：《中国资本主义生产因素的萌芽及其增长》，载《中国资本主义关系发生及演变的初步研究》，三联书店1956年版，第67页。
⑥ 何兹全：《九十自我学术评述》，《北京师范大学学报》2001年第5期。

明清之际为近代开端，挑战"鸦片战争开端说"这一毛泽东的成说，被政治神经敏锐的学人们尖锐批评便十分自然。

1957年3月25日，范文澜至北大"历史问题讲座"演讲关于历史研究中的若干问题，点名批评尚钺主编的《中国历史纲要》，认为此书对中国"资本主义萌芽"估计过早过高，"史学界曾经刮过一阵风，就是谈所谓市民运动和人工吹胖的资本主义萌芽"。① 随后，刘大年、黎澍、邵循正、袁定中等人皆集矢于近代史开端问题对尚钺加以批评。

刘大年的批评文章为《关于尚钺同志为〈明清社会经济形态的研究〉一书所写的序言》，这也是1957年刘大年在北京大学历史系举办的历史讲座上所作的报告。② 刘强调：中国封建社会的长期性、19世纪中叶中国仍是小农业与家庭手工业相结合的社会经济结构、1840年鸦片战争为中国近代史开端，这三点是马克思主义解释中国历史，尤其是近代史的根本观点，而且"有关近代中国的社会性质、阶级矛盾和革命力量等一系列的中国革命的基本问题，正是依据这些历史观点来分析、认识和确定的。中国革命的全部实践，检验了这些观点的正确性，证明了它们合乎历史发展的实际"。他强调，以鸦片战争标志开始的时代是一个完全新的时代。而以16世纪明清之际为近代史起点，事实上抹杀了鸦片战争前后社会性质的根本区别。③ 尚钺在《序言》中对这三点却全都予以否定，"一面推翻了马克思主义关于中国历史的根本观点，一面又提出了作者自己的与马克思主义相对立的正面主张，并对中国近代史做出了一系列的新奇解释"。④

究其实，刘大年批评尚钺的核心问题仍在中国近代史开端上。在刘氏等人看来，中国近代史以何时为起点，不同于古史分期有争论的余地；以

---

① 范文澜：《历史研究中的几个问题》，《范文澜历史论文选集》，中国社会科学出版社1979年版，第214页。（收入时改名。）

② 此报告后来发表于1958年《历史研究》第1期。此文受到范文澜称赞，在范氏支持下，当年8月由北京高等教育出版社出版了单行本，书名同文章名。

③ 刘大年：《关于尚钺同志为〈明清社会经济形态的研究〉一书所写的序言》，《历史研究》1958年第1期。

④ 同上。

鸦片战争为近代史开端,中国自此沦为半殖民地半封建社会,这不仅是中国近代史诠释体系的根基所在,也是中国共产党革命理论的立足之点,因而绝不容许有任何挑战。

刘大年接着于1959年发表《中国近代史研究中的几个问题》一文,再次就近代史开端问题加以论述:从鸦片战争揭幕的时代是一个全新的时代,中国社会自此后具有不同于过去一切时代的特征。他进而指出,不能刻意以中国的近代比附欧洲的近代,因为我们讨论的是国别史,各国历史并非按照整齐划一的步伐进行。①

同年,黎澍发表《中国的近代始于何时》一文,专门就近代史开端问题对尚钺进行批驳。黎澍强调近代史开端"不只是一个简单的学术问题,而是涉及中国共产党过去对于中国社会性质和革命性质的认识是否正确的原则问题";尚钺将近代史开端提前到明清之际,是"退到采取资产阶级民主派观点,完全忘记了外国资本在中国进行血腥侵略的后果"。"为了要有个不斩断历史发展线索的名义,把新出现的阶级——资产阶级和无产阶级,都说成古已有之,因而否定中国的近代始自鸦片战争,这在实际上是完全否认了鸦片战争以后中国历史的特点,否认了马克思主义关于中国历史,特别是关于中国近代历史的根本看法。"② 黎澍把问题的政治敏锐性已经说得相当明白。

对于刘大年的批判文章,尚钺写了《与刘大年同志谈学术批判》的长文进行答辩和反批评。但对于中国近代史开端问题,尚钺则意识到了问题的严重性,明确承认自己的观点"显然是不确切的,甚至有错误。……造成这个怀疑的原因,主要是由于过去我对中国历史的研究有厚古薄今的倾向,对近代史没有深入研究,所以就从形式上提出上述不够确切的怀疑"。③

对于黎澍的批评,尚钺发表《有关中国资本主义萌芽问题的二三事》一文作答,表示在近代史起点问题上自己认识有错:"关于中国近代史起

---

① 参见刘大年《中国近代史研究中的几个问题》,《历史研究》1959年第10期。
② 黎澍:《中国的近代始于何时》,《历史研究》1959年第3期。
③ 此文写于1957年,1958年4月投《历史研究》,未刊载。后收入《尚钺批判》第一集。

点问题，因为我偏重从资本主义萌芽及其发展情形的方面看，就对以一八四〇年鸦片战争作为中国近代史起点提出怀疑，认为关于中国资本主义萌芽问题的讨论，'也将影响到中国近代史究竟以什么时期为起点的问题'。(《明清社会经济形态的研究·序言》) 这样的怀疑，就显然是对由一八四〇年鸦片战争爆发起来的中国人民反帝反封建的资产阶级旧民主主义革命第一步开始的重大政治形势的变革重视的不足。因此，引起刘大年同志和黎澍同志先后对我提出批评。在这一点上，刘、黎两同志的意见都是对的。"[1]

近代史开端问题也为海外学者所关心。日本学者井上清1960年应邀来华访学，在学术讨论中提出资本主义萌芽是否可以作为近代史开始的问题。他说："刘大年从理论和历史事实两方面论证了以资本主义萌芽为划分近代史标准的不当，并着重指出争论这个问题的现实意义：中共用马克思主义分析中国历史得出从鸦片战争开始走上半殖民地半封建社会的正确结论，并据此制定自己的战略策略。从民主革命到社会主义革命的一系列的政策，都和上述这种了解是分不开的。几十年来的革命实践完全证明了这种了解是正确的。对这一问题讨论清楚，对宣传马克思列宁主义、了解毛泽东思想有重大的意义。"[2]

此后中苏关系恶化，又出现了所谓革命队伍中有人背叛、修正马克思主义的问题。于是尚钺被作为修正主义典型受到批判，不少学者纷纷撰文以近代史开端问题对他展开抨击。殷民撰写《批判尚钺同志"中国近代史应始于明清之际"的谬论》[3]，方诗铭、汤志钧撰写《不能容许对中国近代史的起点加以歪曲——评尚钺同志对中国近代史分期的论点》[4]，邵循正发表《中国近代史开端问题不容歪曲》[5]，袁定中发表《批判尚钺关于中国近代史开端问题的谬论》[6]，谷振益发表《从尚钺对近代中国社会

---

[1] 尚钺：《有关中国资本主义萌芽问题的二三事》，《历史研究》1959年第7期。
[2] 近代史所档案：《日本历史学家井上清的情况反映》(第5期)。
[3] 《人文杂志》1960年第4期。
[4] 《学术月刊》1960年第5期。
[5] 《光明日报》1960年6月9日。
[6] 《光明日报》1960年6月23日。

性质的歪曲看其修正主义观点》①等文章,均从近代史开端问题着眼对尚钺展开"上纲上线"的政治攻伐。随着国内重提阶级斗争,尚氏被进一步扣上"反马克思主义""反毛泽东思想""托派观点"等可怕帽子,其在大学里的授课权利被剥夺,及至"文化大革命"批斗升级,尚的妻儿因受牵连而自杀身亡,这是后话。

关于"资本主义萌芽"的论题,20 世纪 30 年代由邓拓、吕振羽提出②,得到毛泽东的认可,并在 50 年代后引起学界热烈讨论,成为新中国成立后史学研究成果的"五朵金花"之一。其着眼点,一方面,乃是力图证明中国社会历史的发展,完全符合斯大林所谓"五种社会形态依次演进"图式;另一方面,其背后还隐含着一种强烈的民族情绪。如李伯重所言:"在近几百年中,西方迅速地走到了中国的前头,并使中国受尽了凌辱。之所以如此,一个重要的原因是在西欧出现资本主义。按照一种简单化的逻辑,可以得出这样的结论:倘若我们不接受帝国主义者所宣扬的西方优越论及西方侵略是推动近代中国历史发展的主要力量的谬论,那么中国传统社会内部必然也存在一种同西方一样的历史发展动力——资本主义,而且这种动力终究会在中国引起与西方相同的历史发展进程。"③

若再深究一层,在中国共产党的近代史诠释体系中,资本—帝国主义是作为整个中华民族的敌对物,作为中国近代一切苦难的总根源而存在的,以鸦片战争西力东侵为近代史起点即主要出于这一考量;与此同时,又必须承认近代以来资本主义、资产阶级及无产阶级的出现标示了历史的进步。这二者之间有一种紧张关系。毛泽东关于"资本主义萌芽"的论断,可以化解这一紧张:近代中国资本主义因素的出现并非列强赐予,正是资本—帝国主义打断了中国自身由"封建社会"向"资本主义社会"演进的历史发展进程,使中国沦入半殖民地半封建的深渊。

---

① 《史学月刊》1960 年第 7 期。
② 仲伟民:《资本主义萌芽问题研究的学术史回顾与反思》,《学术界》2003 年第 4 期。
③ 李伯重:《资本主义萌芽与现代中国史学》,《历史研究》2000 年第 2 期。

尚钺从毛泽东"资本主义萌芽"的论断出发，着力寻找"资本主义萌芽"。但他却未能充分体会毛泽东这一论断的内蕴以及这一论断与毛泽东其他论断的制约关系，未能把握好"度"，由强调"资本主义萌芽"进而质疑"鸦片战争开端说"的合理性，势将动摇整个近代史诠释体系的根基，因而招致群攻。美国学者即感知到："对尚钺的批评背后，是惧怕过于强调十九世纪西方帝国主义全力冲击以前的国内原始资本主义的发展，可能在替外国资本主义把中国变成一个'半殖民地半封建'地位的坏的作用方面转移了人们注意，这显然不适合在中国革命现阶段把中国一百多年来的屈辱归咎于'帝国主义侵略者们'这一需要的。"①

"资本主义萌芽"论从民族情感出发，着力于发掘中国历史发展的内在因素，而以西力入侵的"鸦片战争"作为中国近代史开端本身即包含对"外因"的重视。二者之间又有一重矛盾。黎澍对此有所察觉，并力图自圆其说："也许有人要问，用外国侵略中国的战争作为划分历史时期的标志，我们不成了外因论者了么？我们的答复是否定的。毛泽东同志指出，辩证唯物主义并不否认外因的作用，但是外因的作用只有通过内因才能表现出来。外国资本侵入中国，影响中国内部发生变化，这就表明，中国社会内部有发生变化的条件，这条件就是中国在长期封建社会中所达到的高度的发展。如果在外国资本侵入的时候，中国社会同原始民族差不多，那就不会出现资产阶级和无产阶级，不会出现任何有觉悟的人们，也不会出现有觉悟的革命运动。"②

在国际上，美国史学界倾向于以西欧开始进入近代社会的十六七世纪为中国近代史的开端。苏俄学者齐赫文斯基所编《中国近代史》（苏联科学出版社 1972 年版）则以 1644 年清朝建立为中国近代之上限。认为："满洲人征服封建的明朝所统治的中国，恰好与世界史近代时期的上限——十七世纪四十年代相吻合……"③ 此书 1974 年作为内部资料翻译

---

① ［美］福尔维克：《一篇污蔑中国史学界的文章——〈披着马克思主义外衣的中国史学〉》，《史学资料》1962 年合订本。
② 黎澍：《中国的近代始于何时》，《历史研究》1959 年第 3 期。
③ ［苏］齐赫文斯基主编：《中国近代史·编者的话》，三联书店 1974 年版，第 1 页。

后，很快成为大陆史学界批判"苏修"的靶子。① 中国学者余绳武、刘存宽参加第16届国际历史科学大会时，专门提交了《中国近代史始于何时》的论文，对美国、苏俄学者的观点予以反驳。②

（二）关于近代史下限问题

对于中国近代史的下限，新中国成立前绝大部分学者都将之与自身生活的当前时代联系起来。范文澜1947年出版的《中国近代史》（上编第一分册）从革命史角度给出了中国近代史时限的完整定义：1840—1919年划为中国近代史的旧民主主义革命时期，1919年以后为中国近代史的新民主主义革命时期。此书目录明确标示："上编　旧民主主义革命时代——鸦片战争至五四运动"③，并宣布第一分册截至1905年，但最终只写至1901年《辛丑条约》的签订，此后便无下文。而中国历史研究会编著《中国近代史研究纲要》则将中国近代史以1917年俄国十月革命为界分为两个阶段，将下限确定至当前。④ 此外，根据范文澜设计，华北大学历史研究室王南、荣孟源、刘桂五、彭明等学者在1948年编写初中历史课本《中国近代史》上编，其编辑说明强调："本书为初级中学中国近代史课本。全书分二编：上编叙述旧民主主义革命时代（1840—1919）；下编叙述新民主主义革命时代（1919—1945）。"⑤ 1949年3月，下编也写好了初稿。⑥ 范文澜在新中国成立前对于中国近代史编纂体例的构想与实践，影响深远。

以1919年作为新、旧民主主义革命的界线，有毛泽东的《中国革命和中国共产党》及《新民主主义论》为明确的理论根据，在史学界已成

---

① 靳实、施声：《中国近代史的开端不容篡改——再评齐赫文斯基主编的〈中国近代史〉》，《辽宁大学学报》1975年第4期；宋斌：《大俄罗斯沙文主义的活标本——评齐赫文斯基主编的〈中国近代史〉》，《历史研究》1975年第5期。

② 余绳武、刘存宽：《中国近代史始于何时》，载《第十六届国际历史科学大会中国学者论文集》，中华书局1985年版，第293—305页。

③ 范文澜：《中国近代史》上编第一分册，华北新华书店1947年版。

④ 中国历史研究会编：《中国近代史研究纲要》，光华书店1948年11月哈尔滨再版，第2—4页。

⑤ 华北大学历史研究室：《中国近代史》上编，新华书店1949年版。

⑥ 《张仲实来函》，载《刘大年来往书信选》（上），中央文献出版社2006年版，第27页。

共识。郑鹤声1951年撰文探讨中国近代史的时限问题，明确表示："中国近代史，可分为两个时期。第一时期为自鸦片战争到五四运动（民国前七二至民国八年即公元一八四零至一九一九年），总称为旧民主主义革命时期。第二时期为自五四运动到现在（民国八年到现在即公元一九一九年到现在），总称为新民主主义革命时期。"① 刘大年在1953年撰文总结说：这"解决了中国近代史分期问题，'根据毛泽东同志的指示，中国近代史从鸦片战争开始，又以在1917年俄国十月革命影响之下发生的一九一九年五四运动为分界线，把在此以前由资产阶级领导的旧民主主义革命和在此以后由无产阶级领导的新民主主义革命，分为两个不同的历史时期'"。②

新中国成立前在马克思主义史学家中已经出现"现代史"的概念，这主要是受到苏联史学分期法的影响，将十月革命作为划分世界"近代"和"现代"的历史标志，"近代"与"现代"成为"具有不同含义的两个时间尺度"，成为"两个前后衔接的历史时期，其中近代作为一个历史概念指的是已经结束了的历史时期"③，现代则指的是与近代相继、延续至今的历史阶段。但是，新中国成立前史家在运用"近代史"和"现代史"的概念时却并没有严格区分其内涵。如李鼎声1933年撰著《中国近代史》，1940年出版《中国现代史初编》，二者所处理的内容及时间范围基本相同。张闻天1938年编著出版《中国现代革命运动史》，亦从鸦片战争前后开始论述。④ 毛泽东的《中国革命和中国共产党》在论述近代中国的社会矛盾后，指出"伟大的近代和现代的中国革命，是在这些基本矛盾的基础之上发生和发展起来的"。⑤ 这句话可能是后来区分"近代史"

---

① 郑鹤声：《怎样研究中国近代史》，《文史哲》1951年第1卷第2期。
② 刘大年：《中国历史科学现状》，《光明日报》1953年7月22日。该文为刘氏作为"科学院访苏代表团团员"向苏联学界所做的介绍，俄文译稿在是年5月号苏联《历史问题》发表，中文原载《科学通报》。
③ 罗荣渠：《现代化新论》，商务印书馆2004年版，第4页。
④ 荣孟源认为，1949年前学习惯于将新民主主义革命时期作为现代史，将旧民主主义革命时期作为近代史。参见荣孟源《关于中国近代史分期问题的讨论》，《科学通报》1956年第8期。这一观感却与范文澜、胡绳、李鼎声等人的著作不尽符合。
⑤ 《毛泽东选集》第2卷，人民出版社1991年版，第631页。

与"现代史"的直接理论依据。

叶蠖生1951年出版的《现代中国革命史话》①以1919年为论述开端，这里的"现代"似乎有对应"新民主主义革命"的意蕴。不过，起初人们对于"近代史"与"现代史"的使用并未取得明确共识，也没有史家对"近代史"与"现代史"的分野加以严格论证。

1953年在中学历史课程及高校专业设置中使用了"中国近现代史"这一概念，如当年教育部颁布的《中学教学计划》确定高三开设"中国近现代史"，而在院系调整后，北大历史系设"中国近现代史"专门组。② 1954年4月，教育部颁布《师范学院暂行教学计划》，开设"中国近代及现代史"课程，计380学时；同时颁发的《师范学院暂行教学计划的说明》则明确指出："中国现代史因目前史料尚待整理，尚不容易超出政治史范围，但必须逐步地增加经济和文化部分，逐渐增加关于少数民族的材料。""目前此一科目的讲授容易和共同必修科中的中国革命史重复，因此各院对中国革命史和中国现代史的分别开设当视各院的条件决定，条件不具备的学校可暂开设一门。"③ 这一学科设置，基于实际教学需要，将"近代史"与"现代史"加以明确区分。

胡绳1953年在中共中央高级党校讲课时，在其《中国近代史提纲》中已提出1840—1919年为近代史。1954年他提出分期问题，明确将近代史学科时限界定在1840—1919年："中国革命中的阶级力量的配备到了十月革命和五四运动后起了一个大的变化。无产阶级作为一个独立的自觉的力量登上历史舞台并成为革命的领导力量，这就给中国革命打开了一个新的局面，从此开始了新民主主义革命的时期……把中国现代史和中国近代史划分开来，就是以这点为根据。"④ 这一说法符合毛泽东的有关论述，意在突出中国共产党领导的新民主主义革命的历史地位，且有实际操作层

---

① 开明书店1951年版。
② 转引自姜义华、武克全主编《二十世纪中国社会科学·历史学卷》，上海人民出版社2005年版，第434、456页。
③ 《师范学院暂行教学计划的说明》，载《当代中国高等师范教育资料选》（上），华东师范大学出版社1986年版，第465页。
④ 胡绳：《中国近代历史的分期问题》，《历史研究》1954年第1期。

面的考量①，但却未必得到史家们的普遍支持。从1956年后的争议来看，对此持异议的史家不在少数。

在1954年开始的分期问题讨论之初，学者们均在胡绳设定的1840—1919年的框架内就具体分期各陈己见，而无人对将近代史下限截至1919年明确提出反对意见，直至1956年始有学者提出异议。笔者以为原因有二：其一，1956年学术界大力提倡"百家争鸣"，政治环境相对宽松，学术思想趋于活跃。其二，学术界论争的热情主要集中于具体分期，对近代史的上下限多未曾措意；由于胡绳在中共党内的地位，虽然不少学者认为这一界定不妥，但在事实上加以接受，并进而形成了主流意见。非常典型的一个例证是范文澜1954年8月所写《中国近代史·九版说明》中有"现在因为近代史与现代史已有明确的分期，故将此书改称为《中国近代史》上册"。② 范文澜1954年5月在中国文联举办的中国近代史讲座的讲演《略谈中国近代史的分期问题》③、1955年1月发表的《中国近代史的分期问题》均在1840—1919年的框架内思考分期。

对1919年为近代史下限最早提出异议的是林敦奎。在中国人民大学第六次科学讨论会（1956年5月26日至6月4日）上，林敦奎从社会性质的角度提出将中国近代史下限延至1949年，马鸿谟、杨遵道表示支持。④ 荣孟源亦很快表示赞同，并做了分析："从鸦片战争起，到中华人民共和国成立以前，中国社会性质是一个半殖民地半封建社会，中国革命性质是民主主义革命，这110年的历史应该作为一个历史时期，叫做中国近代史。假如从新民主主义革命起到目前作为中国现代史，那么所谓近代

---

① 张海鹏认为，此时学者们的主要研究兴趣尚在晚清时期，1919年后主要是中共党史的研究对象；1919—1949年的历史过去未久，加之海峡两岸处于敌对状态，难以做自由的学术研究。（见张海鹏《20世纪中国近代史学科体系问题的探索》，《近代史研究》2005年第1期。）此外，王廷科认为，如果将新民主主义革命的历史与旧民主主义革命时期的历史并列起来，一起划入中国近代史范畴，那么"在客观上就贬低了我国新民主主义革命的地位"。（见王廷科《正确估计我国新民主主义革命的地位》，《四川大学学报》1981年第1期。）

② 《范文澜全集》第9卷，河北教育出版社2002年版。

③ 中国文联当时曾将讲稿刊印单册供内部学习之用，1956年10月11日《光明日报》"史学"副刊刊载此文。

④ 参见杨遵道《中国人民大学第六次科学讨论会上关于"中国近代史分期问题"的讨论》，《历史研究》1956年第7期。

史只是半殖民地半封建社会历史的一半,而现代史却包括着中华人民共和国成立前后两个不同性质社会的历史。这样就其科学性来说是不妥当的。"① 1956年7月,范文澜为政协全国委员会举办的中国近代史讲座作报告,他强调1840—1949年中国半殖民地半封建社会性质及民族民主革命性质并未变化。②

李新在为《中国通史半殖民地半封建社会时代(下)教学大纲(初稿)》所撰前言中,也同意将1840—1949年作为一部完整的包括整个半殖民地半封建社会时代的通史。③ 1957年《历史研究》编辑部组织讨论,李荣华、赵德馨亦持此主张。④ 陈旭麓对此更是专文予以阐述,他认为,无论就社会性质而论,还是依时间意义而言,均不宜视五四运动为近代和现代史不可逾越的界线。⑤ 近代史研究所的老学者金毓黻明确指出:"一言及近代史,亦无不包括现代史在内",意即应该延至1949年。他在1957年就学术讨论会论文组织工作向近代史所提出的建议中,拟定的第一个讨论题目就是"近代史、现代史二者如何划分及可否改称为半封建半殖民地中国史的问题"。⑥ 显而易见,他倾向于从社会性质的角度出发,将1840—1949年视为一个整体。

1956年7月,高教部召开综合大学文史教学大纲审订会,也有学者提出上述类似意见,认为打通"近代史"与"现代史"的壁垒有利于中国近代史的教学与科研,并建议将1840—1949年这段历史称为"中国

---

① 荣孟源:《关于中国近代史分期问题的讨论》,《科学通报》1956年第8期。荣可能还代表着中科院近代史所的意见,因为他是近代史所办公会议的成员,据他后来回忆,50年代初参加近代史所办公会议的学者都同意他的这一观点。(参见张海鹏《追求集》,社会科学文献出版社1998年版,第32页。)

② 参见范文澜《中国近代史的分期问题》,《范文澜全集》第10卷,河北教育出版社2002年版,第376—378页。

③ 李新:《关于近代史分期的建议》,《教学与研究》1956年第8、9期合刊。李新回忆,他编写《中国近代史(下)提纲》,在科学规划会讨论时,打通1919—1949年的观点却比较孤立,"尤其是科学院系统的如近代史研究所的与会者,几乎没有人同意我们的提纲。只有荣孟源对我们的意见表示同情",但高校系统却有王真、孙思白、金应熙表示坚定支持。(参见李新《编书记》,《回望流年》,北京图书馆出版社1998年版,第87页。)

④ 《中国近代史分期问题的讨论》,《历史研究》1957年第3期。

⑤ 参见陈旭麓《关于中国近代史的年限问题》,《学术月刊》1959年第11期。

⑥ 金毓黻:《静晤室日记》第10册,第7695、7366页。

史——半殖民地半封建社会时代"。但考虑到"近代史"和"现代史"两个名称沿用已久，已经代表一定含义，突然改变难合乎习惯。实际上还是将争议搁置了起来。① 同年高教部委托李新主持编写一套《中国现代史》教材，并颁发《中国现代史教学大纲》，此大纲按通史框架拟定。中国现代史的学科名称自此确定，并被广泛接受和使用。

陈旭麓在1959年撰文，对于中国近代史下限问题做了系统论述："近代史和现代史的划分，不应该是一个社会内部的分期，而应是标志这一种革命到另一种革命的交替，这一社会形态到另一个社会形态的转变。""近代中国是一个半殖民地半封建社会，1840年的鸦片战争是半殖民地半封建社会的开端，1949年中国共产党领导中国人民革命在全国范围内取得的胜利是半殖民地半封建社会的结束。""因此，以近代史概括充当资本主义社会形态的半殖民地半封建社会的历史，而不因五四运动把一个社会形态分割为两截的近代、现代史，是更为科学的，也更能完整地反映鸦片战争以来中国社会变化、发展的规律。"②

还值得注意的是刘大年的意见。他在1954—1957年的讨论热潮中并未就此发表看法，直至1959年才明确说："自鸦片战争起到中华人民共和国成立以前的110年，都是半殖民地半封建社会、都是中国的近代。"③ 1961年刘大年再次撰文提出："这里说的近代，是指从鸦片战争到1949年中华人民共和国成立的我国民主革命时期。"④ 他在1964年向外国历史学家介绍中国历史科学时进一步指出："五四前后既然社会制度相同，革命任务、革命性质相同，我们就只能把它们看做是同一个历史时代"；"中华人民共和国成立以后，历史前进到了一个崭新的时代。十几年前的'现代'，已经很快为今天的'现代'所代替。时至今日，我们再用'近代'去概括鸦片战争至五四运动的历史，用'现代'概括五四直至中华

---

① 参见祚新《综合大学文史教学大纲审订会简况》，《历史研究》1956年第9期。
② 陈旭麓：《关于中国近代史的年限问题》，《学术月刊》1959年第11期。
③ 刘大年：《中国近代史研究中的几个问题》，《刘大年史学论文选集》，人民出版社1987年版，第247页。
④ 刘大年：《我们要熟悉中国近代史》，《人民日报》1961年2月21日第7版。

人民共和国以后的历史，显然是非常不合理了"。① 并撰文强调"中国近代史一般是指整个中国旧民主主义和新民主主义革命时期的历史"。② 1964 年他在中共中央高级党校讲中国近代史时，又对 1949 年下限说做了详细分析。③

1919 年下限说通过历史教科书及高校的学科建制，形成了体制化。不过，当时学界对于"中国近代史"的概念，认为不宜做过于僵化的理解。戴逸 1956 年即已指出"近代""现代"概念的相对性与含混性，随着时代变迁必将被赋予不同的内涵。④ 刘大年表示：近代、现代这些沿用已久的历史学术语本系相对而言，并非严格的科学术语，"我们需要根据社会经济形态、社会制度、革命性质、革命任务、阶级斗争形势的重大发展变化等称呼历史时代，来代替那些相对而含混的术语"，因此"中国自鸦片战争至中华人民共和国成立以前的历史时代，应当称为半殖民地半封建时代或民主革命时代"。"历史学上的近代、现代等称谓，我们不改变自然也可以，但我们的后人也一定要改变，因为我们的近代、现代正在日积月累变成他们的古代和中世纪哩！"⑤

概而言之，将 1840—1949 年作为前后贯通、不可分割的近代史整体，在 20 世纪 50 年代本为学界主流意见。而以 1840—1919 年为近代史的范围，在不少学人而言实为权宜之计。如 1952 年 9 月，范文澜在中科院近代史所报告五年（1953—1957）计划，提出以近 30 年史为要点，完成《中国现代史长编》。同年 10 月还拟订《中国现代史长编编辑计划（草案）》，确定了编辑体例。⑥ 1953 年刘大年在苏联作报告，亦强调：今后要"着重进行中国近代史的研究，特别是要研究近三十年的历史"。⑦ 隶

---

① 刘大年：《回答日本历史学者的问题》，《刘大年史学论文选集》，人民出版社 1987 年版，第 495、494—495 页。
② 刘大年：《中国近代史上的人民群众》，《历史研究》1964 年第 1 期。
③ 参见刘大年《中国近代史讲稿》，中共中央高级党校教研室 1964 年 5 月编印。
④ 参见《中国近代史分期问题讨论集》，三联书店 1957 年版，第 228—229 页。
⑤ 刘大年：《回答日本历史学者的问题》，《刘大年史学论文选集》，人民出版社 1987 年版，第 496 页。
⑥ 参见李瑚《本所十年大事简记（1951—1960）》，未刊稿。
⑦ 刘大年：《中国历史科学现状》，《光明日报》1953 年 7 月 22 日第 2 版。

属近代史所的南京史料整理处，曾全力整理编纂现代资料。

学界也一直有人呼吁研究1919年后的历史。胡华提出："中国近代史，是百年来我们伟大民族为寻求民族和社会解放而斗争的历史。'近三十年来则更是一部中共党史'，也是'毛泽东思想生长、发展与胜利的历史'，因而'中国近代史应该是一门以马列主义立场、观点和方法武装起来的谨严的科学，一门具有党性的科学，一门具有尖锐的理论斗争意义的科学'，它'与现实的政治斗争密切结合着'。因此，我们研究组学习中国近代史，绝不要'把大部时间消耗在从鸦片战争到辛亥革命上，前重后轻'。学习的重点首先应是与现实斗争有密切关系的部分，例如：'日寇投降以来的美国侵华史'、'政治协商会议的始末'、'爱国自卫战争'，乃至'八年制抗战史'、'九一八以来的中国史'和'中国大革命史'。"[①]学者们话虽如此，但实际研究状况却难如人意。

在当时学人的构想中，中国现代史虽以革命史为中心内容，但所涉方面应该比革命史宽广。换言之，革命史属于专史范畴，而现代史属于通史范畴。[②] 但实际上"现代史"很难不被纳入中共党史与新民主主义革命史的轨道，且从业者众。据刘大年统计，"1957年全国高等学校有现代史和革命史教师1400人，加上各级党校和中等学校里教授革命史或党史的教员，再加上少数专业研究机构的研究人员，有一支万人以上的庞大队伍。和搞古代史的人数相比，有过之而无不及"。[③] 但这些"现代史"从业者多以政治宣传、思想教育为职志，真正意义的学术研究则步履维艰。据孙思白所言，在高教部文史科教学大纲审订会上，各校课程表上的"中国现代史"只是空有其名，"许多青年助教也都不愿在中国现代史方面问津"。"没有研究这方面的风气为之推动，没有集中的资料可以凭借，却

---

① 刘经宇：《缅怀良师胡华同志的教诲》，《胡华纪念文集》，中国人民大学出版社1997年版，第52—53页。

② 在1958年近代史所与教育部联合召开的现代史讨论会上，对于"中国现代史"与"中国革命史"的关系问题仍存在分歧。与会者参考研究了中科院编写的"中国历史"所订七条指导思想后，意见才渐趋一致，"认为过去所讲授的革命史确实包含不了这些内容"。（参见孙思白《〈中国现代史〉讲义编写工作和现代历史资料整理工作讨论情况介绍》，《新建设》1959年第1期。）

③ 刘大年：《需要着重研究"五四"运动以后的历史》，《历史研究》1958年第5期。

是一普遍的情况。"① 在当时国家制定的《历史科学研究工作十二年远景规划》中，将"中国现代史（1919—1949）"作为"需要加强的空白和薄弱学科"，提出措施为"自1956年至1958年内陆续调集曾经长期参加革命斗争并有一定研究能力的干部20人，充实科学院历史第三所的现代史组"。②

1958年3月10日，在国务院科学规划委员会第五次会议上，中共中央宣传部副部长陈伯达发表《厚今薄古，边学边干》的讲话，他说：

> 我们在社会科学研究工作上的缺点是什么呢？我以为，主要的缺点之一，就是"言必称三代"的烦琐主义的学风相当盛。有些人对于当前现实生活中的问题似乎不感兴趣，很少去研究，而对于过去的事情，几千年前的东西，讨论得津津有味。历史是不是需要研究呢？当然是要研究的，但研究历史的目的是为了充实我们的知识，而归根到底，还是为了有助于解决现实的问题。如果为历史而历史，为三代而三代，那就势必陷进无穷无尽的烦琐的考据、猜测和假想中间。烦琐主义，迷恋古代，这是资产阶级遗留下来的风气。胡适就是如此，闹了一下白话文，就去搞"国故"去了。在全国解放后，有一些资产阶级知识分子想逃避现实，脱离实际，脱离社会生活，把自己藏到"三代"的角落中去，把"三代"当作"象牙之塔"。这当然不是无产阶级的风气，不是马克思主义的风气。

> 似乎有这样一种说法：你没有进过大学，留过洋，得过博士学位，也不是国际上的名教授，搞什么学问呢！有些资产阶级知识分子瞧不起老干部，也瞧不起新干部……凡是在人民面前翘尾巴、藐视人民的人，人民就有权利藐视他。其实，那类人也不会在学术上有什么真正的成就。我们的工作刚刚开始，但是在前进中。"谁笑在最后，

---

① 孙思白：《中国现代史的研究为什么至今这般寥落》，《光明日报》1956年10月17日第1版。

② 参见哲学社会科学长远规划办公室《历史科学研究工作十二年远景规划》，1956年4月，第23页。

才算笑得最好。"事实上,笑我们的人并不一定有学问,或者根本没有什么学问。而只要我们努力,我们的进步一定是很快的。①

同月22日,毛泽东在成都会议上肯定陈的讲话"有破竹之势",并说"马克思主义者恐惧资产阶级知识分子,不怕帝国主义,而怕教授,这也是怪事"。② 于是一场以"厚今薄古""拔白旗""批教授"为特色的"史学革命"在全国掀起,得到史学界的热烈响应。

范文澜于4月28日在《人民日报》发文《历史研究必须厚今薄古》。其后,"中国现代史"的重要性被提高到无以复加的程度。中科院近代史所1958年订立的著作和专题研究计划中,属于现代史者占很大比重。③该所与教育部联合召开《中国现代史》教材编写与现代历史资料搜集讨论会,并提出一项"关于收集整理现代史资料的计划草案",包括:报纸杂志的整理重印、文集的汇编、调查访问三大项。④ 1963年该所又从人民大学调入赵世利,后又调入祁式潜,皆有加强现代史研究之意。⑤ 中科院还曾经计划成立历史研究第四所,以专门研究现代史,因条件不成熟而搁置。⑥ 1964年6月,全国近代史研究规划会议召开,刘大年在会上指出,"要加强现代史研究,过去一再宣传,可是只靠宣传不行,一定要有措施"。⑦ 此次会议规划了诸多措施,如成立现代史咨询委员会,办一个专门发表现代史科研成果的内部刊物,每年举行一次现代史学术讨论会。⑧这些规划在会上得到积极应和,但随着学术环境日趋恶化,种种举措难有落实的可能。

---

① 《红旗》1958年第13期。
② 毛泽东:《在成都会议上的讲话》(1958年3月22日)。
③ 近代史所甚至成立专门机构,计划五年内写出一部中华人民共和国史。参见《厚今薄古,粉碎资产阶级的伪科学》,《人民日报》1958年6月4日。
④ 参见孙思白《〈中国现代史〉讲义编写工作和现代历史资料整理工作讨论会情况介绍》,《新建设》1959年第1期。
⑤ 2010年12月15日采访曾业英记录,采访者:赵庆云。
⑥ 参见《刘大年发言》,载近代史所档案《1964年近代史讨论会记录》。
⑦ 《刘大年发言》,载近代史所档案《1964年近代史研究规划会议记录》。
⑧ 参见近代史所档案《1964年近代史研究规划会议记录》。

刘大年倡议学界加强"'五四'运动以后的历史"研究，但他本人却绝少涉足"现代史"的范围。当时不少学人视研究"现代史"为畏途，"有点新见解，怕被批评为修正主义；没有新见解，则被批评为教条主义。吃力而又容易碰钉子，厚今变成了'怕今'"。[1] 复旦大学就"厚今薄古"进行辩论时，一些学生明确表示现代史最好由亲身参加过革命斗争的老干部来搞，学生中则应由党团员搞较合适，总之，避之唯恐不及。[2] 在近代史讨论会上，学者们纷纷表示：对于现代史，"中央也没人写这类文章，我们谁敢写"；即使有些研究，"一是不敢拿出来，一是有争论只敢在家里争"。[3]

　　就在不久前，1957年近代史研究所来自延安的老干部荣孟源因发表《建议编撰辛亥革命以来的历史资料》[4] 一文，受到批判，被定为史学界四大右派之一。荣文对当时现代史著述中以论说代替史料的倾向表示出不满[5]，这触犯了不小的政治忌讳。辛亥革命以后的历史在当时被纳入中共党史范畴，荣文虽然仅提出搜集史料，但是这一时段国、共政权何为正统则颇棘手。荣氏提出将革命根据地、中共解放区同张作霖、阎锡山统治区并列"各撰为录"，自然予攻击者以口实。如白寿彝指出：荣孟源"本质上是要编出以北洋军阀的北京政府和国民党反动派作主要内容的中华民国史……这分明是旧的朝代史的观点，但更重要的是要看看这部朝代史是否也有所谓'正统'。荣孟源对于这点虽没有明说，但他是把第一次国内革命战争的广东、第二次国内革命战争时期的各革命根据地，和阎锡山、张作霖在东北以及东北伪满等，都列于他所谓'录'内。按照他的解释，

---

[1] 刘大年：《需要着重研究"五四"运动以后的历史》，《历史研究》1958年第5期。
[2] 参见复旦大学历史系编《厚今薄古辩论集》，上海人民出版社1958年版，第16、17页。
[3] 近代史所档案《1964年近代史讨论会记录》。
[4] 载《新建设》1957年第7期。
[5] 范文澜致刘大年信，批驳荣孟源"目前辛亥革命以来的历史多是论文——夹叙夹议的论文。我看，是指何干之、胡华等同志所写的现代史。荣认为这是用论文体裁写的。何、胡等著述，固然不能令人完全满意，但至少是企图用马克思主义的立场观点来写的……这里并无'代替一切'的问题，因为我们从来欢迎资料集，而且正在编资料集，有的是高低的问题，用马克思主义观点的是高，仅仅排编资料的是低。荣所说形式上似乎无的放矢，实际是要提倡用客观主义的史学来争夺马克思主义观点的史学地位。所谓'有人说''我认为'，狂妄至极，应严加驳斥"。（见范文澜手稿。）

'录'就等于'晋书'的'载记',是旧史专记割据势力的体裁。荣孟源是不是把各革命根据地也看作中华民国朝代的割据势力呢?"①

从历史认知角度而论,研究者与历史事实最好能保持一定距离,若历史离当下太过切近,则研究对象尚处于变动不居的状态,未能凝固、冷却下来,缺乏一定的历史纵深与历史沉淀,就约略相当于一种即时性观察,且观察者自身又处于研究对象之中,其立场、情感、利益都难以与研究对象撇清关系,这就必然影响所论的客观、公正性。②实际上,在当时的学人眼中,既有的现代史通论性著作恐怕更接近于政治宣传品,而很难归入真正意义的史学研究之列。其时史学界对于所谓的近代史(1840—1919)、现代史(1919—1949)的研究,二者确实呈现出迥然不同的面貌:前者更重史料,更重学术规范,也有一定的学理探讨空间;后者则实质上等同于中共党史和革命史,有更多宣传意味。因而,中国近代史学科时限问题呈现出一种悖论:自政治需要来看,1919—1949 年的历史距当下更为切近,理应更受重视。但当时对这一时段的历史根本无法纳入学术研究的范围,其症结并不在于学科建制方面,而在于过分强调它对现实政治的服务功能所导致的种种问题。

1954 年开始的中国近代史分期讨论,近代史学界诸多史家倾注了相当大的热情,据新华社 1957 年发布的《中国近代史分期讨论告一段落》统计,截至发稿时已有 24 篇论文,此外如天津师范学院历史系中国近现代史教研室、中国人民大学第六次科学讨论会、综合大学和高等师范文史教学大纲讨论会等都对此展开热烈讨论。实际发表的与近代史主线及分期问题相关的论文有近百篇。对于这一讨论的情况,已有学者系统梳理阐述。③

参与讨论者一致认为,要解决分期问题,必须首先确定一个能够反映中国近代历史发展规律的分期标准。因此,分期标准成为讨论的焦点。主

---

① 白寿彝:《历史资料的伪装》,《北京师范大学学报》1957 年第 3 期。
② 也有学者力证当代人写当代史之优势。(参见王学典《当代中国史研究刻不容缓》,《山东社会科学》2009 年第 11 期。)但当代史研究的学术佳作仍然鲜见。
③ 参见张海鹏《50 年来中国近代史研究的理论与方法评析》,《近代史研究》1999 年第 5 期;梁景和《中国近代史基本线索的论辩》,百花洲文艺出版社 2004 年版。

要有以下几种观点：

1. 以阶级斗争作为分期的标准。此一观点由胡绳率先提出，得到戴逸、章开沅、荣孟源、王仁忱、姚薇元等人认同。胡绳引用苏联历史分期讨论中的论断为理论资源："阶级斗争乃是'历史的真正动力'（列宁），它的诸阶段和它的长足进展，它的高涨和它的爆发，系反映着整个生产力和生产方式的变化，无疑地正构成每一阶段阶级社会形态内部历史过程的最重要标志，没有这种标志则马克思主义的历史分期即无从着手。""把历史分期建基在纯经济性的现象上，便必然会走到经济唯物论的立场上去。"①

2. 以中国社会主要矛盾的性质变化作为分期标准。孙守任、范文澜持此观点，其理论依据来自毛泽东的论断："帝国主义和中华民族的矛盾，封建主义和人民大众的矛盾，这些就是近代中国社会的主要的矛盾……而帝国主义和中华民族的矛盾，乃是各种矛盾中的最主要的矛盾。"②"当着帝国主义向这种国家举行侵略战争的时候……帝国主义和这种国家之间的矛盾成为主要的矛盾，而这种国家内部各阶级的一切矛盾（包括封建制度和人民大众之间这个主要矛盾在内），便都暂时地降到次要和服从的地位。"③

孙守任认为，侵略与压迫和反侵略反压迫的革命运动是辩证统一的两面，而反侵略反压迫是以帝国主义和封建主义的侵略与压迫为存在的前提。中国近代社会主要矛盾的主要方面是外国侵略势力及其走狗国内反动统治者，它们决定了近代社会性质变化进程的状况。其中起决定作用的是外国侵略势力。外国侵略势力本身性质的变化及其对中国侵略性质的变化，引起中国社会性质的深刻变化。因此在处理中国近代史分期时，不应该排斥侵略性质的变化对中国近代历史分期的重要意义。因此他主张用近代社会主要矛盾的性质变化作为分期的主要标准。④ 黄一良批评孙守任将决定中国近代史发展的进程归因于外国侵略势力，企图以帝国主义侵略者

---

① 胡绳：《中国近代历史的分期问题》，《历史研究》1954年第1期。
② 《毛泽东选集》第2卷，人民出版社1991年版，第631页。
③ 《毛泽东选集》第1卷，人民出版社1991年版，第320—321页。
④ 参见孙守任《中国近代历史的分期问题的商榷》，《历史研究》1954年第6期。

本身所发生的变化作为划分中国近代历史时期的依据，犯了主观、片面的错误，实际上与资产阶级世界主义的观点相符合。①

范文澜先后有三篇文章阐述其分期主张。② 其基本观点与孙守任相似，认为正是中外民族矛盾和国内阶级矛盾这两种基本矛盾的消长变化、交替主导，构成近代史分期之依据。他同时强调："在根本矛盾之外，反动势力方面也存在着不少的矛盾，在国外，有帝国主义间的矛盾，这对中国的侵略是有影响的。在国内，有（1）中国封建势力与帝国主义间的矛盾；（2）汉族封建势力的各个集团与清朝廷间的矛盾；（3）封建势力的各个集团依其外国背景与其他外国间的矛盾；（4）封建势力的各个集团间的矛盾；（5）资产阶级立宪派与封建主义的矛盾。"③

3. 以社会经济的表征和阶级斗争的表征结合起来考察作为分期标准。金冲及不同意单纯用阶级斗争为标志来划分历史时期，认为社会经济（生产方式）的变化决定着政治生活和社会意识的变化。他批评胡绳忽视了中国近代历史也是社会经济结构发展变化极为急骤、极为猛烈的历史，因而主张将阶级斗争与社会经济的发展变化结合起来考察。他明确表示："阶级斗争只有和社会经济、生产方式的发展变化结合起来考察时才能用来作为划分历史时期的标准；如果离开了作为基础的生产方式之发展变化来考察，那么它本身就成为'无本之木'而变得不能正确理解，也不能看清它对社会历史真正的推动作用。"进而强调"研究中国近代社会经济结构、生产方式的发展变化，应该是研究中国近代历史分期问题的第一个着眼点……研究中国近代历史上阶级斗争的发展及其在性质上的变化，应

---

① 参见黄一良《评孙守任〈中国近代历史的分期问题的商榷〉一文》，《光明日报·史学》第63期（1955年8月18日）。

② 1954年5月在中国文联举办的中国近代史讲座上，范文澜作《略谈中国近代史的分期问题》的讲演，讲演稿发表于1956年10月11日《光明日报》"史学"副刊；1954年11月在历史第三所举行的学术报告会上，范作关于分期问题的报告，报告稿在1955年1月以"中国近代史的分期问题"为题刊载于《中国科学院历史研究所第三所集刊》第二集，是年10月《新华月报》全文转载；1956年7月其又为全国政协委员会举办的中国近代史讲座作《中国近代史的分期问题》的报告，是年10月25日在《光明日报》"史学"副刊发表。

③ 范文澜：《中国近代史的分期问题》，《范文澜全集》第10卷，河北教育出版社2002年版，第322页。

该是研究中国近代历史分期问题的另一个着眼点"。以此标准，他将中国近代史分作五个阶段：1840—1864年是中国由封建社会开始走上半殖民地半封建的道路及农民反封建运动高涨时期。1864—1894年是中国半殖民地半封建社会逐步形成及反动统治秩序暂时稳定时期。1895—1900年是中国半殖民地半封建社会正式形成资产阶级倾向改良主义运动和农民自发的反帝运动高涨时期。1900—1914年是中国半殖民地半封建社会继续加深，反帝反封建资产阶级民主革命高涨时期。1914—1919年是中国由旧民主主义革命转变到新民主主义革命时期。① 在他的具体分期架构中，实际上将社会经济领域的发展变化作为更主要的分期标志。

纵观整个中国近代史分期讨论，参与讨论者虽然互有辩难，实则都在毛泽东"两个过程"论②的统领之下，运用大体相同的理论方法，相互之间存在着基本共识。且都将马列主义经典论述，尤其是毛泽东对中国近代史的论断作为自己的理论资源，但由于各自的角度与侧重点不同，对经典论断的主观解读各异，因而众说纷纭。

在当时阶级斗争之弦紧绷的时代氛围下，阶级话语无疑相当强势。范文澜、孙守任、金冲及对胡绳的观点提出异议，其背后实际上隐含着对阶级斗争片面化、简单化，甚而推向极端，成为近代史研究排斥一切的唯一内容和唯一评判准绳的担忧。他们提出生产方式、社会主要矛盾转换（阶级矛盾与民族矛盾）的视角，希图对阶级斗争观点能有所制衡，有所补充、丰富，使中国近代史诠释体系不那么单调和绝对。

似乎对于批评者的观点早有预知，在摆出自己观点之前，胡绳详细分析了以帝国主义的侵略形态或单纯以社会经济生活的变化来作为分期标准的缺陷所在：前者片面强调甚至夸大了列强侵略对中国近代社会历史进程的作用；后者未能全面考察当时社会的经济基础与上层建筑，而在近代中国这种过渡性社会，上层建筑某些方面的变化要比经济基础的变化更为猛烈。

---

① 金冲及：《对中国近代历史分期问题的意见》，《历史研究》1955年第2期。
② 毛泽东的"两个过程"论的完整表述，见毛泽东《中国革命和中国共产党》，《毛泽东选集》第2卷，人民出版社1991年版，第632页。

胡绳提出"反帝国主义斗争本身也是一种阶级斗争",将对外反对列强的民族斗争也包含在阶级斗争之中,虽然招致批评①,在当时却有强有力的理论支持。为了建立、巩固与苏联的同盟关系,以国际主义抑制民族主义成为新中国成立之初的基本态度,且由刘少奇撰写《论国际主义与民族主义》做了权威的理论阐述。刘少奇以阶级分析方法,将资产阶级民族主义与无产阶级国际主义截然对立起来,并将民族问题从属于阶级斗争:"毫无疑义,把民族问题从阶级问题分开来看,把民族的斗争从阶级的斗争分开来看,乃是完全错误的,有害的,乃是地主资产阶级反动派的一种欺骗。"② 这句话作为权威论断,被广为引用。

若细察各方论点,争论主要存在于胡绳与孙守任、范文澜之间,即以阶级斗争还是以社会主要矛盾的变化为分期标准。③ 这一分歧背后隐含着阶级价值与民族主体价值的对立。换言之,胡绳将中外民族斗争从属于阶级斗争,势将弱化中外民族矛盾而突出了阶级矛盾,片面强调清朝统治者与西方列强相互勾结压迫人民,对于统治者与列强的矛盾却视而不见,或淡化处理。胡绳对于统治阶级人物如曾纪泽、左宗棠全盘否定,认为康、梁等改良主义者的爱国思想"反而成了为侵略者辩护,自动向帝国主义者缴械"④,维新变法的积极意义也从其消弭人民群众的反抗斗争的角度受到冲淡。不难看出,胡绳更为强调中外民族矛盾与国内阶级矛盾二位一体的性质,进而将阶级矛盾置于民族矛盾之上。胡绳认为,以往史家出于民族主义思想而常有意无意地造成一种错觉,"他们把帝国主义侵略中国的政策描写得这样单纯,以至把清政权写成是不断地受着帝国主义国家所

---

① 戴逸指出,胡绳提出的以"阶级斗争"为分期标准,应具体分析其锋芒对外与对内的区别。赵德馨认为虽然在理论上民族斗争是一种阶级斗争,民族问题的提法不能离开阶级斗争,但不能因此否定二者的区别和相对独立性的一面,疏忽反对国内阶级敌人和国外敌人的斗争中的民族界限,就会导致疏忽民主革命和民族革命的区别,降低中国人民革命斗争的国际意义。同时这种表述也会造成概念上的混乱。因此他主张以民族斗争和阶级斗争的重要表现作为分期标准。(参见戴逸《中国近代史的分期问题》,《历史研究》1956年第6期;《中国近代史分期问题的讨论》,《历史研究》1957年第3期。)

② 刘少奇:《论国际主义与民族主义》,人民出版社1951年第2版,第31页。

③ 荣孟源当时即注意到此点。参见荣孟源《关于中国近代史分期问题的讨论》,《科学通报》1956年8月号。

④ 《胡绳全书》第5卷,人民出版社1998年版,第234页。

欺凌侮辱的可怜的存在，这种描写是不合历史事实的错误观念"。① 因而他着力强调列强与清政府之相互勾结，并一概置于人民群众的对立面。

孙守任、范文澜则将中外民族矛盾置于国内阶级矛盾之上，这样对于某些近代史事的认识评价，同胡绳存在实质分歧。孙守任强调："为什么戊戌维新运动提出了保国保种的口号，而又恰恰出现在瓜分狂潮的时候；为什么以'反清复明'为口号的义和团运动提出了'扶清灭洋'的口号，而一贯投降的那拉氏集团竟至对所有帝国主义国家宣战"；他批评胡绳"完全没有提及维新运动的积极的保国保种的口号，而片面强调了'其实质则是用从上到下的改良办法来抵制农民革命'；对义和团运动反帝斗争的革命意义估计不足，而称义和团运动是被'歪曲'了的。胡绳同志在'帝国主义与中国政治'一书中，可能由于所根据的史料的限制，把那拉氏的宣战几乎描写为极其机智地借刀杀人的恶毒策略……事实很明显，那拉氏的宣战是在帝国主义侵略势力危及其存在与人民反帝运动的高涨的推动下出现的，那拉氏借机消灭义和团的思想在宣战当时只能是次要的。因而，我们了解了戊戌维新和义和团运动时期中国社会主要矛盾的形式是第一种形式，我们就不会低估维新运动的保国保种的积极意义与义和团运动反帝的革命意义，也不会认为那拉氏宣战是纯粹的恶毒策略"。②

金冲及提出以社会经济结构和阶级斗争作为相提并论的两个"着眼点"，与后来新时期李时岳的提法实际上较为相近，当时却立即招致马鸿模、章开沅、戴逸、王仁忱等人的一片批评。马鸿模、章开沅认为，以阶级斗争为分期标准，是在社会经济发展变化的基础上提出来的，并非忽视社会经济而孤立地谈论阶级斗争。反而是金冲及将阶级斗争和社会经济割裂开来了。③ 戴逸认为，阶级斗争本身最深刻地体现了经济的发展变化，因而质疑金冲及提出的两个标准——经济（生产方式）的标准和阶级斗

---

① 胡绳：《帝国主义与中国政治》，香港生活书店1948年版，第57页。
② 孙守任：《中国近代历史的分期问题的商榷》，《历史研究》1954年第6期。
③ 参见《中国人民大学第六次科学讨论会关于"中国近代史分期问题的讨论"》，《历史研究》1956年第7期；章开沅《关于中国近代史分期问题》，《华中师范学院学报》1957年第1期。

争的标准。① 王仁忱批评金冲及在分期的标准上强调社会经济的变化，正陷入了苏联史学界讨论中所指责的经济唯物论倾向，模糊了阶级斗争推动历史的作用。②

值得注意的是，虽然着眼点不一样，金冲及与孙守任、范文澜均将1894年或1895年的中日甲午战争作为分期界标，将1864年直到1901年辛丑条约订立期间再划分两个阶段。孙守任、范文澜是着眼于甲午战争和马关条约标志着帝国主义用战争的方式代替了温和的方式，于是使中国近代史的主要矛盾有所转化。金冲及则着眼于甲午战争是半殖民地半封建社会逐步形成与完全形成的分界。

总体说来，将民族矛盾、社会经济（生产方式）引入分期标准，以补充单纯阶级斗争标准之偏颇，当时并未能得到多数支持。讨论者多已认定标准只能有一个，即阶级斗争，而民族矛盾、社会经济（生产方式）则被认为受阶级斗争统帅制约，甚而可以用阶级斗争对之加以整合。夏东元提出，"阶级斗争、生产方式和社会主要矛盾三者是内在统一的，不能执其一端来作为划分历史时期的标准"，应以生产方式为考察的起点，以社会主要矛盾为线索，以阶级斗争表现出来的革命的或政治的运动为阶段的标志。他进而提出，这并非将生产方式、社会主要矛盾、阶级斗争三者并列，因为生产方式、社会主要矛盾都是被阶级斗争制约的。③ 天津师范学院的教师们认定，以阶级斗争为分期标准，"就会全面地反映中国近代经济政治思想各方面的发展变化，就会清楚地指出中国近代社会主要矛盾的发展变化，并能使我们从错综复杂的历史现象中认清中国人民革命斗争发展的主流"。④ 刘大年指出，"把中国半殖民地半封建社会这个特定历史时代的阶级、阶级斗争规律揭示出来，让人们能够认识它、理解它，这就是中国近代史研究的根本要求、根本任务"。⑤

---

① 参见戴逸《中国近代史的分期问题》，《历史研究》1956年第6期。
② 参见王仁忱《对中国近代史分期问题的商榷》，《历史研究》1956年第12期。
③ 夏东元：《中国近代史分期标准问题》，《历史教学问题》1957年第6期。
④ 天津师范学院历史系中国近代现代史教研组：《我们对中国近代史分期问题的初步意见》，《天津日报》1956年10月12日。
⑤ 刘大年：《中国近代史诸问题》，《历史研究》1963年第3期。

二 "三次革命高潮"说解析

一般认为，20世纪50年代的中国近代史分期讨论自1954年始，至1957年告一段落，历时三年。北京三联书店1957年将各方论文及情况介绍结集成《中国近代史分期问题讨论集》出版。

历史是一条奔流不息的长河，进行历史分期实质上是人们为了"使自己的知识得到一种更简单的从而更有说服力的表述而把连续的历史内容依照从某种特定的角度选择的事实和一定的观念体系分为段落"。[①] 分期方式本身并不存在唯一正确的解答，这种讨论存在分歧应在情理之中。同时应该看到，对于当时隐含于分期问题的中国近代史基本线索问题取得了一定共识，讨论者对于胡绳提出的"三次革命高潮"概念普遍表示接受与认同。"三次革命高潮"说遂成为20世纪50年代所形成的唯物史观派中国近代史学科体系的核心话语和标志，其简单明了而又确实体现了胡绳所构建的近代史理论体系的基本精神。因"三次革命高潮"说写入了1956年高等院校中国近代史教学大纲[②]，进而影响到此后相当一段时期内中国近代史通论性著作的编写框架。

在唯物史观学习如火如荼展开之际，阶级斗争观点及人民群众是历史主人的观点被视为唯物史观的要义。翦伯赞明确提出："把中国的历史贯穿在一条以人民群众为主体，以经济为主干，以阶级斗争为动力的主流上。"[③] 在这种思想背景下，胡绳提出以阶级斗争作为分期依据最后获得较多认同自在情理之中。胡明确表示：中国近代史著作就是要"通过具体历史事实的分析来说明在外国帝国主义侵略中国的条件下，中国社会内部怎样产生了新的阶级，各个阶级间的关系发生了些什么变化，阶级斗争

[①] 赵轶峰：《学史丛录》，中华书局2005年版，第113页。
[②] 综合大学中国近代史教学大纲，将中国近代史（1840—1919）划分为1840—1864年、1864—1901年、1901—1912年、1912—1919年四个阶段；高等师范中国近代史教学大纲则将之分为1840—1864年、1864—1901年、1901—1919年三个阶段。二者均体现了"三次革命高潮"的基本意蕴。
[③] 《历史问题论丛》，人民出版社1962年版，第48页。

的形势是怎样地发展的"。①

在胡绳构建的近代史"三次革命高潮"概念中②，所谓革命高潮，"乃是社会力量的配备通过激烈的阶级斗争而充分地表露出来的时期"。提出这一概念的根本目的在于"通过经济、政治和文化现象而表明在中国近代历史舞台上的各种社会力量的面貌和实质，它们的来历，它们的相互关系和相互斗争，它们的发展趋势"。③胡绳定义的"三次革命高潮"，具体表述是这样的：（1）1851—1864年的太平天国革命运动，此时"中国社会内部还没有形成资本主义的生产关系，所以历史的推动力量仍只能是农民这一个阶级"；（2）甲午战争以后，以戊戌维新和义和团运动为标志，农民革命与资本主义思想虽然并存，但是彼此隔膜，互不相关；（3）辛亥革命，资产阶级革命派"为实行革命，在一定程度内进行了对工人、农民力量的发动。因此，历史发展的动力在这时期是集中到了资产阶级革命派手里"。④

胡绳以"三次革命高潮"概念考察近代中国革命形势的高涨低落，潮来潮去，在三个革命高潮的前后划分出四个低潮，从而具体分为七个段落：1840—1850年；1851—1864年；1864—1895年；1895—1900年；1901—1905年；1905—1912年；1912—1919年。毋庸讳言，"革命高潮"一词具有相当强的意识形态属性，胡绳将之引入学术领域，成为中国近代史研究的重要学术概念。这也是本书前述所谓近代史研究与执政党意识形态"共用一套话语"的具体表现。

有学者注意到"三次革命高潮"说与其所本依的毛泽东的"两个过程"论的内在矛盾之处。将二者做一对比，可以看出"三次高潮"说实际上淡化处理了19世纪三个重大涉外事件——鸦片战争、中法战争、甲

---

① 胡绳：《中国近代历史的分期问题》，《历史研究》1954年第1期。
② 胡绳在具体论述中用了"三次革命运动的高涨"一语，在文章末节归纳为"三次革命高潮"。（参见胡绳《中国近代历史的分期问题》，《历史研究》1954年第1期。）张海鹏认为"三次革命高潮"概念由孙守任首先概括提出，且"并非胡绳本意，只是后来相沿成习罢了"（参见张海鹏《中国近代史的分期及"沉沦"与"上升"诸问题》，《张海鹏集》，中国社会科学出版社2008年版，第57页），似不确切。
③ 胡绳：《中国近代历史的分期问题》，《历史研究》1954年第1期。
④ 同上。

午中日战争。其更多地呼应了"半封建"的一面,而较少涉及"半殖民地"因素,体现出以中国本土事件为核心的取向,与后来柯文所归纳的"中国中心观"的研究取向有某种契应。① 从接续学统的角度而论,研究"三次革命高潮"说与"中国中心观"在取向上具共通性,自有其启发意义。但有两点必须看到:其一,由美国学者柯文归纳的"中国中心观"(China Centered Approach) 有其特定的指谓和语境,将"三次革命高潮"说与之简单对应难免似是而非;其二,胡绳对其理论诠释体系之凸显中国本土因素的倾向有明确的理论自觉。事实上,1954—1957 年的分期讨论中,以西方侵略为主线还是以中国历史发展为主线来构建中国近代史诠释框架,曾引起激烈论争。"三次革命高潮"说是在政治与学术转型的时代背景下,由胡绳系统归纳而成,其提出并被广泛接受并非偶然,具有深层社会思想基础。

重视重大政治事件是 20 世纪 50 年代近代史研究者的共识,鸦片战争、太平天国、洋务运动、中法战争、中日战争、戊戌变法、义和团、辛亥革命,即所谓的"八大事件"② 作为学界公认的中国近代史基本内容,当时无论怎样讨论中国近代历史的基本框架、基本线索、基本内容、基本走向,都不能脱离于此。但是,如果将此"八大事件"等量齐观、平均用力,则与新中国成立前蒋廷黻、陈恭禄、范文澜等人以事件史为中心的编纂体例类似,在胡绳看来,这种结构模式无疑缺乏系统性,不能突出近代历史的本质与主流。"三次革命高潮"说实际上从阶级斗争角度突出了"八大事件"中表征着人民反抗过程的几次事件。这种凸显中国本土因素的研究倾向,确乎与民国时期的中国近代史研究倾向有所不同。

---

① 参见罗志田《发现在中国的历史》,《北京大学学报》2004 年第 5 期;《构建兼容并包的中国近代史学科体系》,《近代史研究》2007 年第 5 期;《文革前"十七年"中国史学的片断反思》,"中国近代史研究三十年学术研讨会"论文,北京,2009 年;《近三十年中国近代史研究的变与不变》,《社会科学研究》2008 年第 6 期。

② "八大事件"具体所指亦有出入。按照毛泽东所列举,并无"洋务运动",而"五四运动"通常纳入现代史范围,因此实际只有"七大事件"。而中国史学会主编的"中国近代史资料丛刊"则纳入了"洋务运动",此资料丛刊影响极深远,姜涛《晚清政治史》(载《五十年来的中国近代史研究》,上海书店出版社 2000 年版,第 24 页)、张海鹏、龚云《中国近代史研究》(福建人民出版社 2005 年版,第 281 页)均据此确定"八大事件"包括"洋务运动"。

为进行反帝爱国动员以救亡图存，1949年前的中国近代史研究多以中外关系为论述中心，侵华史、外患史、国难史、近代外交史之类著述，粗略统计，著作不下130部，文章约300余篇。① 当时大学的课程设置中，中国近代史、中国近代外交史往往合而为一。蒋廷黻受马士的《中华帝国对外关系史》一书影响，视外交史为"中国近代史的最重要方面"②，内政兴革仅为外交的反映，其《中国近代史》实际上可以看作"外交史大纲"。③ 金毓黻认为，"近百年内，中国内政鲜有可述，对外关系，实居主位"。④ 即以胡绳而论，他虽力图兼顾列强侵略与人民反抗这"两个过程"，但其著《帝国主义与中国政治》仍以中西关系为研究对象，且偏重于"侵略"的一面。

随着1949年真正意义的现代民族国家的建立，国人心底激荡着扬眉吐气的民族自豪感，凸显"中国"在近代历史发展中的主体地位，成为学人的潜在预设。追溯近代以来人民革命斗争历程，构建革命的谱系，论证新政权的历史合法性，成为意识形态层面对中国近代史研究的首要要求，这一要求进而被有着浓厚"以史经世"情结的学人在某种程度内化为不言自明的共识。对于胡绳所著《帝国主义与中国政治》，新中国成立初即有评论，批评其正面论述近代中国革命思想发展的梗概不够清晰，"使近代史中的革命思想的主流不够突出"。⑤ 1958年5月，由近代史所学人撰著的《帝国主义侵华史》第一卷由科学出版社出版。学界一些人对此书进行了抨击甚至否定，批判这是一本中华民族"挨打受气史"，解放了的中国人民需要的是"扬眉吐气史"，此书有严重的方向性错误云云。⑥

总之，在1954—1957年学科体系的构建中，从近代中国内部寻求历史发展的根本因素，逐渐成为包括胡绳在内相当一批马克思主义史家的共

---

① 参见宫明编《中国近代史研究述评》，中国人民大学出版社1986年版，第137页。
② 参见蒋廷黻《清季外交史料序》，《蒋廷黻选集》第3册，台北传记文学出版社1978年版，第439页。
③ 参见王聿均《蒋廷黻先生对中国近代史研究的倡导》，《近代中国史研究通讯》1986年第1期。
④ 金毓黻：《中国史学史》，河北教育出版社2003年版，第346页。
⑤ 戴文葆：《介绍〈帝国主义与中国政治〉》，《人民日报》1953年1月18日第3版。
⑥ 参见张振鹍《回忆范老与帝国主义侵华史研究》，《近代史研究》1994年第1期。

同倾向，而且他们对此是有相当的理性认识的。

首先，在侵略—革命的整体观照中，胡绳此时更为强调中国人民反抗斗争的一面，而有意淡化处理了西方列强对近代中国历史发展的影响。这确实在一定程度上与毛泽东的思路吻合。毛泽东所云"中国封建社会内的商品经济的发展，已经孕育着资本主义的萌芽，如果没有外国资本主义的影响，中国也将缓慢地发展到资本主义社会"①，即蕴含了在中国社会内部寻求中国近代历史的主导因素之意。孙守任同样以毛泽东"两个过程"论为立论基础，但他的解读显然与胡绳有别。他明确提出，帝国主义及其走狗使中国逐渐变为半殖民地并竭力保存其封建基础的过程在近代史中往往居于主导地位，"其中起决定作用的是外国侵略势力"，"外国侵略势力本身性质的变化及其对中国侵略性质的变化，引起了中国社会性质的深刻的变化"。他以"资本—帝国主义对中国侵略的性质、形势和深度的变化"为分期依据。② 范文澜则明确表示，"帝国主义拥有极大的优势，在民族战争成为主要矛盾时，它总是处于矛盾的主要面"，而"在国内战争成为主要矛盾时，封建主义也总是处于矛盾的主要面"。③ 范、孙二人均将甲午战争和马关条约作为中国近代史分期最重要的界标，在他们看来，甲午中日战争标志着列强侵略方式的根本转变。孙守任的观点受到金冲及、戴逸④、章开沅、黄一良等人批评；而以范文澜在学界的崇高地位，连续发表三篇关于分期问题的文章，应者寥寥，仅有李新赞同其意见。⑤

其次，胡绳的"三次革命高潮"说理论体系最终获得更多学者的

---

① 《毛泽东选集》第 2 卷，人民出版社 1991 年版，第 626 页。
② 孙守任：《中国近代历史的分期问题的商榷》，《历史研究》1954 年第 6 期。
③ 范文澜：《中国近代史的分期问题》，载《中国近代史分期问题讨论集》，第 102 页。
④ 对孙守任之能注意到中外民族战争的重要性，戴逸表示认同。但他将"两次鸦片战争、中法战争、中日战争等在封建统治者参加和领导下进行的民族战争"，视为"人民力量的表现"。（参见戴逸《中国近代史的分期问题》，《历史研究》1956 年第 6 期。）
⑤ 李新在为《中国通史半殖民地半封建社会时代（下）教学大纲（初稿）》所写前言中明确表示，范文澜的分期意见"较为妥善"。详参李新《关于近代史分期的建议》，载《中国近代史分期问题讨论集》，第 155 页。

认同①，也缘于对"劳动人民是历史主人"的认同。1949年5月范文澜先后在北京大学作《谁是历史的主人》②、在华北大学政治研究室作《再谈谁是历史的主人》的讲话，均强调"劳动人民是历史的主人"；翦伯赞则说："应该站在劳动人民的立场"，建立"以劳动人民为中心"的新史观，具体就是"研究劳动人民的生产的历史和阶级斗争的历史"。③

  基于此种思想，胡绳一再表示："中国近代史是以中国人民为主体的。它不是以外国帝国主义者为主体的历史"，"也不是某些反动人物的历史"④；"把人民的革命斗争看作是中国近代史的基本内容，就能比较容易地看清楚中国近代史中各种政治力量和社会现象"⑤。他的"人民"定义，即毛泽东在《论人民民主专政》中所列：工人、农民、城市小资产阶级、民族资产阶级。而清政府自身的兴革及其领导的几次中外民族战争，自然很难进入其关注的中心。孙守任强调列强侵略，黄一良问道："中国近代史的主要内容究竟应该是什么？究竟谁应该是中国近代历史的主角？"不难看出，"三次革命高潮"说突出了"人民"在中国近代历史发展中的决定作用，尤其突出了劳动人民的革命作用，这成为它能够在当时获得广泛认同的基础。如邵循正所言：给予太平天国等劳动人民反抗斗争"以足够的地位和分量"，就可以阐明"一百多年来中国人民不屈不挠、再接再厉的英勇斗争"，"使读者清楚地看出在凶悍的国外帝国主义侵略势力和国内封建统治势力双重压迫之下，中国人民并不是一味挨打的。这样，读者就不会感到中国近代中只是漆黑一团，而是处处有使人志

---

① 在1956年高等师范文史教学大纲讨论会上关于中国近代史分期问题的讨论中，实际上主要是胡绳观点（三分法）与孙守任观点（四分法）的分歧。大多数学者基本接受胡绳的主张，并最终将之采入大纲定稿。1956年综合大学教学大纲最后确定分为四个时期，只是将1912—1919年作为旧、新民主主义革命的过渡，所本仍为"三次革命高潮"说。
② 参见范文澜《谁是历史的主人》，《进步日报》（天津）1949年5月29日第4版；《再谈谁是历史的主人》，《人民日报》1949年6月23日第4版。
③ 翦伯赞：《怎样研究中国历史》，《新建设》第3卷第2期，1950年11月。
④ 胡绳：《中国近代史绪论》，《胡绳全书》第2卷，第221页。
⑤ 同上书，第230页。

气奋发的生动斗争的局面和可歌可泣的史实"。①

最后,外因与内因的哲学关系也是当时学者考虑分期问题的一个重要依据。毛泽东指出:"唯物辩证法认为外因是变化的条件,内因是变化的根据,外因通过内因而起作用"②,这一哲学认知对参与论争的史家无疑有相当大的影响。而苏联历史学者德鲁任林明确表示:"并不是外力入侵本身,而是该民族对外力入侵的反应,而是历史过程之内的运动在此类条件下所采取的特殊形式,应在划分历史时期时被当作复杂的(但究属次要的)因素予以注意。"③几乎所有批评者都认为孙守任过于强调外力影响:金冲及认为孙守任"以外来因素的演变发展代替了内在历史规律的分析,而会得出错误的结论来"④;戴逸认为孙守任抛弃了毛泽东《矛盾论》中"关于外因内因相互关系的论点",而"我们不能把外部矛盾和内部矛盾不加区别地等同看待"⑤;毛健予认为孙的观点"令人感到有强调外因论的浓厚的色彩"⑥;李荣华虽然提出以半殖民地半封建社会的形成、加深、崩溃为分期标志,对西方的因素比"三次革命高潮"说稍多重视,但亦认为孙守任"强调了外因作用相对冲淡了内因的作用"⑦;章开沅指出,孙守任"忽视了外国资本主义的侵略必须通过中国社会内部的规律而发生作用"⑧。可见当时学者在外因内因的辨析下,从中国社会内部寻找历史发展的根本因素已然形成相当一致的倾向。到1958年"史学革命"兴起,中国近代史分期问题的论争被归结为"两条路线的尖锐斗争",孙守任的分期观点则被批判为"厚帝国主义薄中国人民"的"外因决定论",走上了"客观上为帝国主义服务的资产阶级的道路"。⑨

---

① 邵循正:《略谈〈中国近代史稿〉第一卷》,《读书》1959年第2期。
② 《毛泽东选集》第1卷,人民出版社1991年版,第302页。
③ 石父辑译:《苏联历史分期问题讨论》,中华书局1952年版,第117页。
④ 金冲及:《对于中国近代历史分期问题的意见》,《历史研究》1955年第2期。
⑤ 戴逸:《中国近代史的分期问题》,《历史研究》1956年第6期。
⑥ 《中国近代史分期问题的讨论》,《历史研究》1957年第3期。
⑦ 同上。
⑧ 章开沅:《关于中国近代史分期问题》,《华中师范学院学报》1957年第1期。
⑨ 夏培源、邓裕仁、赖端中:《中国近代史教学大纲和教学中两条道路的斗争》,《科学与教育》1958年第4期。

概而言之，20世纪50年代的论争者均秉持革命史观，均以马列经典著作为自己立论的理论支撑及批驳他人的理论武器，却因着眼点差异而说法不同。近代中国的西方因素应置于什么样的位置这一问题，隐含于分歧之中。胡绳以"三次革命高潮"说来审视中国近代史全局，突出人民群众——尤其是农民——的反抗斗争，将之作为中国近代史的根本推动力量。封建统治者与列强的矛盾则被淡化处理，二者"相勾结"的一面得到更多注意，而由清朝统治者主导的几次对外民族战争自然难与太平天国、义和团相提并论①；歌颂人民革命的主体伟力，使得外力的影响只能居于次要的地位。

"三次革命高潮"说当然远远无法涵盖近代史的丰富内容，与此前以历史事件为中心的架构相较，这一理论架构系统性得到加强，阶级斗争色彩愈加浓郁，阶级革命所占分量更重，农民的历史地位与主体价值进一步突出。胡绳提出分期问题，其初衷是想改变既有近代史叙述"政治史内容占了极大的比重，而关于社会生活、经济生活和文化的叙述分量很小"这一偏颇。但以"三次革命高潮"为标志的近代史诠释体系由于过分突出阶级革命，势必导致"一是太重政治而轻其他，结果只见国家没有社会；二是过分强调阶级斗争而忽视其他社会力量，结果是多元发展的历史成了一元化的线性公式"。② 总体来说，胡绳欲丰富、扩充近代史论述内容这一初衷并未达成。毛泽东在《改造我们的学习》一文中，曾号召对近百年史先分经济史、政治史、军事史、文化史进行专门研究，在此基础上再做综合研究。而"三次革命高潮"说只突出了阶级革命，近代史其他方面的研究也无从落实。

正是现实中居于强势的阶级斗争理论及实践，使得胡绳的"三次革命高潮"说最终胜出，以至在后来近代史通论性著作编撰及研究中将之奉为圭臬。在"三次革命高潮"说诠释体系规范下的近代史研究，基本忽视统治阶级为应对危局的自身变革，如洋务运动、清末新政等历史内容

---

① 对中外民族战争的叙述也着眼于"反映人民群众力量增长"，"两次鸦片战争、中法战争、中日战争等在封建统治阶级参加和领导下进行的民族战争，也无一不是人民力量的表现"。参见戴逸《中国近代史的分期问题》，《历史研究》1956年第6期。

② 沈渭滨：《蒋廷黻〈中国近代史〉导读》，上海古籍出版社2006年版，第46—47页。

完全被摒弃于研究者的视野之外。其歌颂革命的价值取向,亦导致对于暴力革命的过分揄扬和对于改良运动的过度贬抑(尽管胡绳曾把戊戌维新列为第二次革命高潮的一个特征,但改良作为革命的对立物实在难有肯定之处)。其与意识形态绾合过于紧密,也必然影响甚至制约科学研究的学术性质。而当不同的学术观点受到政治批判,"三次革命高潮"说被综合大学、高等师范文史教学大纲采纳并在教科书中加以贯彻之后,中国近代史的诠释体系日益定于一尊。

1956 年由邵循正执笔拟定的高等院校历史系《中国近代史教学大纲》①,大体依照近 80 年阶级斗争形势的变化,中国人民同帝国主义和国内封建势力之间矛盾的交相演变,以及由此导致的近代人民革命三大高潮——太平天国起义、义和团运动和辛亥革命,将中国近代史分为三个时期:1840—1864 年、1864—1901 年、1901—1919 年。此后,高等院校历史系所编撰的中国近代史讲义及出版的中国近代史专著,都以《大纲》为依据,以三个时期安排篇章论述史事,同时或多或少增添了一些近代社会经济、思想文化的内容。

平心而论,50 年代的中国近代史研究作为新兴学科,整体水平尚低,对纷繁的近代史事有所优先侧重,集中有限的研究力量重点突破,亦无可厚非。但是,其所有理论构想几乎都难逃被僵化、教条化的宿命。从后来近代史学界的学术专题研究来看,绝大部分的研究著述均集中于"三次革命高潮",近代史领域的三个专题学会分别为太平天国学会、义和团学会、辛亥革命学会。在现代学术体制里,学会对学术研究的引导与推动是显而易见的。在这种体制化的影响之下,其他史事,甚至包括第一次鸦片战争都未能获得应有的重视。② 据姜涛统计的《历史研究》所载论文情况

---

① 受上级委托,邵循正亲自草拟大纲,并于 1956 年 1 月邀请姚薇元、王栻、郑鹤声参与讨论,形成《中国近代史教学大纲》初稿,提交当年 7 月的全国综合大学文史教学大纲审定会议讨论审定。

② 新中国成立后"十七年"间,近代史学界召开了太平天国 100 周年和 110 周年、戊戌变法 60 周年、义和团运动 60 周年、辛亥革命 50 周年学术讨论会。而据近代史研究所 1961 年所编《关于近代史研究机构、人员、出版和学术活动的材料》(油印稿,近代史所档案《历年工作计划等》)统计,在关于"旧民主主义革命时期的论文中,太平天国革命、义和团运动和辛亥革命的文章最多,其次是鸦片战争和戊戌变法"。

分析表，不难发现50—60年代学界对"三次革命高潮"（尤其是太平天国运动与辛亥革命）的热衷及对其他史事的相对忽视。① "文化大革命"前出现的几部影响较大的近代史通论性著作，"虽然都有自己的学术特色，但是就编撰的基本思路以及编撰体例和编撰内容来说，都体现了以阶级斗争为主线、以'三次革命高潮'为标志的学科理论的影响"。② "一条线索，两个过程，三次高潮，八大事件"成为中国近代史著述不变的叙事公式。

这种具有"范式"意味的近代史叙事和诠释体系，成为"社会环境等外界因素影响历史学家个人的中介"，并"借助学术发展机制自身的力量顽强存在"。③ 以辛亥革命史研究为例，革命史研究模式的基本理论预设，一方面使辛亥革命史研究获得了长足进步，同时也带来视角、方法的极大局限，使研究者难以放眼四顾、能动钻研。扬下层民众、抑资产阶级的价值尺度，使得对资产阶级的研究与其在辛亥革命中所处的位置并不相称。至于立宪派及立宪运动，虽然范文澜曾指出，立宪派在辛亥革命中具有两面性，既"参加革命同时又破坏革命"，并明确表示"辛亥革命，是资产阶级革命派立宪派共同的行动"。④ 但由于革命史研究模式中将革命与改良片面对立，立宪派和立宪运动在当时的诠释体系中基本上被定性为"反动"，难有细加探讨的余地，自然少人问津。

第五节 中国近代史研究的一些方法路向

一 实证方法与资料建设

既有的学术史回顾，往往将罗家伦、蒋廷黻、郭廷以等学者，同马克

---

① 参见姜涛《50年来的晚清政治史研究》，《近代史研究》1999年第5期。《历史研究》刊载论文情况不能作为唯一依据，但将之视为学界热点转移的风向标则并无大的问题。

② 梁景和：《中国近代史分期与基本线索论战述评》，《史学理论研究》2007年第2期。

③ 张亦工：《中国近代史研究的规范问题》，《历史研究》1988年第3期。

④ 范文澜：《中国近代史的分期问题（一）》，《范文澜历史论文选集》，中国社会科学出版社1979年版，第139、147页。

思主义史家截然对立，划分为两个泾渭分明的脉络，甚少顾及二者相通之处。新中国成立前马克思主义史家如范文澜、胡绳、华岗等人，在资料匮乏、专题研究薄弱的情况下，为适应政治形势要求，多热衷于近代通史著述以为革命动员之助。这与罗家伦等人的理念无疑相左。但是，史学终究具有社会功能，为适应时势因陋就简也无可厚非。因抗战需要，蒋廷黻亦在资料远未完备的情况下急就通史体例的《中国近代史》。新中国成立之后，资料、人力等各方面条件大为优裕，心态也较为从容，罗家伦当年所揭示的理念、方法，不但在海峡对岸由其学术继承者郭廷以发扬光大，在与罗氏意识形态对立的大陆也得以延承。而从史料编纂入手的基本取径，也得到中国近代史研究者的普遍遵循。换言之，民国时期近代史学科初创阶段在新史学实证主义影响下形成的注重资料的学术规则，在1949年后的大陆亦继续潜移默化地发挥着作用。正因为如此，才引出了一系列治史方法论上的争议。

有学者指出，20世纪40年代中期始，马克思主义史家开始由原来偏重方法，向方法与史料并重的方向转移，并举起"史料"的旗帜，力图与史料学派在史料收集整理上一较短长。[①] 此一趋向延续到50年代初期。郑鹤声在1951年发表《怎样研究中国近代史》，几乎全盘照搬罗家伦的观点："要有科学的中国近代史，非先有中国近代史料丛书的编订不可。所以我们在中国近代史方面要作任何工作的话，当从编订中国近代史料丛书下手。材料得到以后，还有整理翻译考订的苦工，而分题的研究，所谓摩洛格拉夫（Monograph）的工作，尤其是科学的史学的阶梯。必须有这各部分的史料丛书百种以后，才可以动手写科学的中国近代史。"[②] 郑氏此前从事近代史撰著，确为罗家伦研治近代史之理念的忠实信奉者。而他之所以在新中国成立之初敢于重新高调宣示罗家伦的看法，主要同当时史学界风气有密切关系。

新中国成立之初，史家虽然已将"阶级观点""劳动人民是历史的主

[①] 相关论述详参王学典《从偏重方法到史论并重》，《文史哲》1991年第3期；《从追求致用到向往求真——四十年代中后期唯物史观派史学的动向之一》，《史学月刊》1999年第1期。

[②] 郑鹤声：《怎样研究中国近代史》，《文史哲》1951年第2期。

人"作为唯物史观的核心内容而不断强调,但并未完全抛弃实证史学,且唯物史观被公认包含历史主义。刘大年在1953年总结史学现状时强调指出:"近三、四年来的中国历史研究上也还存在着很大的缺点,主要是一部分史学工作者存有严重的非历史主义观点。这首先表现于不恰当的对待历史人物,例如以今天的标准去衡量历史上的人物,或者不区别历史人物具有的优良品质和我们现在社会生活中所要培养的新品质,简单地要大家向古人学习,盲目夸大历史人物的作用等。也表现为'借古说今':例如用简单的历史类比来配合当前的政治任务。"① 范文澜所著《中国近代史》在新中国成立后成为名重一时的典范之作,他仍不断修订,对其中"借古说今"的地方做出删改。

范文澜对于青年学者轻视史料的倾向多次予以尖锐批评:"我们必须特别重视资料工作,才能动员大批人力投入这个工作里去。有人认为做资料工作是为他人作嫁衣裳,也有人认为做资料工作,比做研究工作低一头。这样想法是不对的。"资料工作是"一种功德无量的工作"。② 来新夏向范文澜请教研究近代史的入门途径,范让他从读三朝《筹办夷务始末》入手。范氏还告诫青年学人:从档案中搜求资料如披沙拣金,确实不易,但这是研究工作"从根做起"的重要一步。③ 可以说,由范文澜等人倡导的重视档案史料的实证学风,使新中国成立后的中国近代史研究在强调阶级观点、强调"为政治服务"的同时,又培育出一定的学术发展基础,不至于完全脱离学术轨道。

1949年7月1日,史学界人士成立中国新史学研究会筹备会,由范文澜主持。他立即筹划编辑《中国近代史资料丛刊》,组成总编辑委员会,以徐特立、范文澜、翦伯赞、陈垣、郑振铎、向达、胡绳、吕振羽、华岗、邵循正、白寿彝11人为总编辑。1951—1958年,史学会的主要工作即是继续编辑出版《中国近代史资料丛刊》。范文澜作为总负责人,为《丛刊》的编辑出版殚精竭虑。他与翦伯赞共同邀请金毓黻编纂《太平天

---

① 刘大年:《中国历史科学现状》,《光明日报》1953年7月22日。
② 范文澜:《历史研究中的几个问题》,《范文澜历史论文选集》,中国社会科学出版社1979年版,第213页。
③ 参见来新夏《我学中国近代史》,《近代史研究》2003年第3期。

国史料丛刊》，并亲至聂崇岐家邀请金加入近代史研究所资料编辑室。资料编辑室"平均每年编辑并翻译出版上百万字的资料"①，可谓勤谨高效。《丛刊》原拟12个题目，分头编辑，陆续出版。② 这项编纂以中科院近代史研究所为中坚③，整合北大、清华、燕京、北师大及社会各方力量进行，在此过程中，那些原非马克思主义的史家贡献甚巨。虽然《丛刊》之编纂在唯物史观指导下的近代史总体框架内展开，但对近代史料多方搜罗，披沙拣金，充分体现了传统考据之特点。论者指出：《丛刊》的编纂出版"与史语所工作旨趣不悖。而规模之大，考订之精审，则为他们所不敢想望"。④

搜集近代文献，近代史研究所亦有得天独厚的优势。1953年12月15日，郭沫若致函刘大年："关于搜集近代文献，的确是值得做的。问题是要拟出一套办法出来。近代史所恐也须准备这一笔预算。由近代史所主持，通过各级文教机关，就地进行搜集或采访。"⑤ 次年创刊《近代史资料》，荣孟源任主编。这是当时唯一专门刊载近代史文献档案史料的学术刊物。创刊之初在各大报刊发布《中国科学院历史研究所第三所征集中国近代史资料办法》。其资料征集范围相当广泛，档案、函电、日记、著述稿本、回忆录、调查记、罕见书报和地方志、史料长编、年表、统计图表、资料目录、资料考订、相片、拓片、遗物、遗迹等无所不包。⑥《近代史资料》主要依靠各方投稿，因而实质上成为全国近代史资料的一个权威收集整理中心。50年代创办刊物并非易事，在相当窘迫的经济条件

---

① 夏自强：《功不可没的聂崇岐教授》，载张世林编《学林往事》（中），朝华出版社2000年版，第1004页。
② 参见蔡美彪《范文澜与中国史学会》，载《中国史学会五十年》，第614—615页。《第二次鸦片战争》和《北洋军阀》的编辑工作一度中断，"文化大革命"后由齐思和、林树惠继续完成《第二次鸦片战争》，近代史研究所资料编辑室学者完成《北洋军阀》的出版。
③ 1961年前共出版的10种《丛刊》，其中《太平天国》《捻军》《洋务运动》《中法战争》《中日战争》的编纂皆以近代史所人员为主体，《戊戌变法》《义和团》《辛亥革命》的编纂近代史所人员亦多有参与。
④ 王学典：《翦伯赞学术思想评传》，北京图书馆出版社2000年版，第31页。
⑤ 《郭沫若来函》，载《刘大年来往书信选》（上），第68页。
⑥ 参见《中国科学院历史研究所第三所征集中国近代史资料办法》，《历史教学》1954年第8期。

下，近代史研究所学人着眼于长远，优先创办《近代史资料》，足见卓识。

二 眼光向下与社会历史调查

20世纪初年，中国的新史学就有面向基层和大众的倾向。对于底层的民众反抗运动，也持肯定态度。但这种提倡却多出于政治目的，"导致一个诡论性的现象，一方面当时人提倡的'民史'和'群史'似乎正是要写后人所谓'没有政治的历史'，同时他们所提倡的又都带有强烈的政治关怀"，"其内心似并未出现真正沿此方向的转变"，因而这种倡议中的"民史"并未得到真正的发展。20世纪20—30年代的社会史论战，"虽处处可见'社会'二字，其实仅体现了早年'民史'取向中那种寻求'全体国民'历史规律的倾向，很少涉及实际的社会史事"。①

写"民史"的努力，在新中国成立后终于由提倡逐渐走向实践，取得了一定实绩。

对于武训的历史调查，后来的研究者多诟病其先有政治"定论"、歪曲史实，而鲜少注意其在方法论层面对于中国近代史研究的影响。《武训历史调查记》的出炉，昭示着一种新的看待近代史资料的眼光和获取资料的途径，在当时就被认为具有史学方法上的意义。如周扬指出，《调查记》对历史研究工作"方法上做了很好的示范"。②郭沫若指出，《调查记》"之所以能有澄清思想混乱的力量，是因为方法正确，而且直接记录了劳动人民的意见。这是向来的历史述作里面所几乎没有的新的成分。这一次的批判工作和调查工作，为中国的人民史学增加了光辉的一页"。③黄元起进一步阐发《调查记》"给我们指明了新的方向：第一，必须面向人民大众进行调查，发掘历代人民生活的实物；第二，必须访问民间的舆论，特别是中国近代史的研究，应该仿照武训历史调查的先例，有组织有计划的进行工作；第三，文献资料的研究，必须由正史而扩大及野史、杂

---

① 罗志田：《近三十年中国近代史研究的变与不变——几点不系统的反思》，《社会科学研究》2008年第6期。
② 周扬：《反人民、反历史的思想和反现实主义的艺术》，《新建设》1951年第6期。
③ 郭沫若：《读〈武训历史调查记〉》，《人民日报》1951年8月4日第3版。

记、歌谣、小说、剧本之类"。① 赵憩之进而认为："仅凭旧有的文献，只能得着暗示，还不能得着真象。旧文献有他的片面性，因为那是统治思想的产物"，"不惟正史是如此，即是野史和笔记也有许多靠不住……武训历史调查记，就是删除那些靠不住而发见（现）靠得住的一种新史学的典型。它教给我们怎样看，怎样想，怎样分析，怎样鉴别。治史学的人以这个作标准，就会整理出来新的人民历史"。②

1959年在总结新中国成立后十年历史发展时，有学者强调指出："历史是阶级斗争的工具，当政权掌握在剥削阶级手中的时候，历史的记载完全属于他们的。有利于他们的则存，不仅存而且愈粉饰愈厚。有害于他们的则亡，即令有存的也必然是被歪曲了的，或者相反的东西。""历史工作者如果他的阶级立场没有根本改变，即使作了一些调查访问，也还是不能得出正确结论的。""武训历史调查记，就是一个揭发剥削阶级伪造历史发现人民真正历史活动情况的典型，它教给历史科学工作者，怎样看待和设想历史问题，怎样进行具体分析，它为整理出新的人民的历史的工作开辟了这一条道路。"③ 简言之，欲将"劳动人民"作为中国近代史叙述的主体，就必须着力搜集有关普通民众的资料。而以往的史学基本以"精英"为取向，文字资料固然浩如烟海，然其中关于下层民众的史料却相当有限，且这有限的资料在新的眼光之下还往往被认为"靠不住"。④ "近代"毕竟去今不远，介于"所见世"与"所闻世"之间，一些亲历

---

① 黄元起：《〈武训历史调查记〉所提示的治史方法》，《新史学通讯》第1卷第6期，1951年9月15日。
② 赵憩之：《武训历史调查记录新史学》，《历史教学》1951年第10期。
③ 刘尧庭、张嘉沧、荣铁生、郝立本：《从思想战线斗争看十年来历史科学的发展》，《开封师范学院学报》1959年第2期。
④ 民初新旧史家的史料观念渐有较大分歧。（参见王汎森《什么可以成为历史证据——近代中国新旧史料观点的冲突》，《新史学》1997年6月第8卷第2期。）整体来说，民初以降，在"民史"或"群"观念影响下，史家体现出"从边缘重写历史的倾向"。（参见罗志田《史料的尽量扩充与不看二十四史》，《历史研究》2000年第4期。）顾颉刚在1922年说："我们应当看谚语比圣贤的经典要紧，看歌谣比名家的诗词要紧，看野史笔记比正史官书要紧。为什么？因为谣谚野史等出于民众，他们肯说出民众社会的实话；不比正史、官书、贤人君子的话，主于敷衍门面。"（参见顾颉刚《中学校本国史教科书编纂法的商榷》，《教育杂志》1922年4月第14卷4号。）而如今野史笔记也被认为"靠不住"，史料观念的转变相当明显。

其事者尚在，或由其父祖口耳相传，尚少失实，调查访谈具有实际可操作性。由于关注的重心下移至社会底层，历史调查受到近代史研究者的空前重视。

广西省由政府组织"广西省太平天国文史调查团"，完成《太平天国起义调查报告》，明确宣示："实地调查是发掘近代史资料的一条良好道路，'武训历史调查团'已经给我们创造出了优秀的榜样。"[①] 刘尧汉经过多次实地调查，完成《一个彝族地区底社会经济结构在明清两代迄解放前的发展过程》，范文澜撰《介绍一篇待字闺中的稿件》对之大加赞赏。范氏将调查所得史料比作"眼前还活着的山野妙龄女郎"，他指出，刘尧汉文章的"妙处，正在于所用材料几全是取自实地调查，无史籍可稽"。[②]

1954年近代史研究所创刊《近代史资料》，其征集史料的办法中就将"亲历者的回忆录和访问与历史事件的调查记录"等作为重要的资料来源[③]，创刊号第一篇资料即为《三元里平英团史实调查会记录》。此后亦陆续刊登调查记录史料。时风影响之下，名目繁多的历史调查组纷纷成立，近代史上大大小小的下层民众的反抗运动均成为历史调查的用武之地。此类社会历史调查具有几个特点：

其一，一般由各省、市政府部门，或历史研究机构及高校历史系组织发动，涉及面广，规模较大。如广西省于1954年从各方抽调人员组成"广西省太平天国文史调查团"，得到桂平、贵县政府领导的重视，又派出一批干部予以协助。因而这项调查整合了相当多的社会资源。是年10月15日至11月28日，调查团采访桂平金田、紫荆等地，访问291位老人，记录8万字原始资料，形成《太平天国起义调查报告》并出版发行。[④] 广西于1959年成立通志馆，在副馆长吕集义指导下，研究人员于1960年3—9月，共4次深入太平天国早期活动的16个县市53个人民公

---

① 《太平天国起义调查报告·前言》，三联书店1956年版，第2页。
② 范文澜：《介绍一篇待字闺中的稿件》，《光明日报》1956年5月24日。
③ 参见《中国科学院历史研究所第三所征集中国近代史资料办法》，《历史教学》1954年第8期。
④ 参见《太平天国起义调查报告·前言》，三联书店1956年版，第1—4页；《广西通志·社会科学志》，广西人民出版社1999年版，第276页。

社，行程万里，访问了600余位老人，记录了大量口碑资料，编成《太平天国调查资料汇编》（广西人民出版社1962年版）。《中法战争调查资料汇编》也已编成，惜未及印出。① 1962—1963年上半年，通志馆太平天国研究组大部分研究人员到玉林等32个市、县，调查石达开回桂和太平天国时期广西会党起义的史实，访问300多位老人，记录近20万字资料。②

安徽省科学研究所历史室认为"皖北一带老年人多能记忆一些捻军抗清运动的故事，提供研究捻军的正面材料"，遂制订《捻军调查计划和提纲》，确定以涡、蒙、亳三县为重点调查地区，宿县等15县为一般调查地区。③ 涉及面和参与者最多的当属义和团调查。1960年1—3月，山东大学历史系56名师生分赴鲁西南、安徽、江苏、河北4省27县调查；1965年底至1966年初，41名师生分赴鲁西南、河南、河北等3省34县调查。共取得了近100万字极具学术价值的资料，受到海内外学界称许和重视。④

其二，调查对象主要为文化水平低下的下层民众。曾进行宋景诗起义调查的陈白尘不无自豪地表示：调查对象均为"出身贫、中农而年已耄耋的老人们，每一个人都是无知无识所谓没有文化的人，但他们所共同提供的这部史料，却推翻了、纠正了官书中许多伪造和错误，许多被掩饰、阉割的历史也由它得到了补充，若干死材料也由它而变成活的历史，很多看来无意义的事件因之得到了说明，一些疑难问题也因之得到了解答。没有他们，宋景诗及其黑旗军的真实历史势必湮没，他们是农民历史的保护

---

① 参见《广西通志·社会科学志》，广西人民出版社1999年版，第276页；莫乃群《在开幕式上的讲话》，《中国地方志通讯》1981年第5—6期。

② 因"四清"和"文化大革命"，这些资料未能出版。至1989年，这些资料经精选编入《太平天国在广西调查资料全编》。"文化大革命"期间的1975年，广西民族学院政治系还组织太平天国调查组，赴平南大鹏地区调查。（参见《广西通志·社会科学志》，广西人民出版社1999年版，第277页。）

③ 参见《捻军调查计划和提纲》，《安徽史学通讯》1958年第5期。

④ 参见路遥主编《山东大学义和团调查资料汇编》（上），山东大学出版社2000年版，前言第5页；何书彬《"被评价"的义和团——对话中国义和团研究会常务副会长苏位智》，《看历史》2010年第5期。

者，也是农民们自己的历史家"。①

其三，历史调查所得结果往往颇有影响。如学界多认为"社学"是三元里抗英的领导者；而中山大学历史系师生于1960年2—3月，分成8个小组，分头调查115个乡村，访问611位老人，个别访问、开座谈会达450次，共调查了38个"社学"。得出的结论是，"社学"由地主士绅所掌握，在反侵略斗争中未起过组织领导作用。这一调查即被《光明日报》详细报道。② 又如"祝大椿在上海设立源昌机器五金厂"作为中国近代工业产生时期的一则重要史实，被多种著作载录。谢商等人访问了多位1907年前后上海船舶修造工厂的老工人，并辗转找到祝大椿所创办的第一个企业"源昌号"的老职工及祝氏次子进行调查。在实地调查基础上，进一步分析得出：所谓"源昌机器五金厂"，竟是祝氏为骗取清政府的爵赏而虚构的。③ 1956年、1957年，钟文典两次到蒙山，走访70多个村庄，获取大量实地调查采访资料，撰成《太平军在永安》一书④，苏联学者对这些调查资料相当推重，谓之"在我们面前揭示了太平天国起义历史中尚未研究的若干篇页，有助于我们更好地了解太平天国革命的性质"。⑤

第六节　阶级斗争观点的一路强化

《共产党宣言》说："到目前为止的一切社会的历史都是阶级斗争的

---

① 陈白尘：《宋景诗历史调查记》，人民出版社1957年版，第4、5页。
② 参见《中山大学历史系部分师生根据实地调查材料，对于"社学"性质和作用问题提出新看法》，《光明日报》1961年1月24日。
③ 参见谢商《关于祝大椿创办"源昌机器五金厂"的调查》，《学术月刊》1961年第5期；《关于中国近代经济史中一个材料的调查》，《红旗》1961年第11期。
④ 参见钟文典《太平天国史调查答客问》，载《罗尔纲与太平天国史》，四川社会科学出版社1987年版，第169页。
⑤ 参见杰留辛《书评：钟文典〈太平军在永安〉》，苏联《亚非民族》（俄文版）1964年第2期，转引自钟文典《太平天国史调查答客问》，载《罗尔纲与太平天国史》，四川社会科学出版社1987年版，第170页。

历史。"① 前述我们已经看到，随着中国共产党建政，阶级斗争学说在史学研究领域树立起了强势地位。而党的领袖毛泽东的思想，更使得阶级斗争观点一路强化。作为马克思主义者的毛泽东极其重视阶级斗争问题，视阶级斗争观点为马克思主义理论的核心。② 他在20世纪40年代回忆自己如何成为马克思主义者时说："记得我在一九二〇年，第一次看了考茨基著的《阶级斗争》，陈望道翻译的《共产党宣言》，和一个英国人作的《社会主义史》，我才知道人类自有史以来就有阶级斗争，阶级斗争是社会发展的原动力……我只取了它四个字：'阶级斗争'，老老实实地来开始研究实际的阶级斗争。"③ 在新中国成立前夕，他进一步强调："阶级斗争，一些阶级胜利了，一些阶级消灭了。这就是历史，这就是几千年的文明史。拿这个观点解释历史的就叫做历史的唯物主义，站在这个观点的反面的是历史的唯心主义。"④ 这一言说，将阶级斗争观点提升为区分历史唯物主义与历史唯心主义的根本标志，构成毛泽东历史观的基石。⑤ 当时人们理解唯物史观的基本要点有二：其一为"承认有阶级的社会底历史是阶级斗争的历史"；其二为"劳动人民是历史的主人"。⑥ 这成为评判史学研究著述的根本价值尺度。1957年反右派运动以后，中国国内的政治形势变得越来越严峻，毛泽东发出"千万不要忘记阶级斗争"的号召，并不断论述"以阶级斗争为纲"问题，他尤其关注意识形态领域的阶级斗争。⑦ 整个史学界阶级斗争观点亦愈趋强化，阶级分析方法被视为治史

---

① 《马克思恩格斯选集》第1卷，人民出版社1972年版，第250页。
② 王也扬认为，从李大钊到毛泽东的中国共产党人，把阶级斗争和无产阶级专政理论作为马克思主义政治学说的核心内容来认识和理解，是符合经典作家原意的。而且，唯物史观在为阶级斗争的政治服务过程中，其理论观点自然会出现某种取舍和倾斜。参见王也扬《关于唯物史观流行理论的几个问题——兼评〈历史研究〉近期发表的两篇文章》，《社会科学战线》2002年第6期。
③ 《毛泽东文集》第2卷，人民出版社1993年版，第378—379页。
④ 毛泽东：《丢掉幻想，准备斗争》，《毛泽东选集》第4卷，人民出版社1991年版，第1487页。
⑤ 毛泽东还指出，唯物史观问题，即主要是阶级斗争问题。见《毛泽东书信选集》，人民出版社1983年版，第602页。
⑥ 参见刘大年《中国历史科学现状》，《光明日报》1953年7月22日。张海鹏将毛泽东的历史观归结为"阶级斗争史观"与"人民史观"。（参见张海鹏《试论毛泽东的历史观》，《中共党史研究》2004年第5期。）
⑦ 参见王也扬《以"阶级斗争为纲"理论考》，《近代史研究》2011年第1期。

的万用灵丹。"阶级斗争的思想，是历史唯物主义的根本思想"成为无人敢于否定的律条。① 这可以概括为"文化大革命"前十七年间中国近代史研究的基本形态。

金毓黻经过思想改造后总结道："写近代史或现代史文章，必须先将阶级观点弄清，即应站在无产阶级立场，即人民大众观点，以衡量社会，否则必犯错误。近年右派分子所犯错误之总因，即由于阶级立场未能站稳。如果于此一点未能弄清，则属于近人然或现代史范围之作品，不应轻易发表，以免引人指责。此言良是，且思之可畏。吾人写作历史，本为有裨于社会人群，倘因此生相反作用，可谓劳而无功，得不偿失。"②

毛泽东是运用阶级分析方法论述近代中国的楷模，而运用阶级观点来肯定农民革命，则是其思想的重要特色。毛彻底否定近代地主阶级，认为"地主阶级是帝国主义统治中国的主要的社会基础，是用封建制度剥削和压迫农民的阶级，是在政治上、经济上、文化上阻碍中国社会前进而没有丝毫进步作用的阶级"。③ 与此同时，由于在中国共产党领导的革命中，农民居于主体地位，毛泽东特别强调农民的历史作用，指出农民问题是"中国革命的基本问题"，中国革命"基本上"是"农民革命"。④ "吾国自秦以来二千余年推动社会向前进步者主要的是农民战争。"⑤ "在中国封建社会里，只有这种农民的阶级斗争、农民的起义和农民的战争，才是历史发展的真正动力。"⑥ 毛泽东推崇鲁迅，却不同意鲁迅对农民的"黑暗面"的描写。1939年11月，毛致周扬的信中提出，鲁迅表现农民着重其黑暗面，封建主义的一面，而忽略其英勇斗争、反抗地主，即民主主义的一面，这是因为他未曾经验过农民斗争之故。由此，可知不宜于把整个农村都看作是旧的。所谓民主主义的内容，在中国，基本上即是农民斗争，

---

① 参见孙定国《我们怎样对工人进行历史唯物主义教育》，《学习》1949年12月15日第1卷第4期。
② 金毓黻：《静晤室日记》（3.10，卷167，7623）。
③ 毛泽东：《中国革命和中国共产党》，《毛泽东选集》第2卷，第638页。
④ 同上书，第692页。
⑤ 《毛泽东文集》第3卷，人民出版社1996年版，第128页。
⑥ 毛泽东：《中国革命和中国共产党》，《毛泽东选集》第2卷，第625页。

即过去亦如此，一切殖民地半殖民地亦如此。现在的反日斗争实质上即是农民斗争。农民，基本上是民主主义的，即是说，革命的，他们的经济形式、生活形式、某些观念形态、风俗习惯之带着浓厚的封建残余，只是农民的一面，所以不必说农村社会都是老中国。在当前，新中国恰恰只剩下了农村。① 1951年编辑出版《毛泽东选集》时，对《中国革命和中国共产党》加以修改，特别增加了对近代史上农民作用的论述："而农民则是中国革命的主力军，如果不帮助农民推翻封建地主阶级，就不能组成中国革命的强大的队伍而推翻帝国主义的统治。"② 正因为毛泽东对农民阶级的赞扬和推崇，新中国成立后近代史学界倾向于将农民阶级与无产阶级看成一脉相承的革命力量，其所强调的阶级观点，相当程度上表现于此。近代史领域"三次革命高潮"说诠释体系高度突出阶级斗争观点，尤为强调农民阶级的历史地位与历史作用，这也是其在当时背景下能获得各方肯定的重要原因。

阶级斗争观点成为中国近代史研究的核心观点，对于中国近代史的诠释亦以阶级立场而截然区分。在破旧立新的思维模式下，批驳"资产阶级学者"的近代史著述与建构新的诠释体系同时并举。胡适、蒋廷黻、陈恭禄、张忠绂、郭廷以等人对中国近代史的历史解释完全失去了传播空间，成为大陆学界口诛笔伐的对象。1954年掀起声势浩大的批判胡适思想的政治运动，其中不少文章的批判锋芒就指向胡适对近代史的看法。③ 1955年近代史研究所即有以下课题任务："批判胡适民族投降主义的观点"（单斌）、"批判胡适、蒋廷黻、陈恭禄、郭廷以、张忠绂等人的资产阶级思想在近代史几方面的毒害"（丁名楠、贾维诚）、"批判胡适对中国近代史的歪曲"（荣孟源）。④ 由于胡适、蒋廷黻、张忠绂、郭廷以不在大

---

① 参见毛泽东《致周扬》（1939年11月7日），《毛泽东文艺论集》，中央文献出版社2002年版，第259—260页。
② 毛泽东：《中国革命和中国共产党》，《毛泽东选集》第2卷，第637页。
③ 如陈锡祺《胡适反动历史观点对中国近代史研究的毒害》，《中山大学学报》1955年第1期；林增平《胡适历史唯心主义怎样污损和歪曲中国近百年历史》，《湖南师范学院学报》1956年第1期。陈锡祺之文，因胡适本人有关近代史著述不多，而"蒋廷黻是以中国近代史专家的姿态散播汉奸毒素，对中国近代史研究的毒害，更直接具体"，遂将批判重点转向蒋廷黻。
④ 见《中国科学院年报》（1955年）。

陆，只能缺席审判；而留在大陆的陈恭禄则承受了更多的批判火力。

陈恭禄新中国成立前所著《中国近代史》曾被列为大学丛书之一，影响甚广。来新夏进入华北大学历史研究室，由古代史转攻近代史，即以阅读陈恭禄的书入手。① 新中国成立后陈恭禄力图跟上时代步伐，1951年进入苏州华东人民革命大学政治研究院积极学习马列经典著作；1952年院系调整后在南京大学历史系任教。② 但因他过去撰写的《中国近代史》与主流的近代史诠释体系多有不合，被视为"代表了和集中了半殖民地、半封建时期对中国近代史最为流行的错误思想和见解的系统著作"③，自然承受极大的压力。陈氏"初不愿讲授中国近代史的课程，在思想改造时期，曾保证不再用我所写的书籍"④，实则基本上被剥夺了研究中国近代史的资格。

1956年5月5日在北京大学第一届科学讨论会历史学分会上，曾师从蒋廷黻的邵循正报告《清除中国近代史研究中的帝国主义影响和买办资产阶级观点》，着重批判"马士所编写的'中华帝国国际关系'一书中对中国近代史的歪曲"，此外还"分别批判了在中国近代史研究中宣扬买办资产阶级观点的代表人物如：胡适、蒋廷黻、郭廷以、张忠绂等的反动观点"，特别批判陈恭禄旧著"宣扬了马尔萨斯人口论，为帝国主义侵略中国辩护，成了美帝国主义的文化俘虏。这一本书是集马士、蒋廷黻等反动观点之大成"。陈恭禄亦被迫在会上公开进行自我批判。与会的翦伯赞、严中平、石峻等认为邵循正"暴露较多，批判不够"。⑤ 同月23日，南京大学召开第二届科学讨论会历史学分会，会上学术报告的内容是陈恭

---

① 参见来新夏《我学中国近代史》，《近代史研究》2003年第3期。

② 参见柳定生《史学家陈恭禄先生传略》，《丹徒文史资料》第2辑，1985年6月，第61页。

③ 刘希纯：《关于"对旧著'中国近代史'的自我批判"的几点意见》，《教学与研究汇刊》1956年12月"创刊号"。直至1997年还有学者认为陈著《中国近代史》"主要体现了为国民党统治造舆论的特点，诋毁人民革命"。（参见徐彻、成晓军、高虹主编《名人评曾公》，辽宁古籍出版社1997年版。）

④ 陈恭禄：《对旧著"中国近代史"的自我批判》，《教学与研究汇刊》1956年12月"创刊号"。

⑤ 《北京大学历史系的科学讨论会》，《光明日报》1956年7月5日第3版。

禄"对旧著'中国近代史'的自我批判"。此报告于是年12月在南京大学《教学与研究汇刊》"创刊号"公开发表。陈恭禄承认自己"站在统治阶级和帝国主义立场，陷溺其中不能自拔"，"诬蔑人民革命，反苏反共"，旧著"无疑的是一反动有毒素的书籍"，"毒害许多青年读者。因为它统合当时反动观点而成书，是这类史籍中最有系统的著作"。① 陈自我贬损不可谓不严厉，但仍被认为反省不够深刻。与会者指出，陈氏旧著错误的根源，是"立场、观点、方法的错误"，因而须更深一步地批判。② 陈恭禄力图以批判旧著表明积极"转变"之态度，作为"重新研究中国近代史的开始"③，却难以如愿。据茅家琦回忆，当时人民出版社还在约请陈氏重写《中国近代史》。而当陈氏交上第一册，审稿意见就断定存在"严重错误"，重写之议便不了了之。④ 1957年他试图以新观点写了一部《太平天国史》，也未能出版。

　　1958年"史学革命"兴起，陈恭禄因旧著《中国近代史》"影响很大，流毒很广，以及陈先生在解放后反动史观很少改变"⑤，又首当其冲。南京大学历史系新开设"资产阶级史学批判"课程，围绕批判陈恭禄，采取专题报告、师生讨论的形式，"确定的专题共有十七个"。⑥ 10月16日召开历史系资产阶级学术思想批判大会，陈恭禄成为众矢之的。会上发言者有青年教师和学生11人，共批判陈氏"反动观点二十七个"。大家一致指出：陈著《中国近代史》"是一部反动透顶的著作，它系统地全面地反映了封建地主阶级和帝国主义的立场、观点，并竭力为这两者的利益辩护"。群情激愤之下，批判层层加码：陈氏旧著被批为"一部向中国人

---

　　① 陈恭禄：《对旧著"中国近代史"的自我批判》，《教学与研究汇刊》1956年12月"创刊号"。
　　② 潘荻：《史学研究工作者必须有正确的立场、观点——南京大学第二届科学讨论会旁听记》，《新华日报》1956年6月1日；刘希纯：《关于"对旧著'中国近代史'的自我批判"的几点意见》，《教学与研究汇刊》1956年12月"创刊号"。
　　③ 陈恭禄：《对旧著"中国近代史"的自我批判》，《教学与研究汇刊》1956年12月"创刊号"。
　　④ 郭世佑：《久违了，陈恭禄先生》，《读书》2011年第5期。
　　⑤ 施一揆：《南京大学历史系教学改革及科学研究的新途径》，《历史研究》1958年第12期。
　　⑥ 《我系正在掀起资产阶级史学批判运动》，《史学战线》1958年第1期。

民的宣战书,是向蒋介石献策";并对陈氏在新中国成立以后的种种融入新时代的努力完全否定,认为其"本质上是走解放前的老路",如果不"自我革命","其存在的意义只是一个反面教员"。① 南京大学历史系所办刊物《史学战线》,1958 年 11 月的"资产阶级学术思想批判专辑",刊登批陈文章达 14 篇,对陈氏旧著的历史观点、理论方法、具体论述全面开火。批判者谓:陈著"是用'公平之态度'伪装起来,因而,它给予人们的毒害也就愈大,欺骗人民的效果也就越好"。②

在无法继续从事近代史研究的情况下,翦伯赞提议陈恭禄去做近代史史料学工作。③ 陈对近代史史料下过相当的功夫,1933 年曾发表《近代中国史史料评论》。④ 1957 年上半年陈恭禄开设"中国近代史史料学"课程,选修者甚少,"不选他的课,正说明同学们思想上觉悟提高,不愿接受陈先生的反动史观"。1957 年下半年,陈恭禄替三年级开设"1840—1895 年中国近代史史料"选修课。全年级 80 多名学生仅两人选修,其中一人是旁听,另一个是"听听再说"。最终无法开课。⑤ 1964 年他撰成《中国近代史资料概述》,在 1981 年中国进入新时期后,此书终于由中华书局出版。

反右派运动后的学术语境,完全被阶级斗争观点所笼罩。"史学革命"中最为响亮的口号是"打破王朝体系""打倒帝王将相",亦即从历史叙述中剔除"反动统治阶级"的内容,"建立一个新的人民史体系"。⑥ 学生们指斥近代史教师"本身就没有强烈的爱国主义感情和鲜明的阶级立场、观点"。⑦ "三次革命高潮"说也被进一步简单化。在 50 年代,胡

---

① 方一天:《我系最近的教学改革运动和学术思想批判大会》,《史学战线》1958 年第 2 期。
② 王荣先:《陈恭禄先生所谓"客观主义"的实质》,《史学战线》1958 年第 2 期。
③ 据方之光(陈恭禄最后一个研究生)回忆。转引自田燕《求真唯实 以史经世——历史学家陈恭禄》,载张宪文主编《民国南京学术人物传》,南京大学出版社 2005 年版,第 154 页。
④ 见《国立武汉大学文哲季刊》1933 年第 3 期。
⑤ 参见唐宇元《批判陈恭禄先生的资产阶级史料学》,《史学战线》1958 年第 2 期。
⑥ 《打破王朝体系,讲述劳动人民的历史》,《历史教学》1958 年第 12 期。
⑦ 《我们对中国近代史教学的意见——老师,你们重视加强近代史教学的思想性、战斗性了吗?》,载《历史科学中两条道路的斗争》,人民出版社 1958 年版,第 192 页。

绳对中国近代史的解释中还有"戊戌维新"一席之地,他曾申明"把第二次革命运动高涨仅看作 1899—1900 年的义和团的发动是不完全的"。① 但是随着此后政治上日益"以阶级斗争为纲",对"三次革命高潮"的理解日趋狭窄、教条。戊戌维新就较少得到史家的关注了。刘大年在 1964 年中共中央高级党校做了五次"中国近代史讲座","当中三次,讲三个革命高潮,一次着重讲太平天国,一次着重讲义和团运动,一次着重讲辛亥革命",最后一次讲结论。② 仅在第三讲之"义和团运动的背景"中对戊戌变法作了简要的介绍。在发表的文章中,他更明确提出:"人民群众首先在太平天国、义和团运动、辛亥革命等几次革命高潮中表现出是历史活动的主体,是决定历史前进方向的力量。"③ 这样戊戌维新事实上从第二次"革命高潮"中被逐出。可以说,在阶级斗争观点统领的中国近代史诠释体系中,"对洋务运动是彻底否定的,对戊戌维新也是否定的,对辛亥革命虽然没有完全否定,但也是提出了'立足于批'的基调。而太平天国起义和义和团,却作为两次革命高潮而给予完全的肯定,这实际上是把农民运动当成近代史的主流。而无产阶级领导的新民主主义革命,则似乎是直接与农民运动相衔接,成了旧式农民运动的继续"。④

教育部 1956 年 8 月颁发的师范学院历史系中国近代史试行教学大纲,基本上以"三次革命高潮"说为框架,然而至 1958 年"史学革命"⑤,其仍被批判为"客观主义"的"平列法"。"这种方法在标题和口头上也注意近代史上中国人民的反抗斗争。在大纲的内容分量以及讲述中,却把人民的反抗斗争和封建统治者的反动活动不分主次兼收并蓄地'客观'并列,其结果是把中国人民反帝反封建英勇斗争淹没在帝国主义和封建统治

---

① 参见胡绳《中国近代历史的分期问题》,《历史研究》1954 年第 1 期。
② 参见刘大年《中国近代史讲稿》(记录稿),中共中央高级党校教研室编于 1964 年 5 月。值得注意的是,也许意识到其间的偏颇,刘大年用铅笔将第三讲"义和团运动"改为"戊戌变法与义和团运动",但实质内容完全偏重于义和团运动。
③ 刘大年:《中国近代史上的人民群众》,《历史研究》1964 年第 1 期。
④ 黎澍:《1979 年的中国历史学》,载《中国历史学年鉴》(1979 年),三联书店 1980 年版。
⑤ "史学革命"之核心要义为:打破王朝体系,建立人民体系的历史,将劳动人民奉为历史的主角。参见《一定要打破王朝体系的历史,建立人民体系的历史》,《南京大学学报》1958 年第 1 期。

者相互勾结镇压人民的大量史实中。""据我们对大纲内容的初步统计，其中讲述帝国主义和封建统治者活动的内容占全文分量的44.2%，而讲述中国人民反抗斗争的内容却只占全文分量的31.2%。"如此一来，中国近代史成了"中国人民的'悲惨史'"，人们"不仅没有从近代八十年来人民反帝反封建的英勇斗争史中加强民族自豪感，相反的是造成了一种悲观失望的印象"。①

唯物史观不同于一般的书斋之学，它是马克思基于无产阶级同资产阶级作斗争的需要，而去研究经济问题和历史问题，从中创立的学说。② 阶级斗争既是一种你死我活的政治斗争，包括历史研究在内的革命者的工作，必须首先为"保存自己、打倒敌人"的"当前斗争"服务。在这种情况下，革命的功利主义似乎是天经地义的。但其中的实用主义、教条主义也不言而喻。一些马克思主义史学家对此有纠结，也有一定程度的抵制。他们强调唯物史观的一个重要观点，叫作"历史主义"。华岗说："我们论断和评价历史事物时，只能以该历史事变与人物在当时所处的条件为标准，而不能以今天的条件为标准。"③ 翦伯赞说："站在工人阶级的立场上不等于要用今天的，乃至今天工人阶级的标准去衡量历史人物。而是要求我们用工人阶级的历史观点，即历史唯物主义的观点去评论历史人物。"④ 鉴于新中国成立后史学界的非历史主义倾向不但没有克服反有愈演愈烈之势，翦伯赞不断撰文进行批评。范文澜、邓拓、吴晗、刘大年、黎澍等也发过言，呼吁坚持实事求是的治史态度。

1963年，《新建设》杂志第5期发表林甘泉的文章《历史主义与阶级观点》，说："有些同志在批评非历史主义倾向的时候，并没有能站在正确的立场上来进行这种批评。结果是这一时期以来，历史研究中又出现了另一种不健康的倾向：某些同志把历史主义与阶级观点对立起来，在讲历

---

① 夏培源、邓裕仁、赖端中：《中国近代史教学大纲和教学中两条道路的斗争》，《科学与教育》1958年第4期。

② 参见王也扬《关于唯物史观流行理论的几个问题——兼评〈历史研究〉近期发表的两篇文章》，《社会科学战线》2002年第6期。

③ 华岗：《谈谈历史方法》，香港《文汇报》1948年9月7日。

④ 翦伯赞：《关于历史人物评价中的若干问题》，《新建设》1952年9月号。

史主义的时候，离开了阶级观点，从而模糊了马克思主义历史科学的党性原则。"时任《历史研究》杂志主编的黎澍读到林文后眉批道："阶级观点是唯物史观的核心，历史主义是辩证法对历史过程的理解。"① 他根据这样的见解，邀请宁可撰写了《论历史主义和阶级观点》一文。宁文说，那种以为"有了阶级观点，自然就有了历史主义，也不免是一种机械的、简单化的理解"，在历史研究中，仅仅注意到一个方面而忽视另一个方面的情况，是可能出现的。②

林甘泉和宁可的文章引发史学理论界一场大讨论。至 1965 年初，国内报刊就历史主义与阶级观点问题发表文章有 30 余篇。讨论中有两种对立的意见，宁可、李文海等学者认为，马克思主义历史主义与阶级观点是内涵有别的两个理论概念，应当在承认二者区别的情况下，按照一定的条件使二者有机地统一起来。③ 关锋、林聿时、林杰等则认为："马克思主义的阶级斗争学说贯彻着或者说包含着历史主义；马克思主义的历史主义是以阶级斗争学说为基础的。如果把二者割裂开来，对两者都不能有正确的理解。"④ 1964 年初，一篇题为"关于历史主义与阶级分析的讨论"的概述文章作出结论说："我们强调两者的统一，就是要重视阶级斗争的规律，用马克思主义的历史主义的阶级分析的方法，对我国和外国的学术文化遗产给以批判的总结。"⑤ 这样历史主义就成了阶级观点的修饰词，而失去了其独立存在的意义。随着"文化大革命"脚步临近，那些提出历史主义仍有其独立存在价值的学者，被批判为鼓吹脱离阶级观点的资产阶级历史主义，是企图背离、怀疑和反对马克思主义阶级斗争学说，从而付出了沉重的代价。

与阶级观点讨论相联系的，是"史论关系"问题的讨论。1958 年

---

① 转引自蒋大椿《历史主义与阶级观点研究》，巴蜀书社 1992 年版，第 41 页。
② 宁可：《论历史主义和阶级观点》，《历史研究》1963 年第 4 期。
③ 参见宁可《论马克思主义的历史主义》，《历史研究》1964 年第 3 期；李文海《论阶级观点与历史主义的统一》，《光明日报》1963 年 3 月 12 日。
④ 关锋、林聿时：《在历史研究中运用阶级观点和历史主义的问题》，《历史研究》1963 年第 6 期；林杰：《阶级观点与历史主义没有必然联系么？》，《文汇报》1963 年 10 月 24 日。
⑤ 见《学术月刊》1964 年第 1 期。

"史学革命"中,青年学生、助教们响应号召,用马克思主义观点先行,批判资产阶级教授,提出所谓"以虚带实"编写历史教科书。① 虚即理论,实即史料。这种"以论带史"的倾向,自新中国成立后马克思主义取得强势地位,实际上已经存在了,而一些把马克思主义当作严肃的科学来看待的史家,对此并不以为然。尚钺1957年撰《关于研究历史中的几个问题》一文,强调"没有历史资料就写不出历史"。② 孙国权1959年发表《正确处理史料与观点的关系》一文,提出"史料与观点的统一,是进行历史科学的教学与研究工作最科学的方法"。③ 1961年范文澜在《历史研究》杂志发表《反对放空炮》④ 一文,引起史坛震动。他说:

> 我们有些史学工作者,不能说他不想认真学习马克思列宁主义、毛泽东思想,但动起笔来,却把历史事件忽略到无以复加的地步。毛主席不断教导我们要调查研究,还在二十年前就在《农村调查》的"序言和跋"、《改造我们的学习》等经典性论文中强调调查研究的重要性。不久前《人民日报》又根据毛主席的教导发表过《大兴调查研究之风》的社论。然而我们的这些同志总是听之藐藐,懒得作调

---

① 《我们以虚带实突击编写乡土教材和教学参考资料的做法和体会》,《历史教学》1958年第9期。
② 见《尚钺史学论文选集》,人民出版社1984年版。
③ 见《中学历史教学》1959年第4期。
④ 范文澜:《反对放空炮》,《历史研究》1961年第3期。据丁守和回忆:范文澜此文原是在纪念巴黎公社90周年学术讨论会上的讲话,文中批评了当时历史研究中放空炮说空话,写批判文章不是摆事实讲道理,而是戴帽子打棍子等倾向。范老虽然未点谁的名,但实际是有所指的,如上年《历史研究》发表的《高举马列主义旗帜,保卫历史科学的党性原则》《为保卫历史科学的党性原则而斗争》等文章。黎澍对这种情况也不满,他说:这真是荒唐,难道讲点历史主义,强调实事求是,就是反对党性原则?那不过是用空话吓人,大帽子压人,使人们不敢用科学态度研究历史而已。他把这些意见同范文澜谈过,并请范老专门讲讲反对放空炮说空话等不良倾向,提倡实事求是、踏踏实实做学问的学风。到发表范老这篇文章时,黎澍又煞费苦心,仔细推敲,反复修改,将具体有所指的话都删去,只是批评一种现象或倾向。我也看过两稿,记得还曾向黎澍谈起,范老反对放空炮,我很赞成,不过他的文章似乎也是放空炮,未有实例。他说,现在只能这样,现在放空炮说空话不是哪个人的问题,也不限于史学界。这篇讲话发表后,果然遭到某些人的攻击责难,认为反对放空炮是反马克思主义的另一种说法,引起一场风波,甚至被告到中央。好在范老德高望重,尚未酿成大事,但一直到"文化大革命"还是一桩公案。(参见丁守和《历史学家黎澍的品格》,《炎黄春秋》1998年第4期。)

查工作，把自己杜撰的一些公式和规律，演成篇幅，说这就是论文，或者说这就是著作。这样的大炮放出去，对敌人是丝毫无伤的。

1962年1月4日《光明日报》刊载吴晗的文章《如何学习历史》，认为"以论带史"结果会造成"以论代史"，研究历史"只要把真正的史实摆清楚了，观点自然就出来了，所以我们说'论从史出'"。十天后，该报又发表翦伯赞的文章《关于史与论的结合问题》，明确批评"以论带史"的提法"带有很大的片面性，是一种不正确的提法。因为这种提法很容易令人误会研究历史要从理论出发，而不要从史实出发"。他说"'以论带史'的提法，必须废除，正确的提法应该是'观点与史料的统一'"。林甘泉则从另一个方面关注此问题，指出"不应该对马克思主义理论的指导意义有任何忽视"，"论从史出"的提法值得商榷，因为"对一个问题的正确的理解，不仅依赖于足够的确实的材料，而且依赖于正确的理论指导"。[①] 后来尹达的意见有了阶级斗争的火药气味，他说："我们提倡'以论带史'……但是一些资产阶级史学家却把'以论带史'歪曲为'以论代史'，并且大加攻击……他们这样做的目的，难道不是要取消马克思主义、毛泽东思想对历史科学的指导吗？"[②] 尹达此文撰于1964年，当时未能发表，拖了一年多，成为"文化大革命"隆隆排炮中的一炮，并且受到毛泽东的表扬。[③]

---

① 林甘泉：《关于史论结合问题》，《人民日报》1962年6月14日。
② 尹达：《必须把史学革命进行到底》，《红旗》1966年第3期。
③ 参见毛泽东在中共中央政治局扩大会议上的讲话（1966年3月17—20日）。

第 二 章

1966—1976年间的近代史叙事及其理论状况

第一节 《评新编历史剧〈海瑞罢官〉》：史学完全变成政治斗争的工具

1965年11月10日，上海《文汇报》发表署名姚文元的文章《评新编历史剧〈海瑞罢官〉》。该文非同寻常。它点名批评的对象是身为中共党员的北京市副市长、历史学家吴晗，却没有按照中国共产党的组织纪律，事先向中共中央宣传部和中共北京市委打招呼。文章虽然评论的是一出历史剧，但说的却是现实政治问题：

> 《海瑞罢官》这张"大字报"的"现实意义"究竟是什么？对我们社会主义时代的中国人民究竟起什么作用？要回答这个问题，就要研究一下作品产生的背景。大家知道，1961年，正是我国因为连续三年自然灾害而遇到暂时的经济困难的时候，在帝国主义、各国反动派和现代修正主义一再发动反华高潮的情况下，牛鬼蛇神们刮过一阵"单干风"、"翻案风"。他们鼓吹什么"单干"的"优越性"，要求恢复个体经济，要求"退田"，就是要拆掉人民公社的台，恢复地主富农的罪恶统治。那些在旧社会中为劳动人民制造了无数冤狱的帝国主义者和地富反坏右，他们失掉了制造冤狱的权利，他们觉得被打

倒是"冤枉"的，大肆叫嚣什么"平冤狱"，他们希望有那么一个代表他们利益的人物出来，同无产阶级专政对抗，为他们抱不平，为他们"翻案"，使他们再上台执政。"退田"、"平冤狱"就是当时资产阶级反对无产阶级专政和社会主义革命的斗争焦点。阶级斗争是客观存在，它必然要在意识形态领域里用这种或者那种形式反映出来，在这位或者那位作家的笔下反映出来，而不管这位作家是自觉的还是不自觉的，这是不以人们意志为转移的客观规律。《海瑞罢官》就是这种阶级斗争的一种形式的反映。如果吴晗同志不同意这种分析，那么明确请他回答：在1961年，人民从歪曲历史真实的《海瑞罢官》中到底能"学习"到一些什么东西呢？

我们认为：《海瑞罢官》并不是芬芳的香花，而是一株毒草。它虽然是头几年发表和演出的，但是，歌颂的文章连篇累牍，类似的作品和文章大量流传，影响很大，流毒很大，不加以澄清，对人民的事业是十分有害的，需要加以讨论。在这种讨论中，只要用阶级分析观点认真地思考，一定可以得到现实的和历史的阶级斗争的深刻教训。

后来人们知道，姚文元的这篇文章是江青瞒着中共中央政治局除毛泽东以外的所有人，在秘密状态下组织撰写的。姚文把《海瑞罢官》剧中的"退田""平冤狱"，同1961年中共高层出现的所谓"单干风""翻案风"联系起来，说这是资产阶级反对无产阶级的斗争。这就使得本来是一出戏的文化问题或曰历史研究的学术问题，变成了政治问题。

同年12月，毛泽东在杭州对陈伯达等人发表谈话。他说，《海瑞罢官》的要害问题是"罢官"，嘉靖皇帝罢了海瑞的官，1959年我们罢了彭德怀的官，彭德怀也是海瑞。这些话，使对《海瑞罢官》的批判带上了更加浓厚的政治色彩，并进一步引发了中共高层两种意见的分歧与对立。

以中共北京市委第一书记彭真等为代表的领导干部认为，"吴晗不是政治问题"，他"与彭德怀没有组织联系或直接联系"。彭真当面向毛泽东进言，反而引起毛泽东对北京市委的不信任，成了彭真的"反党罪行"；毛泽东的秘书田家英也觉得把史学问题与现实政治挂钩不妥，他在整理毛泽东杭州谈话时，把"《海瑞罢官》要害问题是罢官"的那段话略了去。此举也成为田家英的"反党罪行"。

吴晗写《海瑞罢官》的原委其实并不复杂。最早提出学习海瑞的恰恰就是毛泽东本人。在1959年4月的上海会议上，酷爱读史的毛泽东针对当时党内不敢讲真话、实话的风气，说了明朝忠臣海瑞的故事，号召提倡海瑞精神，又说要请历史学家宣传一下。吴晗是著名明史专家，于是被胡乔木邀约写有关海瑞的文章。吴晗的第一篇文章题为《海瑞骂皇帝》，署笔名刘勉之，发表在1959年6月16日《人民日报》。9月吴晗又写了《论海瑞》，可是这时政治形势已经出现了变化。在庐山会议上，彭德怀的一封信惹恼了毛泽东，会议由纠"左"转向了反右。吴晗为此特别在文章的末尾加进了批判右倾机会主义的内容，以与彭德怀"划清界限"。后来北京京剧团的著名演员马连良在政协会议上遇见吴晗，盛邀吴为剧团写部海瑞戏，吴推托不过，给他们提供了一个文学脚本，剧名《海瑞》。1960年该剧上演后，征求专家、戏迷们的意见，植物学家蔡希陶认为戏文只写了海瑞任江南巡抚半年左右的事迹，并非写他的一生，不如改名为《海瑞罢官》更加确切和吸引人，吴晗欣然接受。这出戏的内容，其实与一般清官戏的路子相似，写海瑞不徇私情、不惜丢官，敢于惩治为害民间、霸田抢女的衙内子弟，做了除暴安良、退田还民、平反冤案几件好事。

1961年下半年，鉴于"大跃进"造成的严重经济困难，作为应付饥荒的非常措施，在中共中央主持一线工作的领导人中，有人建议农村试行"包产到户"的办法。1962年初，中共召开扩大的中央工作会议（七千人大会），会上形成一种意见，认为应该对1959年以来被错误批判为右倾机会主义的同志进行甄别。彭德怀也向党中央提出了申述。这一切都被当成资产阶级向无产阶级反攻的动向，也即姚文元文章中所谓"牛鬼蛇神们刮过一阵'单干风'、'翻案风'"。吴晗看了姚文元文章后，感到与事实不符，申辩说：姚文元说《海瑞罢官》作品产生于1961年"刮风"的时候，这是错的。《论海瑞》发表在1959年9月21日《人民日报》上，《海瑞罢官》是1960年写的，自己没有那么大的本领，预见到1961年要"刮风"。吴晗的这段话载于光明日报社的《情况简编》第362期，毛泽东看后批道：我都已看过，一夜无眠。但对吴晗的批判没有停止。

1966年1月23日，刘少奇、邓小平把《文化部党委关于当前文化工作中若干问题向中央的汇报提纲》批转全国，作为指导文艺工作的方针。当时彭真是中共中央政治局设立的"文化革命五人小组"的组长（组员还有陆定一、康生、周扬、吴冷西），他认为对批判《海瑞罢官》等问题也应该有一个汇报提纲，来确定原则，以免无限上纲。五人小组中除康生外，其他人都赞同彭真的意见，这样就起草了《关于当前学术讨论的汇报提纲》（即所谓"二月提纲"）。《提纲》提出把学术问题与政治问题加以区别，强调要坚持实事求是、在真理面前人人平等的原则，要以理服人，不要像学阀一样武断和以势压人。力图把讨论置于党的领导之下和学术范围之内，不赞成把它变成集中的严重的政治批判。毛泽东在听取该文件汇报时，仍坚持认为《海瑞罢官》是冲着庐山会议和彭德怀问题来的，并两次质问彭真：吴晗是不是反党反社会主义？然而，对《提纲》本身没有表示反对意见。2月12日，《提纲》作为中共中央正式文件发到全国。

与此同时，江青以受林彪委托的名义在上海召开了所谓部队文艺座谈会，整理出会议纪要，送毛泽东审阅修改后，也以中共中央文件的形式下达。《纪要》说：文艺界在建国后的十五年来，基本上没有执行毛主席的文艺路线，被一条与毛主席思想相对立的反党反社会主义的黑线专了我们的政。《纪要》号召：坚决进行一场文化战线上的社会主义大革命，彻底搞掉这条黑线。这个文件得到了毛泽东的赞成和支持。

姚文元批《海瑞罢官》的文章虽然震动了史学界，但学者们毕竟一时还不知晓其中的政治意图，加之党内有抵制把学术问题政治化的力量，在最初的几个月里，由历史剧《海瑞罢官》引起的讨论还没有完全突破学术范围，且反映了当时人们的思想认识水平，值得记述。1965年12月15日，《人民日报》对关于《海瑞罢官》问题的各种意见做了简介，并表示相信：只要坚持"百花齐放、百家争鸣"的方针，认真地、实事求是地展开讨论，这些问题必将得到解决。当时的讨论主要围绕如何看待历史上的所谓"清官"问题和道德继承问题。一种意见认为，《海瑞罢官》这出戏，宣扬了封建的上层建筑，宣扬了阶级调和论和改良主义，在国家和法律问题上宣扬了资产阶级观点。它不是通过揭露恶霸地主的罪恶，帮助人们认识地主阶级和封建制度的本质，而是用所谓除暴安良的故事情节，烘托"清官"的伟大。《海瑞罢官》告诉人们，封建社会中农民同地主阶级之间的矛盾，不用经过农民的革命斗争，只要有"海青天"一类的清官出现，就能够得到解决，农民就能得救。《海瑞罢官》的思想基础是一种"道德继承论"。作者通过舞台上的历史人物和故事情节，宣扬忠信孝悌、礼义廉耻等一整套封建道德，要今天的人们去学习，去提倡，并且加以充分发扬，要人们相信封建统治阶级的道德是和人民利益一致的，是可以继承的。这种美化地主阶级国家、提倡封建道德、宣传不要革命的戏，实际上是散布一种"合二而一"论。《海瑞罢官》这出戏，是吴晗同志的资产阶级历史观的反映。另一种意见认为，《海瑞罢官》通过海瑞这个人物歌颂了刚正不阿、敢作敢为、同恶势力作斗争的精神，表现了人民的希望，曲折地反映了当时的阶级斗争。这出戏还表现了海瑞全心全意为贫苦农民服务，反对贪污腐败、减轻苛捐杂税、均衡贫民力役、力主建立廉洁清明的政治的精神。这些都是有现实的教育意义的。尤其值得记述的是，在当时黑云压城的政治气氛下，仍有人仗义执言，站出来批评姚文元的极端主义的思想方式与恶劣学风。1965年12月15日《光明日报》刊载姚全兴的文章《不能用形而上学代替辩证法——评〈评新编历史剧《海瑞罢官》〉》。文章指出，《海瑞罢官》赞扬了海瑞这个刚直不阿的清官，却受到姚文元的批判。在姚看来，历史上所有统治阶级人物由于其阶级本质的决定，都是坏家伙，对历史对人民都是有百害而无一利的，只能对他们贬而不褒。然而，历史上统治阶级人物偏偏不像他所想象的那样都是十恶不赦的，其中甚至有些如海瑞等就确实做了不少对人民生活有利的事情。按姚文元的方式，就是只能写这一类历史人物的坏的一面，至于好的一面，应该矢口否认，视而不见，千万不能行诸笔端。否则，就没有坚持阶级观点，写出来的历史剧就是反党反社会主义的。同月9日，李振宇也在《北京日报》发表文章《〈海瑞罢官〉是一出较好的历史剧》，指出：今天，我们社会主义时代的人民怎样对待历史人物呢？是一笔抹杀他们，还是实事求是地给予他们科学的历史地位呢？这是我们与姚文元存在的分歧点。评价历史人物必须站在今天的高度，但今天的高度并不等于今天的标准，用评价今人的标准来评价古人，是违反历史唯物主义的。封建社会中的地主官僚都是维护地主阶级专政的工具。不管清官多清,好官多好,也绝不能逾越他的这个阶级本性。历史科学有责任揭露之,批判之。这是问题的一方面。另一方面,地主官僚中的某些人物,由于他们的经历不同,在统治集团内部所处的地位不同,因而能在某种程度上,某种范围内做过对劳动人民、对中华民族、对民族文化有益的事情和贡献。我们不应该因为他们是封建统治的工具而抹杀他们的一切,应实事求是地给予承认,把他们和那些贪官污吏、民族败类区别开来。但是,按照姚文元的意见,既然他们也是地主阶级专政的工具,那么也就和那些贪官污吏、民族败类一样,一钱不值、一无是处,应当一笔抹杀。照这样的观点看,为历代劳动人民所歌颂的岳飞、文天祥、王安石、包公、海瑞,也就和历代劳动人民所唾骂的秦桧、严嵩、李鸿章之流没有什么区别了。历史上的科学家、文学家、哲学家、史学家绝大部分是统治阶级的人物,我们应该怎样评价他们呢?我们反对美化这些清官、好官,但也反对丑化他们。姚文元这样不加区别地一概把他们打在"地主阶级专政工具"的冷水中,这不是历史唯物主义的态度,是不尊重乃至抹杀历史的态度。对姚文元把历史问题与现实政治硬加联系、打棍子、扣帽子的做法,樵子撰文批评道:在封建社会里,地主恶霸的所作所为,不外乎罢占民田、奸淫妇女、草菅人命等,抽掉了这些具体事件,霸也无从霸起。吴晗写平冤狱、退田,明明是为了揭露贪官污吏的罪行,是为了表现"除霸"这个主题。姚文元硬把古今两件性质完全不同的事件强牵在一起,指责吴晗是借此发泄对党的不满,指责他的这出戏是一株毒草,实在难以令人同意。① 张汝范也撰文说,姚文元指吴晗的《海瑞罢官》里的某些情节是"含沙射影",攻击人民公社化运动,而且用了许多大帽子借以压人。其实学术讨论和其他思想政治工作一样,要以理服人。你说得对,读者自然会有分析,被批评者也乐于接受。你批评得不对,也要允许人家发表自己的意见。动不动压人几顶大帽子,使人喘不过气来,就更不易辨明是非。至于说把历史事件硬和

---

① 参见樵子《也谈海瑞和〈海瑞罢官〉》,《人民日报》1965 年 12 月 15 日。

今天的某些东西拉在一起相比，就更是不对的。①

1966年3月17—20日，中共中央召开政治局扩大会议，毛泽东就当前的学术批判问题作了讲话。他说，我们解放以后，对知识分子实行包下来的政策，有利有弊。现在学术界和教育界知识分子掌握实权。社会主义革命越深入，他们就越抵抗，就越暴露他们的反党反社会主义面目。吴晗和翦伯赞等人是共产党员，也反共，实际上是国民党。现在许多地方对这个问题的认识还很差，学术批判还没有开展起来。各地都要注意学校、报纸刊物、出版社掌握在什么人手里，要对资产阶级的学术权威进行切实的批判。《前线》也是吴晗、廖沫沙、邓拓的，是反党反社会主义的。毛泽东提出：文、史、哲、法、经，要搞"文化大革命"，要坚决批判，到底有多少马列主义？我们要培养自己的年轻的学术权威。不要怕年轻人犯"王法"。同月，毛泽东又多次同康生、江青、张春桥等谈话。指出：所谓"五人小组汇报提纲"混淆阶级界限，不分是非，是错误的。要支持左派，建立队伍，进行"文化大革命"。并说，如果北京市委和中宣部再包庇坏人，中宣部要解散，北京市委要解散，"五人小组"要解散。②

4月9日中共中央书记处召开会议，由康生传达毛泽东几次谈话内容，抨击彭真自批判吴晗以来所犯错误，陈伯达则揭发彭真从民主革命以来的一系列罪行。会议决定：起草一个《通知》，彻底批判"五人小组汇报提纲"的错误，并撤销这个提纲。16—20日，毛泽东亲自主持中共中央政治局扩大会议，对彭真的"反党罪行"进行批判，决定撤销"文化革命五人小组"，重新建立文化革命小组。毛泽东严厉批评彭真，说北京市委针插不进，水泼不进。彭真要按他的世界观改造党，事物是向他的反面发展的，他为自己准备了垮台的条件。凡是有人在中央搞鬼，就号召地方起来反他们，叫孙悟空大闹天宫，并要搞那些保玉皇大帝的人。本质也会通过现象表现出来，彭真的本质隐藏了三十年。③

---

① 参见张汝范《一概否定的态度是不对的——从姚文元同志批评吴晗同志的〈海瑞罢官〉说起》，《北京日报》1965年12月12日。
② 参见中共中央文献研究室编《毛泽东传（1949—1979）》（下），中央文献出版社2003年版，第1404—1406页。
③ 同上书，第1406—1408页。

5月8日,《解放军报》发表江青组织的署名高炬的文章《向反党反社会主义的黑线开火》。同日,《光明日报》发表关锋署名何明的文章《擦亮眼睛,辨别真伪》。两天后,上海《文汇报》、《解放日报》发表姚文元的文章《评"三家村"》。11日,《红旗》杂志也发表戚本禹的文章《评〈前线〉〈北京日报〉的资产阶级立场》。16日,中共中央召开政治局扩大会议,通过了《中共中央通知》(即"五一六通知"),《通知》批判并撤销了"二月提纲",号召全党"高举无产阶级文化革命的大旗,彻底揭露那批反党反社会主义的所谓学术权威的资产阶级反动立场,彻底批判学术界、教育界、新闻界、文艺界、出版界的资产阶级反动思想,夺取在这些文化领域中的领导权"。《通知》在最后话里有话地说:"混进党里、政府里、军队里和各种文化界的资产阶级代表人物,是一批反革命的修正主义分子,一旦时机成熟,他们就会要夺取政权,由无产阶级专政变为资产阶级专政。这些人物,有些已被我们识破了,有些则还没有被识破,有些正在受到我们信用,被培养为我们的接班人,例如赫鲁晓夫那样的人物,他们现正睡在我们的身旁,各级党委必须充分注意这一点。"[①]"睡在我们的身旁"的"赫鲁晓夫那样的人物"是谁呢?后来很快证明就是指刘少奇。会议还决定:对彭真(中共中央书记处常务书记、中共北京市委第一书记)、陆定一(中共中央书记处书记、中共中央宣传部部长)、罗瑞卿(中共中央书记处书记、中共中央军委秘书长)、杨尚昆(中共中央书记处候补书记、中共中央办公厅主任)进行批判,停止他们在中共中央书记处的职务,撤销其他职务,进行专案审查。调中共中央中南局第一书记陶铸担任中央书记处常务书记,兼中央宣传部部长;调叶剑英担任中央书记处书记,兼中央军委秘书长;调中共中央华北局第一书记李雪峰兼任中共北京市委第一书记;撤销"文化革命五人小组",成立中央文化革命小组。林彪在会上发表了讲话(即"五一八讲话"),他遍引古今中外的政变事例,指中共高层有人阴谋搞反革命政变,说"毛主席的话,句句是真理,一句超过我们一万句","谁反对毛主席,全党共诛之,全国共讨之"。至此,"文化大革命"这场空前规模的政治大斗争便

[①] 见《人民日报》1967年5月17日。

在全国开展了起来。

人们看到，从批判吴晗开始，很快联系到与吴晗一起写"三家村札记"的中共北京市委书记邓拓和中共北京市委统战部部长廖沫沙，又联系到刊登"三家村札记"的中共北京市委刊物《前线》和《北京日报》，斗争的矛头直指以彭真为首的中共北京市委。而在彭真的背后，又是刘少奇等主持中共中央一线工作的领导人。这一切是经过了精心计划的有组织的政治行动。如林彪后来在中共九大政治报告中所言："毛主席又发动了对《海瑞罢官》等大毒草的批判，锋芒所向，直指修正主义集团的巢穴——刘少奇控制下的那个针插不进、水泼不进的独立王国，即旧北京市委。"① 在这一连串的政治斗争中，作为导火索的历史剧《海瑞罢官》问题，已经完全不具有学术上的意义，而只是政治斗争的一种工具。这是"文革史学"的基本特征。

第二节 《为革命而研究历史》："文革史学"的思想理论形态

1965年12月《红旗》杂志发表戚本禹的文章《为革命而研究历史》，该文立即受到毛泽东的肯定，认为其和姚文元的文章一样"写得好"，缺点是没有点名。戚文批判的对象是历史学家翦伯赞。如果说此前史学界就阶级观点与历史主义问题的理论讨论还具有某种学术意味的话，那么戚本禹的文章则对这场讨论做了完全政治化的结论。可以说，戚文是"文革史学"思想理论形态的代表作，值得我们稍加仔细地予以记载。

戚文首先把人类历史说成除了阶级斗争别无其他：

> 历史是阶级斗争的教科书。反映阶级斗争的历史，可以使人民群众和革命的新一代受到深刻的阶级教育和革命传统教育。历史上被压

---

① 参见《在中国共产党第九次全国代表大会上的报告》（1969年4月1日），《中国共产党第九次全国代表大会文件汇编》，人民出版社1969年版。

迫阶级反抗压迫阶级、被压迫民族反抗压迫民族的光辉斗争事迹，一直是鼓舞人民群众积极勇敢地参加革命斗争的力量。

继而把历史研究也说成除了阶级斗争别无其他：

> 没有超阶级的历史研究。以往一切统治阶级，都是根据他们自己阶级的利益来解释历史的。他们的阶级利益同人民群众的利益是那样地不调和，同社会发展的要求是那样地不一致，因此，他们不可能认识历史的真象，而且要歪曲历史真象。趴在历史故纸堆上，踏着前代历史学家的脚印，亦步亦趋地去进行历史研究，势必要变成前代历史学家的俘虏，替他们去宣扬那些陈旧的、与时代精神相背离的观点。
>
> 无产阶级是人民群众最高利益的代表者，它是根据社会发展的规律提出自己历史任务的，所以它对待历史的态度同历史上一切统治阶级根本不同。无产阶级是为了人民群众的利益，为了实现自己伟大的革命任务，而进行历史研究的。为革命而研究历史，就要站在无产阶级的立场上，用无产阶级的观点和方法去研究历史。有没有这样的立场、观点和方法，对我们的历史研究来说，是最重要的问题。

用戚文所谓无产阶级的立场、观点和方法看中国历史，便得出了除农民起义、农民战争以外，其他人都不创造历史的结论：

> 你看，从孔夫子以来，大家都说农民造反无理。众多的历史学家，为了教育活人的目的，而把无数的明枪暗箭投向那些在叛逆的事业中死去的农民英雄，把他们描写成暴戾恣睢、罪大恶极的"犯上作乱"者。就是"五四"运动中的一些新文化战士，在这样一种千百年来习惯舆论的压力下，也觉得没法子否认那个加在叛逆者头上的"乱"字。
>
> 轰然一声，马克思主义者突兀而起，向人群大声宣告："造反有理。"从秦朝以来的农民造反运动都是"农民的反抗运动"，都是"农民的革命战争"。

> 毛泽东同志指出："在中国封建社会里，只有这种农民的阶级斗争、农民的起义和农民的战争，才是历史发展的真正动力。"
>
> 几千年来，帝王将相被历史学家们尽情地歌颂着，历史变成了他们庙堂里的赞歌。除了个别的思想家曾经悄悄地提出了一点怀疑以外，谁也不敢说半个"不"字。但是无产阶级却以其伟大的革命气魄，对这些神圣不可侵犯的所谓社会"主宰"，投以藐视的目光。"人民，只有人民，才是创造世界历史的动力。"这就从根本上打破了几千年来人们对帝王将相的迷信。
>
> 多么严重的分歧啊！相同的历史事件，用不同的立场、观点和方法去研究，竟然会得出完全相反的结论。

正是因为不同意那种除此别无其他的所谓"阶级观点"，翦伯赞等历史学家才提出"历史主义"的命题，对此戚文十分武断地大加批判，声称阶级观点就是历史主义：

> 有一种意见。认为历史研究只有无产阶级的阶级观点不行，还要有一种"历史主义"，如果只有阶级观点而没有"历史主义"，就要犯"否定一切"的"非历史主义"的错误。
>
> 问题的提出使人感到惊异。无产阶级的阶级观点，怎么会引向"否定一切"，引向"非历史主义"，因而必须要用一种"历史主义"来补偏救弊呢？在马克思主义的宝库里，怎么会有一种脱离了阶级观点的"历史主义"呢？
>
> 在历史主义的问题上，资产阶级和无产阶级的观点是根本不同的。资产阶级对于历史主义有各种不同的说法，他们或者是把历史看作脱离了阶级对抗的自然发展过程，或者是把历史看作观念的发展过程，如此等等。无产阶级则是按照历史发展的本来面貌去了解历史的。毛泽东同志说过："今天的中国是历史的中国的一个发展；我们是马克思主义的历史主义者，我们不应当割断历史。"马克思主义的历史主义，要求按照历史唯物主义的观点，从历史本身的发展过程，从历史本身的矛盾斗争过程去观察历史事件。不言而喻，马克思主义

所说的历史发展过程和矛盾斗争过程，是以阶级和阶级斗争为其实在内容的。因为在马克思主义看来，在阶级社会里，离开了阶级和阶级斗争，就没有什么历史的发展。因此，那种脱离了无产阶级阶级观点的"历史主义"，即那种没有阶级和阶级斗争内容的"历史主义"，绝不是马克思主义的历史主义。没有无产阶级的阶级观点，就根本谈不到马克思主义的历史主义。

戚文进一步用绝对化了的所谓阶级观点来批驳论敌和诠释历史：

对于用无产阶级的立场、观点和方法去研究历史，有些人因为受旧观点的束缚，感到不习惯，有些人甚至抱有反感。他们对于批判帝王将相不满，对于称赞农民起义不满，并且提出了一整套错误的观点。一方面，他们认为，封建地主只有处在没落、崩溃的阶段才是可以骂，可以反的；处在上升、发展阶段的封建地主，因为有进步作用，是不可以骂，不可以反的。因此，我们在研究历史的时候，不能"见封建就反，见地主就骂"。另一方面，他们认为农民也是私有者，愚昧、落后，不足以革命称之。在他们看来，农民的造反，其动机不过是为了升官、发财，当新贵族、新皇帝，他们的斗争纲领，同样是封建主义的。于是他们就觉得在指导历史研究的理论上，只有阶级观点是不行了，必须要用一种东西来补偏救弊了。所谓"历史主义"的问题，就是这样登上历史论坛的。

其实，他们所要提倡的正是马克思主义的历史主义所要摒弃的。

从马克思主义的阶级观点看来，封建社会里最本质的关系，它的主要矛盾就是农民阶级和地主阶级的对立。农民是被剥削阶级，地主是剥削阶级。封建社会初期出现的地主同后期的地主，在历史作用上是有所不同的，但是，就其阶级本性而言，则是一样的。初期封建地主同样是农民的剥削者和压迫者。有剥削和压迫就有骂和反。秦朝和汉朝是中国封建社会的初期，但是就在那个时候，有多少农民骂过地主，反过封建，陈胜、吴广、赤眉、铜马揭竿而起，前仆后继，给了那个"美妙"的初期封建社会的统治者以沉重的打击，从而推动了社会的继续前进。既然当时的农民对封建地主的剥削和压迫可以骂，可以反，为什么现在的无产阶级对他们就不可以骂，不可以反了呢？当然，我们所说的骂和反，不是空洞的辱骂和简单的否定，而是对他们剥削本质的具体分析和深刻批判。对于初期的封建地主就不许加以分析和批判，这是什么阶级观点，什么历史主义呢？

值得注意的是，"文革史学"在理论上虽然把"人民群众"说成是排斥其他的历史创造者，但人民群众却是一个抽象的概念，具体的概念是"伟大革命领袖人物"，从而为疯狂的"造神运动"留下空间。戚文在骂倒一切的同时，也强调"真正的革命领袖人物，才是值得我们去热烈歌颂的伟大英雄"，显露出该文的政治意图：

> 我们始终认为人民群众是历史的主人，帝王将相中少数杰出人物，归根到底不过是统治阶级中的代表人物，他们的历史作用同人民群众相比，同那些站在历史火车头前面的伟大革命领袖人物相比，不过是沧海之一粟。只有人民群众以及那些真正的革命领袖人物，才是最值得我们去热烈歌颂的伟大英雄。

"文革史学"实际上是一种阴谋史学，但它在理论述说上的突出特点却是冠冕堂皇，把自己打扮成"代表了人民群众利益和社会发展利益的无产阶级"，然后大批特批所谓"超阶级""纯客观"的历史研究主张，为其把史学当作政治斗争工具制造合理性。戚文最后这样说：

> 世界上只有代表了人民群众利益和社会发展利益的无产阶级，才能光明正大、无所畏惧地去揭示历史发展的实在过程。无产阶级的阶级性和科学性完全是一致的。
> 以"超阶级"、"纯客观"的态度去研究历史的主张，本身就是一种具有强烈的资产阶级阶级性的客观主义理论，"超阶级"、"纯客观"的口号，不过是他们用来掩饰自己历史研究中资产阶级阶级性的一种幌子。他们之所以要打着这种幌子，不过是用虚伪的面孔，来

欺骗劳动人民，企图使劳动人民把他们充满了资产阶级阶级性的东西，当做全民的、全社会的东西来接受。

历史研究从来是思想斗争非常激烈的一个领域。封建统治阶级和资产阶级为了维护他们的阶级利益，为了麻痹劳动人民的反抗意志，从来不放松对这个领域的控制。社会主义社会仍然存在着阶级和阶级斗争，被推翻的统治阶级的历史观点是不会自动地从历史研究的领域里撤走的。无产阶级的战士，应该为了革命的利益，为了人民群众的利益，高高举起战无不胜的毛泽东思想旗帜，勇敢地去占领和巩固历史研究领域里的一切阵地。

戚本禹的文章，与姚文元的文章是姊妹篇。姚文把历史研究的学术问题说成是政治问题；戚文则从理论上武断地声称：世上根本就不存在纯粹的学术问题，一切学术问题都是政治问题。这两篇文章虽得到了毛泽东的肯定，但中共党内高层与社会民间的抵触情绪很大，于是才有彭真主持起草的"二月提纲"。"二月提纲"的核心意见，就是不同意把一切学术问题都说成是政治问题，认为学术问题应该用"真理面前人人平等"的学术方式来处理，反对以"学阀"式的武断态度，进行"无限上纲"，打棍子，扣帽子。"二月提纲"实际上代表的是党内及社会上的正确思想对"文化大革命"浊浪的抗争。但是，它没能阻止得了这排天的浊浪。1966年5月16日，中共中央《通知》（史称"五一六通知"）的下达，标志"文化大革命"正剧的启幕。《通知》通篇是批判"二月提纲"的，它以最高权威的地位[1]，肯定了戚本禹文章的观点：一切文化、学术问题都是政治问题、阶级斗争问题，从而成为"文化大革命"的纲领性文件，也即"文革史学"的灵魂。由于它的重要性，我们有必要将其思想理论性的东西录以备考。

"五一六通知"列出十条来批判"二月提纲"：

---

[1] "五一六通知"经毛泽东仔细批改，许多重要观点，如驳斥"真理面前人人平等"的大段文字，为毛泽东所加写。

（一）这个提纲站在资产阶级的立场上，用资产阶级世界观来看待当前学术批判的形势和性质，根本颠倒了敌我关系。我国正面临着一个伟大的无产阶级文化革命的高潮。这个高潮有力地冲击着资产阶级和封建残余还保存的一切腐朽的思想阵地和文化阵地。这个提纲，不是鼓舞全党放手发动广大的工农兵群众和无产阶级的文化战士继续冲锋前进，而是力图把这个运动拉向右转。这个提纲用混乱的、自相矛盾的、虚伪的词句，模糊了当前文化思想战线上的尖锐的阶级斗争，特别是模糊了这场大斗争的目的是对吴晗及其他一大批反党反社会主义的资产阶级代表人物（中央和中央各机关，各省、市、自治区，都有这样一批资产阶级代表人物）的批判。这个提纲不提毛主席一再指出的吴晗《海瑞罢官》的要害是罢官问题，掩盖这场斗争的严重的政治性质。

（二）这个提纲违背了一切阶级斗争都是政治斗争这一个马克思主义的基本论点。当报刊上刚刚涉及吴晗《海瑞罢官》的政治问题的时候，提纲的作者们竟然提出"在报刊上的讨论不要局限于政治问题，要把涉及各种学术理论的问题，充分地展开讨论"。他们又在各种场合宣称，对吴晗的批判，不准谈要害问题，不准涉及一九五九年庐山会议对右倾机会主义分子的罢官问题，不准谈吴晗等反党反社会主义的问题。毛泽东同志经常告诉我们，同资产阶级在意识形态上的斗争，是长期的阶级斗争，不是匆忙做一个政治结论就可以解决。彭真有意造谣，对许多人说，主席认为对吴晗的批判可以在两个月后做政治结论。又说，两个月后再谈政治问题。他的目的，就是要把文化领域的政治斗争，纳入资产阶级经常宣扬的所谓"纯学术"讨论。很明显，这是反对突出无产阶级的政治，而要突出资产阶级的政治。

（三）提纲特别强调所谓"放"，但是却用偷天换日的手法，根本歪曲了毛泽东同志一九五七年三月在党的全国宣传工作会议上所讲的"放"的方针，抹煞"放"的阶级内容。毛泽东同志正是在讲这个问题的时候指出，"我们同资产阶级和小资产阶级的思想还要进行长期的斗争。不了解这种情况，放弃思想斗争，那就是错误的。凡是错误的思想,凡是毒草,凡是牛鬼蛇神,都应该进行批判,决不能让它们自由泛滥"。又说,"放,就是放手让大家讲意见,使人们敢于说话,敢于批评,敢于争论"。这个提纲却把"放"同无产阶级对于资产阶级反动立场的揭露对立起来。它的所谓"放",是资产阶级的自由化,只许资产阶级放,不许无产阶级放,不许无产阶级反击资产阶级,是包庇吴晗这一类的反动的资产阶级代表人物。这个提纲的所谓"放",是反毛泽东思想的,是适应资产阶级需要的。

(四)在我们开始反击资产阶级猖狂进攻的时候,提纲的作者们却提出,"真理面前人人平等"。这个口号是资产阶级的口号。他们用这个口号保护资产阶级,反对无产阶级,反对马克思列宁主义,反对毛泽东思想,根本否认真理的阶级性。无产阶级同资产阶级的斗争,马克思主义的真理同资产阶级以及一切剥削阶级的谬论的斗争,不是东风压倒西风,就是西风压倒东风,根本谈不上什么平等。无产阶级对资产阶级斗争,无产阶级对资产阶级专政,无产阶级在上层建筑其中包括在各个文化领域的专政,无产阶级继续清除资产阶级钻在共产党内打着红旗反红旗的代表人物等等,在这些基本问题上,难道能够允许有什么平等吗?几十年以来的老的社会民主党和十几年以来的现代修正主义,从来就不允许无产阶级同资产阶级有什么平等。他们根本否认几千年的人类历史是阶级斗争史,根本否认无产阶级对资产阶级的阶级斗争,根本否认无产阶级对资产阶级的革命和对资产阶级的专政。相反,他们是资产阶级、帝国主义的忠实走狗,同资产阶级、帝国主义一道,坚持资产阶级压迫、剥削无产阶级的思想体系和资本主义的社会制度,反对马克思列宁主义的思想体系和社会主义的社会制度。他们是一群反共、反人民的反革命分子,他们同我们的斗争是你死我活的斗争,丝毫谈不到什么平等。因此,我们对他们的斗争也只能是一场你死我活的斗争,我们对他们的关系绝对不是什么平等的关系,而是一个阶级压迫另一个阶级的关系,即无产阶级对资产阶级实行独裁或专政的关系,而不能是什么别的关系,例如所谓平等关系、被剥削阶级同剥削阶级的和平共处关系、仁义道德关系等等。

(五)提纲说,"不仅要在政治上压倒对方,而且要在学术和业务的水准上真正大大地超过和压倒对方"。这种对学术不分阶级界限的思想，也是很错误的。无产阶级在学术上所掌握的真理，马克思列宁主义的真理，毛泽东思想的真理，早已大大地超过了和压倒了资产阶级。提纲的提法，表现了作者吹捧和抬高资产阶级的所谓"学术权威"，仇视和压制我们在学术界的一批代表无产阶级的、战斗的新生力量。

（六）毛主席经常说，不破不立。破，就是批判，就是革命。破，就要讲道理，讲道理就是立，破字当头，立也就在其中了。马克思列宁主义、毛泽东思想，就是在破资产阶级思想体系的斗争中建立和不断发展起来的。但这个提纲却强调"没有立，就不可能达到真正、彻底的破"。这实际上是对资产阶级的思想不准破，对无产阶级的思想不准立，是同毛主席的思想针锋相对的，是同我们在文化战线上进行大破资产阶级意识形态的革命斗争背道而驰的，是不准无产阶级革命。

（七）提纲提出"不要象学阀一样武断和以势压人"，又说"警惕左派学术工作者走上资产阶级专家、学阀的道路"。究竟什么是"学阀"？谁是"学阀"？难道无产阶级不要专政，不要压倒资产阶级？难道无产阶级的学术不要压倒和消灭资产阶级的学术？难道无产阶级学术压倒和消灭资产阶级学术，就是"学阀"？提纲反对的锋芒是指向无产阶级左派，显然是要给马克思列宁主义者戴上"学阀"这顶帽子，倒过来支持真正的资产阶级的学阀，维持他们在学术界的摇摇欲坠的垄断地位。其实，那些支持资产阶级学阀的党内走资本主义道路的当权派，那些钻进党内保护资产阶级学阀的资产阶级代表人物，才是不读书、不看报、不接触群众、什么学问也没有、专靠"武断和以势压人"、窃取党的名义的大党阀。

（八）提纲的作者们别有用心，故意把水搅浑，混淆阶级阵线，转移斗争目标，提出要对"坚定的左派"进行"整风"。他们这样急急忙忙抛出这个提纲的主要目的，就是要整无产阶级左派。他们专门收集左派的材料，寻找各种借口打击左派，还想借"整风"的名义进一步打击左派，妄图瓦解左派的队伍。他们公然抗拒毛主席明确提出要保护左派，支持左派，强调建立和扩大左派队伍的方针。另一方面，他们却把混进党内的资产阶级代表人物、修正主义者、叛徒封成"坚定的左派"，加以包庇。他们用这种手法，企图长资产阶级右派的志气，灭无产阶级左派的威风。他们对无产阶级充满了恨，对资产阶级充满了爱。这就是提纲作者们的资产阶级的博爱观。

（九）正当无产阶级在思想战线上对资产阶级代表人物发动一场新的激烈斗争刚刚开始，而且许多方面、许多地方还没有开始参加斗争，或者虽然已经开始了斗争，但是绝大多数党委对于这场伟大斗争的领导还很不理解，很不认真，很不得力的时候，提纲却反复强调斗争中要所谓"有领导"、要"谨慎"、要"慎重"、要"经过有关领导机构批准"，这些都是要给无产阶级左派划许多框框，提出许多清规戒律，束缚无产阶级左派的手脚，要给无产阶级的文化革命设置重重障碍。一句话，迫不及待地要刹车，来一个反攻倒算。提纲的作者们对于无产阶级左派反击资产阶级反动"权威"的文章，已经发表的，他们极端怀恨，还没有发表的，他们加以扣压。他们对于一切牛鬼蛇神却放手让其出笼，多年来塞满了我们的报纸、广播、刊物、书籍、教科书、讲演、文艺作品、电影、戏剧、曲艺、美术、音乐、舞蹈等等，从不提倡要受无产阶级的领导，从来也不要批准。这一对比，就可以看出，提纲的作者们究竟处在一种什么地位了。

（十）当前的斗争，是执行还是抗拒毛泽东同志的文化革命的路线的问题。但提纲却说，"我们要通过这场斗争，在毛泽东思想的指引下，开辟解决这个问题（指'彻底清理学术领域内的资产阶级思想'）的道路"。毛泽东同志的《新民主主义论》、《在延安文艺座谈会上的讲话》、《看了〈逼上梁山〉以后写给延安平剧院的信》、《关于正确处理人民内部矛盾的问题》、《在中国共产党全国宣传工作会议上的讲话》等著作，早已在文化思想战线上给我们无产阶级开辟了道路。提纲却认为毛泽东思想还没有给我们开辟道路，而要重新开辟道路。提纲是企图打着"在毛泽东思想的指引下"这个旗帜作为幌子，开辟一条同毛泽东思想相反的道路，即现代修正主义的道路，也就是资产阶级复辟的道路。

接下来我们看到的，正是按照"五一六通知"精神掀起的史学大批判运动。

第三节　史学大批判运动

毛泽东杭州谈话要求公开点名批判历史学家吴晗、翦伯赞。作为"文化大革命"的导火索，史学大批判运动由此点燃，其特点即"五一六通知"精神：把学术问题一律上纲到政治问题、阶级斗争问题；把不同意见一律打成反党、反社会主义。姚文元文章《评新编历史剧〈海瑞罢官〉》发表后，史学界在政治压力下不得不对吴晗进行批评，历史学家邓拓（署名向阳生）著文《从〈海瑞罢官〉谈到"道德继承论"——与吴晗同志商榷》[①]认为吴晗提倡学习海瑞，是犯了无批判地继承封建道德的错误。同月27日，吴晗也在《北京日报》发表《关于〈海瑞罢官〉的自我批评》，说自己与古代封建史家坐了一条板凳。我们知道，提倡学习海瑞精神的本是毛泽东，邓拓这样批评和吴晗这样检讨，已经是在学术范围内尽了批评与自我批评的最大努力。可是他们的文章还是立即受到抨击。《人民日报》1966年1月3日发表署名"思彤"的文章《接受吴晗同志的挑战》，指吴晗的自我批评是企图把他反党反社会主义的政治问题往学术问题上逃避。1966年1月29日《光明日报》发表马泽民、王锐生的文章《"海瑞"是吴晗同志反党反社会主义的政治工具》，更是直截了当地把吴晗押上了政治绞架。邓拓文章也被说成是对吴晗的包庇，接着很快便掀起了揭露、批判邓拓、吴晗、廖沫沙（原中共北京市委统战部部长）"三家村"黑店的浪潮。1966年2月底出版的当年第3期《红旗》杂志，发表了尹达的文章《必须把史学革命进行到底》。前已述及，这篇文章据说头两年就写了，因把学术问题无限上纲，一直难以发表。尹达文章认为："几年来，在对待党的学术政策上，在许多史学问题的争论中，在治学方法里，都存在着无产阶级和资产阶级两条道路的斗争。"尹文把矛头

[①] 见《北京日报》1965年12月12日。

对准翦伯赞,说:"一位史学家曾这样讽刺一部中国历史的稿子:'见农民就捧,见地主就打',把这说成两大罪状。""这些自称马克思主义的史学家,挺身而出,为保卫帝王将相而战,为纠正'不良学风'而战,为反对'非历史主义'而战。于是,一系列的座谈会、报告会就出现了,一系列的所谓史学理论家的文章就出笼了。他们极力美化帝王将相,他们认为帝王将相只能歌颂,不能批判。"该文最后说:"批判封建的、资产阶级的史学思想,进行史学革命,是一件关系重大的事情。史学革命是社会主义革命的一个组成部分,是在千百万人民群众中彻底清除封建的、资产阶级的思想影响的问题。"受到上级肯定的尹达文章,把几年来史学界关于阶级观点与历史主义的理论讨论完全做了政治化的图解,说成是两个阶级、两条道路的斗争,把翦伯赞等一大批史学家打入"封建的、资产阶级的"另册,给他们造成了极大的政治压力,学界尚存的一点学术气氛便荡然无存了。接下来的炮火更加猛烈,当年第4期的《红旗》杂志刊登了戚本禹、林杰、关锋联署的文章《翦伯赞同志的历史观点应当批判》,该文发表当天,《人民日报》即同时刊载,次日《光明日报》又转载,说明来头很不一般。文章用当年反右派的口气说:"在史学领域两条路线的斗争中,坚持唯心主义,坚持资产阶级、封建阶级史学方向的一方,吴晗同志是一个挂帅的人物。此帅之外,还有一帅,这就是翦伯赞同志。"文章质问:所谓"历史主义"究竟是什么?接着便下结论道:它是"撷拾了资产阶级的历史主义来歪曲历史唯物主义,来同马克思列宁主义的阶级观点对抗"。文章指斥翦伯赞"歪曲和诬蔑农民革命","美化和歌颂帝王将相",说"在封建压迫、剥削和封建制度之间,在地主和地主阶级之间划一条界线,就是为了证明农民起义和农民战争不反对封建制度,不反对地主阶级。这种观点是对历史上农民起义和农民战争的歪曲和诬蔑"。而那种认为在农民战争后,地主阶级会调整政策,做出让步,则是反对阶级分析。因为天下乌鸦一般黑,地主阶级对农民阶级不论在什么地方、什么时候都是剥削和掠夺,这是地主阶级的本性。所谓"让步政策"就是美化和歌颂地主阶级。文章还说翦伯赞对"以论带史"研究方法的不满,就是对马克思列宁主义指导历史研究的不满,其"反马克思列宁主义的史学纲领就是'二反一保'的纲领,即:反对用阶级斗争观点解释历史，反对历史研究、历史教学为当前的政治服务；保护'史料即史学'、'为历史而历史'的资产阶级历史观点，保护美化帝王将相、丑化农民革命的封建王朝史学体系。这条史学纲领的遮羞布，就是老掉了牙的资产阶级历史主义。这是现实的阶级斗争在史学领域的反映"。随后，批判翦伯赞的文章接二连三地在国内主要报刊上出现，我们仅从这些文章的题目就可看出，其批判的调门越来越高，直至把翦伯赞打成反共分子：1966年4月3日《光明日报》发表署名"越矢"的文章《一个反马克思主义的史学纲领——评翦伯赞同志〈目前史学研究中存在的几个问题〉》；4月20日又发表署名"苏文"的文章《翦伯赞同志反马克思主义的史学纲领批判》；4月22日再发表署名"史绍宾"的文章《资产阶级"历史主义"的破产——评翦伯赞同志的反马克思主义史学理论》。4月23日《人民日报》以"翦伯赞同志的反马克思主义的历史观点"为标题，摘录了翦伯赞被认为是错误的史学论述；6月1日又发表司马洪涛的文章《评翦伯赞的〈中国史纲要〉》，9日再发表文章《翦伯赞为什么吹捧司马光?》。6月6日《文汇报》发表文章《翦伯赞怎样吹捧人民公敌蒋介石》；14日又发表文章《翦伯赞"让步政策"论是为人民公敌蒋介石服务的》。6月1日《光明日报》发表署名"师东峰"的文章《翦伯赞是怎样积极卖身投靠蒋家王朝的》，24日又发表江达峰的文章《翦伯赞的〈中国史论集〉是蒋家王朝的资治通鉴》；7月17日再发表文章《翦伯赞是漏网的大右派》。12月《红旗》杂志第13期发表戚本禹、林杰等的文章《反共知识分子翦伯赞的真面目》，该文对翦伯赞做了全面的定性，其文中的小标题勾勒出了一个十恶不赦的阶级敌人：从西山会议派覃振的秘书到人民公敌蒋介石的走卒；土地改革运动的破坏者，地主阶级的孝子贤孙；向党向社会主义进攻的急先锋，漏网的资产阶级大右派；反对史学革命，为资本主义复辟制造舆论；借古讽今，攻击社会主义制度，做现代修正主义的应声虫；为吴晗辩护，顽固的抗拒无产阶级"文化大革命"。文章最后下结论说："翦伯赞是一个资产阶级的反动学阀，是资产阶级反动学术权威的一个头目，是旧北京市委、旧中宣部推行反革命修正主义和平演变路线的一个重要角色。翦伯赞披着共产党员的外衣，打着老马克思主义历史学家的招牌，向党、向社会主义、向伟大的毛泽东思想，射出一支又一支毒箭。他是反共、反人民、反革命修正主义的急先锋。"

姚文元批吴晗的文章在《文汇报》发表后，其把学术问题硬说成政治问题，无限上纲、武断霸道的做法，首先引起上海历史学家们的愤慨，周谷城、周予同、李平心等人公开对姚文元文章提出了批评。姚文元则以《欢迎"破门而出"》（署名"劲松"，刊于 1965 年 12 月 15 日《文汇报》）、《自己跳出来的反面教员》（署名"伍丁"，刊于 1966 年 4 月 25 日《文汇报》）等文章，把不同意自己观点的学者统统打成反革命。1966 年 4 月 5 日《红旗》杂志发表关锋、林杰的文章《〈海瑞骂皇帝〉和〈海瑞罢官〉是反党反社会主义的两株大毒草》，该文在毛泽东杭州谈话的点拨下，直揭党内斗争中所谓"罢官"问题的政治要害，指斥吴晗并没有忘记"古为今用"，也没有"脱离政治"，问题在于，他的"政治"是资产阶级的政治，他的"今"是资产阶级。庐山会议前夕，吴晗写《海瑞骂皇帝》，庐山会议后，右倾机会主义分子被罢了官，吴晗又"破门而出"写《海瑞罢官》，都是代表资产阶级的复辟逆流，实质上都是配合右倾机会主义分子反党反社会主义的政治活动。4 月 10 日《人民日报》发表文章《吴晗同志反党反社会主义反马克思主义的政治思想和学术观点》，17 日又以"请看吴晗同志解放前的政治面目"为题，发表王正萍等人整理的吴晗在新中国成立前公开发表的言论，并加了编者按，指其早就"亲蒋、崇美、反共"。接着 5 月 3 日再发表丁伟志等的文章《剥开吴晗"民主斗士"的画皮——评吴晗在解放战争时期反共反人民的政治立场》。4 月 18 日《光明日报》发表文章《历史上的吴晗是反共老手》。这些文字可以说对吴晗算了总账，把他一脚踢进阶级敌人的行列。值得指出的事实恰恰是，吴晗、翦伯赞都不是普通的学者。翦是于 1937 年就秘密加入中国共产党的地下党员；吴也是上了国民党当局的黑名单，于 1948 年就投奔中共解放区的"左翼教授"，他们在国共斗争中都曾为中国共产党做出过贡献。而在如此铺天盖地、指鹿为马的政治批判面前，他们感到黑白颠倒、有口难辩，陷入绝望。伴随着政治批判的还有人身侮辱和肉体折磨，每天数次的批斗会加拳打脚踢，终于使他们活不下去了，翦伯赞夫妇选择了自杀，吴晗夫妇不久被迫害离世。与吴晗问题有牵连的毛泽东秘书田家英、中共北京市委书记邓拓，以及为吴晗鸣不平的历史学家李平心等，也纷纷自杀身亡。

1966年6月3日,《人民日报》发表社论《夺取资产阶级霸占的史学阵地》。如果说,前两日,即6月1日,《人民日报》发表的由陈伯达撰写的社论《横扫一切牛鬼蛇神》将全国推入了一场疯狂且残酷的大动乱,那么,这篇"6·3社论"则开始了史学界的全面大批判、大斗争。作为"史学大批判"运动的一篇重要史料,特全文收录于兹:

> 无产阶级文化大革命,猛烈地冲击着意识形态各个领域里的反动堡垒,也猛烈地冲击着史学界的反动堡垒。
>
> 资产阶级代表人物,把史学当作他们反党反社会主义的一个重要阵地。他们歪曲历史,借古讽今,欺骗群众,为资本主义复辟进行舆论准备。广大的工农兵群众、革命干部和革命的知识分子,正在运用唯物史观这个战斗的武器,揭露历史的本来面目,解剖现实的阶级动向,为保卫无产阶级专政,保卫社会主义,同反动的史学观点进行着激烈的斗争。
>
> 革命的唯物史观,即历史唯物主义,和反动的唯心史观,即历史唯心主义,是根本敌对的。历史唯物主义认为,人类的历史是劳动人民的历史。历史唯心主义认为,人类的历史是帝王将相的历史。历史唯物主义认为,革命能改变一切。历史唯心主义认为,帝王将相的恩赐决定一切。这两个根本敌对的历史观,是绝对不能和平共处的。
>
> 无产阶级革命的战士,用历史唯物主义来武装自己的头脑,用历史唯物主义来观察世界,改造世界。一切反动派,都是历史唯心主义者,他们总是违背历史发展规律,妄图把历史车轮拉向倒转。随着社会主义革命的深入,死抱着历史唯心主义不放的人,不可避免地会一批一批地堕落成反党反社会主义的分子。这是不依人的意志为转移的客观规律。
>
> 盘踞一些史学阵地的资产阶级"权威"和支持这些"权威"的资产阶级代表人物,就是这样地把自己摆在同人民敌对的地位。这些"权威",有的成了反党反社会主义分子,有的堕落到了反党反社会主义的边缘。

毛泽东同志说："人民，只有人民，才是创造世界历史的动力。"

毛泽东同志又说："在中国封建社会里，只有这种农民的阶级斗争、农民的起义和农民的战争，才是历史发展的真正动力。"

毛泽东同志还作了这样的概括："阶级斗争，一些阶级胜利了，一些阶级消灭了。这就是历史，这就是几千年的文明史。拿这个观点解释历史的就叫做历史的唯物主义，站在这个观点的反面的是历史的唯心主义。"

史学界里的资产阶级"权威"，正是反对毛泽东同志的这些科学论断的。他们顽固地否认几千年的文明史是阶级斗争的历史。他们用所谓"历史主义"即唯心史观，来反对和篡改马克思列宁主义的阶级斗争学说。他们顽固地否认人民群众是创造世界历史的动力，尽情污蔑劳动人民和农民战争。他们叫嚷反动统治阶级的所谓"让步政策"是历史发展的动力，把劳动人民和农民战争的伟大作用一笔抹煞。他们歌颂的，只是那些骑在人民头上的帝王将相。他们是史学界里的"保皇党"。

这些史学界的"保皇党"，自己不革命，也不准别人革命。

革命的史学工作者，要以马克思列宁主义、毛泽东思想为指南，重新改写全部历史。这一场伟大的史学革命，引起了史学界"保皇党"的无比仇恨，使他们感到自己的末日来临。他们竭力抗拒和破坏这个革命。

史学界的资产阶级"权威"，进行种种反对马克思列宁主义、反对毛泽东思想的活动，是适应资产阶级和地主阶级反抗社会主义的需要的。这些"保皇党"，就是保护旧制度，保护守旧派，保护旧思想，也就是保护为资本主义复辟作准备的思想阵地。有一批人，还借历史上的僵尸，直接地恶毒攻击伟大的无产阶级政党和社会主义制度。

史学界里的两军对战，是由社会主义社会的阶级斗争规律决定的。

在我们这个伟大变革的新时代，毛泽东同志对马克思主义的唯物史观，作了最新最高的发展。他系统地全面地提出了社会主义社会矛盾、阶级和阶级斗争的学说，深刻地阐明了社会主义社会发展的动力。他指出社会主义社会向前发展，必须以无产阶级和资产阶级的阶级斗争为纲，以社会主义和资本主义两条道路的斗争为纲。

在我们党和国家生活的各个方面都是这样，在史学领域里当然也是这样。无数的事实证明，在史学领域里是充满着激烈的阶级斗争的。史学这个阵地，无产阶级一放松，就被资产阶级占领。在这里，不是用唯物史观解释历史，为无产阶级政治服务，为社会主义革命服务，就是用唯心史观解释历史，为资产阶级政治服务，为资本主义复辟服务。在史学中，和在其他科学中一样，唯物史观和唯心史观，无产阶级思想和资产阶级思想，是绝对不能和平共处的。这只能是谁战胜谁的斗争，是你死我活的斗争。

史学界里的资产阶级"权威"们，口口声声否认阶级斗争，其实他们一系列的反动谬论和活动，就是明目张胆地向无产阶级进行阶级斗争。

毛泽东同志说："捣乱，失败，再捣乱，再失败，直至灭亡——这就是帝国主义和世界上一切反动派对待人民事业的逻辑，他们决不会违背这个逻辑的。这是一条马克思主义的定律。"这条定律，对于国内的阶级敌人，完全适用的。地、富、反、坏、右，决不会违背这个逻辑。"三家村"之流的黑帮，决不会违背这个逻辑。史学界里的反共知识分子，也是决不会违背这个逻辑的。

史学是意识形态的一个重要阵地。在这里，一场兴无灭资的激烈的阶级斗争，正在进行。在无产阶级文化大革命中，我们必须把被资产阶级"权威"霸占的阵地，一个一个地夺取过来。

霸占一些史学阵地的资产阶级"权威"，在某些部门里实行了对无产阶级专政。他们利用职权，大放毒草，压制无产阶级左派的反击。他们对革命的史学工作者，采取各种卑鄙的手段，加以打击。他们像奸商一样垄断资料，甚至在"三家村"反党集团的急先锋吴晗已经被揭穿之后，还隐瞒关于吴晗的史料，包庇这个反共老手。他们简直是史学界里的"东霸天""西霸天"。

这些"权威"们，把史学领域当作他们独霸的地盘。别人发表文章批评他们，他们竟然公开叫嚷，这是"侵略历史"。我们告诉这班老爷们，对于你们的反党反社会主义的史学阵地，我们就是要去占领。在你们看来叫"侵略"，在我们看来叫"夺权"。我们就是要把被你们篡夺了的无产阶级领导权重新夺回来，在你们实行资产阶级专政的地盘上，重新建立起无产阶级专政。

在这场无产阶级文化大革命中，一定要把资产阶级的反动的史学阵地，彻底摧毁，一定要把为资本主义复辟服务的、反革命的唯心主义史学体系，彻底打垮。广大的工农兵群众和无产阶级的文化革命战士，手里有了为毛泽东同志发展了的当代最新最高的、战斗的历史唯物主义，一定能取得伟大的新胜利，把毛泽东思想的伟大红旗牢牢地插在史学阵地上。

"文化大革命"以后的陈伯达曾承认自己当年写《横扫一切牛鬼蛇神》一文时是"疯了"，我们看到，《夺取资产阶级霸占的史学阵地》一文也是一篇"疯文"。该文首先把历史研究的学术之坛定性为资产阶级代表人物"反党反社会主义的一个重要阵地"，这等于把史学界整个地押上了被告席。接着便乱打一气，什么"一批一批"的"反党反社会主义分子"，什么"史学界里的'保皇党'"，什么"东霸天""西霸天"[①]，叫嚷要"彻底摧毁""彻底打垮"，要"夺权"。其思想理论武器就是前面已经叙述过的那种"左"的极端主义、形而上学的东西，在这篇社论里则表述得更加蛮横，诸如"所谓'历史主义'即唯心史观"，诸如"历史唯物主义认为，人类的历史是劳动人民的历史。历史唯心主义认为，人类的历史是帝王将相的历史。历史唯物主义认为，革命能改变一切。历史唯心主义认为，帝王将相的恩赐决定一切。这两个根本敌对的历史观，是绝对不能和平共处的"，"这只能是谁战胜谁的斗争，是你死我活的斗争"。在这种极端的理论和疯狂的行为之下，史学界成了"十年浩劫"的重灾区，《历史研究》杂志被迫停刊，大批的史学家遭受打击迫害。首当其冲的恰

[①] "6·3社论"中的这些话实有所指，攻击对象是范文澜等一批历史学家，这使他们承受了巨大的政治压力。

恰是那些著名的马克思主义史学家。郭沫若被迫表态，说自己的研究一无是处，要求将过去所著之书"全部烧掉"。"文化大革命"十年，他一直生活在恐惧中，大字报常常贴到家门口，他的两个儿子被迫害致死。范文澜戴着"保皇党"的帽子，在动乱中病逝。1966年8月出版的《红旗》杂志发表王恩宇等人的文章《坚决铲除侯外庐论汤显祖剧作的三株大毒草》，把侯外庐一棍子打成反党反社会主义分子，并要"对侯外庐的所有反党黑货进行彻底的揭发和批判"。吕振羽则于1963年就因"莫须有"的罪名被捕入狱。著名中共党史学家何干之被残酷批斗、拘禁，几次自杀未遂，最后暴病而亡。此前历史学界所进行的学术讨论如历史主义与阶级观点问题、史论关系问题、让步政策问题、清官问题、道德继承问题、李秀成评价问题，等等，参加讨论的许多学者被打成"反党、反社会主义"，"反马克思主义、反毛泽东思想"，一大批历史学家遭受政治迫害。

第四节 "文革史学"架构中的近代史及其理论与史学方法的畸变

1967年4月1日，全国各大报纸均在头版头条位置同时转载《红旗》杂志当年第5期发表的戚本禹文章《爱国主义还是卖国主义——评反动影片〈清宫秘史〉》。该文在发表前已经过毛泽东审阅。如果说姚文元《评新编历史剧〈海瑞罢官〉》一文是"文化大革命"的导火索，意在利用历史问题做政治文章，由批吴晗进而扳倒原中共北京市委，那么戚本禹的《爱国主义还是卖国主义》一文，则标志"文化大革命"这场执政党高层政治斗争进入最为关键的阶段，其矛头直指国家主席刘少奇。不幸的是，这一次攻击，仍然是利用历史问题（这回是与现实更近的近代史问题！）做政治文章，历史学及其思想理论又受到了非学术的歪曲与摧残。

戚文这样开场道："毛主席严正指出：《清宫秘史》是一部卖国主义的影片，应该进行批判。他还说过：《清宫秘史》，有人说是爱国主义的，我看是卖国主义的，彻底的卖国主义。"但是，"反革命修正主义分子"陆定一、周扬等，"以及背后支持他们的党内最大的走资本主义道路的当权派,却顽固地坚持资产阶级反动立场,公然对抗毛主席的指示,说这部反动影片是'爱国主义'的,拒绝对这部影片进行批判"。这里所谓"党内最大的走资本主义道路的当权派"指的就是刘少奇。值得记述的是,1967年3月,刘少奇曾看到一份造反派小报揭发他吹捧电影《清宫秘史》,说这部电影是爱国主义的。刘立即于3月28日给毛泽东写了封信,回忆当时看这部电影的经过,说明自己根本没有讲过"《清宫秘史》是爱国主义的"这样的话。可是几天后,戚本禹仍以此大做文章。刘少奇看后气愤地说:"这篇文章讲了许多假话,党内斗争从来没有这么不严肃过。"① 戚文在最后对刘少奇问了八个为什么,并下了政治结论:为什么你要在抗日战争爆发前夕,大肆宣扬活命哲学、投降哲学、叛徒哲学,指使别人自首变节,要他们投降国民党,叛变共产党,公开发表"反共启事"、宣誓"坚决反共"?为什么你要在抗日战争胜利以后,提出"和平民主新阶段"的投降主义路线?为什么你要在解放以后极力反对资本主义工商业的社会主义改造,反对农业合作化,大砍合作社?为什么你要在社会主义三大改造完成以后,竭力宣扬阶级斗争熄灭论,积极主张阶级合作,取消阶级斗争?为什么你要在三年困难时期,与国内外牛鬼蛇神遥相呼应,恶毒攻击三面红旗,鼓吹"三自一包""三和一少"的修正主义路线?为什么你要在1962年还重新出版过去那种不要革命,不要阶级斗争,不要夺取政权,不要无产阶级专政,反对马克思列宁主义,反对毛泽东思想,宣扬腐朽的资产阶级世界观,宣扬反动的资产阶级唯心主义哲学的欺人之谈的大毒草《论修养》?为什么你要在社会主义教育运动中提出和推行形"左"实右的机会主义路线,破坏社会主义教育运动?为什么你要在无产阶级"文化大革命"中,勾结另一个党内最大的走资本主义道路的当权派,提出和推行资产阶级反动路线?答案只有一个:你根本不是什么"老革命"!你是假革命、反革命,你就是睡在我们身边的赫鲁晓夫!

戚本禹的上述八问,后来被证明均为不实之词,本书不拟细述。我们要注意的是《爱国主义还是卖国主义》一文在借历史问题做政治文章的时候,对中国近代史及其思想理论所作的歪曲与毒化。戚文说:"在对待

---

① 参见《王光美访谈录》,中央文献出版社2006年版。

这部反动的、彻底的卖国主义影片问题上，以毛主席为首的无产阶级革命派同一小撮反革命修正主义分子，以及背后支持他们的党内最大的走资本主义道路的当权派，究竟存在着哪些重大的原则分歧呢？概括地说，有三个方面的分歧，即：怎样对待帝国主义的侵略？怎样对待义和团的革命群众运动？怎样对待资产阶级改良主义？"

在怎样对待帝国主义的侵略问题上，戚文说："一小撮反革命修正主义分子，以及背后支持他们的党内最大的走资本主义道路的当权派，极力宣扬反动影片《清宫秘史》的'爱国主义'，究竟是一些什么样的货色呢？原来他们所宣扬的'爱国主义'，就是影片里所描写的光绪皇帝等人那种不惜依靠帝国主义的力量来恢复和巩固他们对人民的统治的所谓'爱国主义'。他们在中国人民推翻了帝国主义、封建主义的反动统治之后，还提倡人们去学习那种为了恢复和巩固剥削阶级对人民的统治，而不惜当卖国贼的所谓'爱国主义'，其用心何其毒也！"我们知道，自1840年鸦片战争，帝国主义列强用坚船利炮打开中国的门户之后，向西方学习，自强变法，曾经是中国的爱国主义者选择的正确道路。光绪皇帝在民族危机的刺激下，能够接受当时的进步思想，毅然支持变法维新，是难能可贵、值得肯定的。戚本禹把光绪皇帝说成卖国主义，在他言语中，那些反对变法维新的顽固派倒成了爱国者，这是对中国近代史的肆意歪曲。

在怎样对待义和团问题上，戚本禹的政治用心暴露得最明显，他完全在借义和团的历史，比附当时的红卫兵运动，请看他的言论："毛主席说：马克思主义的道理千条万绪，归根结底，就是一句话：'造反有理'。""震撼祖国大地的义和团运动，是近代中国历史上的一次伟大的反帝、反封建的革命群众运动。这是一次表现了中国人民历史首创精神的伟大运动。""义和团严厉禁止洋货，蔑视帝国主义分子。他们把驻有外国使馆的东交民巷改名为'切洋街'，御河桥改为'断洋桥'。义和团在游行时，经常同市民齐声高呼'杀洋鬼子'的口号，使帝国主义分子听了发抖。浩浩荡荡的革命群众，头裹红布，腰缠红带，鞋镶红边，手持大刀长矛，在大街上威风凛凛地游行。""在义和团运动中，青少年是一支最生动、最活跃的力量，他们在这次伟大的革命运动中，建立了不朽的功勋。"

在怎样对待资产阶级改良主义的问题上，戚文说："十九世纪的末叶，中国的社会改革已经出现了两条道路：一条是资产阶级改良主义道路，即企图用自上而下的变法维新的办法通向资本主义。在中国当时的历史条件下，这只能是一条虚伪的、行不通的反动的道路。因为中国没有西欧和日本那样维新改良的历史条件。当时，在帝国主义的侵略下，中国正在逐步沦为半封建、半殖民地国家，而中国资产阶级改良主义的领导人康有为、梁启超，却恰好把维新变法的希望寄托在帝国主义身上，他们幻想投靠帝国主义，依赖帝国主义的力量，实现他们维新变法的主张。这样做的结果，只能是引狼入室，加速中国沦为半殖民地、半封建国家的过程，而根本谈不到发展中国的资本主义。另一条道路是广大群众起来，用武装斗争的办法进行革命。太平天国革命和义和团运动走的都是这条道路。由于没有无产阶级的领导，这样的革命不能取得最后的胜利，但是，却沉重地打击了帝国主义和封建主义，推动了中国历史的发展。"戚本禹把维新变法说成是"反动的道路"，而历史事实却是，维新变法运动开启了近代中国人民的觉悟之途。没有维新变法运动，就不可能有辛亥革命，也不可能有后来的五四运动。

戚本禹还在文章中提出了一个所谓"叛徒问题"。这不能不使人想起三年前他写的那篇关于李秀成自述的文章。1962 年，中共中央召开的工作会议（即七千人大会）对纠正"大跃进"的错误意义重大，但国家的政治局势在高层出现了微妙的变化。此时在毛泽东身边秘书室工作的戚本禹突然写了一篇史学文章《评李秀成自述——并与罗尔纲、梁枯庐、吕集义等先生的商榷》，发表在次年的《历史研究》第 4 期上，文章根据李秀成自述，判定李是叛徒。此文一出，引起了各方面的关注。为了能让专家学者对戚本禹的文章发表意见，中宣部召集中国科学院哲学社会科学部、近代史研究所及《新建设》杂志负责人开会，专门讨论戚本禹评价李秀成文章。与会者多数认为，戚本禹的文章所下结论很不慎重。中宣部副部长周扬说，戚本禹文章发表前应先向中宣部请示，并报中央。因为这涉及对革命先烈如何评价的问题。李秀成无论如何功绩是不能抹杀的。过去的历史人物不能按共产党员要求来评价。即使共产党员，动摇一下，最后被敌人杀掉了，也不能认为是叛徒。于是中宣部在内部通知，要各地对戚本禹文章不转载，不公开评论或讨论；随后由近代史研究所副所长刘大年写一篇正面评价李秀成的文章，仍由《历史研究》发表，作为史学界的基本意见。在此期间，北京史学界人士先开座谈会，会后发个消息，在报上刊登，表示北京史学界不同意戚本禹的意见。让大家知道，戚本禹的文章不作准。中宣部还指示，因戚本禹的文章而停演的话剧《李秀成》照旧演出。稍后，北京史学界人士座谈会在刘大年主持下召开，座谈会后，很快写出了报道送中宣部审查。而此时，形势却发生了始料不及的变化：江青将戚本禹的文章送给了毛泽东。毛读了《忠王李秀成自述》原稿影印本，批了几行字：白纸黑字，铁证如山，晚节不忠，不足为训。鲜明地表示了对戚本禹文章的肯定。消息传出，中宣部审查过的报道稿只好停发。同时，中宣部给各地打电话：今后凡是歌颂李秀成的文章和戏剧，不要发表和演出。李秀成的评价问题，作为学术问题，本来完全可以公开讨论。但是戚本禹的文章却是一篇政治文章，实际上是开了"文化大革命"那种把史学作为政治斗争工具的先河。人们只是在他几年后将"叛徒"罪名抛向刘少奇等一大批中共高级领导干部时，才见识了其"庐山真面目"。

在十年"文化大革命"期间，中国大陆发表的有关近代史方面的文章总共未超过二百篇，而其中堪称研究论文的只有一二十篇，因此可以说，"文化大革命"中的近代史研究几乎处于瘫痪的状态。对这不足二百篇的文章稍加分析，便可发现，它们主要集中于两个焦点：其一是1967年4月，戚本禹文章《爱国主义还是卖国主义——评反动影片〈清宫秘史〉》发表以后，围绕此文此题所发表的一批文章；其二是1974年前后的所谓"批儒评法"和"评《水浒》"运动中，围绕批洋奴哲学，批投降派所发表的一批文章。这两个焦点，恰恰是中共高层政治斗争的两个阶段。而这两批文章，又表现出不同的论述特点：前者是雷霆万钧的武断，后者则为旁敲侧击的影射，反映出当时政治的诡谲和学术的畸形蜕变。

先来看围绕戚本禹文章所发表的一批文章。4月6日《人民日报》刊发署名史红兵的文章《彻底批判卖国主义影片〈清宫秘史〉，打倒党内头号走资本主义道路当权派》①，透露出中共高层所谓"两条道路、两条路线斗争"对中国近代史的不同观点。文章说："当时，担任文化部电影事业指导委员会委员的江青同志，坚持毛主席的无产阶级革命路线，几次提出要坚决批判《清宫秘史》，并与吹捧这部影片、阻挠这场批判的反革命修正主义分子陆定一、周扬和当时的中央宣传部常务副部长胡××进行了针锋相对的斗争。"陆、周、胡等人的后台就是刘少奇，他们"胡说以光绪为代表的一派，反映了当时新兴的、萌芽的资产阶级的思想，在一定的限度内接受了资本主义的所谓'文明'，想迎头赶上，以图自强"。"《清宫秘史》还通过'新派'人物之口，极力赞美洋枪洋炮洋学堂。这种赞美，就是要在中国人民的心目中，造成对西方资产阶级文明的迷信"；"在《清宫秘史》里，帝国主义不是力图把中国变成它的殖民地的侵略者，而是帮助中国实行变法，支持中国'走富强之路'的'朋友'"；"义和团是真正的爱国主义者，表现了中国人民顽强地反抗帝国主义侵略的革命造反精神。《清宫秘史》却用卑劣的手法，对义和团进行恶毒的污蔑"。文章力图让读者明白：毛泽东夫妇与刘少奇部属之间在影片《清宫秘史》上的分歧，虽然表现为对中国近代史问题的不同观点，实际上反映的却是"中国向何处去？走社会主义道路，还是走资本主义道路？"的政治路线斗争。《人民日报》发表的另一篇文章，更加直露地指斥刘少奇是和光绪、珍妃一样的"崇帝病的患者，地地道道的'洋务迷'。他垂涎于西方资产阶级文明，不断鼓吹要'坚定不移'地向西方'学习'。在他看来，中国人什么都不行，'洋玩艺儿'什么都是好的。直到一九六三年，他还赞美明治维新养成了日本资产阶级的'那么一股干劲，发愤图强的风气'，还说，'我们打了一百多年败仗，就认为中国人不行，丧失了对自己的信心，说西方人行，中国的不好。后来我们向西方人学习了，一学就有了进步。'好一个'一学就有了进步'！难道这位素以'马克思主义理论家'自命的'大人物'竟不知道毛主席说过'帝国主义的侵略打破了中国人学西方的迷梦'，'中国人向西方学得不少，但是行不通'这样一些著名的论断吗？显然不是。在这里，他是在公开同毛主席的指示

---

① 见1967年4月6日《人民日报》，从署名可知，这是专业历史学者所撰写。

唱反调，公开美化西方资产阶级和帝国主义"。①《光明日报》的一篇文章则进一步述说了毛刘分歧的缘由："毛主席教导我们：一九四九年十月一日中华人民共和国的成立，标志了新民主主义革命阶段的基本结束和社会主义革命阶段的开始……但是，党内头号走资本主义的当权派却顽固地站在资产阶级反动立场上，公开与毛主席的无产阶级革命路线相对抗。他说什么：在中国，二十年以后才能考虑社会主义的问题，现在的任务是要'巩固新民主主义制度'；待到资本主义高度发展以后，资本家自然会'眉开眼笑'地同我们一道进入社会主义……而《清宫秘史》正好符合了这些'大人物'们的反动的政治愿望。"②

在这批文章中，除了像上述直揭毛泽东与刘少奇的政治斗争，并且以人划线决定是非者外，如果试图寻找一点与学术沾边、能够称得上研究方法的东西，那便是阶级分析，当然这种分析方法此时完全抛弃了历史主义的视角——翦伯赞们已经被打倒了。史红兵认为，光绪是"投靠帝国主义的封建统治者，人民的大敌。他赞助、参加戊戌变法运动完全是为了更好地剥削人民和巩固他们对人民的统治"。"光绪'不欲做亡国之君'，从'顾全祖宗基业'出发，才在不触动封建制度根基的前提下，支持、参加了戊戌变法运动。""如果说为了地主阶级的利益，推行了一些改良措施，也叫'爱国主义'的话，那么爱的只能是地主资产阶级的'国'。"③ 辛午批判道："所谓'维新'也者，归根到底，也还是为了'守旧'——'守'住'旧'阶级的统治。""他们要'富'的是什么'国'？是封建地主阶级和资产阶级之'国'。他们要'强'的是什么'民'？是剥削阶级之'民'。"④ 既然历史上作为革命对象的统治者为了本阶级的利益做事，那么就应该连人带事一概加以否定。这种分析方法，经过"文化大革

---

① 首都红代会中国人民大学"三红"文学兵团：《不许把洋奴打扮成英雄——剥开所谓"爱国主义"英雄珍妃的画皮》，《人民日报》1967年4月24日。
② 晋群新：《为什么吹捧卖国主义影片〈清宫秘史〉》，《光明日报》1967年4月6日。
③ 史红兵：《为什么吹捧资产阶级改良主义？——揭穿党内头号走资本主义道路当权派美化卖国主义电影〈清宫秘史〉的恶毒用心》，《光明日报》1967年4月24日。
④ 辛午：《千万不要忘记无产阶级专政——对反动影片〈清宫秘史〉的两种评价，是一场资本主义复辟同无产阶级反复辟的斗争》，《人民日报》1967年4月17日。

命",牢牢占据了中国史学界许多人的头脑。

前述提到戚本禹文章以义和团来比附当时的红卫兵运动,戚文一出,仿家纷纷。一位历史学者如此来叙述义和团在北京的活动,令人读后实在搞不清楚他究竟是在说当年的义和团呢,还是眼前的红卫兵?特录一段于下:

> 一九〇〇年五六月间,义和团革命运动进入了斗争的高潮,其势如燎原烈火,不仅从北方向全国各地迅速发展,而且烧到了清王朝的首都、帝国主义在华侵略势力的大本营——北京城。一时在北京城内,只见满街是一排排、一队队的红灯女儿和义和团英雄们,雄赳赳、气昂昂,高呼反帝口号,向敌人示威(当时称之为"踩街");只见到处是红红绿绿的传单和通令(当时称之为"揭帖"),痛斥帝国主义及其走狗的罪恶;只见帝国主义分子、洋买办、贪官污吏,一个又一个被揪出来,一家又一家地被查抄;只见洋教堂一所又一所地被焚烧、封禁,洋货被禁绝。总之,在红灯女儿和义和团英雄面前,帝国主义分子、洋买办、贪官污吏个个被吓得目瞪口呆,惶惶如丧家之犬,不可终日。有的帝国主义分子跪在红灯女儿面前哀嚎着乞求活命;有的吓得躲进棺材,雇人吹打着抬出城去,企求活命;有的则在使馆的墙上挖一狗洞,以备鼠窜亡命之用。地主阶级的头子西太后,就在逃出北京以后,仍然惊恐万状,心有余悸。那些过去骑在中国人民头上的帝国主义分子和封建统治者,往日的威风体面,如今统统扫地以尽。"红灯照"、义和团在北京城里主宰一切,"团曰可,不敢否;团曰否,不敢可"。在两个月内,把个北京城闹得天翻地覆,使一个死气沉沉的封建帝都,顿时变成了朝气蓬勃的反帝反封的革命中心。①

比附的方法,根本不是历史研究的科学方法。然而在"文革史学"中却泛滥成灾。为了配合戚文,上海《文汇报》发表社论《赞"红灯

---

① 孙达人:《"红灯照"革命造反精神颂》,《光明日报》1967年4月27日。

照"》,说"'红灯照'的英雄女儿们是响当当的革命造反派"。① "响当当的革命造反派"是当时红卫兵的特色语言,社论用红卫兵的话说义和团,拿近代史比附现实,以达某种政治图谋之意再明显不过。《光明日报》的社论《红小将赞》则更进了一步,干脆不用比附,直接把义和团与红卫兵合在一起说事:"六十多年前震撼中外的'红灯照',是义和团运动中女青少年的革命造反组织……六十多年过去了……在毛主席的领导下,开展了史无前例的无产阶级文化大革命,出现了震撼世界的红卫兵运动。红卫兵小将无限忠于毛主席,无限忠于毛泽东思想,他们高举'造反有理'的大旗,把红灯儿女的革命造反精神千百倍地发扬光大。"②

正是在如此煽动之下,"文化大革命"中一些青少年疯狂使用暴力,搞打砸抢抓抄。北京师大女附中一群效仿"红灯照"的女孩,把自己的校长卞仲耘活活打死。北京大兴更是发生了把"黑五类分子"家家灭门的惨剧。对于义和团运动再现京城的景象,《人民日报》刊文《从"切洋街"到"反帝路"》,说:"去年八月十八日,当我们最敬爱的领袖毛主席接见红卫兵以后,革命的红卫兵小将们,带着冲天的干劲,从学校走向社会,以毛泽东思想为武器,向一切旧思想、旧文化、旧风俗、旧习惯发动了猛烈攻击。红卫兵们提出,北京是我们伟大的首都,是无产阶级革命的中心,大街上怎能容忍帝国主义、封建主义和资产阶级留下的臭名字!他们在广大革命群众的热烈支持下,倡议把解放前禁止劳动人民通过的使馆区'东交民巷'改为'反帝路',把'西交民巷'改为'反修路'……如果说,对待历史上的义和团的态度如何,是区别革命派和反革命派的分水岭,那么,在现实斗争中,如何对待红卫兵运动,则是区分真革命还是假革命、反革命的试金石。"③ 这类蛊惑性言论发出仅一个月,红卫兵就冲击了北京使馆区,酿成火烧英国代办处的事件,给国家的外交声誉造成严重损失。而从史学的角度看,能够将六十多年前的历史事件重演一番,可谓是把史学的社会功能发挥到了极致,不过重演的却是一出民族的悲剧

---

① 见《文汇报》1967年4月14日。
② 见《光明日报》1967年4月27日。
③ 柯夫:《从"切洋街"到"反帝路"》,《人民日报》1967年4月24日。

而已。

　　围绕戚本禹文章所发表的有关近代史的文章，其论述特点为"雷霆万钧的武断"，是那种不由分说便打倒式的。这恰恰反映的是当时政治斗争的特点。如前述已引的许多文章，首先就把对义和团的态度定位为"区别革命派和反革命派的分水岭"，那还有什么可以研究的呢？只要对义和团说一个"不"字，研究者自己便成了"反革命"，这是多么可怖的事情！按照这般逻辑，于是"研究什么"也成为"革命还是反革命的试金石"。史红兵说："不少的反动史家曾经用过大量的笔墨描述帝党与后党的斗争。在他们的笔下，光绪和帝党得到了赞美。实际上，帝党和后党，并无本质区别，他们是一丘之貉。他们之间的斗争，正是帝国主义瓜分中国的狗咬狗的斗争在封建统治阶级内部的反映。把光绪这个卖国贼美化成'救国'的英雄，这种历史的颠倒，正是为帝国主义侵略中国服务的。"① 研究帝党和后党，成了"反动史家"干的事情。那么，研究曾国藩、袁世凯便成了"和他们穿一条裤子"。"文化大革命"中，因此而倒霉的近代史研究者很多。这也是"文化大革命"十年中近代史研究成果寥寥的一个原因。

　　由史学充当工具和导火索的"文化大革命"，不久便达到了把国家主席刘少奇迫害致死，一大批高级干部被打倒的政治目标。继而，中国政坛又上演了江青集团和林彪集团角逐、争夺党和国家最高权力的一幕。1971年9月13日，林彪集团垮台。这样，原有的中共中央政治局常委中只剩下了毛泽东、周恩来和重病不起的康生。此时视周恩来为政治上最大障碍的江青集团便获得机会，开始了又一轮兴风作浪。1972年底，中共中央政治局召开扩大会议，集中批评周恩来在外交工作中的错误。1974年毛泽东批发中共中央1号文件，转发了由江青主持选编的《林彪与孔孟之道》（材料之一），在全国开始了一场新的运动——批林批孔。江青集团借"批林批孔"批周恩来等人争夺最高权力，用影射的办法，旁敲侧击，玩弄一套不光明正大的把戏。而作为政治斗争的工具，他们再次选中了史

---

　　① 史红兵：《为什么吹捧资产阶级改良主义？——揭穿党内头号走资本主义道路当权派美化卖国主义电影〈清宫秘史〉的恶毒用心》，《光明日报》1967年4月24日。

学，于是便有了以"旁敲侧击的影射"为论述特点的一批史学文章，也造就了"影射史学"的名词。应该说，利用史学进行政治影射，已不能说是史学及其方法，但其在史学界里盛行一时，则一方面是政治化的结果，另一方面也可以说是史学及其方法的一种畸变。

江青集团在"文化大革命"中控制了全国的舆论工具和思想文化界，并组织了一大批写作组。在这些写作组中，"梁效"（北京大学、清华大学写作组）与"罗思鼎"（上海市委写作组）的政治作用最大，此外还有"池恒"（《红旗》杂志写作组）、"唐晓文"（中央党校写作组）、"初澜"（文化部写作组）等。"梁效"，即"两校"的谐音。1973 年 10 月，北京大学和清华大学成立"批林批孔研究小组"，1974 年人员调整后定名为"北京大学、清华大学大批判组"，以"梁效"等为笔名。写作组根据江青集团的政治需要，撰写文章。在短短几年中，仅"梁效"就写了 219 篇文章，发表的有 181 篇（影射史学文章约占 1/3），其中 30 多篇成为当时圈定的学习文件；"罗思鼎"写的史学文章也有一百五六十篇。由于这些文章包含着毛泽东及中央文革小组的"指示"和"精神"，因此，一经发表，《人民日报》、《红旗》杂志、《光明日报》等全国各大报刊必予转载，各级干部和民众必须学习阅读，这就使得影射史学产生了特别恶劣的社会影响。

1973 年 8 月 7 日，《人民日报》发表杨荣国的文章《孔子——顽固地维持奴隶制的思想家》，不久，杨氏又作讲演说："孔子在鲁国做宰相，不到七天就把少正卯杀了。少正卯当时是一个法治派人物，是主张革新的。这是两条路线的斗争。"[①] 此后，江青集团开始用"孔子——宰相儒"来影射总理周恩来，做了大量的文章。9 月 4 日，《北京日报》发表北大、清华"大批判组"的文章《儒家和儒家反动思想》，别有用心地从孔子"周监于二代，郁郁乎文哉，吾从周"，说到"周礼"，又说到"周公"是维护奴隶制的"政治代表"，公然以批"周公"来影射攻击周恩来。11 月 1 日，《红旗》杂志第 11 期发表"罗思鼎"的文章《秦王朝建立过程

[①] 转引自中国社会科学院历史研究所编《历史的记录——"四人帮"的影射史学与篡党夺权阴谋》，北京出版社 1978 年版，第 6 页。

中的复辟与反复辟的斗争——兼论儒法论争的社会基础》,这篇由姚文元亲自修改的阴谋文字,把"秦国丞相吕不韦上台,从事奴隶主阶级的复辟活动"作为议论重点,说:"吕不韦在秦国执政后,竭力推行的是一条复辟奴隶制的反动的政治路线。""这时在秦国要公开亮出儒家的旗帜是不行了,而是只能标榜折衷主义,在'杂家'的招牌下贩卖儒家的黑货。"为了突出"批宰相",文章还说:"战国末期,齐、楚等六国所用的宰相,都是宗室贵族,如齐国的田忌、田婴、田文,楚国的令尹子兰、黄歇,赵国的赵胜等。"该文发表后,江青、姚文元对批宰相吕不韦、批折中主义大加赞赏,要下面好好学习。1974年,批林批孔运动在全国大张旗鼓。4月1日,由江青亲自布置,北大、清华"大批判组"撰写的影射文章《孔丘其人》在《红旗》杂志第4期发表。该文手段极其卑劣地影射周恩来,兹录几段:

> 孔丘出身的没落奴隶主贵族家庭,在这个社会大变革中急剧地衰落下来。他的祖先原是宋国的大贵族,后来搬到鲁国。到他父亲邹叔纥一死,孔家就更加没落。孔老二从小接受奴隶主阶级的反动教育,年轻时就走上了维护和复辟奴隶制的反动道路。阶级的衰败和家庭的没落,更使他顽固地、狂热地为恢复被夺去的"天堂"而斗争。"兴灭国,继绝世,举逸民",就是孔丘终生的复辟梦想。它的集中表现,便是一条"克己复礼"的反动政治路线。

> 春秋战国的诸子百家当中,有不少人写了专门著作,总结了当时阶级斗争、生产斗争某一方面的经验,在认识史上有所贡献。特别是法家的一些优秀代表,如商鞅、荀子、韩非子等人,更是站在时代潮流的前面,阐发了革新的思想,丰富了我国古代灿烂的文化。而孔老二这个家伙却是"述而不作",根本写不出什么东西。

> 在他七十一岁、重病在床的时候,听说齐国新兴地主阶级杀了奴隶主头子齐简公,夺取了政权,还拼命挣扎着爬起来,摇摇晃晃地去见鲁君,再三请求讨伐。

5月17日，又是江青一手布置，北大、清华写作组署名"柏青"在《北京日报》发表《从〈乡党〉篇看孔老二》一文，借骂孔子，用流氓式手法，对周恩来进行赤裸裸的人身攻击：

> 从《乡党》篇看孔老二，给人一个强烈的印象：此人极端虚伪奸诈，是一个可恶的政治骗子……你看他为了骗取到"正人君子"的名声，在大庭广众之中，是如何装模作样的吧。他本来是个十足的大恶霸，可是在家乡，却装出一副谦虚诚实的样子，别人说话，他不吭声，象是个不爱出风头的老实人。参加乡里饮酒典礼，散场后，一定要耐着性子等老年人出去以后再走。……孔老二这样煞费苦心地练风度、练表情，对不同的人采取不同的态度，是为了做官，做官又是为了"复礼"。孔老二有个学生叫子夏的，对他的这一套，揣摩得很到家，并且做了一个总结，叫做："君子有三变：望之俨然，即之也温，听其言也厉。"意思就是：要威风凛凛，板起面孔，做出一副道貌岸然的样子，用一种神秘性来唬人，使人望而生畏。这是一种脸谱。跟别人接近时，要"面带三分笑"，装出一种和蔼可亲的表情，借以笼络人心。这是一种脸谱。说起话来，一定要冠冕堂皇，无论是曲解夸大，还是弥天大谎，都要说得振振有词，头头是道，使人感到很厉害。这又是一种脸谱。"君子三变"，确实是孔老二耍两面派的一种手法，被后来一切阴谋家所袭用。

> 孔老二一旦得势，爬进统治集团，就更加施展他那谄上骄下、投机钻营的本领。他一听到国君召唤，急得不等驾车，动身就走。……经过国君站立的地方，虽然国君不在，也要现出庄重的脸色，两条腿盘旋而走。向堂上走时，提着衣服的下摆，弯腰低头，憋住气，就跟停止了呼吸一样。直到从堂上出来，走下一级台阶，才松了一口气，脸色恢复了平静的样子。下完台阶，端起胳膊，像鸟儿展翅一样，向前快走。回到自己的位置，又在做出惶恐不安的模样。

除了人身攻击，江青集团在治国的大政方针上，利用影射史学对周恩来进行抨击。其时，教育问题是一个争论的焦点。林彪事件后，周作为总理力图整顿被"文化大革命"搞瘫痪的国内教育，他布置北京大学副校长周培源在《光明日报》上撰文《对综合大学理科教育革命的一些看法》（1972年10月6日），强调要重视和加强大学理科教育和研究。而江青集团则认为这是要用自然科学冲击马克思主义，是要否定"文化大革命"。1973年9月27日，《人民日报》发表署名"唐晓文"的文章《孔子是"全民教育家"吗?》，作为"批周"的一发重磅炮弹，《红旗》杂志同年第12期也予转载，文章写道："孔子生于春秋晚期，正是中国由奴隶制过渡到封建制的社会大变动时代。孔子顽固地站在没落奴隶主贵族的反动立场上，梦想阻挡历史车轮的前进。他极端仇视当时的社会大变革，哀叹'天下无道'、'礼坏乐崩'。""他还办私塾，招收学生，想把学生培养成为能够恪守'周礼'的'仁人'、'志士'、'圣人'，靠他们'学而优则仕'，即读书做官，以复辟西周奴隶制度。"1974年5月6日，《光明日报》发表署名"柏青"的文章《"学而优则仕"析》，说："春秋末期，奴隶制度日益崩溃，封建制度正在崛起。新兴地主阶级与奴隶主阶级争夺接班人的斗争十分激烈、十分尖锐。当时，就连孔丘的学生也纷纷跑到革新派那里去听讲，弄得'孔子之门，三盈三虚'，孔老二对此极端恐惧。'学而优则仕'，就是要把学生从火热的阶级斗争中拉回来，重新禁锢在他的课堂里，用奴隶主阶级的反动思想毒害青年，使通过读书做官，去执行他的'克己复礼'的反动政治路线，维护和复辟垂死的西周奴隶制度，开历史倒车。"5月28日，《光明日报》又发表"唐晓文"的文章《孔丘的教育思想与"克己复礼"》，说："解放后十七年来，由于刘少奇一伙篡夺了教育的领导权，资产阶级知识分子统治着我们的学校，毛主席的无产阶级教育路线基本上没有得到贯彻执行。"文章把强调学习文化课说成是为了"复礼"即复辟，说："孔丘为了培植'复礼'的人才，向他的门徒大肆灌输'复礼'的思想。他的教育内容，主要是文、行、忠、信四个方面。所谓'文'，即周朝奴隶制的典籍，如诗、书、礼、乐等。孔丘自我标榜：'述而不作，信而好古'。他也力图利用'学文'，把学生引向复辟倒退的道路。"

周恩来主持的政府工作，主要一块是经济，要攻击周，必须以此做突破口。而周的经济工作理念，是尽快使国家实现现代化，对此自然要引进、购买国外先进技术设备。这便成了江青集团批周的靶的："崇洋媚外"——"卖国投降"。近代史在此又派上了用场，从而形成了"文化大革命"后期比较集中的一批文章。1974年3月8日，江青集团控制的上海市委写作组在《学习与批判》杂志上发表署名"景池"的《从"洋务运动"看崇洋媚外路线的破产》一文，说："十九世纪六十年代，在中国出现了一个以购买和仿造洋枪、洋炮、船舰为中心内容的'洋务运动'。这个运动是由清王朝内以保卫孔孟之道为己任的曾国藩、李鸿章发动和组织的。这班'洋务派'官僚，熙来攘往，出入于外国公使、领事、商人、军官之间，以博取洋大人的青睐为荣，他们把'洋务运动'吹嘘为'求富'、'自强'之道，认为是'入圣之门径'，'报国之经纶'……吹吹打打，好不热闹。"接着，文章以洋务运动买外国"不堪用之船"的事，来影射周恩来关于建设远洋船队要造船与买船并举的方针，指买船就是"卖国"，说："一百年前的喧嚣一时的'洋务运动'，已经被历史的车轮碾得粉碎了。曾国藩、李鸿章之流在中国近代史上也已经落得个遗臭万年，成为不齿于人类的狗屎了。但是，腐朽没落阶级的代表人物，为了维护摇摇欲坠的反动统治，为了实现反革命复辟事业，总要祭起崇洋媚外的破旗。卖国贼的衣钵后继有人。袁世凯、蒋介石、刘少奇、林彪等民族败类，不是一个又一个继续从事曾国藩、李鸿章未竟的卖国事业吗？他们同自己的'先辈'一样，都是尊孔派，都要保存和复辟旧制度，都要开历史的倒车。"同年《红旗》杂志第8期，又发表上海市委写作组授意撰写的另一篇文章《尊孔读经与崇洋卖国》（署名"陈今"），文章说："当年主持洋务运动的李鸿章，就是由崇洋走向卖国的黑标本。他曾经无耻地宣称自己'喜谈洋务乃圣之时者'，的确，洋务也颇行时了一阵子。媚洋能手李鸿章，不仅在政治上'联各国之好'，在军事上购买洋枪洋炮，而且在经济上也是一个乞讨外国资本的叫花子。设备、原料、技术统统靠帝国主义洋大人'恩赐'，办工厂还雇洋专家主持。总之，一切都'洋'化了。""崇洋，就是'全盘西化'，它抹煞中国劳动人民的聪明才智，把一切都说成是外国资产阶级的好。""只要还存在阶级斗争，还存在帝国主义和社会帝国主义，尊孔卖国派就不会绝迹。因此，尊孔崇洋与反尊孔崇洋的斗争，还要在中国长期地继续下去。"10 月，江青又蓄意制造了一个"风庆轮事件"①，与分担、接替周恩来工作的邓小平发生冲突，所谓斗争"还要在中国长期继续下去"，正是其计划中的整邓阴谋。② 其时第四届全国人大正在筹备中，中共高层的权力斗争呈白热化状态。

  影射史学的最终政治目的，是江青集团夺取国家的最高权力。为此，用历史人物吕后、武则天等，来比附江青的文章成了当时的一种诡异现象。1974 年 6 月 15 日，江青对她控制的写作组成员说："为什么武则天得人心？在那样的社会一个女人能当皇帝，重臣为她所用，就是因为她代表中小地主，阶级基础比李世民宽广多了。当时二十万人上书要武则天当皇帝嘛！这一定有她的社会基础，她的政策符合更广大的地主阶层。"③18 日，江青又对写作组成员说："我现在觉得有一个历史人物值得考虑，吕后，她是伟大的政治家，封建政治家，法家，不能低估，因为刘邦去世后，天下没有乱，是和吕后执行了法家路线有关，以后才有文、景、武、昭、宣。"④ 6 月 20 日，江青又要求北大、清华写作组在撰写《法家代表人物介绍》时，"吕后要作为单独一条宣传一下"。⑤ 于是，吕后被这样写道："'为人刚毅，佐高祖定天下'，高祖死后，执政十六年，继续推行法家路线，是中国历史上著名的女政治家。""刘邦死后⋯⋯吕后为防止发生动乱，决定亲自掌权。"⑥ 8 月 1 日，经张春桥、姚文元精心修改的"罗思鼎"的文章《论秦汉之际的阶级斗争》，在《红旗》杂志第 8 期发表。该文原稿曾有大段吹捧吕后的话："在楚汉相争及巩固汉朝中央集权

---

  ① 风庆轮是一艘国产万吨货轮，是年首航罗马尼亚，江青集团利用此事攻击国务院的"崇洋媚外""卖国主义"，压制国产轮不能早日远航，交通部派到风庆轮的领导干部抵制这种批判，被王洪文扣留上海批斗，江青对此作出批示，要批判交通部的"买办资产阶级思想"。
  ② 这是周恩来的分析判断，他请王海容、唐闻生前往长沙向毛泽东报告。详见《周恩来年谱》下卷，中央文献出版社 1997 年版。
  ③ 转引自中国社会科学院历史研究所编《历史的记录——"四人帮"的影射史学与篡党夺权阴谋》，北京出版社 1978 年版，第 73 页。
  ④ 同上书，第 75 页。
  ⑤ 同上书，第 81 页。
  ⑥ 见《北京大学学报》1974 年第 3 期。

的斗争中，吕后的作用是不能抹杀的。""秦始皇死后，群龙无首，使赵高有机可乘。汉朝初年，继刘邦而执政的吕后在刘邦的大臣中有极高的威信，虽然惠帝懦弱无能，但能够以吕后为中心形成坚强的政治核心，稳定局势，继续推行法家路线。否则，刘邦建立的西汉王朝也可能重蹈秦二世而亡的覆辙。"文章发表时，又删去，改为"楚汉相争"中，"远远不是项羽的对手"的刘邦，"最后却越战越强"，原因是"关中在吕后、萧何的领导下，积极进行建设，成为支援前线的根据地，源源不断地向前线输送人力和物力。刘邦有关中根据地作为坚强后盾，因此稳操胜券"。汉朝建立后，"刘邦、吕后刚毅地消灭了韩信、彭越等人的叛乱，保卫了西汉王朝的中央集权"。两个月后，在《红旗》杂志第 10 期署名"梁效"的《研究儒法斗争的历史经验》一文中，同样露骨的话终于说了出来："秦始皇死后，法家路线就告中断，而汉高祖死后，法家路线却经历吕后、文、景、武、昭、宣六代基本上得到了坚持。同样是处在上升时期的地主阶级，为什么会有这种差别？……这和西汉王朝在中央政权中长期保持了一个法家领导集团有很大关系。刘邦从秦王朝的灭亡中，认识到中央领导集团的极端重要性。他坚持法家用人路线，在斗争实践中选用人才。""刘邦死后，吕后和汉文帝以后的几代，都继续贯彻了刘邦的法家路线，并重用象晁错、张汤、桑弘羊等法家人物，让他们在中央主持工作。由于在中央有了这样一个比较连贯的法家领导集团，才保证了法家路线得到坚持。即使发生了武装叛乱，也能够加以削平。"这显然是公开为江青集团大造舆论。在此之前，8 月 20 日，"梁效"的另一篇文章《有作为的女政治家武则天》在《北京大学学报》当年第 4 期发表。文章说："唐太宗死后，唐高宗李治即位。围绕着发展还是改变唐太宗的这条路线，围绕着是继续建立和巩固庶族地主统治，还是维护和复辟士族大地主垄断政治，儒法两家展开了极为尖锐的斗争。武则天正是在这样的斗争风浪中，大步地登上政治舞台的。"文章还别有用心地把武则天同复辟势力的斗争说成是同"宰相"们的斗争，最后不加掩饰地道出：武则天"终究是一位顺应历史潮流的杰出人物，称之为：法家女皇武则天，应该说这是符合历史实际的"。

"四人帮"利用近代史继续做文章攻击周、邓等人的举动一直持续到

1976年。1975年,"梁效"在复刊不久的《历史研究》上发表《洋务运动与洋奴哲学》的论文,此文叙述相对系统,从中可以看出江青集团要做全面、长期政治、思想斗争的架势,这自然也对中国近代史研究产生了影响。文章说,洋奴哲学是伴随帝国主义对中国侵略,在洋务运动中形成的一种地主买办资产阶级的意识形态。长期以来,它一直是国内反动派推行崇洋媚外、投降卖国路线的重要思想基础。大卖国贼曾国藩、李鸿章、袁世凯、蒋介石,以及党内机会主义路线头子刘少奇、林彪,都是洋奴哲学的狂热鼓吹者。这种反动哲学,根深蒂固,流毒甚广,至今还有影响。文章又说,洋务运动的纲领,是后期洋务派头目张之洞所总结的"中学为体,西学为用"。洋务派把购买和仿制镇压人民的洋枪洋炮作为洋务运动的中心内容和"第一要务",这说明他们并不是要发展资本主义,而是要维护腐朽的封建生产关系和反动的封建专制制度。如果说,"中学为体,西学为用"的口号,还企图以孔孟之道作为这个反动同盟的盟主的话,那么,在国民党反动统治时期,帝国主义的奴化思想则越来越占据突出的地位,蒋介石的御用文人胡适所鼓吹的"全盘西化",是这个时期具有代表性的口号。"全盘西化",在政治上就是丧权辱国,全盘出卖祖国的独立和主权。在思想上就是颂洋非中,宣扬民族虚无主义。在经济上就是散布对西方资本主义物质文明的迷信,使中国经济完全变成帝国主义的附庸。文章最后说,由于阶级和阶级斗争的存在,帝国主义不断地在我国寻找新代理人,这就使洋奴哲学仍然有着继续存在的条件。因此,我们同洋奴哲学、投降主义的斗争,不能不是长期的,而且必然要反映到党内,成为路线斗争的一个重要内容。[①] 1976年初,因周恩来逝世引发"天安门事件"江青集团再不需要用影射来说话了,于是其御用写作组的署名文章《李鸿章与轮船招商局》便公开讲出:"无产阶级文化大革命以来,我国造船工业迅猛发展,万吨巨轮远航海外,宣判了邓小平鼓吹的爬行主义、洋奴哲学的彻底破产。我们不由想起了一百年前李鸿章所经营的那家轮船招商局。因为从李鸿章这个近代洋奴身上,可以照见邓小平这个当代

[①] 参见梁效《洋务运动与洋奴哲学》,《历史研究》1975年第5期。

洋奴的丑恶嘴脸。"①

前已述及，影射史学是史学政治化的一种极端表现形式，虽且谓其史学，实际上已无学术的意义。但是，我们也应看到，由于宣传舆论工具的作用，影射史学所宣扬的谬误思想理论对我国思想学术界仍有不小的影响。让我们略作论列。

影射史学猖獗的时候，其宣扬最多的观点便是：一部中国历史直至今日，始终贯穿着儒法斗争。儒法斗争就是两个阶级、两条路线的斗争。法家进步，儒家反动；法家爱国，儒家卖国。"梁效"的重点文章《研究儒法斗争的历史经验》说："在中国历史上，一个阶级专政代替另一个阶级专政这种完整意义的社会变革，除了无产阶级领导的革命以外，实际上就只有封建制代替奴隶制那一次。儒法两条路线的斗争就是在那场社会变革中产生的。在整个封建社会中，始终存在着尊儒反法和尊法反儒的斗争，这种斗争一直影响到现在。"②"梁效"用另一笔名"柏青"著文说："儒法两条路线的斗争，在政治上，总是表现为前进和倒退、厚今薄古和厚古薄今的斗争，坚持国家统一还是搞分裂割据的斗争。……在民族矛盾激化，如汉代、宋代面临着匈奴、西夏、辽金的统治者侵扰的情况下，儒法两家的斗争，又常常表现为坚持抗战还是妥协投降。在近代史上，尊孔和崇洋卖国是紧紧结合在一起的。曾国藩、袁世凯、蒋介石等尊儒反法派，哪一个不是卖国主义者？儒法两条路线在这些重大问题上的斗争，同样一直继续到现在。"③"罗思鼎"用另一笔名"石一歌"著文说："儒法之争既然是前进与倒退的两条路线斗争，那么当然只有与革命共命运的彻底的革命者，才能真正认识这场斗争的实质，认识历史上的儒法斗争与现实阶级斗争的内在联系，把对法家的评论和对儒家的批判，变成在现实政治斗争中对阶级敌人的批判。"④

真实的历史则是：儒家和法家都是中国传统文化中的一个学派。儒家"祖述尧舜，宪章文武"，崇尚"礼乐"和"仁义"，提倡"忠恕"和

---

① 靳柏年：《李鸿章与轮船招商局》，《学习与批判》1976年第7期。
② 见《红旗》1974年第10期。
③ 《坚持古为今用，研究儒法斗争》，《北京大学学报》1974年第4期。
④ 《坚持古为今用，正确评价法家》，《人民日报》1974年11月11日。

"中庸"之道，重视伦理道德教育，主张以德治国。法家则主张以"法、术、势"治国，即以严刑峻法和帝王权术相结合，建立中央集权的君主专制国家。作为传统文化，儒家和法家都有其精华与糟粕。现代社会与它们的关系，是一种继承与扬弃的关系。影射史学家们用政治实用主义和思想极端主义，把儒家和法家这两个思想学术派别完全对立起来，否定一家，肯定一家，并与现实问题任意挂钩，是十分荒谬的。特别是，阶级斗争学说是马克思主义的理论学说；而路线斗争的概念，则是联共（布）党史中党内斗争的专有名词。影射史学家们把这些东西与中国传统文化搅和在一起，弄出一个所谓"儒法斗争是中国历史上两个阶级、两条路线斗争"的怪说，实在是制造了当代思想史上的大笑柄。

在批儒评法运动中，影射史学家们肆无忌惮地颂扬中国历史上以秦始皇为代表的暴君与暴政，充分暴露出江青集团的法西斯残暴嘴脸，对思想文化界遗毒不浅。1974年1月21日《人民日报》发表北大、清华"大批判组"的文章《略论秦始皇的暴力》，公开赞颂秦始皇的暴力是"革命暴力"，并且歪曲历史说："在秦末农民大起义的浪潮中，我们却看到了这样一种怪现象：那些曾经被秦始皇革命暴力打击得狼奔豕突的反动奴隶主贵族复辟势力，把自己打扮成'农民利益的代表者'，咒骂起秦始皇对农民的暴力来了。"同年《学习与批判》杂志刊出署名"康立"的文章《孔子、儒家和礼》，一边影射周恩来，一边颂扬秦始皇："秦始皇焚书坑儒，烧的是吹捧周礼的儒家经典，坑的是复辟周朝分封制的复古派"，"反动儒生们骂他'未能用周礼，将无以固其国'。但是秦始皇如果用周礼，那他就无法建成统一的封建大帝国了"。众所周知，秦始皇是中国历代帝王中统治最残酷、使用暴力达至极点的暴君，可是影射史学家们却说秦始皇的暴力好得很，不是多了，而是少了！9月8日《人民日报》转载北大、清华"大批判组"的文章《赵高篡权与秦朝的灭亡》（原载《北京大学学报》同年第4期），该文说："秦朝之所以灭亡，其中一个原因是革命暴力运用得还不够，对反革命的儒杀得太少，有一些漏网了，有一些养起来了，镇压反革命不够彻底。这些反革命的儒，奴隶主复辟势力的存在，正是赵高篡权、妄图复辟的社会基础。""唐晓文"也在《光明日报》撰文说："秦始皇有一个很大缺点，就是对那些复辟势力的打击不够坚决，镇压很不彻底。……秦政权并没有对这些反动奴隶主采取有效的专政措施……以六国旧贵族和反动儒生为代表的奴隶主残余势力，仍然广泛存在于各地，伺机而动，时刻梦想复辟。……但秦始皇仅坑了咸阳的四百六十个儒生，而对那些钻得深、在背后进行复辟活动的危险敌人，则似乎没有采取措施给予清除和镇压。"①

影射史学家们甚至编造出秦始皇"爱民"，受到人民支持的谎话，说："秦始皇还采取了'忧恤黔首'的政策。在徭役法中规定：首先征发有罪吏、入赘富家的农民、商贾；其次是曾为商贾或父母、祖父母为商贾的；再次是富人；最后才是'闾左'，即解放了的奴隶。"② "秦代农民负担的徭役并不是很重。""他（指秦始皇——引者注）顺应了历史发展的趋势，符合广大人民的愿望，得到了'黔首'们的普遍支持。"③ "罗思鼎"等还借人之口大肆吹捧秦始皇，说："唐代大诗人李白说：'秦皇扫六合，虎视何雄哉！'明代的儒家叛逆者李贽歌颂秦始皇是'千古一帝'。资产阶级革命家章太炎则直率地认为秦始皇'庆赏不遗匹夫，诛罚不避肺腑'，'不妄诛一吏'；如果秦朝继任者得人，'虽四三皇、六五帝，曾不足比隆也'。"④ 梁效说："章太炎高度评价了我国历史上最大的法家实践家秦始皇，称赞秦始皇治理政治，比他以前的任何一个掌权者都搞得好；称赞秦始皇实行法治，任人得当，赏罚严明，拿后代的一些有名的皇帝和他比，那些人不过是深池，而秦始皇犹如耸入云霄的高山，即使把秦始皇的功业与相传的三皇五帝相提并论，也不足以表明他的高大。"⑤

我们知道，儒家学术思想是中国传统文化的重要内容之一，其"仁者爱人""和为贵""有教无类""己所不欲，勿施于人"等思想，至今闪耀光辉，成为全人类的共同精神财富。虽然，在汉武帝"废黜百家，

---

① 《驳儒家关于秦王朝灭亡原因的几种谬论》，《光明日报》1974 年 9 月 1 日。
② 巩政：《论秦始皇之法》，《北京大学学报》1974 年第 2 期。
③ 石仑：《论"黔首"》，《红旗》1974 年第 10 期。
④ 《秦王朝建立过程中的复辟与反复辟的斗争——兼论儒法论争的社会基础》，《红旗》1973 年第 11 期。
⑤ 《试谈历史上关于秦始皇的两派论争——从章太炎的〈秦政记〉、〈秦献记〉谈起》，《北京日报》1974 年 5 月 20 日。

独尊儒术"政策之后，儒学渐渐变成君主专制统治的思想工具，其保守、消极的一面曾对中华民族的进步起到过阻碍作用，但继承精华、扬弃糟粕，仍是对待包括儒学在内的传统文化的正确态度。江青集团及其控制的影射史学家们以极端主义加阴谋政治的观点和做法，对儒家大张挞伐，不仅否定一切，而且扣上"复辟""卖国"之类不着边际的骂名，对孔子其人更是极尽辱骂、诬蔑之能事。"梁效"说："孔丘此人，阴险狡猾。明明要维护和复辟奴隶制的吃人政治，却偏偏装出一副'爱人'的面孔。他平时言必称仁义，口不离中庸，不射窝里的鸟，不用带许多钩的大绳钓鱼，简直是不仅爱人，而且连鱼、鸟都爱。实际上，他是一个心黑手狠的恶鬼。"又说："孔丘还拼命鼓吹'信'。说什么'做人不讲信用，是根本不可以的'，妄图要人们相信他孔老二才是天下最讲信用的人。其实，'信用'从来就是有阶级性的。孔老二的所谓'信用'，不过是奴隶主贵族骗人的手段。"[①] 署名"洪群"的文章批判道："孔子是讲'仁'、'德'、'爱人'的。比如，什么'为政以德'呀，什么'仁'是'爱人'呀，等等，真是说得天花乱坠。……孔子的所谓仁政也好，德治也罢，都不过是骗人的东西。他的'仁'和'德'是施于奴隶主的，而对于广大劳动人民从来都是缺德无仁，有的只是血腥的残害和屠杀。""孔老二说'有教无类'。反动统治者一直大肆吹嘘孔子所主张的'有教无类'是什么不分阶级招收学生，把孔子打扮成'全民教育家'，这完全是欺人之谈。有同志已经揭穿了'有教无类'的原意是主张不分氏族、按地域编制、对奴隶进行强制教练的一种反动手段。"[②] 可以看出，这种所谓批判，正是"文化大革命"摧毁中华文化的大浩劫的一部分。

[①] 北京大学、清华大学"大批判组"：《孔丘其人》，《红旗》1974年第4期。
[②] 《铁证如山——从孔府的罪恶看孔孟之道的反动实质》，《红旗》1974年第2期。

第 三 章

思想解放大潮与近代史理论风云

第一节　黎澍与新时期思想解放潮起

1976年9月9日，毛泽东逝世。10月6日，以江青为首的所谓"四人帮"集团覆灭。"文化大革命"实际上从这个时候起便收场了。作为"文化大革命"重灾区的史学领域，饱受摧残的学者们强烈要求清算"文革史学"。在随后的几年里，史学界发表了很多批判"四人帮"，特别是"文革史学"的文章。其中，较具思想价值的，当数黎澍发表在《历史研究》杂志上的三篇文章：《"四人帮"对中国历史学的大破坏——评所谓研究儒法斗争史的骗局》(《历史研究》1977年第2期)、《评"四人帮"的封建专制主义》(《历史研究》1977年第6期)、《消灭封建残余影响是中国现代化的重要条件》(《历史研究》1979年第1期)。黎澍1936年加入中国共产党，新中国成立后曾任《历史研究》主编和中国科学院近代史研究所副所长。我们看到，黎澍的上述三篇文章是一个完整的反思过程，其代表了中国史学界在当时所能达到的思想深度和较高的认识水平。

黎澍在《"四人帮"对中国历史学的大破坏——评所谓研究儒法斗争史的骗局》一文中指出，江青等人出于史学之外的政治目的，在所谓研究儒法斗争史的骗局中，虚构历史公式，拼凑出一个从古到今与儒家相对立的法家阵线，这种胡说八道，是对历史学的大破坏。黎文的叙述恢复了历史的本来面目：

人类社会的历史从来是复杂的，变化多端的，这种变化有它的规律性，然而决非是整齐划一的，按照某种刻板的公式发展的。儒法斗争在先秦一个时代存在过。但是当时百家争鸣，不仅存在儒法斗争，在儒墨之间，儒道之间，都有斗争。对儒学取批判态度的可以是法家，如韩非、李斯；也可以是墨家，《墨子·非儒》篇对儒学进行了广泛的批判；但是对孔丘其人批判最为尖锐有力的还是《庄子·盗跖》篇，《庄子》是道家的著作，以盗跖名义对孔丘进行的指摘是从道家立场出发的，是儒道斗争。江青的文学侍从们把它说成是劳动人民批孔，无疑是大大的错了。同样，尊儒的人有反法的，有不反法的，尊法的人也未必都反儒，二者并没有必然的联系。在汉以后，由于汉武帝"独尊儒术"，儒家思想成了统治阶级的统治思想，可是并不同法家处于对立状态，而是同为统治阶级统治老百姓的手段。积极提倡改革确有尊法思想的人如王安石，倒是满口仁义道德，自谓是孔孟的忠实信徒，并且是以"复周礼"为口号的实践家和经义取士的倡导者。非难孔学的人也往往并非因为尊法，例如王充，他写过《问孔》、《刺孟》等著作，对儒家的学说和记载进行了多方面的批评和论难；也写过《非韩》，并在其他一些著作中对商鞅、韩非和秦始皇反复进行批评，态度鲜明地表明他并不尊法。有的人对孔丘时有不逊之言，也并非因为尊儒，而是别有所尊。例如李贽反对假道学，甚至非议过孔丘，主要是因为他崇尚陆王，崇尚佛学，还一度做过和尚，对自命儒家正统的程朱乃至对孔子也就看得不那么神圣了。洪秀全反孔，主要因为他是农民革命的领袖，代表农民的利益，要求冲破封建阶级意识形态的罗网。到了十九世纪末和二十世纪初，资产阶级革命兴起。在西方输入的资产阶级社会学说和自然学说冲击之下，儒学面临危机，内部出现了两种不同的倾向，一种是认为"孔子圣之时者也"，应当改造儒学，使之适应资产阶级的需要；一种是认为儒学妨碍了中国的进步，应当对它的复古保守思想进行批判，使人们摆脱这种思想的束缚。代表前一种倾向的是康有为，他是儒家学派的著名今文经学家，又是戊戌维新的首领，他的著作《新学伪经考》和《孔子改制考》企图把孔丘塑造为维新派的祖师爷；后一种倾向的代表人物是章太炎，他是儒家学派的著名古文经学家，辛亥前反清革命的积极参加者，在他的革命意志最为奋发的时期，不但写了《订孔》一类的文章，提出重新评价儒学的问题，而且写了《诸子学略说》，对孔丘为人的品格表示了怀疑。但不论康有为也好，章太炎也好，都是资产阶级的代表人物，而不是什么法家。

另一类公式，诸如主张统一或分封，对秦始皇作肯定或否定的评价，更不足以作为划分儒法的标准。即使在战国时代，儒法两家在建立统一国家这个问题上也并没有分歧。谁给他们官做，他们就支持谁来建立统一国家。这是当时儒法两家到处投靠主子的一个大题目，因为各独立王国之间的经济联系越来越密切，统一已是大势所趋，就看由谁来统一了。最后是法家李斯协助秦始皇建成了第一个统一的封建国家，制定了统一的文字，统一的度量衡，并且适应社会经济发展的需要，修筑了宽阔的可以行车驰马的道路，加强全国各个地区的联系，等等。这是秦始皇对中国历史的重大贡献。然而这些成就却是靠着残暴地镇压反对者和残暴地使役和镇压人民群众而取得的。因此，在历史上对秦始皇从来有两种评价，或强调其残暴而大加抨击，或着眼其对统一的贡献而予以肯定。但是肯定秦始皇建立统一国家作用的人决非都是法家。王船山就是这样一个人，他极力抨击法家，然而对秦始皇建立统一国家的作用给予了肯定的评价。至于说法家都拥护统一，儒家都反对统一，那更是笑话。中国历史上多次出现过分裂割据的局面，多数的割据势力都是主张统一反对分裂的，只是都想统一别人而不想被别人统一罢了。试问他们到底哪个是儒家哪个是法家呢？

黎澍以其独立的见解，纵论被江青集团胡说八道而搞乱的中国历史的真相，继而他揭露"对历史本来说不上有什么兴趣"的江青等人用"影射史学"，攻击周恩来总理及中共老干部，企图篡夺国家最高权力的阴谋。那么"四人帮"何以用"儒法斗争"这样的货色来为夺权制造舆论呢？黎澍尖锐地指出，这是"帝王思想泛滥"的表现：

夺权以后由谁来掌权呢？江青的讲话早把消息透露出来了："吕

后了不起,帮助刘邦打天下。刘邦没有杀韩信,吕后果断地杀韩信。""吕后要作单独一条宣传一下。汉高祖死后,天下大乱。吕后掌权,又重新统一了天下。吕后主要是执行法家路线,是汉高祖的路线。"毛主席曾经指出:"江青有野心",想做共产党的吕后,一朝权在手,就要大杀诸如韩信一类的老干部以建立她的封建法西斯专政,这就是江青的野心。

梁效、罗思鼎之流居然死心塌地地做江青的保皇党,以歌颂吕后来向她逢迎献媚,胁肩谄笑,乃至把整个历史学引向资产阶级实用主义的方向。早已腐烂发臭的帝王思想由于他们一心想要攀龙附凤的反革命宣传而大大泛滥起来。从秦始皇、汉高祖、唐太宗、武则天,直到康熙、乾隆皇帝,一大批封建统治者都被他们戴上了法家的头衔,无条件地加以颂扬。这个所谓儒法斗争的骗局,是对中国历史学的空前未有的大破坏,唯心主义形而上学盛行,实用主义代替了一切,尤其重要的是把历史学变成了"四人帮"搞篡党夺权阴谋的工具。他们的劣迹如此昭彰,那么,他们自封为马克思主义者,摆出一副唯我独革的架势,两相对照,人们识别出他们的真假来,不是很容易的吗?

在《评"四人帮"的封建专制主义》一文中,黎澍进一步论述道:封建专制主义的政治制度早被辛亥革命推翻了,但是余毒未净。帝王思想、特权思想、贾桂思想、等等,至今鬼影憧憧,若隐若现。过去由于这种封建思想已经随着封建统治的灭亡而变成非法的,并且在一般人心目中是非常落后和可笑的,所以它们的存在不为人们所重视。"四人帮"把封建专制主义贴上马克思主义的标签,把无产阶级专政篡改为封建法西斯专政的事实,不能不令人作以下的思考:

中国是否需要改变旧制度,学习西方资本主义国家的制度来挽救危亡,曾经是一个长期争论不决的问题。其实事情非常明白,中国要能抵御外侮,争取民族独立,必须经过民主革命从封建专制统治下解放出来，实现工业化，变农业国为工业国。这不是一个简单的任务。思想上的障碍是很大的。必须首先在意识形态领域展开一场真正的革命，不但批判孔孟之道，破除儒家思想束缚；而且批判一切封建思想，破除包括法家在内的封建思想的束缚。欧洲资产阶级还在封建母胎中形成的时期就已经开始了反封建的启蒙运动，创立了资产阶级民主主义的全部政治理论。这个思想上的变化历时一百多年之久，准备是很充分的。这就使得他们能够经过比较彻底的资产阶级革命，推翻中世纪的封建制度，建立资本主义制度，使生产力获得了迅速的发展。因此，在十七、八世纪资产阶级革命以后，虽然也有过反复，但是再回到封建时代去已经不可能了。封建贵族要能继续存在，也必须使自身资产阶级化。中国的情况不是这样，中国的资产阶级革命是由远未成熟的资产阶级从西方输入甚至他们自己也还不甚了了的自由平等和民主共和思想，在内部并未经过彻底的反封建的思想革命，直接发动了改革政治制度的运动。辛亥革命赢得了推翻封建帝制的胜利，但是并未铲除封建生产关系，更未认真批判反映这种生产关系的封建思想。它依然像迷雾一样笼罩着人们的头脑。袁世凯和张勋相继起来宣告复辟帝制的丑剧，使人们开始认识到进行一次彻底的思想革命的重大必要性。五四新文化运动首先举起了彻底反帝反封建思想革命的旗帜，批判孔孟之道，介绍新思潮，一时成为风气。这次思想革命在俄国十月革命影响下使先进的中国人接受了马克思列宁主义，认为走俄国人的路，实行社会主义革命，才是解决中国问题的最彻底的办法。中国共产党成立以后，在毛主席领导下，革命很快转变为广大人民反对帝国主义走狗国民党反动统治的武装斗争。反对传统的封建主义思想的革命暂时退到了次要的地位，对孔孟之道固然缺乏进一步的研究和系统的批判，对法家思想的清理甚至没有开始。

黎澍说，无产阶级专政绝非就是暴政。"四人帮"把专政和仁政对立起来，因为他们是人民的敌人，妄想依靠暴政来建立和保持他们的统治：

> 无批判的尊法思想在"四人帮"及其发言人梁效、罗思鼎的言

论中表现出一种倾向，认为只有法家的严刑峻法的统治才算得是专政，因此暴政绝对好，仁政绝对坏。

梁效、罗思鼎把所有被他们推崇为法家路线的专制帝王都看作是当时的革命领袖。凡是这些专制帝王为了巩固权力而进行的大屠杀，他们都肯定为对反革命的镇压，大加颂扬。从字里行间还可以看出他们的一副磨刀霍霍，跃跃欲试的样子。他们的这个样子可以使人毫不怀疑他们一旦掌握了权力，那是会要大开杀戒，不惜千百万人头落地的。罗思鼎在《论尊儒反法》一文中写道："'焚书坑儒'这个镇压奴隶主复辟的革命行动，到了一千八百年后的明朝，还'直使儒生至今犹害怕'。如果历史上的一次革命行动，能够在几百几千年后还使那些反革命死硬派胆战心惊，岂不令人痛快，岂不是一件大好事！"这种杀气腾腾的言论可以使人们清楚地看透发言人夺权之心是多么的迫切！"直使儒生至今犹害怕"虽是李贽对秦始皇焚书坑儒的评语，但决非单纯的历史评论，而是曲折地反映了明朝皇帝的大屠杀在群众中造成的恐怖感。朱元璋政权建立以后，杀人之多超过了历代帝王。许多地方小吏为了向皇帝讨好，上表歌功颂德，都因表文用字触犯忌讳，被杀了头。杀头如此容易，尽管罗思鼎大呼"痛快"，当时的人过着朝不保夕的日子，他们的实际感受决不会是罗思鼎那样的踊跃欢呼，而只能是害怕。这些被吓得胆战心惊的"儒生"是不是反革命死硬派，是可疑的。以"四人帮"惯用指桑骂槐的下流伎俩而言，罗思鼎既把所谓"儒生"悍然称之为"反革命死硬派"，那就决不是指明朝的酸秀才，而是指毛主席的革命路线培养起来的广大革命干部和知识分子。"四人帮"认为这些人是篡党夺权的障碍，只有把他们大杀一场，才能实现在酝酿之中的阴谋，建立"四人帮"的法西斯王朝。

在《消灭封建残余影响是中国现代化的重要条件》一文中，黎澍严肃地提出：

在革命胜利以后，我们获得了突飞猛进的发展。然而也并非一帆风顺，有时发展是缓慢的，有时甚至是停滞的；林彪反革命集团和"四人帮"的破坏，还造成了长时间的大倒退。值得特别注意的是，这一倒退深深地打着封建专制主义的印记。中国民主革命早已取得了伟大的胜利，中国社会也早已跨越资本主义阶段，进入社会主义了，为什么还会出现这样的严重现象？今天，林彪反革命集团和"四人帮"已经被粉碎，我们正在党中央领导下，开始了以实现四个现代化为目标的新的万里长征。在未来的征途上，怎样才能使这种复辟危机不再发生，使我们的事业不再出现进一步退两步的状态？这是摆在人们面前必须认真加以解决的一个重要问题。

在"文化大革命"刚刚落幕，人们还沉浸在感性的"伤痕"情怀之中时，黎澍以史学家的洞察力直揭"文化大革命"的要害是"深深地打着封建专制主义的印记"，并明确指出："消灭封建残余影响是中国现代化的重要条件。"这是史学理论界对当代中国思想史的一个贡献。黎澍论述了中国封建社会的长期停滞和传统思想影响之深广；论述了在中国进行思想革命，使人们乐意接受封建生产方式的改变，实在比登天还难；论述了"五四"以来反封建思想革命的历程及其不足。他一针见血地说：

> 在"四人帮"控制国家很大一部分权力的时期，由于他们都是满脑子专制主义思想的人，错误地认为他们的权力是无限的，把群众看作虫蚁，任意加以践踏，因此在全国范围发生了反对"四人帮"的群众性政治斗争，形成了国家和社会的严重对立。这种对立的一个突出表现就是发生在一九七六年的天安门事件。天安门事件是"四人帮"对悼念周恩来同志的广大干部和群众进行血腥的镇压和迫害，造成国家脱离社会而与社会尖锐对立的严重事件。无产阶级专政在"四人帮"操纵下可以变成野蛮残暴的封建法西斯专政，实在是一个非常值得注意和必须从中吸取教训的大问题。

"四人帮"导致的国家权力的蜕变对社会经济的影响是无法估

计的。这种影响，正如恩格斯所说，"在政治权力对社会独立起来并且从公仆变为主人以后，它可以朝两个方向起作用。或者按照合乎规律的经济发展的精神和方向去起作用，在这种情况下，它和经济发展之间就没有任何冲突，经济发展就加速了。或者违反经济发展而起作用，在这种情况下，除去少数例外，它照例总是在经济发展的压力下陷于崩溃"。林彪和"四人帮"在早年还伪装社会的公仆，口口声声"为人民服务"，一朝大权在手，马上把脸一抹，变成社会的主人，滥用他们窃取的权力不顾人民死活，违反经济发展的规律而行动。他们根本反对发展生产，反对提高生产力，甚至说："颗粒无收也不要紧。"这两个反革命阴谋集团先后窃据大部分国家权力倒行逆施达十年之久，最后是在我国社会经济已经被破坏到了崩溃的边沿形成的压力下才陷于崩溃的。他们垮了，人民也快被他们拖到绝境了。

作为近代史专家的黎澍，在"文化大革命"噩梦醒来的早晨，以这样振聋发聩的言论，成为史学界乃至整个社会思想解放的先声。

1978年5月11日，《光明日报》发表特约评论员文章《实践是检验真理的唯一标准》，该文以极大的鲜明性公开宣示：

> 辩证唯物主义认识论关于实践标准的绝对性和相对性辩证统一的观点，就是任何思想、任何理论必须无例外地、永远地、不断地接受实践的检验的观点，也就是真理发展的观点。任何思想、理论，即使是已经在一定的实践阶段上证明为真理，在其发展过程中仍然要接受新的实践的检验而得到补充、丰富或者纠正。毛主席指出："人类认识的历史告诉我们，许多理论的真理性是不完全的，经过实践的检验而纠正了它们的不完全性。许多理论是错误的，经过实践的检验而纠正其错误。"又指出："客观现实世界的变化运动永远没有完结，人们在实践中对于真理的认识也就永远没有完结。马克思列宁主义并没有结束真理，而是在实践中不断地开辟认识真理的道路。"（《实践论》）马克思主义强调实践是检验真理的标准，强调在实践中对于真

理的认识永远没有完结，就是承认我们的认识不可能一次完成或最终完成，就是承认由于历史的和阶级的局限性，我们的认识可能犯错误，需要由实践来检验，凡经实践证明是错误的或者不符合实际的东西，就应当改变，不应再坚持。事实上这种改变是常有的。毛主席说："真正的革命的指导者，不但在于当自己的思想、理论、计划、方案有错误时须得善于改正"，"而且在于当某一客观过程已经从某一发展阶段向另一发展阶段推移转变的时候，须得善于使自己和参加革命的一切人员在主观认识上也跟着推移转变，即是要使新的革命任务和新的工作方案的提出，适合于新的情况的变化"。（《实践论》）林彪、"四人帮"为了篡党夺权，胡诌什么"一句顶一万句"、"句句是真理"。实践证明，他们所说的绝不是毛泽东思想的真理，而是他们冒充毛泽东思想的谬论。

现在，"四人帮"及其资产阶级帮派体系已被摧毁，但是，"四人帮"加在人们身上的精神枷锁，还远没有完全粉碎。毛主席在第二次国内革命战争时期曾经批评过的"圣经上载了的才是对的"（《论反对日本帝国主义的策略》）这种倾向依然存在。无论在理论上或实际工作中，"四人帮"都设置了不少禁锢人们思想的"禁区"，对于这些"禁区"，我们要敢于去触及，敢于去弄清是非。科学无禁区。凡有超越于实践并自奉为绝对的"禁区"的地方，就没有科学，就没有真正的马列主义、毛泽东思想，而只有蒙昧主义、唯心主义、文化专制主义。

这篇掷地有声的文章，立即引发了全国范围的大讨论，并作为思想解放的号角而载入史册。思想解放的大潮也同时在史学界涌动。戴逸著文对史学的思想禁锢表示了极大的不满：林彪和"四人帮"大肆歪曲和篡改马列主义、毛泽东思想。他们惯用的卑劣手法之一，就是在马克思主义经典著作中寻章摘句，片言立论，脱离具体的条件而高喊什么"句句要照办"。他们炮制了一种特殊的宗教戒律，以之反对马列主义、毛泽东思想的科学思想体系。其流毒所及，思想是非、路线是非被颠倒，历史被篡改，党的优良的学风文风被破坏。历史学中，禁区重重，举手投足，辄犯忌讳；有过贡献的历史学家遭到残酷的打击和迫害；历史学界一片萧条，万马齐喑，古为帮用的影射史学猖獗一时，横行无忌。①刘泽华发表文章《砸碎枷锁，解放史学——评"四人帮"的所谓"史学革命"》（《历史研究》1978年第8期），指出："四人帮"及其同伙的所谓"史学革命"，是他们推行法西斯文化专制主义的组成部分。为了达到称王称霸的目的，他们祭起了两大法宝：一是借反对资产阶级自由化为名，取消百家争鸣，以帮言号令天下；二是以反对纯学术和折中主义为名，把学术问题上升为政治问题，把不同意他们观点的人置于死地。"四人帮"在这方面造成的混乱，远未消除。有必要拨乱反正。他大声疾呼：法西斯文化专制主义主要内容就是禁锢人们的思想。史学领域中的许多"禁区"便是为此而设的。为了行禁，又总有相应的禁条。不打破这些"禁区""禁条"，繁荣历史研究就是一句空话。韩儒林也强烈要求"打破禁区，解放史学"，他把"真理标准"大讨论与史学界的现实直接相联系，认为历史科学的实践，就是用马克思主义的立场、观点和方法，去详细占有史料，对史料作综合的分析，从中引出科学的结论来。马列主义的普遍真理也要接受实践的检验，通过实践丰富它、发展它。分析、综合史料，从史料中得出历史的真实，寻求事物的发展规律，引出正确的结论，就是对马克思主义唯物史观的丰富和发展。②吴泽、桂尊义的文章《实践标准与历史研究》表达了同样的观点，认为实践是检验真理的唯一标准，也是判断历史是非的唯一标准。实事求是，一切从历史实际出发，详细占有材料，从大量历史事实中引出固有的、带有规律性的观点、看法、结论。只有这样的观点、看法、结论，才能符合历史的客观实际，经得起实践的检验。举凡从概念出发，或者用以论带史等方法去研究历史都是错误的。他们说，革命导师在从事历史研究过程中非常尊重人们认识发展的辩证法，从不把自己的历史理论和结论看作僵死的、一成不变的教条，而是强调在活生生的社会实践中不断补充、修正、丰富和发展自己的学说。因此，史学工作者任何时候

---

① 参见戴逸《实事求是，勇于创新》，《历史研究》1978年第8期。
② 参见韩儒林《打破"禁区"，解放史学》，《南京大学学报（哲学社会科学版）》1978年第4期。

都要坚持实践第一和实践是检验真理的唯一标准的基本原则，实事求是地研究历史。① 周谷城发表谈话，对"四人帮"在学术领域"打棍子、抓辫子、戴帽子"的做法深恶痛绝，说这种流毒如果继续流传下去，将会产生三个恶果：一是中国固有的文化将消灭于无形；二是阻止现代文化、学术的发展；三是造成中国人愚昧无知，倒退到原始时代，最终亡党亡国。② 侯外庐则从史学工作者的角度，强调要有"科学的诚实"，即"毫无顾忌地"尊重客观规律的科学精神。这就要在历史研究中排除"长官意志"的干扰，按照历史的本来面目去认识历史，绝不因为"长官"怎么说了，就怎么去写历史。一个马克思主义史学工作者应当"没有乞求上司庇护的念头"。科学上的诚实态度还有助于在理论上坚持原则，克服摇摆，避免当风派人物。他指出解放思想，就要勇于创新，但"四人帮"时期史学界只能帮云亦云，奉命唯谨，稍越雷池，便有大祸。这种新蒙昧主义给某些人思想上造成的"内伤"还相当严重。这些人习惯于随大流，人云亦云，缺乏独立思考、勇于创新的精神。这对于历史科学的发展是不利的。③

在新时期史学界思想解放的大潮中，《历史研究》杂志起到了非常积极的作用。它不仅刊发冲破禁区、思想解放的研究论文，而且以编者的言论推动了这一进程。1978年《历史研究》第4期发表编者的话《大家都来提倡自由讨论——答读者》，是这样说的：

> 本刊一九七八年第一期发表了两篇文章，一篇是傅孙同志的，一篇是延陵同志的。两篇都谈到"孔子杀少正卯"的问题。细心的读者发现两篇文章的论点不一致：一篇说历史上真有这回事，一篇说很可能没有这回事。于是，许多读者写信给编辑部，望予"纠正"或"澄清"。
>
> 读者看问题的角度不尽相同，但有一条意见却较为集中，这就

---

① 参见吴泽、桂尊义《实践标准与历史研究》，《学术月刊》1979年第2期。
② 《周谷城谈"三不主义"》，《文汇报》1979年3月10日。
③ 参见侯外庐《提倡科学上的诚实态度》，《中国史研究》1979年第3期。

是：同在一期刊物上，对同一个问题，怎么会出现两种说法，岂不自相矛盾？

毫无疑问，读者的用心是好的，对科学问题负责之诚，对作者和编者爱护之殷，跃然纸上。我们以有这样严肃认真又满腔热情的好读者，感到非常高兴。可是，这里也就产生了一个问题：难道同一期刊物上，对同一个问题，不可以有两种或两种以上的说法吗？

这么一反问，大家多半都会回答说：当然可以有。那么，为什么许多同志当看到不同的作者对同一个学术问题看法有分歧的时候，反而会觉得惊诧，觉得是"自相矛盾"，甚至觉得是出了纰漏，需要赶快设法弥补或加以纠正呢？只能说，读者的这种心理状态和看问题的习惯，表明前几年"四人帮"把毛主席亲手制定的百花齐放、百家争鸣的方针破坏得太厉害了。"四人帮"一伙在学术领域里推行文化专制主义，使得我国社会科学园地上百花凋零，荒芜寂寥；毛主席一贯提倡的自由讨论问题的民主空气被破坏殆尽，万马齐喑。对于那种局面，我们的同志憋了一肚子气，痛感非把它彻底打破不可，所以"四人帮"被粉碎以后，战斗的热情便象火山爆发一样迸发出来。但应当看到这只是问题的一面，问题的另一面是，"四人帮"横行霸道造成的使人窒息的气氛，却也使得一些被迫在其中生活了一段时间的同志，乍一看到我们的报刊上出现了发表不同学术见解的情景，反而觉得很不习惯了。

这一次读者在"杀少正卯"问题上，看出了意见不一。其实，在我们国家里，这些不一致的学术观点的存在，是很正常的；而象"四人帮"把各种不同意见一律压下去，使得报刊上只剩下清一色的帮腔帮调，那才是反常的现象。

同年，《历史研究》第 12 期又发表评论员文章《提倡不同学派平等地讨论问题》，文章赞赏不久前在长春召开的古史分期学术讨论会上不同学派平等讨论问题的新风气，说：

社会主义是以民主为前提的制度。没有最广泛的人民的民主，就没有社会主义。允许各种学派存在，允许各种学派从不同角度，不同方面，不同领域去探索真理，进行争鸣，并以国家权力为之提供条件，促进科学文化的发展和繁荣，这是社会主义制度优越性的表现。所以在我们这个伟大的时代，应该是出现群芳斗艳，群星耀天的时代。

毛泽东同志制订"百花齐放、百家争鸣"的方针，已经二十多年了。在这个时间里面，我们已经有了正反两个方面的丰富经验。爱打棍子的已经把棍子打断了，给人家乱扣帽子的，帽子飞到自己头上了，戴着学术假面具搞阴谋诡计的，露出了他们的原形，结果是"落了片白茫茫大地真干净！"现在是已经到了认真贯彻执行这个伟大的方针，把林彪、"四人帮"扼杀的历史科学真正恢复和发展起来的时候了！

1978年12月，中共十一届三中全会召开。全会在党的高层开始认真地纠正"文化大革命"及其以前的"左"倾错误。这次会后以邓小平为核心的党的领导集体又坚决批判了"两个凡是"（即："凡是"毛泽东的决策，我们都坚决维护；"凡是"毛泽东的指示，我们都始终不渝地遵循）的错误方针，提出必须完整、准确地掌握毛泽东思想的科学体系；高度评价关于真理标准问题的讨论，确定解放思想、开动脑筋、实事求是、团结一致向前看的指导方针；并且果断地停止使用"以阶级斗争为纲"的口号，作出了把党和国家的工作重点转移到以经济建设为中心的轨道上来的战略决策。这也决定了中国史学界的治学方向，奠定了新时期史学的思想基础。又过了两年多，中共十一届六中全会通过的《关于建国以来若干历史问题的决议》正式对"文化大革命"作出了政治结论：实践证明，"文化大革命"不是也不可能是任何意义上的革命或社会进步。历史已经判明，"文化大革命"是一场由领导者错误发动，被反革命集团利用，给党、国家和各族人民带来严重灾难的内乱。这个政治结论，也是对"文革史学"的判决。该《决议》还对毛泽东晚年"逐渐脱离实际和脱离群众，主观主义和个人专断作风日益严重，日益凌驾于党中央之上，使党和国家政治生活中的集体领导原则和民主集中制不断受到削弱以至破坏"的错误，做了社会历史原因的分析，这也是史学思想理论的重要资料，值得记录于下：

> 从马克思主义的观点看来，这个复杂现象是一定历史条件的产物，如果仅仅归咎于某个人或若干人，就不能使全党得到深刻教训，并找出切实有效的改革步骤。在共产主义运动中，领袖人物具有十分重要的作用，这是历史已经反复证明和不容置疑的。但是国际共产主义运动史上由于没有正确解决领袖和党的关系问题而出现过的一些严重偏差，对我们党也产生了消极的影响。中国是一个封建历史很长的国家，我们党对封建主义特别是封建土地制度和豪绅恶霸进行了最坚决最彻底的斗争，在反封建斗争中养成了优良的民主传统；但是长期封建专制主义在思想政治方面的遗毒仍然不是很容易肃清的，种种历史原因又使我们没有能把党内民主和国家政治社会生活的民主加以制度化，法律化，或者虽制定了法律，却没有应有的权威。这就提供了一种条件，使党的权力过分集中于个人，党内个人专断和个人崇拜现象滋长起来，也就使党和国家难于防止和制止"文化大革命"的发动和发展。

第二节　中国马克思主义史学道路的反思与重建

中国史学在经历了"文化大革命"这个大曲折、大灾难后，史家又经历了一个政治大清算、思想大解放的过程。然后，人们开始想问题。对马克思主义史学道路的反思，自然是首要问题。众所周知，马克思主义史学是作为科学、作为真理被引进中国的，在它的发展道路上怎么会出现"文化大革命"这样的反科学、反真理的"大破坏"呢？痛定思痛，不能不令人深刻思考。在新时期之初的年代，系统进行这种反思的历史学家，仍应首推黎澍。他的这种反思，与后来胡绳晚年的反思，性质是相同的。相比之下，黎澍更早跨出了这一步。

1979年《历史研究》第11期发表黎澍的文章，题目是"中国社会科学三十年"。在这篇文章中，黎澍说，回顾我国社会科学走过的这段曲折和坎坷的道路，我们应当从中得到什么教训呢？第一，必须坚持唯物主义，坚持从事实出发，而不是从本本出发，从任何主观愿望出发。我国社会科学一度从发展转入停滞，就是因为走上了主观主义的歧途，社会科学一旦脱离实际，必定走向反面，变成非科学甚至反科学。出于一种主观目的，又以本本作根据，便是教条主义，其最初表现为以马克思主义的一般原理代替具体问题的具体分析。后来出现的公式化是这种教条主义的必然发展。这种思想倾向造成的一个最有害的后果，是背离马克思主义实践第一的根本观点和具体问题具体分析的辩证方法，使人不敢独立思考，在工作中失去创造性。其结果不仅妨碍了科学研究，而且导致在明显的反马克思主义的极端反动的封建法西斯主义面前失去战斗力。第二，必须尊重辩证法，正确理解和运用马克思主义理论，反对把它简单化、绝对化、公式化。我们的社会科学还在"文化大革命"前就已经存在着一种倾向：把马克思主义的某些理论观点简单化、绝对化、公式化。这种倾向是极"左"思潮的表现，是随着现实生活中的阶级斗争扩大化而产生的。简单化表现在历史学领域，如只能讲阶级斗争，不能讲阶级社会是不同阶级的对立统一；只能讲农民战争对历史的推动作用，不能讲封建统治阶级某些调节政策对社会生产的促进作用；即使在近代，也是农民的朴素反抗或某些采取严重落后形式的斗争优于资产阶级的改良运动。到70年代，江青还捏造出一系列儒法斗争的公式，诸如儒家保守、法家进步，儒家反人民、法家爱人民，儒家唯心主义、法家唯物主义，儒家是投降派、法家是爱国派，等等。诸如此类的公式，不但否定了对立阶级之间、矛盾双方之间的辩证关系，而且否定了历史的基本联系，否定了经济规律、艺术规律和一切社会事物发展的客观过程。这种错误倾向的一个最主要的表现，就是片面地理解马克思主义关于阶级和阶级斗争的学说，把无产阶级和资产阶级、农民和地主、奴隶和奴隶主之间的矛盾和斗争绝对化，认为对立的双方没有任何联系，社会似乎从来就是分裂的。由此又产生了一系列死板的概念：剥削阶级的一切思想和活动总是坏的，落后的，反动的；无产阶级和历史上的劳动人民的阶级觉悟从来就是很高的，没有也不可能以任何方式从剥削阶级接受或继承任何东西；因而阶级社会历史的内容无非就是剥削阶级的罪恶的堆积和劳动人民对剥削阶级罪恶的讨伐。社会科学的任务就是谴责这种罪恶和歌颂这种讨伐。据说只有按照这样的观点解释历史，才算得是坚持了无产阶级的立场。其实坚持无产阶级的立场，只是为了不怀偏见地正确地认识世界和改造世界而不是相反。所以这个立场的基本要求，就是承认事实。运用马克思主义的阶级斗争理论来考察社会历史，首先必须把阶级和阶级斗争同一定的生产方式，同生产方式中起决定作用的生产力的发展状况联系起来，并且承认归根到底是后者决定前者，而不是相反；其次必须承认这种联系总是历史的、具体的。简单化倾向的最大特点，恰恰是离开了对社会经济形态的具体分析，离开了具体历史条件来讲阶级和阶级斗争。结果阶级和阶级斗争就变成了固定公式的简单的重复，变成了毫无具体内容的抽象，到处套用，以致往往得出否定先进事物、肯定落后事物的荒唐的结论。最后，必须按照科学本身的规律来对待科学。科学本身要求研究工作者有客观的冷静的态度，不容有任何偏见。对科学问题不能武断，也不能允许多数人的或其他力量的强制。科学的发展不但需要物质条件，而且要有相应的政治条件。为什么"双百方针"不能贯彻执行呢？多年来，我们一直认为这是因为没有分清或者故意混淆了学术问题与政治问题的不同的性质。其实这种看法根本错了。因为它的前提是：人民在政治问题上根本不应有发言权。我国宪法规定公民有言论自由，这个规定有普遍意义，并且首先指对政治问题的发言权，它是公民的政治权利。事实表明，如果社会主义民主制度不健全，人民在政治上不能享有言论自由的权利，学术问题的自由讨论也就没有保障。经过这样一番教训，我们应当清醒过来，学术思想的百家争鸣，必须有适当的政治条件。此事可谓自古已然，于今为烈。因为于今任何进步的学术思想都有民主性质，马克思主义学术尤其有民主性质，与专制主义不相容，但是在我们中国，封建传统有悠久的历史，是我们难以摆脱的负担，民主制度在近一百年来始终未能确立，更没有形成传统。清朝拒绝立宪，直到灭亡。北洋政府是复辟丑剧以各种形式不断上演的舞台。国民党在当政的长时期中，一贯醉心于建立法西斯独裁统治。新中国很快举行人民代表大会，公布宪法，可是还没来得及制定完整的法律，使社会主义民主制度化，给人民的民主权利以切实的保障。黎澍从上面讲的三个教训中，提出必须建立民主与法制的社会，必须依据宪法，给人民以公民权利和学术自由。这在三十多年前中国踏入新时期之初，的确是一种先见之明。

《历史研究》1983年第2期和1984年第1期又先后发表黎澍的两篇文章：《马克思主义与中国历史学》和《马克思主义对历史学的要求》，反映出他对中国马克思主义史学的反思与重建更加深入的认识。黎澍回顾与检讨说：

> 在革命战争年代，党和人民的根本任务是推翻反动政权，为建设新中国扫除障碍，这个目标不实现，一切建设事业（包括科学事业的建设）都谈不上。在那种情况下，许多党内历史学家和党外进步学者，运用历史学作为一种对敌斗争的工具，对于历史上统治阶级的活动采取一概否定的态度；有些人还借用历史影射当时反动派的一些头子，希望借此教育人民，打击敌人。当时这类做法是可以理解的，但就历史方法论看则是有缺点的。因为严格说来，那种根据眼前对敌斗争的需要，对历代统治阶级的无论什么活动一概否定，只应看作是一种激励革命情绪的宣传，而不是研究历史的科学方法，从历史科学的要求来说，是不可取的。正因为如此，许多马克思主义历史学家在解放后都不再用这种方法来写历史，并且对解放前所写的著作中的这一类内容进行了自我批评。这是完全正确的。这才是严肃的马克思主义历史学家所应采取的态度。尤其是在推翻反动政权之后，维护和提高马克思主义历史学的科学性就显得更加重要。因为从此无产阶级自己成了统治阶级，中国共产党成了领导整个国家的党，我们的根本任务是在党的领导下，依靠无产阶级和广大人民群众建设现代化的社会主义强国。我们需要科学地总结历史经验以为当前的伟大事业服务。历史科学愈是正确地揭示历史发展的真实过程和客观规律，愈是真实地反映中国历史的丰富内容和诸多特点，就愈能为探索中国建设社会主义的道路提供帮助，愈是对我们的事业有利。事实证明，历史学如果离开了科学性，就势必为种种错误的以及反马克思主义的思潮所左右、所利用，也就难有更大的成就。

> 在五十年代初，我们的历史学还在很大程度上受苏联的影响，因为那时我们认为苏联是马克思主义的正统，社会主义理想国，在各方面都是我们的楷模。苏联历史学中的教条主义也趁机来到了中国，在中国历史学中流行起来。苏联历史学以教条为根据，为教条作注脚，以教条代结论，我们的历史学亦步亦趋跟了上去。检查那时的出版物，不难看到连篇累牍的苏联历史著作的引证，对苏联历史学中的所谓马克思主义观点的正确性真可说是深信不疑了。……在这种教条主义的影响下，研究历史，好像就是为了去引证"本本"上早已作出的结论。

黎澍还回顾与反思了我国历史学界在1958年发生的所谓"史学革命"（亦称"拔白旗"运动），指出它不是革命，而是倒退，它的一个直接后果是历史系学生学习水平的降低，轻视科学工作的基本训练，将阶级观点简单化的做法盛行；它的另一个更为深远的影响，是把历史学的革命性同科学性对立起来，用前者否定后者。他接着说道：

> 如果说，五十年代前期，我国历史学的主要问题在教条主义的影响，那么自从一九五八年陈伯达提出"厚今薄古"，并且通过"拔白旗"运动加以普遍贯彻之后，历史学就开始滋长实用主义倾向。当时也有人针对此种混乱现象提出批评，大声疾呼，但无济于事。因此，当六十年代初社会主义社会阶级斗争尖锐化观点开始流行的时候，历史学中阶级斗争简单化、公式化的观点立即有了进一步的发展，到一九六五年戚本禹的《为革命而研究历史》一文发表，历史学终于走进了死胡同。

> 戚本禹的所谓"为革命而研究历史"，就是历史学必须为眼前政治需要服务的更加穿凿和简单化的说法。在他看来，历史学仅仅跟在现实政策的后面，为它作一点注解已经远远不够了。还必须根据某种政治需要来改铸全部历史，把历史学直接变成他心目中的政治的一部分。只讲政治，不讲科学，以学术为手段进行政治斗争，使一些学术著作的价值随同他们在政治上的兴衰而起落。这就是戚本禹的文章给

予历史学的教训。

通过回顾与反思，黎澍指出：历史学家如果脱离马克思主义指导，一步紧似一步地追随"为革命""为巩固无产阶级专政""为现实政治"等急功近利的要求，势必一时因为要适应这个要求而说历史是这个样子，一时又因为要适应那个要求而说是那个样子，其结果只能造成一个又一个的混乱。这是对历史学的破坏。欲求避免这种破坏，历史学必须遵守马克思主义的一个根本原则，就是坚持实事求是，坚持科学性。黎澍进一步指出，马克思和恩格斯对历史科学究竟有些什么要求，我们以往很少有人根据他们的著作做过什么研究，其实马克思、恩格斯早就说过，他们研究历史，就是为了弄清真相。这里第一步要做的工作就是弄清史实。真实是一切历史取信于人的条件。这也是中国传统历史学的一个原则。因此，考求历史真实不能不是历史科学实现其发现规律这个首要任务的前提。在研究工作中，马克思对他的研究方法作过这样的说明：研究必须充分地占有材料，分析它的各种发展形式，探寻这些形式的内在联系。只有这项工作完成以后，现实的运动才能适当地叙述出来。马克思和恩格斯对历史的叙述既是辩证的，又是唯物主义的；既足以反映历史发展形式的多样性，也足以表现发展过程的曲折和复杂；既承认每个人都可以施加影响于历史，又指出在大多数场合下人们得到的结果完全不是预期的，而是和预期目的往往相反，这正是历史的辩证法。黎澍以他对马恩经典作家原著的渊博知识，给当时的史学同行们开拓了眼界和思路，许多人读了他的文章后深感以往对用马克思主义指导史学研究的理解太肤浅，于是，后来出现了要求认真读懂原著，真正"回到马克思"的呼声。另有人则深感以往治史公式化、简单化，造成对探究历史真相的忽略，也使得中国传统史学一些优良技法的失传，于是，后来还出现了要求"回到乾嘉"的呼声。

随着翦伯赞等在"文化大革命"中被迫害致死的史学家平反昭雪，随着史学求实精神的兴起和"回到马克思"的呼声响起，人们自然地开始重新思考和检讨那场关于"阶级观点与历史主义"的辩论（或者说"公案"）。这时翦伯赞当年倡导历史主义的原因已经可以公开说明了，那就是他反对对历史的非历史看法，这种非历史的看法的一个集中表现，便是把一部中国历史完全归结为农民战争史。人们为什么把全部历史都写成农民战争史呢？这又与《联共（布）党史简明教程》一书在中国的影响有关。《共产党宣言》的说法是，原始社会解体以来的历史，都是阶级斗争的历史；《联共（布）党史简明教程》则根据阶级斗争的需要提出，历史研究要想成为科学，必须把历史归结为物质资料生产者本身的历史、各国劳动人民的历史；毛泽东据此又进而提出，在中国封建社会里，只有农民的起义、战争和农民的阶级斗争，才是中国历史前进的真正动力。用上述理论来指导历史研究，中国历史就自然而然地变为农民战争史了。翦伯赞的历史主义就是针对这种现象提出来的。那么，新中国成立以来的史学思潮究竟符合不符合（或多大程度上符合）马克思主义的性质呢？处于新时期且在思想解放大潮中的史家大胆地发表了自己的看法。蒋大椿在《关于历史主义的几个问题》（《安徽大学社会科学学报》1979年第3期）一文中说，过去只提阶级观点而否认历史主义独立存在的理论前提是人类文明史便是阶级斗争的发展。实际上，人类文明史包括了更加宽阔的内容，阶级斗争只是其中一条线索，而生产力发展、语言、文化中许多历史现象，并不具有阶级性质。故只有一个阶级观点，便不可能说明整个历史过程，必须还要有包括历史主义在内的多种方法。在人类历史除了阶级斗争还有更加广阔内容的理论前提下，马克思主义历史主义的内涵是：第一，要求从客观历史现象的具体历史条件出发进行研究。第二，要求将产生历史现象的各种历史条件联系起来进行研究，以揭示历史事物的本来面目。第三，要求从历史现象的辩证发展中进行研究。它与阶级观点的关系是，在研究阶级社会历史时，阶级观点是历史主义方法的主要指导思想之一，历史主义方法是阶级观点正确运用的必需武器。张芝联的《资产阶级历史主义的形成及其特征》（《世界历史》1979年第1期）一文，系统阐明资产阶级历史主义的形成过程、内容与主要特点，说明了资产阶级历史主义与马克思主义历史主义的联系及其区别。许永璋在《试论历史主义》（《社会科学辑刊》1979年第1期）一文中说，曾经有一种意见认为，马克思主义的历史主义就是历史唯物主义；历史研究，只要有历史唯物主义观点就行了，用不着再来一个什么历史主义。这恐怕也是"历史主义"这个概念从历史研究中消失的一个原因。然则历史主义是不是就等于历史唯物主义呢？我们认为，尽管在这两个概念之间存在着一致的地方，有着密切的联系，但不能说就是"等于"。历史唯物主义是历史研究中总的指导思想和理论基础，而历史主义则是研究具体的历史问题时所遵循的原则和方法。还有学者认为，历史主义不是历史唯物主义范畴，而属于辩证唯物主义范畴，是辩证唯物主义理论体系中关于历史联系的科学。[①] 由于马克思和恩格斯没有就历史主义的概念作出确切论述，这就给后人留下了讨论的空间，但无论怎样，新时期的学者们一致认定，尊重历史事实是历史研究最基本的原则，这也是马克思主义的基本原则。

关于阶级观点问题的反思与讨论，又同关于历史发展动力的讨论相关联（本书在下节专门叙述关于历史动力问题的讨论），在新时期引发了史坛更加浓厚的理论兴趣。20世纪80年代，涉及阶级和阶级斗争理论的史学论文就有近200篇。这些文章对新中国成立以来在阶级观点理解和运用中的偏差进行了清理，也对阶级观点的内容及其运用范围做了较为深入的探讨。针对以往将阶级斗争观点视为唯物史观核心的说法，蒋大椿在《对四十年史学指导思想的基本估计》(《山东社会科学》1990年第3期)一文中提出，唯物史观是从对人类历史发展的观察中抽象出来的最一般的结果的综合，马克思主义阶级观点则是运用唯物史观研究文明史中阶级现象总结出来的较之唯物史观基本原理低一层次的历史理论观点，它不仅不是唯物史观的核心，也不属于唯物史观基本原理，而是以唯物史观基本原理为核心的马克思主义历史理论体系的组成部分。将阶级观点上升为唯物史观的核心的说法，是我国当时现实政治领域过分突出阶级斗争，尤其是后来确立"阶级斗争为纲"的错误指导思想在史学领域的反映，而史学界对唯物史观的那种不准确理解，又从一个方面给"以阶级斗争为纲"的错误指导思想提供了错误的理论根据。吴骐认为，阶级斗争理论是马克思主义科学体系中的一个基本原理，但是，阶级和阶级斗争不是历史唯物主义的研究对象，不能把唯物史观简单归结为阶级斗争观；不能把承认不承认阶级斗争作为唯物史观和唯心史观的分水岭。历史的实践告诉我们，

---

① 参见戚其章《马克思主义的历史主义是关于历史联系的科学》，《东岳论丛》1983年第3期。

对于阶级和阶级斗争，既可以按照唯物主义路线去理解和开展，也可能按照唯心主义路线去理解和开展，导致革命是否成功的关键在于是不是从实际出发，根据社会的经济结构和阶级结构的发展状况，按照生产关系和生产力的矛盾运动规律，正确对待阶级和阶级斗争问题。[①] 蒋大椿等人的说法反映了一种主张"回到马克思"，又想把以往因滥用阶级斗争观点造成的错误与马克思主义加以厘清的愿望。他石也认为，阶级分析不是唯一的历史研究方法。人类历史是许多规定的综合，是多样性的统一，人们研究历史的方法当然也必须是多样性的统一。马克思主义史学之所以能够战胜封建阶级和资产阶级的史学，不仅在于它得到辩证唯物主义世界观的指导，而且还在于它拥有完整的史学方法论系统。在马克思主义史学方法论系统中，唯物主义方法和辩证方法处于最高层次，它们是历史研究最根本的方法。经济分析、阶级分析、结构分析、比较研究、整体研究、历史分析以及数学、逻辑等方法，都在唯物辩证法指导下发挥作用，它们是唯物辩证法的具体化。史料学方法、考古学方法等则是更为具体的方法。在这一系统中，阶级分析是唯物辩证法指导下一种重要方法。但是，它既不能排斥比它概括程度更高的唯物主义和辩证法，也不能排斥和它处于同一方法论层次或者比它更为具体的其他种种方法。[②] 孔立进一步阐述道，阶级分析是运用马克思主义关于阶级和阶级斗争理论分析历史现象的一种研究方法。在阶级社会中，阶级和阶级斗争构成社会历史最基本的内容，为了认识历史现象，发现其规律性，就必须掌握阶级斗争理论这一条指导性的线索。从这个意义上说，阶级分析方法是研究私有制社会历史的一种基本的方法，在历史研究方法中占有突出的地位，但它不是唯一的方法。所有的学科的研究方法，不外乎由三个层次组成，即哲学方法、一般研究方法和本学科的特殊研究方法。从历史学来说，除了运用阶级分析方法外，还有矛盾分析和历史主义方法等，也可以运用分析与综合，归纳与演绎、

[①] 参见吴骐《承认不承认阶级斗争是两种历史观的分水岭？》，《吉林日报》1980年10月18日。

[②] 参见他石《阶级分析不是唯一的历史研究方法》，《世界历史》1985年第1期。

比较、类比、假设等逻辑方法、数学方法、控制论、信息论的方法，还有历史学科的专门方法（如史料的搜集、整理、鉴别、考订的方法）等。且随着科学的发展。研究方法也在不断发展，其中某些新的方法将不断地被引进到历史研究中来。所以，从方法论角度来看，阶级分析方法只是研究历史的一种方法（尽管它是基本的方法、重要的方法），而不能说它是唯一科学的方法。① 以上这些议论，代表了不少人的意见。

对史论关系问题的再讨论，在当时形成了另一个理论讨论的热点，其实质仍是反思马克思主义如何正确指导历史研究的问题。1979年2月5日《文汇报》发表钟城的文章《再谈史与论——回顾六十年代史学界两个口号之争》，文章回顾了60年代初翦伯赞对史学研究中"以论代史"错误倾向的批评，指出时至今日，大家一致认为，"以论带史"是一种理论先于历史、概念先于事实、观点先于材料的唯心主义的治史主张。它颠倒了历史研究的程序，不是从史料出发，经过研究，从中引出结论，而是从固有的结论出发，随意剪裁史料，使之适合某种先验的结论。它是用现成的结论代替了对具体问题的具体分析，必然导致从概念到概念，被这种内在逻辑引向"左"的斜路，跌入"以论代史"的泥潭。那么，正确的治史口号应该是什么呢？有人认为应该是"论从史出"，因为这样的口号包括了以马克思主义为指导，经过研究大量历史材料，从中引出规律性的东西，体现了既尊重历史事实，又做到史论结合。也有人认为，还是"实事求是，史论结合"为好，因为"论从史出"这个口号没有表达出马克思主义理论的指导意义。而"实事求是，史论结合"，既强调了实事求是地从史料出发，用科学态度对待理论，又强调了理论和实际结合，表达了马克思主义理论对于历史研究的指导意义。② 后来王也扬撰文总结道："史论关系"问题曾经困扰我国史家几十年。所谓"史"即以史料形式存在的历史事实，所谓"论"即马克思主义理论、观点。在教条主义、实用主义猖獗的时候，有一个口号叫作"以论带史"，主张理论第一，史实

---

① 参见孔立《历史现象的阶级分析》，《福建论坛》1985年第5期。
② 参见李鸿然等《实事求是，史论结合》，《光明日报》1980年6月3日。

第二，前者带动后者。这种明显的错误，被人以"论从史出"为由加以反对。但"论从史出"的提法在当时有不要以马克思主义为指导的嫌疑，十分可怕。于是人们又小心翼翼地选择了"史论结合"一词。然而史与论究竟是个什么关系？还是长期不得要领。现在，把实事求是原则作为马克思主义的科学精髓来认识，使史家们的头脑一下子豁然开朗。作为历史认识的一个阶段，"论从史出"本是无可非议的。马克思和恩格斯说：我们仅仅知道一门唯一的科学，即历史科学。他们反复强调自己的学说是从历史事实和发展过程中得出的确切结论，脱离这些事实和过程，就没有任何理论价值和实际价值。诚然，当一个人面对历史事实下手研究的时候，他又的确不可能是头脑一片空白，其主体意识肯定要在研究中发生作用。这种主体意识就包含一定的理论指导。在创立马克思主义的过程中，马克思和恩格斯也是如此。他们批判地继承了前人文化遗产中的优秀成果，又积极吸收了当代自然科学和社会科学的最新成果，但是他们没有把这些成果及其理论当作教条，当作终极真理，而是始终把自己的研究植根于革命实践和科学实践之中。对于实践中的认识主体说来，理论指导固然重要，而科学的精神更为关键。在马克思身上，这种精神，首先表现为一种忠于科学的道德与良心。为了尊重事实，他"毫无顾忌"，不畏权势，"临到触犯当权者时也不退缩"。为了追求真理，他"大公无私"，从不考虑个人得失，优裕的中产阶级生活可以抛弃，"卖论求官"更为其所不齿。他把这种自我牺牲比作"入地狱"。正是在这里，马克思与后世许多自称为他的信徒的人显出了分明的差别——这些人与其说没有按照马克思的某条理论办事，不如说他们不具有马克思那种崇高的科学道德和良心。马克思主义的科学精神还表现为它不仅对于外部的一切事物而且对于自身的全部学说都采取批判、创新的态度。由于他把改造世界的实践看得高于解释世界的理论，由于没有任何个人的或集团的私利企图，马克思和恩格斯生前坚决反对把他们的学说神圣化、绝对化，反复声明其基本原理的实际运用"随时随地都要以当时的历史条件为转移"，并经常公开宣布某个旧的原理已经过时，提出新的原理加以代替。马克思最不满意那些违背科学精神，实用的或教条地歪曲他的学说的所谓"马克思主义者"，以至他否定自己是马克思主义者。当中国史家对于马克思主义的学习进入这种领会精神实质的境界时，诸如"史论关系"之类积滞多年的"群疑"，便涣然冰释。①

第三节 "史学理论热"

在新时期的头十年，伴随着思想解放大潮，伴随着马克思主义史学道路的反思与重建，史学界有关史学理论问题的讨论非常火热，参加讨论者既有搞中国古代史的，也有搞近代史的，还有搞世界史的，盖因史学理论问题往往具有历史哲学的性质，对历史学的各门具体学科均具指导意义。接着上节的叙述，我们再列出一些当年讨论的热点问题。

一 历史动力问题讨论

前已述及，"文化大革命"之路，是一条将"以阶级斗争为纲"的路线推向极端之路。"文化大革命"后的反思，也是从重新认识和探讨阶级斗争的理论与实践问题开始的。阶级斗争是不是文明史发展的唯一动力？"文化大革命"前，在论及历史发展动力时，除极少数学者将生产斗争与阶级斗争并列外，史学界基本上认为阶级斗争是文明历史发展唯一的根本动力。1979年3月，中国历史学规划会议在成都召开，戴逸在会上作了题为《关于历史研究中阶级斗争理论问题的几点看法》的发言，他提出在阶级社会中，阶级斗争不是唯一的历史内容，还有生产斗争、民族斗争、科技发展等非常丰富的内容。因此，不能用阶级斗争代替一切。他肯定阶级斗争是阶级社会发展的伟大动力，但不是唯一的，并提出推动社会历史前进的直接的主要动力是生产斗争。刘泽华、王连升也在会上作了《关于历史发展的动力问题》的发言，提出生产斗争是历史发展的最终动力，并探讨了阶级斗争和生产斗争的关系。由此而引发了关于历史发展动力的全国规模的讨论。在讨论中，刘大年、孙达人等学者仍坚持阶级斗争

---

① 参见王也扬《略论我国史家学习马克思主义的三个境界》，载《成长中的新一代史学》，陕西人民出版社1991年版。

是阶级社会发展的"真正动力""唯一的实际动力"的观点①,多数学者则认为阶级斗争是阶级社会发展的动力之一,但不是唯一动力。特别是在社会主义社会,由于整个阶级关系发生了变化,阶级斗争就不再是历史发展的主要动力了,而生产力的发展则是促进社会历史发展的重要动力。实践证明,我国在社会主义改造以后,凡是"以阶级斗争为纲",企图通过抓阶级斗争来推动历史发展的,生产力都遭到大破坏,都遭到失败。相反地,凡是正确处理国内的阶级关系,缓和阶级矛盾,生产力就得到发展。② 更有人根据历史唯物主义的原理,指出所谓历史发展的根本动力,就是在一切社会形态中始终推动着历史发展的最终动力,那只能是生产力。这是因为生产力的发展,决定和推动着生产关系及其发展,从而也决定和推动着一切社会形态及其发展;同一社会形态的各个不同的发展阶段,也是由生产力的发展水平所决定和推动的。所以,生产力是历史发展的根本动力,其对一切社会形态都适用。在不同的社会形态里,其表现则有所不同。在阶级社会里,生产力的发展通常是在阶级对立中进行的,生产力与生产关系的矛盾,表现为阶级矛盾和阶级对抗。腐朽的阶级力量,反动的政治集团,往往成为生产力发展的障碍。只有通过阶级斗争甚至暴力革命,才能排除这种障碍,为生产力的发展扫清道路。只是在这个意义上,我们称阶级斗争是阶级社会的发展动力。但是,它仍然不能代替生产力发展这一根本动力,而生产力的发展却最终决定和制约着阶级斗争,因为:其一,生产力的发展水平决定着阶级的产生、状况,以及阶级斗争的性质、内容,各阶级的前途及其消灭。其二,生产力的发展状况决定和制约着阶级斗争推动社会前进的程度,阶级斗争只是生产力推动历史前进的体现。评价阶级斗争是否成功,又是看它对生产力的发展是否有推动作用和推动作用的大小。其三,生产力发展是革命阶级进行阶级斗争的根本动

---

① 参见刘大年《关于历史前进的动力问题》,《近代史研究》1979年创刊号;孙达人《"贯穿于人类历史的根本规律"和农民战争的历史作用》,《陕西师大学报》1979年第3期。

② 参见苏双碧《略论历史发展的动力问题》,《社会科学研究》1979年第3期;姜德祥《阶级斗争不是阶级社会发展的唯一动力》,《国内哲学动态》1979年第7期;王世华《安徽省史学年会讨论历史发展动力问题》,《光明日报》1979年11月27日。

因和目的。离开生产力的发展,阶级斗争就成了无本之木、无源之水。①显然,历史学界形成这样的认识,与当时中共十一届三中全会决定停止实行"以阶级斗争为纲",把工作重点转移到以经济建设为中心的社会大环境有关,或者说,这样的历史认识,为新时期中国的治国理政提供了依据。

关于历史动力的讨论,深入下去便涉及了人。因为所谓生产力,其最基本的要素就是人。严钟奎以"人类的物质经济利益是历史发展的根本动力"为题撰文说,人类社会的历史不断地由低级到高级的发展,从形式上看,是由于生产力发展引起人类的生产方式和生活方式变更的结果,但是,生产力的发展是受人类生存和发展的物质需要推动的。在人们进行生产,发展生产力的时候,首先是为了满足物质生活的需要,而不是为了推动历史发展。因此,生产力不过是历史发展的动力借以表现的形式,是历史发展水平的标志,而不是历史发展的根本动力。与其把生产力看作历史发展的根本动力,倒不如说人类生存和发展的物质需求是历史发展的根本动力,更能抓住事物的根本。在进入阶级社会以后,人类被分裂成为在经济利益上对立,或者有差别的不同的阶级,历史就在阶级矛盾和阶级斗争中演进了。但是,不能由此得出阶级斗争是阶级社会历史发展的根本动力的论断。因为所谓阶级利益,就是阶级的物质经济利益;所谓阶级斗争,就是各阶级为了维护和争取本阶级物质经济利益而进行的斗争。阶级斗争不过是实现本阶级物质经济利益的手段,所以,它只能是历史发展的直接动力,只有推动阶级斗争的各阶级物质经济利益,才是阶级社会历史发展的根本动力。即使是被马克思主义武装起来的无产阶级,在进行阶级斗争和发展生产力的时候,也不能不受着真实的物质经济利益的推动。②进而又有人指出,人的欲望包括需要、要求、理想等,是历史发展的动力。没有人的这些欲望,就没有人类历史的发展;科学技术的发明创造,经济的发展,阶级之间的斗争,无不隐藏着人类的各种欲望。卑劣的欲

---

① 参见董楚平《生产力是历史发展的根本动力》,《光明日报》1979年10月23日;杨生民《对生产力的动力作用的几点看法》,《光明日报》1979年11月6日。

② 参见严钟奎《人类的物质经济利益是历史发展的根本动力》,《光明日报》1980年1月15日。

望——贪欲和权势欲，推动着封建社会、资本主义社会的发展；崇高的理想——最大限度地满足整个社会经常增长的物质和文化的需要，推动着社会主义生产的发展；共产主义的伟大理想，鼓舞着无产阶级和人民不断前进。可以这样说，生产力只是历史发展的标志，阶级斗争只是在阶级社会中推动历史发展的一种手段。只有人们的欲望才是历史发展的动力。①

当历史动力问题讨论一涉及人及其欲望，便触到了过去思想领域的危险区域，因为人及其欲望很多东西属于主观意志的范畴，研究主观意志对客观历史的作用，很容易被扣上唯心主义的政治帽子，而欲望又容易同私欲（这曾经被指作产生私有制的万恶之源）画等号。好在思想解放的潮流已使"扣帽子、打棍子"那一套做法被大众所唾弃，人们的思路得以延伸。其时以落实承包责任制为主要内容的农村经济改革正处酝酿启动阶段，一些政策的出台也需要理论的支持。《求是学刊》1980 年第 1 期发表丘成羲、高秀波的文章《论物质利益在社会发展中的作用》，认为物质利益需求是人的基本欲望，是人类社会发展的原始动力。该文引述了马克思、恩格斯在《德意志意识形态》中的一段话："这个前提就是：人们为了能够'创造历史'，必须能够生活。为了生活，首先就需要衣、食、住以及其他东西。因此第一个历史活动就是生产满足这些需要的资料，即生产物质生活本身。"文章指出，有了人，人类才开始有了历史，由于人们生存的物质利益需要，才有了进行物质生产活动的必要，由此才产生与生产力水平相适应的生产关系和经济关系，以至整个社会形态。可见，人们的物质利益需要，是社会历史发展的最初原因。无论人类进入私有制社会还是社会主义社会，物质利益在历史发展中都起原动力作用。任玉岭、李茗认为，社会发展的动力是以生产力为基础的多层次的复杂系统。在这个复杂系统中，有一个一以贯之的东西，这个东西就是物质利益。物质利益不是社会发展的唯一动因，而是社会发展诸因素中最深层次的客观动因。② 这样，在求实思潮的推动下，中国历史学界力图循着马克思主义唯物史观的思维线索，为人的生存、发展所本源的物质利益正名，为人生所

---

① 参见《厦门大学历史系师生讨论历史发展动力问题》，《光明日报》1980 年 1 月 15 日。
② 参见《物质利益是社会发展的客观动因》，《河北大学学报》1982 年第 3 期。

应有的追求幸福的权利正名。史学理论又使新时期的富民政策变得名正言顺。

我们看到,历史动力问题的讨论中出现了"复杂系统"这样的概念。这说明,人们的思想开始从僵化了的单一公式,转向更加开放、求实。蒋大椿在《历史的内容及其前进的动力》(《近代史研究》1981年第4期)一文中认为,人们关于历史内容的观念应当改变,人类历史是由带着不同目的、按照不同方向活动的、活生生的人们的实践活动所创造出来的遵循着一定规律向前发展的实际过程。推动历史向前发展的动力有:生产活动;自然科学实践;进步的剥削阶级在一定历史时期内促进生产力发展的实践活动;革命的阶级斗争;进步的剥削阶级、集团为建立适应新生产力发展水平的新型生产关系和上层建筑,以及按照有利于生产力发展的方向改革、调整原来的生产关系和上层建筑的政治经济活动;意识形态等。在这历史发展的各种具体动力中,究竟哪一种是历史前进的主要动力呢?这是由当时具体的客观社会存在决定的。在历史上,当生产关系和生产力,上层建筑和经济基础比较适应时,人们改造自然界的实践活动便是当时历史前进的主要动力。如封建社会农民战争后出现的"太平盛世",社会相对安定,这时劳动人民的生产活动便是主要的历史前进动力。又如经过英国资产阶级革命,资本主义制度已经建立后,生产活动和科学实践便成为当时历史前进的主要动力。而当生产关系和生产力,上层建筑和经济基础不相适应,发生尖锐矛盾时,变革生产关系和上层建筑的社会实践,便成为当时历史前进的主要动力。17世纪中叶的英国,18世纪末叶的德国,资产阶级革命是当时历史前进的主要动力。还有封建王朝末期爆发的农民战争,便是当时历史前进的主要动力。循着这样的思路,他后来在另一篇文章中对"人民群众是历史的主人"和"人民群众是历史的创造者"这两个提法表示质疑,说"历史的主人"的提法在马克思著作中找不到根据,历史事实是:人民群众只是社会主义新中国的主人,而在社会主义以前的实际历史过程中,人民的基本成分——劳动群众从来都是奴隶,并不是主人。"历史的创造者"的提法,如果指的是社会主义现实,基本是可以的,但如用在历史上,又将其含义理解成只有人民群众才是历史的创造者，则很难说完全正确。①

关于历史创造者问题的讨论，我们在后面来专门叙述。可以看出它是关于历史动力问题思考的延伸。思考还有另一角度的延伸，即探讨历史发展过程中的"相互作用与终极原因"问题。当时多数史家仍坚持历史发展的终极原因是物质生产这一历史唯物主义观点，但也有人提出，历史进程中经济、政治、文化是同一层次的相互作用，只从相互作用便可以理解历史的进展，而追求历史变化的终极原因是"片面"的。② 讨论中，占据主流的意见既欲克服以往僵化的历史解说、肯定曾被忽略的"相互作用"，又力图把"终极原因"与"相互作用"统一起来，以为这才是马克思主义唯物史观的正确观点。如有人提出，自然界各种现象都是客观的物质存在，规律就存在于自然现象的相互作用中。只要考察各种物质现象的相互作用，就可以揭示其内在联系，而无须在此之外探索终极原因。因为自然界物质现象的相互作用就是终极原因。由于人类有意识，使得社会历史现象必然分为物质现象和精神现象两大类。只要承认精神是物质的派生物，那么在考察社会历史现象的相互作用中，揭示出社会物质性因素（生产力及其发展）为历史发展的终极原因，就应当是必要的，更加深刻的。③ 有人认为，"终极原因"回答的是历史运动的内容问题，"相互作用"是指历史运动的形式。终极原因和相互作用的关系就是历史运动的内容和形式的关系。唯物史观把终极原因和相互作用有机地统一于自己内在的逻辑体系之中，既能理解历史运动的最终根源和真正基础，又能说明在这个基础上产生的种种历史力量如何通过相互作用方式以推动历史的发展，这正是社会历史研究成为科学的契机。④ 探讨"相互作用与终极原因"问题，实际上又与历史规律问题相关联，我们将在后面再做记述。

---

① 见《近代史研究》1983 年第 2 期。
② 参见金观涛、刘青峰《中国历史上封建社会的结构——一个超稳定系统》，《贵阳师院学报》1980 年第 1、2 期。
③ 参见蒋大椿《自然科学的发展与历史唯物主义的形成》，《历史研究》1986 年第 1 期。
④ 参见李振宏《终极原因与相互作用》，《历史研究》1986 年第 3 期。

二 历史创造者问题讨论

1980年4月25日《文汇报》发表余霖、安延明的文章《历史是整个人类创造的——"奴隶创造历史论"质疑》，指出马克思主义经典作家只说过"人们自己创造自己的历史"，而从未有过"奴隶创造历史"的说法，把人类划成"创造历史的奴隶"和"不创造历史的英雄"的两分法，并不符合历史事实。因为知识分子，乃至一部分剥削阶级也创造了历史。该文引起了讨论。马鸣的文章《恢复奴隶创造历史论本来面目》(《文汇报》1980年9月22日)认为"历史是奴隶即人民群众创造的"这一历史唯物论的基本原理没有过时。"人们自己创造自己的历史"和历史是由"总的合力"创造的论述，是马克思和恩格斯批判了"英雄论"才得出的结论，这些论述丝毫也没有否定奴隶创造历史论，相反，却充分肯定了劳动人民在历史上的伟大作用。在历史进程中，尽管"每个意志都对合力有所贡献。因而是包括在这个合力里面的"，但不能忽视"最终的结果"，即历史事变中起决定作用的力量，这一论题随后又发生了更热烈的讨论。1984年《历史研究》第5期发表黎澍的文章《论历史的创造及其他》，文章说，历史是人人的历史，所有的人都参与了历史的创造，他们既是历史的创造者，又是历史的剧中人物。只讲英雄创造历史固然不对，提出只有人民群众才是历史的创造者也有片面性。而且这两种说法都离开了创造历史的前提，仿佛历史是英雄或人民群众随心所欲地创造的。文章考证说，"人民群众是历史的创造者"的说法起源于苏联哲学家对《联共(布)历史简明教程》一书中某些观点的引申和附会。"人民群众是历史的主人"的提法则是中国史家的发挥。关于这个学说的这一类的说明全是对马克思主义的曲解。马克思恩格斯显然认为所有的人都在制造自己的历史。物质资料生产者、劳动群众、各国人民有他们的历史，非物质资料生产者、非劳动群众、各国统治者也各有各的历史；不能说，所有的历史都是物质资料生产者、劳动群众、各国人民创造的，而非物质资料生产者、非劳动群众、各国统治者是不参与历史创造的。这不是马克思和恩格斯的原意，也不符合事实。两年后，黎澍把自己的观点进一步归纳为"人民群众是历史的创造者"有三点错误：错误之一在于把物质条件创造者和历史创造者完全等同起来,实际上创造物质条件无非是历史的一个内容,不能等同或者包括全部历史内容。错误之二在于"人民群众是历史的创造者"是与"英雄是历史的创造者"相对立而产生的命题,二者各执一词,都有片面性。错误之三在于"人民群众是历史的创造者"是把无所不包的历史看作是由一个独一无二的力量创造的。① 黎澍文章掀起了关于历史创造者问题的讨论高潮。郭瑞祥在与黎澍商榷时认为,"历史的创造者"和"创造历史"有其广义和狭义,或一般意义与特定意义的区别。当我们是在阐明一种历史观而提到"历史的创造者"的时候,它是指决定历史命运的力量,这是其狭义。它的广义则是指那种在历史活动中起作用的力量。"人民群众是历史的创造者"的提法,其内在的特定含义是与"英雄创造历史"相对立的一种历史观。② 祝马鑫也认为,"人民群众是历史的创造者"与马克思所说的"人们自己创造自己的历史"的提法不存在冲突,它们是针对不同的问题,从不同的理论层次上回答了人类"创造历史"的问题,前者所讲的历史是社会发展史意义上的历史,后者讲的是具体历史。③ 张云勋认为,"人们创造历史"反映的是历史合力论的命题,"人民群众创造历史"反映的是历史动力论的命题。合力论是动力论的理论前提,动力论是合力论的引申、发挥和补充说明,两者既不能截然对立,又不能相互取消和代替。④ 赵常林认为,凡是参与历史创造活动的人,就是历史的创造者,"人民群众"参与了历史的创造活动,他们就是历史的创造者。历史的唯一创造者与历史的创造者是不同概念。⑤ 黎鸣则说,人类历史是人类社会系统不断走向有序的过程,走向有序的标志是社会系统信息总量的增殖。谁为这种信息量的增殖做出了贡献,谁就是人类历史的创造者,这是一个新的英雄史观。⑥ 吴江在致黎澍信中说,人

---

① 参见黎澍《再论历史的创造及其他》,《光明日报》1986 年 7 月 30 日。
② 参见郭瑞祥《关于"人民群众是历史的创造者"——兼与黎澍同志商榷》,《历史研究》1986 年第 3 期。
③ 参见祝马鑫《略谈"人民群众是历史创造者"的含义》,《光明日报》1986 年 9 月 10 日。
④ 参见张云勋《历史合力与历史动力》,《江淮论坛》1986 年第 3 期。
⑤ 参见赵常林《关于历史创造者的几点看法》,《光明日报》1986 年 10 月 8 日。
⑥ 参见黎鸣《历史是创造者创造的》,《光明日报》1986 年 12 月 17 日。

民群众的物质生产活动为人类一切历史活动提供"前提""条件""基础"和"舞台"。在阶级社会中，人民群众对统治阶级所进行的斗争也是直接推动历史前进的动力。从这一角度看，人民群众可以被看作历史舞台的"主角"。但是，没有各种代表人物，没有杰出的个人，如科学家、思想家、政治家等，历史的面貌就难以想象，甚至会无史可治。试想中国古代如果没有秦皇汉武、唐宗宋祖，中国古代历史将会是怎样的呢？所以说，人人都参加历史的创造，但作用各有不同。吴江认为黎澍批评上述两个提法，"实乃语出有因，虽不够确切，却非谬见"。①

吴江所谓黎澍文章"语出有因"，是说"历史创造者"问题的思考乃出于对"文化大革命"极端主义思想与恶果的反思。对此，从本书的叙述中，读者也可以看得明白。反思是黎澍新时期理论活动的核心。在《论历史的创造及其他》中，他指出"人民群众的社会实践是一切科学和文化艺术的源泉"的说法包含着很大的片面性，因为它把"源泉"等同于"创造"、代替一切精神财富的创造（"源泉"往往也是初级形态的创造，但不能代替一切创造），以致在提到历史上科学文化方面的杰出人物的功绩时，往往只强调他们对人民群众的依赖关系，而贬低他们个人的独特的作用。所以，这种观点实际上是否认了一切较高级的科学和文化艺术成果的真正创造者——科学家、思想家、艺术家的贡献，贬低了脑力劳动的价值。这种把人民群众同科学家、思想家、艺术家对立起来的思想观点，在中国经过长期的传播，深入人心，甚至发展到了荒谬绝伦的地步。轻视知识，以无知自炫，在"文化大革命"中导致了千千万万青年如中风狂，对学术文化进行了严重的践踏。他们以历史的自觉创造者自居，也确实自觉创造了一部"历史"，可惜他们至今不知道这历史从何写起。那些自命为自觉创造了历史的人现在只能承认他们不但并未超越历史，而且干下了大量落后于历史的蠢事。黎澍的理论思考就是这样落脚在了对"文化大革命"的现实批判上面。后来王也扬总结这一讨论，指出在"具体创造"与"最终决定"两层意思上，大家的看法已经趋于一致。讨论

---

① 转引自黄敏兰《20世纪百年学案·历史学卷》，陕西人民教育出版社2002年版，第565页。

的各方都承认人人参与了历史的创造，同时，大家又都不否认人民群众最终决定历史发展的方向。他以为认定过去在这一命题上的理解和阐发究竟是否存在错误，是对这场学术讨论进行价值判断的关键。应该承认，"人民群众是历史的创造者"这个命题上的某些理论偏差和含混，在"左"的思想长期统治我国的历史条件下，被种种外在的需要所挟持，一步步推向极端，最后成为十年浩劫的理论根据之一。这种理论和实践在当时有三个显著特点：一是将所谓"工农兵群众"同知识分子及其他社会成员割裂、对立起来，无限夸大和拔高前者的历史进步作用，诋毁乃至完全抹杀后者的历史进步作用；二是否定具体的个人的历史创造活动，使"人民群众创造历史"的概念变得极其空洞抽象；三是在抽象空洞的口号下，实际搞的是个人迷信、愚民政策，从而被一小撮野心家、阴谋家利用，企图随心所欲地摆弄历史，以售其奸。清除"左"的思想，追求科学真理，有赖于理论上的深刻反思和辨析，这正是这场学术讨论的意义所在。① 王学典也对这场讨论提出了自己的看法。他认为在理论上有三点值得注意：第一，历史创造者问题讨论的核心，是剥削者、压迫者作为一个阶级，是否参与了历史的创造及在这种创造中应占有的地位。第二，剥削阶级并非都是不劳而获的寄生虫、吸血鬼，物质财富的历史也是劳动阶级与剥削阶级共同创造的。第三，撇开剥削阶级谈论文明时代生产历史的创造，是黎澍历史创造观的缺陷。他进而要求"在黎澍终止思维的地方继续前进"，进一步反省流行唯物史观。② 黎澍同年又有题为《把马克思主义从庸俗化的教条束缚下解放出来——答王学典》（《文史哲》1988年第2期）的文章，申明"王学典把我的基础论点归纳为：'物质生产的历史是劳动者创造的，除此之外的历史是非劳动者创造的'这就完全错了，它恰好不是我的基础论点"。他仍然强调自己的基础论点是"人们自己创造自己的历史"。该文提出把整个马克思主义"从庸俗化的教条束缚下解放出来"，进而"把社会科学从庸俗化的教条束缚下解放出来"这样一些全局性判断。就在该年岁末，黎澍这位思想活跃的学者溘然仙逝。

---

① 参见王也扬《我看历史创造问题讨论》，《天津社会科学》1987年第4期。
② 参见王学典《关于历史创造者问题的讨论》，《文史哲》1988年第1期。

三 历史规律问题讨论

1983年《历史研究》第2期刊载丁伟志的文章《历史是多样性的统一》，文章回顾了中国马克思主义史学先驱的事迹，在肯定他们贡献的同时，指出：中国早期的马克思主义理论家和历史学家，在强调历史的统一性的时候，往往走到忽视以至完全否定各个国家、各个民族间存在着历史差别这个极端上去。看看早期我国马克思主义历史学家的著述，便不难发现他们的注意力几乎都是倾注在揭示和阐述中国的历史如何符合人类社会的普遍规律这个方面，却很少留意甚至根本不承认中国历史的特殊性。这种认识上和研究方法上的反辩证法倾向，不仅使得历史上千差万别的现象变得无法解释，而且使得历史的统一性也变得无法认识。离开了这种或那种有着具体性质和具体形态的历史，社会发展的普遍规律便只能成为超越时空的神秘力量，使人们无从把握。人们对于社会发展普遍规律的种种错误解释，常常就是由此而生。因为一般只能寓于个别之中，只能通过个别来表现，所以不懂得一般与个别间的辩证关系的人在探求一般时，往往就把个别当成一般，把某种具体条件下的具体历史现象当成普遍的历史规律，并把它套用到另外一种具体的历史条件中去。用虚假的"历史统一性"代替了对于真实的多样性的历史及其内在统一性的科学分析，自然只能得出违背历史真实的结论。中国共产主义运动，在20年代到30年代中期，曾经深受教条主义之害。这种教条主义在认识方法上的错误，就是只承认社会发展的普遍性，否认中国社会的特殊性，并把欧洲及俄国的特殊性当成普遍性强加于中国，从而对中国革命进行了不符合中国国情的错误指导。中国马克思主义历史学，当它的幼年时期，不能不说也在相当程度上，走过类似的道路。诸如，注重证实奴隶制存在于古代中国，却很少研究中国奴隶制和希腊罗马的奴隶制的不同；注重证实封建的生产关系长期在中国处于统治地位，却很少研究中国的封建制度和政治制度与欧洲中世纪的封建制有何不同。无可讳认，教条主义的倾向，对于研究我国历史和现状，都造成了消极的影响。该文所反思的是一种把科学的马克思主义演变成虚假的"历史统一性"的现象，并指出"套用"历史规律的做法"相当程度"地消极影响着中国史学。这种反思，与长久以来历史主义的呼声如出一辙，是对在政治上已然占据绝对统治地位的马克思主义如何保持其科学性的反思。丁文提出应该强调从抽象到具体的研究，这与黎澍所谓历史学的第一个任务是弄清真相的说法接近。以往我们历史学界把发现历史规律作为自己研究的任务，实际上是用历史事实去阐释马克思、恩格斯乃至列宁、斯大林讲过的那些规律，形成一种"套用"的定式，新时期思想解放大潮中的史家对这种研究定式的批评越来越多。

由此又联系到国内史学界对一些问题的讨论。这些讨论所纠缠之处，正是"套用"的研究定式造成的。如中国古史分期问题，有六家之说，所争无非是：以西欧那种典型的奴隶社会与封建社会不同的标志来套中国古代社会，其分期究竟在哪里？过去这个问题曾经有敏感的政治性，人们只能小心翼翼地就事论事，生怕被扣上否定历史规律从而否定马克思主义普遍真理的政治帽子。进入思想解放的新时期，人们总算可以在这个纯粹属于学术的问题上畅所欲言了。《历史研究》杂志社记者兴奋地把"中国古代史分期问题学术讨论会综述（1978年）"冠之以"冲破'禁区'，百家争鸣"的标题。在这篇综述[①]中，持"西周封建说"的学者根据《诗经》《尚书》《国语》《左传》《墨子》《管子》等大量文献资料和金文记载，论证西周、春秋时代的"民""庶民""庶人"是力于农耕的主要生产者，不是奴隶。从《诗经》中的《七月》《载芟》《良耜》诸诗，又可以看出"民"在生产中表现的某些自主性和积极性，而不像皮鞭下驱使的对劳动毫无兴趣的奴隶。持此说者还认为，西周时期的井田制来源于农村公社制度，存在着公田、私田的划分和按家族分配份地的制度，这与东方型的农村公社有些相似，但又不完全相同。此外，还有春秋封建说、秦统一封建说、东汉封建说、魏晋封建说等表示了与郭沫若《中国古代社会研究》不同的观点，这些观点在在揭示了中国古代社会自己的特点。这究竟是一种什么社会呢？人们在马克思主义经典作家的著作中努力寻找着根据。

马克思在1859年《〈政治经济学批判〉序言》中说过一段话：大体说来，亚细亚的、古代的、封建的和现代资产阶级的生产方式可以看作是

---

① 见《历史研究》1978年第12期。

社会经济形态演进的几个时代。这段话中关于"亚细亚生产方式"的概念，在马克思和恩格斯逝世以后，曾经引起了一系列国际性的争论。20世纪二三十年代，中国思想界就中国社会性质发生论战，便涉及"亚细亚生产方式"问题。当年的论战实为政治斗争。后来斯大林发表《辩证唯物主义与历史唯物主义》一书，提出人类社会历经原始公社、奴隶制、封建制、资本主义和社会主义"五种生产方式"说。中国共产党领导的马克思主义历史学家便集合在了这面旗帜下。在新时期，作为与政治问题性质不同的学术问题，"亚细亚生产方式"重新引起了讨论。有人认为，马克思说的"亚细亚生产方式"是指一种与西方社会形态不同的"特殊的东方形态"。这种生产方式保存了农村公社的原始公有制，又在农村公社之上存在着专制君主的统治，而专制君主是全国土地的最高所有者，公社农民的剩余产品和剩余劳动，是通过赋税和徭役的形式，作为实物地租和劳役地租归以专制君主为首的统治集团所有；原始公社所有制从属于专制君主的最高所有制，农村公社成为"东方专制制度的基础"。此外，还存在着奴隶制、种性制等剥削。这些特点是与无阶级、无剥削的原始社会根本不同的。因此，亚细亚生产方式既不是原始社会，也不是奴隶社会或封建社会，而是"半野蛮半文明的"社会，是"特殊的东方形态"。[①] 这种古代东方的国家，在政治上的主要特点，就是专制主义的官僚政治。所以亚细亚生产方式的国家有着专制主义的历史传统。[②] 也有意见认为，在古代东方，农村公社与专制制度并不是同一历史时代的东西，专制制度不是从公社内部出现的，而是外部强加进去的。公社是专制主义国家的基础，但专制主义国家的经济基础不限于公社，还有其他。[③]

可以看出，亚细亚生产方式问题的再讨论，是人们对历史特殊性问题重新予以重视和思考的反映。这又导致关于"人类历史的生产方式是否必然只有五种？"以及"人类社会历史的发展究竟是单线还是多线？"等

[①] 参见于可等《试论"亚细亚生产方式"》，《吉林师大学报（社会科学版）》1979年第4期。

[②] 参见吴大琨《关于亚细亚生产方式研究的几个问题》，《学术研究》1980年第1期。

[③] 参见《世界上古史纲》编写组《亚细亚生产方式——不成其为问题的问题》，《历史研究》1980年第2期。

问题的深入探讨。吴大琨撰文认为，应当把亚细亚生产方式作为一种独立的生产方式来看待。因为马克思讲的亚细亚生产方式的社会里已经形成了国家，所以它已不是原始公社制；而历史也证明从来没有过哪一个亚细亚生产方式的国家曾经发达到像希腊、罗马那样的以奴隶为主要生产者的奴隶制国家。马克思在《资本主义生产以前各形态》这一著作中，是把亚细亚的，即东方的和古典的、日耳曼的生产方式作为并列的生产方式来看待的。在亚细亚生产方式的国家里，主要生产者一直是农民；在古典的希腊、罗马生产方式里，主要生产者是奴隶；在日耳曼的生产方式里主要生产者则是农奴。这三者在身份上是很不相同的。由此可见，应当把亚细亚生产方式作为一种人类历史上独立的生产方式来看待。但这样一来，所谓"五种生产方式"说就变成了六种。吴大琨还指出，人类社会的发展并不是所有的国家都从原始公社制到奴隶制，再到封建制、资本主义制、社会主义制依次单线发展的。实际上，许多亚非拉国家在原始公社制崩溃以后，由于生产力低下，地理条件不同，历史上就出现过诸如亚细亚的、希腊罗马的、日耳曼的不同的发展道路。就中国来看，在原始社会解体以后，夏、商、周三代建立起来的国家，就是马克思说的亚细亚式的国家。经过春秋战国的大变动，才由初期的亚细亚式的国家发展成为真正中央集权的、实行专制主义统治的、亚细亚式的国家，即秦、汉王朝以后的中国。在全世界目前所有的国家中，只有西欧国家经过了资产阶级的民主革命，使西欧的封建主义国家发展成为资本主义国家，而其他国家的资本主义制度则都是在外来条件的影响下才发展起来的。其原因在于历史的发展是多线的而不是单线的。讲多线，是使马克思的历史唯物主义的原理更加如实地反映出世界历史的具体发展情况，它比斯大林的单线论似乎更加能够说明问题，包括历史上的问题和当前的问题。[①] 胡钟达也发表题为《试论亚细亚生产方式兼评五种生产方式说》（《中国史研究》1981年第3期）的文章，指出"亚细亚生产方式"并不是一个孤立的问题。讨论这个问题，实际上就是要讨论人类历史的发展是"单线"还是"多线"，是五种生产方式，还是六种或者四种生产方式。他认为，在马克思看来，

---

① 参见吴大琨《关于亚细亚生产方式研究的几个问题》，《学术研究》1980年第1期。

"亚细亚生产方式"既不是原始公社的生产方式,也不同于西方古代的奴隶制的生产方式或西方中世纪的封建制的生产方式,它是东方前资本主义时代一种具有本身特点的阶级社会的经济形态。亚细亚的、古代的、封建的生产方式代表的是同一社会发展阶段的不同类型或模式。马克思所说的"东方社会",也包括"中华帝国"。同印度一样,存在于中国的村社,"也是原始的形式"。所以马克思把中国称为"活的化石"。只有当英国人从印度向中国输入名叫"鸦片"的麻醉剂,才意外地使这个古老的帝国从长期的麻木状态中开始逐步清醒过来。概括起来说,亚细亚生产方式是以农村公社土地所有制为基础的一种生产方式。但这种公社土地所有制又从属于以专制君主为代表的国家所有制或最高所有权,公社和公社社员只有对土地的共同占有权和使用权。村社的农业生产和手工业密切结合,自给自足,不假外求。产品的主要部分是满足公社本身的直接需要。它的经济职能一方面是维持本身的再生产,一方面是将公社成员的剩余产品和剩余劳动,以租税和徭役的形式,来供养以专制君主为首的统治集团和剥削阶级,它实质上是统治阶级和专制国家剥削与统治广大劳动人民的基层组织。在东方国家,不管改朝换代的政治风云如何变幻,作为社会基本细胞的农村公社却没有变化。在悠长的历史岁月中,它是东方专制制度的牢固基础。直到西方资本主义势力东侵,才为这种古老的制度敲响了丧钟。这就是马克思本人所赋予的"亚细亚生产方式"这一概念的内涵,至于它是否合乎东方各国历史上的实际,或是否完全合乎东方各国历史上的实际,那是另外一个问题。胡钟达还认为,马克思、恩格斯从来没有认为古代东方是封建社会(日本除外),也从未说过中国存在过"封建王朝"。马克思晚年接触了更多的有关东方社会和历史的文献,对"亚细亚生产方式"说有所修正,但是在东方各国长期存在着一个以农村公社为基础,在其上矗立着专制主义政权这样一种观念始终没有改变。马克思主义认为,人类历史发展的道路是由原始共产主义进入阶级社会,再由阶级社会进入共产主义社会,至于在阶级社会这一整个历史时期,在资本主义产生之前,究竟是存在着亚细亚的、奴隶制的、封建制的三种社会经济形态,还是只存在着奴隶制的、封建制的两种社会经济形态,或者只有封建制的一种社会经济形态,这些都是学术问题,是可以进行探讨,是可以容许有不同意见的。不能认为只有坚持五种生产方式才算是"正统",而对此稍持异议就必然是"异端"。

那么,马克思主义创始人的历史发展观究竟是怎样的呢?罗荣渠著文《论一元多线历史发展观》(《历史研究》1989年第1期)试图加以说明。罗文指出,把马克思主义创始人的著作中关于某一历史问题或某一历史进程的观点奉为一般发展道路的哲学图式,是后来的马克思主义研究者附加上去的。同样,把马克思主义创始人关于社会及其发展规律的一般学说与他们关于世界历史发展的具体规律混为一谈,用历史唯物主义学说代替马克思主义的史学理论,也并非马克思主义创始人的本意。关于五种生产方式单线演进的历史观,就是源于这些认识偏向。从马克思关于世界史的许多具体论述来看,特别是从他晚年的著作来看,我们认为,马克思的历史观是多线式的而不是单线式的,至少他晚年的观点是明显的一元多线历史发展观。这有马克思的论述为据。例如,在原始社会"并不是所有的原始公社都是按着同一模式建立起来的。相反,它们有好多种社会结构,这些结构的类型、存在时间的长短彼此都不相同,标志着依次进化的各个阶段"。又如,向阶级社会过渡:"各种原始公社(把所有的原始公社混为一谈是错误的;正如地质的形成一样,在这些历史的形成中,有一系列原生的、次生的、再次生的等类型)的解体的历史,还有待于撰述。到现在为止,我们只有一些粗糙的描绘。"根据马克思的描述,从原始社会转向文明,经历各种不同途径:在南欧产生的是希腊、罗马的奴隶制社会;日耳曼人则发展起来一种部落型的社会;在亚洲的原始公社既未导致奴隶制,也未导致封建制,而是形成一种独特的亚细亚模式。就是亚细亚社会也不是一模一样的,中国与印度就大不相同。尽管当时对亚洲社会的不同模式认识得很不够,但马克思从未把东西方社会的发展模式与道路混为一谈。关于从封建社会向资本主义过渡,马克思做过专门研究,他在《资本论》中历史地分析了西欧资本主义的起源与进程。为此,他后来曾郑重声明:"我明确地把这一运动的'历史必然性'限于西欧各国",并且反对把西欧资本主义发展道路解释为"一切民族,不管他们所处的历史环境如何,都注定要走这条道路"。这些论述充分证明,单线式的历史发展公式与马克思的辩证的发展思想是格格不入的。

中国现行的世界通史是按照五种社会经济形态的理论排列的。各种形态之间相互衔接，给人造成一种错觉，似乎按生产力与生产关系内在矛盾的运动规律，前一种社会形态的崩溃，接之而来的必然是一种新形态的统治。在两种社会形态交替之间有一个过渡期。这一过渡是如何实现的呢？按现今流行的马克思主义解释是，强调内因即通过内在矛盾的迸发引起革命（突变）而完成过渡。这样，按单线论的逻辑，既然每种社会形态只有一种生产方式，每种生产方式又只同一种生产关系相结合，受同一种规律支配，那么，世界上所有国家自然都会或迟或早地经历同样的历史发展阶梯了。但作为北京大学世界现代化进程研究中心主任的罗荣渠教授却认为，这套理论很难经得起现实历史实践的检验。罗文指出，即使是马克思研究过的资本主义社会形态在西欧的形成，也绝不是靠什么资本主义萌芽成长壮大或土地贵族与农民（农奴）的阶级斗争这类单因素论可以解释的。仅仅依靠旧母体内部的新因素的萌芽与成长，在世界任何地方也不可能使封建主义变成资本主义。西欧所经历的漫长过程是，首先在旧的封建社会的母体中孕育出早期城市化（社会结构变化）、早期商业化（交换方式变化）、早期工业化（生产方式变化）、世俗化（神权政治变化）。这些因素的凑合，有助于使稳固的封建型依附结构发生松动。不过要看到，正是这种西方式的封建社会系统，而不是东方式的中央集权结构，为新生产力因素的活动提供了空间，因为它在蛮族入侵反复破坏之后建立起等级封建权力机构（政治多元化），众多的小国林立而无大帝国体系（国际多元化），教权与王权分享政治权力（社会多元化），随之又发展起城市自治体（经济权力多元化），等等，使新兴生产力因素以自由城市为依托而较易发展。尽管这样，如果没有产生特殊强大的冲击波予以推动，新因素也不可能成长壮大。这就是由于地理大发现引起的商业革命和殖民征服运动，使新生产方式在母体内获得了大量的营养液。随之而来的是18世纪后期的工业革命，以及与之同步发生的政治大革命，这些奇特的巧合性使经济革命、政治革命、社会革命紧紧扭在一起。只有这样，即许多有利因素的特殊凑合，新生的现代生产方式才脱颖而出，在西欧资本主义生产关系中找到了它最适合的发展形式。但像南欧即地中海的城邦国家，早就享有海外贸易之厚利，却没有首先完成向新生产方式的过渡。同样，葡萄牙、西班牙曾经在地理大发现中遥领风骚，最早建立"日不落"殖民大帝国，也没有首先过渡到近代资本主义社会。可见，现代资本主义的兴起是一个众多因素长期交互作用的自发的历史过程。物质对于精神，经济对于政治与文化，绝对不是按照人们设想的固定方向和顺序发生作用的。这只能借助于合力说才能正确说明历史客体发展的一切矛盾趋向的总和。这是恩格斯晚年对历史唯物论方法论的重大贡献。而所有单线论者和单因素论者是根本不了解这一点的。

罗文进而提出构筑马克思主义的一元多线历史发展观的架构。所谓历史一元论，即是说人类历史发展归根到底是围绕以生产力发展为核心的经济发展的中轴转动。生产方式是马克思用以分析生产过程的最简明的综合概念，它包括生产力与生产关系。衡量社会进步与经济发展的客观标志最终取决于社会生产力的发展水平，而五种生产方式说则完全按生产关系来排列社会发展顺序。先进的生产力是很难一蹴而就的，而先进的生产关系却可以通过革命手段迅速达到。这就是说，不是努力使生产关系适应生产力的发展，而是反之，要使生产力的发展跟上生产关系。为了解决这一矛盾，必然要把革命的国家政权的作用提到空前的高度，这往往给唯意志论代替历史唯物论大开方便之门。由此可见，为了构筑马克思主义的一元多线历史发展观的架构，必须重新认识生产力在历史大变革过程中的作用，研究它在不同的历史发展阶段中与生产关系以及整个社会经济、政治、文化结构的相关联系。显然，改革开放的时代氛围给予了作者相当重要的启示。

如上所述，20世纪80年代史学界对亚细亚生产方式、五种生产方式说的讨论，归结起来，讨论的是关于历史规律问题。王和、周舵发表在《历史研究》1987年第5期的论文《试论历史规律》，试图从学理上对这一问题加以厘定。他们说，在新中国成立以来的历史研究，特别是史学理论研究中，人们久已习惯用"历史规律"或"历史发展规律"来解释历史。目前史学界的绝大多数研究者仍然相信和承认在人类历史的发展中确是存在着某些客观规律或显示出规律性的东西。然而，历史规律究竟是什么样的东西？这个概念的内涵和外延是什么？它与一般广义的规律的关系如何？诸如此类的问题，人们至今没有搞清楚。论者往往不加思考地运用着"历史规律"或"历史发展规律"这类名词去说明一切被论及的历史问题,却并不真正了解这些名词的确定含义。他们对历史规律作了这样的定义:历史规律,是历史学家对历史发展的规律性的描述和归纳,即对多次出现的具有相似性的历史现象和过程的描述,以及对导致这些现象和过程出现的内在因素和外部联系的归纳总结。他们特别强调历史规律必须具有可重复性的基本属性。历史规律所研究的,是反复出现过的历史现象和过程,因此,它不是单纯的预见。换言之,仅有理论推断而无事实依据者,不属于"历史规律"的范畴。那么,究竟应该如何理解"必然支配偶然""偶然反映必然"一类的观念呢?他们又强调条件对于规律的重要性。由于当外部条件不同时,事物本身的规律也将不同,所以,不同条件下的不同人类社会的发展规律之间,不存在偶然与必然的关系问题。他们举例说,很多史学工作者曾经认为,"五种社会形态"是人类社会历史发展必不可少的五个阶段。因此,那种主张中国没有奴隶社会的观点只能是错误的,它"违背了历史发展的普遍规律"。这种观点的毛病,就在于仅仅着眼于人类本身去认识历史发展的规律(即把规律看作是"事物本身所固有的"),而忽视甚至无视"外部条件"这一影响人类社会发展的极重要因素,似乎只要都是"人类社会",不论外部条件,其发展过程都是大致相同的。其实,不同条件下的人类社会,有着不同的发展规律。他们还指出,对于条件相近或相似的人类社会来说,偶然与必然的关系表现于"概率"之中。除此之外,历史中还有大量纯偶然的事物,其与"必然"没有关系。人类历史也和宇宙间的一切事物一样,存在着三类不同的运动系统。一类是具有"必然规律性"的确定性系统。生产力决定生产关系,经济基础决定上层建筑,就反映了这种必然规律性;另一类是具有"概然规律性"的随机性系统。如中国历史上多次出现过的统治者"让步政策"。虽然具体王朝统治政策的制定,取决于一系列的偶然因素,但这些偶然因素所决定的政策里却反映出一种总体上的倾向,即大多数新王朝的统治者最终都认识到采取与民休息的政策于自己的统治有利。这便反映了一种"概然规律性"。人类历史存在的第三类运动是一种不确定系统,属于这一系统的历史现象和过程是受纯粹偶然的因素支配的,不具备统计意义上的确定性,因此也就谈不上有"规律"可循。就任一特定的人类社会而言，越是在长期的历史运动和历史发展的总趋势中，"必然"的作用体现得越明显。而相对于任何一个较短时期的具体历史来说，则存在着向不同方向发展的可能性。从这个意义上讲，当外部条件确定之后，只有历史发展的总趋势是必然的，而历史的无数具体事件和过程则都具有很大的偶然性。由于历史规律归根到底是人对历史发展规律性的认识，而人的认识并非是统一的、一成不变的，也由于历史规律的研究对象是人类社会这一极其复杂而又无法重现的事物，因此，倘若依据罗素关于科学是确定的知识的定义，我们便不难发现，在我们所说的历史规律中，存在着明显的不确定性。这种不确定性表现为多样性和可变性。所谓多样性，是指人们对同一事物的规律性的认识存在着多样性。人们对任何一种历史规律，都不可能像对自然科学的规律那样，取得基本一致的认识。因为一切自然科学的规律都可以通过实验来证明。历史规律则不然，由于历史学家的信仰、利益、角度、方法的不同，面临的时代环境不同，需要解决的问题不同，以及接触和使用材料的不同，他们所总结的历史规律也各不相同。实际上，历史上每一个历史学派，每一个有成就的历史学家，都曾提出过很多在他们看来是体现了历史发展的"规律"的东西。但是，迄今为止被总结出来的任何一条"历史规律"，又都是只被一部分历史学家所承认，而未成为所有人的共识。所谓可变性，是说历史学家所总结的历史规律不但是多样的，而且是可变的。这种可变性反映了人类对历史发展的认识乃至历史学本身发展的认识的不断深化。它不但表现为人对历史认识的由表及里的深入，还表现为新认识对旧认识的纠正和否定。

王和、周舵的论文在表述了他们对"历史规律"问题的认识后说，长期以来，我们对历史的"规律"与"必然"的研究，似乎仅仅成了对既往历史的解释，而完全忽视了选择的作用。由此形成一种"存在即必然""存在即规律"的倾向，即已经发生的就是被历史证明是必然的，因而也就是符合历史发展规律的。然而事实并非如此，因为我们在讨论随机性系统和不确定系统的时候，已经证明了"非必然"的存在。而只要是承认了"非必然"的存在，也就是承认了选择的可能。实际上，已经发生的历史并非一定就是最佳选择的历史。历史的这种选择的可能之所以往往被忽视，是因为历史的选择不可能像自然科学中的结论那样，可以通过反复的试验而被证明。因此，这种选择的可能性也就不易被看清楚。但是，我们却可以从不同国家由于不同的选择而得到的不同结果之中，看到这种选择的作用。他们的这种认识，亦带有新时期思想解放的时代烙印。

四 农民战争问题的再讨论

农民战争史研究，是当年所谓"五朵金花"中最突出的一朵，其成果不可谓不丰富。农民战争评价问题，则是新中国成立以来酿成诸多学案乃至政治冤案的核心问题。至"文化大革命"结束，拨乱反正，思想解放，提出实事求是地研究历史，史学界同仁似乎有太多的话要说。农民战争问题的再讨论便不可避免。

其时除了坚持农民战争推动历史进步的传统观点外，引人注意的是对这一传统观点的不同意见。董楚平质疑农民战争是历史发展的"唯一动力论"。他说，长期以来，我们把农民的阶级斗争和农民战争看作中国封建社会发展的唯一动力、真正动力，甚至把整个社会的经济、政治、文化的发展，都归功于农民战争的推动，认为每一次较大规模的农民战争都起过这种推动作用。我们一方面把农民战争的作用抬到如此吓人的高度，另一方面，又说每次农民战争都是失败的。既然都失败了，又怎能推动社会发展呢？既然每一次都推动了社会前进，又怎能说都是失败的？既然农民的阶级斗争和农民战争是社会发展的唯一动力，而中国封建社会里农民战争的次数之多、规模之大，都是举世无匹的，那么，中国封建社会理应发展很快。事实却不是这样，中国封建社会时间漫长，发展缓慢。为什么动力最大，而速度很慢呢？相反地，欧洲有些国家几乎没有农民战争，也就是说没有动力，或者说动力很小，却偏偏较早进入资本主义。这是为什么？以上这些问题，使我们不得不对"唯一动力论"产生怀疑，不得不重新探索阶级社会的发展动力问题，不得不实事求是地分析农民的阶级斗争和农民战争的作用。[①] 他还指出，中国封建社会发展的缓慢原因之一，就是战争太多，破坏过甚。农民战争虽有解放生产力的一面，但其对社会

---

① 参见董楚平《生产力是历史发展的动力》，《光明日报》1979年10月23日。

生产的破坏也是严重的。①

刘昶在《试论中国封建社会长期延续的原因》(《历史研究》1981年第2期)一文中,把农民起义、农民战争看作中国封建社会特殊的运动方式中的一环,他说自秦统一以来,纵观中国封建社会,我们看到一个王朝接着一个王朝,祚长者二三百年,命短者十几年、几十年,兴亡交替,不暇稍息。这种周期性的治乱兴衰就是中国封建社会的整体特点。为什么会以如此奇特的方式周期性的循环往复呢?原因在于中国封建社会的专制主义中央集权制度是建立在广泛的小农经济基础上的,而小农经济不是独立稳固的社会经济形态。当小农经济在天灾人祸下走向衰落,大量小农破产,沦落流亡时,专制王朝就走向衰落。中国封建社会有过不少力图解决小农分化、土地兼并问题的改革家,但当改革行不通的时候,农民起义、农民战争便充当了改革家的遗嘱执行人和改朝换代的工具。这样,社会走出了旧王朝的螺旋圈,开始了新的轮回。王存才也认为,农民战争虽然打击以至推翻了封建王朝,但它保护了因循守旧、停滞不前的小农经济,不利于资本主义萌芽。从长远看,保护了封建统治。② 王戎笙在《只有农民战争才是封建社会发展的真正动力吗》(《历史研究》1979年第4期)一文中说,并不是每一次较大规模的农民战争之后,生产力都有显著的发展。相反,差不多有同等数量的例子说明,很多次大规模的农民战争之后,社会生产力处于停滞衰落的状态。有的农民战争之后,还出现了分裂割据,社会生产力遭到长期的破坏。至于中等规模的农民战争没有推动生产力发展的例子就更多了。刘祚昌则对过去美化农民战争,掩盖其缺点和错误的做法提出批评,指出"夸大农民战争的积极作用,说农民战争推动了社会经济的发展,几乎成了我们编写历史的一条不成文的规定"。"但是一个洞若观火的事实是:农民战争严重破坏了国民经济。汉末黄巾起义后出现的千里无人烟及明末李自成领导的农民战争后出现的全国性的经济残破,都是不容掩盖的客观事实。因此应该说农民战争按其客观效果

---

① 参见董楚平《农民战争在中国封建社会发展过程中的作用》,《浙江学刊》1980年第1期。

② 参见王存才《中国封建社会长期延续的根本原因》,《学术月刊》1981年第10期。

来看，是造成了生产上的倒退。"①

思想解放使人们摆脱了一种政治上的枷锁，渐渐形成实事求是地观察、分析、评价问题，力求客观、公允的风气。在对农民战争问题的再讨论中，一些学者从多方面、不同角度的考察和言说，反映出超越以往的思想深度。郭子亮撰文认为，农民战争的暴力行动，如恩格斯所说，只能起到孕育着新社会的旧社会的助产婆的作用。助产婆本身是不会生出新社会的胎儿的。农民战争不仅不能使旧的生产力得到发展，反而使它遭到严重破坏。只有在农民战争后，新的统治者才可能利用国家机器调和阶级矛盾，使社会生产力得到发展。这说明，农民战争本身对社会生产力发展不发生直接的作用，它的作用是通过新的统治者接受前朝的教训，采取与民休息的政策，使社会生产力得到发展。如果说这种作用有某些积极的意义，它也是间接的。② 戴逸认为，农民战争的作用只是为生产力的进一步发展扫清道路。但这一作用也不是绝对的。所谓"阶级斗争—农民战争—推动生产力发展"的公式不完全符合历史实际。我们不能用阶级斗争代替一切，用农民战争代替整个封建社会史。③ 杨生民也认为，在中国封建社会里，生产力的发展水平决定了农民的革命斗争只能限于使封建生产关系和上层建筑得到某些调整与改造。因此尽管中国封建社会农民战争次数之多，规模之大是世界历史上仅见的，但这些斗争没有能够推动中国封建社会越出封建制阶段。④ 李桂海则提出，对农民战争历史作用的研究，不能仅仅停留在"动力"或"阻力"这种纯粹定性分析的争论上，而应当做系统研究和多层面的分析。如果对农民战争的历史作用做系统的研究，可以说，它打击了封建统治和封建剥削，因而在一定程度上改造和调整了封建结构，这有利于社会的进步和发展。而其对封建生产的打击和破坏，却在一定时期造成了封建经济的某种程度的衰退，因而不利于社会的进步和发展。如果对农民战争的历史作用做分层次的研究，则其对现存的

---

① 张艳国主编：《史学家自述》，武汉出版社1994年版。
② 参见郭子亮《农民战争只起"助产婆"的作用》，《光明日报》1979年10月。
③ 参见戴逸《关于历史研究中阶级斗争理论问题的几点看法》，《社会科学研究》1979年第2期。
④ 参见杨生民《略谈历史发展的动力问题》，《教学与研究》1979年第4期。

封建结构和农民战争之后新建的封建结构，都起了调整和推进其改革的作用，因而有利于社会的发展和进步；但农民战争对整个封建结构的发展趋向，造成了某种扭曲和畸形发展的作用，因而不利于封建结构来自内部的破坏和瓦解。所以从远期影响来看，有消极的作用。①

"让步政策"论问题，正如我们已经提到过的，是在那个把农民战争肯定到了绝对化的年代里，一些史学工作者力图客观地叙述历史的尝试，尽管这种努力小心翼翼，非常有限，仍遭到了政治的批判与打击。"文化大革命"结束后，人们曾写文章，为当年受到打击的学者恢复名誉，这些学者自己也进一步申述和发展了"让步政策"论，如孙祚民写了《论让步政策》(《社会科学战线》1980年第2期) 一文，强调指出："让步政策"是客观存在的历史事实，它促进了生产的恢复和发展，应当予以肯定。虽然这种政策是一种在农民战争打击下的"间接作用"，但"间接作用"促进生产的发展，往往比"直接作用"还要大。随着思想解放和思考的深入，人们对"让步政策"这样的史学命题开始提出新的不同意见。戴逸说，农民战争之后建立的新王朝，统治阶级从自身的阶级利益出发，在一定历史条件下也能够提出有利于生产发展的措施，并不需要农民迫使他们"让步"。不能认为统治阶级都是不管生产的，都是反对发展经济的。统治阶级从自身利益出发制定政策，既不是对农民让步，也不是反攻倒算。田余庆也认为，"让步政策"论是当年为了探索农民战争的历史作用而提出来的一种浅薄见解，它在理论上并没有什么深刻的内涵，批判此论也讲不出多少道理。苏双碧指出，"让步政策"是从阶级斗争即阶级对立的观点来提出命题的，它没有揭示农民战争之后地主阶级新政权所实行的政策的实质。王学典则批评"让步政策"论带有"左"的色彩，其实际上是在对"农民战争是推动历史的唯一动力"作解释，这是时代的局限性造成的。王戎笙说，在客观经济规律的自发作用下，地主阶级会自发地调节部分不适应生产力发展的生产关系，而由农民战争造成的所谓"让步政策"现象在历史上并不普遍，因此对大多数农民战争来说，"让

---

① 参见李桂海《农民战争历史作用问题之我见》，《社会科学研究》1984年第3期。

步政策"论缺乏事实根据，也没有说服力。① 这就是20世纪80年代学界对"让步政策"论问题所作的讨论的一般结论。后来，这个命题仅存在于思想史的叙述中，学者们已无人再把它作为课题继续研究了。

第四节 中国近代史诸问题的理论再思考（上）

近代史之于当代史学理论，因为"近"而关系密切。该领域在新时期思想解放大潮中最显活跃，其缘仍发自反思"文化大革命"。时任《历史研究》杂志主编的黎澍在总结1979年中国近代史研究领域的状况时说："纠正和克服在阶级斗争问题上的简单化、绝对化倾向，在近代史研究中也受到重视。过去近代史研究中也存在着对农民的反抗斗争估计过高的偏向，由此带来的一个直接后果，就是对资产阶级的改良运动和革命运动估计过低。这种远非事实的褒贬扬抑，在'文化大革命'中发展到极端，一九六六年发表的戚本禹的文章《爱国主义还是卖国主义——评〈清宫秘史〉》，是一个典型例子。在这篇文章中，戚本禹把义和团捧上了天，把戊戌维新说成了罪恶。如果撇开这篇文章以批判电影《清宫秘史》为名，明目张胆地蔑视党纪国法，对党和国家的现任领袖进行诬告、诽谤和陷害这一邪恶动机，单就它所采取的方法来看，也是一个把简单化、绝对化发展到荒谬地步的恶劣标本。这篇文章实际上贯串着这样一个简单刻板的公式：劳动人民的一切都是好的，剥削阶级的一切都是不好的；暴力斗争在任何情况下都应当肯定，政治改良在任何情况下都应当否定。很明显，这个简单刻板的公式，是彻头彻尾的主观主义，同马克思主义毫无共同之处。"黎澍接着说："中国近代史的主流是什么？这个问题在'文化大革命'中搞得很混乱。那时对洋务运动是彻底否定的，对辛亥革命虽然没有完全否定，但也提出了'立足于批'的基调。而太平天国起义和义和团，却作为两次革命高潮而给予完全的肯定，这实际上是把农民运动当成了近代史的主流。而无产阶级领导的新民主主义革命，则似乎是直接

---

① 参见《中国农民战争史研究集刊》第1辑，上海人民出版社1979年版。

与农民运动相衔接，成了旧式农民运动的继续。有些作者认为，这也是一种简化、绝对化的倾向，应当拨乱反正。这个看法有它的道理。在鸦片战争以后，太平天国起义已是旧式农民战争的尾声。洋务运动作为太平天国起义的反动，是统治集团的部分人企图采用西方技术挽救垂死的封建制度所作的努力，但是它在客观上却是资本主义发展的开端。其后，资本主义有了一定发展，才开始出现反映这种要求的资产阶级维新运动。资产阶级维新运动的失败，导致资产阶级革命运动的兴起。在太平天国以后，洋务运动、戊戌维新、辛亥革命。前后相续，一个发展高于一个发展，最后归结为建立资产阶级共和国，是合乎逻辑的。当然，由于中国资产阶级的软弱，他们没有完成这个使命，这才有无产阶级领导的新民主主义革命代之而起。所以新民主主义革命是旧民主主义革命的继续；它的目的是在无产阶级领导下，完成旧民主主义革命所未能完成的建立民主政治、发展现代经济的任务，为实现社会主义的革命转变准备条件，而不是继续走旧式农民起义所走过的老路。这样来解释中国近代史的主流及其发展，才比较接近事实。"[①]

下面就中国近代史研究的若干专题，分别记述。

一 关于太平天国研究

这是新中国成立后中国近代史研究领域成果最为丰富的一个方面，然而在阶级斗争极端化的政治氛围下，农民起义被任意拔高，洪秀全也被说得神乎其神，太平天国历史的本来面目受到严重歪曲。进入新时期，学者们终于能够把虚悬的"天国"重新拉回到历史的真实中来。按照马克思主义关于社会革命的理论，造反不等于革命，农民起义，包括太平天国起义，也不能称为革命，因为旧式农民不代表先进的生产方式，旧式农民起义不可能实行社会制度的根本变革，他们既不能改变旧的生产关系和旧的上层建筑，也不可能建立新的生产关系和新的上层建筑。[②] 这样来看太平

[①] 《一九七九年的中国历史学》，载《中国历史学年鉴》（1979年），人民出版社1980年版。

[②] 参见《历史研究必须提倡真实性和科学性——北京地区国庆三十周年学术讨论会史学组总结经验教训》，《光明日报》1979年10月27日。

天国运动性质的意见，给人以崭新的理论视角。在除去"神"的外衣后，对洪秀全的评价就比较一致了。人们看到，洪秀全的确是太平天国的领袖，在太平天国前期，可以说没有洪就没有太平天国。但定都天京以后，他的帝王思想、保守思想、享乐思想急剧发展，很快变成高高在上、居于深宫的封建帝王，政治上陷入权力之争和内讧，组织上搞严重的宗派主义，军事上表现了僵化和保守，思想上则完全沉溺于宗教迷信，导致太平天国由盛到衰，最后失败。人们还特别强调要正视洪秀全的错误，从中吸取有益的历史教训，起到知往鉴来的作用。[①]

李泽厚是"文化大革命"后最早对太平天国问题"再思考"的学者之一，他发表在《历史研究》1978年第7期的论文《太平天国思想散论》影响较大。关于"太平天国与拜上帝教"，他认为"从意识形态看，太平天国有其非常鲜明的特色，它穿着宗教外衣，表现了农民阶级在政治、经济、文化各方面对地主阶级进行空前的思想反抗和暴力冲击。然而，太平天国思想却无法挣脱封建生产方式所带来的局限，缺乏近代资产阶级基于新的生产力和生产方式的经济基础所产生的民主主义等重要内容。相反，象平均主义、禁欲主义、宗教迷信等小生产者的意识形态占据了重要地位。它们违反社会发展的规律，不符合现实生活的要求，起了导致革命失败的作用。洪秀全的思想突出地表现了农民阶级意识形态这种革命反抗与封建落后的两重性"。关于"洪秀全与太平天国的反孔"，他指出，不应把它形而上学化，要看到它的两重性。洪秀全固然因考场失败对孔孟教义怀有不满，但他主要是在起义后，才日益坚决反孔。尊孔与反孔，剥削有理的儒家理论与反剥削的空想社会主义的剧烈斗争，正是农民与地主的矛盾斗争在意识形态领域内的尖锐表现。但洪秀全和太平天国由于缺乏新的经济基础作为依靠，也就提不出新的上层建筑和意识形态来替代封建主义，以孔孟为集中代表的传统封建思想就并没有，也不可能被真正打倒或清除。它们又以各种形式在太平天国意识形态内渗透、保留和表现出来。对所谓太平天国冲击"四大绳索"，他指出，从永安到天京，从《天命诏旨书》到《太平礼制》，它的制度是等级异常确定，尊卑十分分

---

① 参见卞哲《一年来若干学术问题讨论综述》，《学术月刊》1980年第1期。

明，弟兄称呼纯为形式，君臣秩序备极森严，不仅有等级制，而且有世袭制……完全是封建主义那一套，并无任何近代民主主义。对旧有政权、族权、神权、夫权的冲击破坏，主要是表现在太平天国的军事斗争和军队中，而不是表现在广大社会与和平环境里，前者毕竟是少数人和为时短暂的，在革命冲击过去后，很快又退回到原处。所以，太平天国并没有也不能使整个社会从这"四条极大的绳索"下真正解放出来。《天朝田亩制度》是公认的太平天国革命思想的总纲，李泽厚认为，该纲领的特征恰恰是上述革命反抗与封建落后这种双重性的最典型的表现。平均主义、禁欲主义在早期发动组织群众和作为军队风纪，的确能起巨大作用，但把它们作为整个社会长期或普遍的规范、准则和要求，则必然失败。所以我们在强调这个纲领的反剥削、代表农民的理想和要求的伟大革命性的同时，也不能无视、掩盖或否定这种小生产者的封建落后性质。不建立在工业大生产的基础上，纯粹从消费、分配着眼，搞平均主义、禁欲主义的共产主义，把"五母鸡二母彘"之类的自给自足的自然经济理想化固定化，强制推行一种单一化的社会集体生活，在事实上是行不通，搞不长，挫伤群众（包括农民群众）的积极性，阻碍社会的前进发展的。不管想得如何平等美妙，终于只是乌托邦。李泽厚对《资政新篇》的价值却给予了相当高的评价，认为它在近代条件下，给农民革命指示了一条摆脱封建羁绊、甩开落后空想、继续前进的方向和道路。这是当时符合历史发展、推动社会进步的唯一的方向和道路。尽管由于军事局势，根本没能实行，但它在思想史上的意义是重大的。正是由于《资政新篇》，太平天国才具有指向"中华共和国——自由、平等、博爱"（马克思）的近代民主主义的气息。如果说，《天朝田亩制度》的重点在于打破封建地主土地所有制的生产关系，那么《资政新篇》的重点就在于建立和发展一种新的资本主义的生产力和生产关系，不再是"五母鸡二母彘"之类的农业小生产的狭隘眼界，而是建立近代工业、全面开发资源的宏大计划。也只有这样，才能真正克服前者的封建性、落后性和空想性。《资政新篇》的作者洪仁玕把中国近代"向西方学习"推到了一个新的高度，他提出了"与番人并雄之法"，要与外国竞存。他的好些主张和后来资产阶级改良派差不多，但洪仁玕这个方案，比后来改良派陆续提出的发展工商业的主张，不但早二三十年，而且也更为全面和彻底。

对于无限拔高太平天国，说它有一个"革命哲学思想体系"，黄彦提出了质疑，认为是"对洪秀全等人的宗教唯心论加以抹杀或美化成别的样子。所谓太平天国有一个'泛神论的思想体系'云云，不过是空中楼阁而已"。而"所谓太平天国'进步历史观'和儒家唯心史观的'根本对立'，看来似乎很注意划清革命派与反动派的阶级界限，实际上是抹杀了唯物史观与唯心史观的原则界限"。[①]

董楚平从平均主义的历史功过角度评价太平天国。他说："在二千多年的农民战争史上，太平天国的平均主义发展到最高水平。平均主义在农民战争的准备和初起阶段，对革命所起的积极作用，莫过于太平天国。从金田起义，特别是永安突围以后，到定都天京，革命形势发展之迅猛，不仅超出清政府的意料之外，而且也是洪秀全等人始料所不及的。究其原因，不能不归功于'天国'理想的宣传和在太平军内部军事共产主义的严格实行。但是，平均主义思想制度的作用是不可能持久的。它只能兴奋于一时，不能持续到最后。革命进入高潮以后，扔得愈快愈好。"他进而分析道："当革命初起，平均主义用来对付旧的封建统治秩序，它有'破'的功用，可以得到人民的拥护；当革命进入高潮，平均主义用于人民内部，解决社会生产时，它就比封建主义为害更甚。太平天国的实践证明，人民群众宁受比较正常、相对减轻的封建剥削和资本主义剥削，而不要平均主义。因为平均主义违反生产力发展的要求，违背经济规律，只能给人民带来更大的痛苦。这就是为什么人类历史上有'罪恶'的奴隶社会、封建社会、资本主义社会，而没有'理想'的平均主义社会的道理。"董楚平的结论是："判断一个政策是否正确，不能只看它的条文具有多少'理想的光辉'，今天读起来有多少动听之处，而要联系当时的具体条件和实践后果。《天朝田亩制度》如果颁行于金田起义前后，倒不失为一个革命的文件。但它是颁行于定都天京、革命进入高潮以后，不是用来'破'，而是用来'立'。此其一；其次，以南京为中心的长江中下游，

[①] 黄彦：《太平天国有一个"革命哲学思想体系"吗？——兼评哲学史研究中的一种思潮》，《历史研究》1978年第12期。

是当时中国商品经济和资本主义萌芽最发达的地区，这种先进的经济因素与平均主义的矛盾更大，它更加容不得平均主义的破坏。此时此地，颁行《天朝田亩制度》，与其说是革命的，毋宁说是反动的。从实践后果来看，它对太平天国革命事业所起的作用是消极的。今天，我们把《天朝田亩制度》捧上了天，而对拜上帝教倒还有所批判。当然，顽固地坚持拜上帝教是太平天国失败的原因之一。但是，拜上帝教创立于革命以前，没有拜上帝教，哪来的太平天国革命？它对革命是立过汗马功劳的。而《天朝田亩制度》颁行于定都天京以后，它对这场革命哪里起过拜上帝教曾经起过的作用呢？但由于我们看问题脱离具体的时空条件，故扬此而抑彼，弄得褒贬失当。"①

林增平对"太平天国革命推动中国资本主义发展"的说法提出商榷，认为这有待进一步研究。他指出，太平天国运动之后自耕农的增加和永佃制的扩大并不符合资本原始积累的定义，因而不能推导出它推动民族资本主义的产生这一结论。近代资本主义在任何国家、任何地区兴起，都有它的历史的准备，即都经历过期限长短不一的资本原始积累阶段。但太平天国后自耕农的增多，大多数是无地少地的农民重新得到土地的户、口的增多，这种现象，显然是劳动者与其劳动资料间原先存在过的统一遭到破坏后又归于统一。而永佃制，既然是"佃农对其所耕种的土地有绝对使用权和支配权"，那么这种租佃制度的扩大，也就意味着劳动者与其劳动资料间某种程度的结合的扩大。从这个意义上来说，自耕农的增多和永佃制的扩大，就不是分离封建经济的因素，而恰好成为已经破裂了的封建经济的黏合剂。这同原始积累的规律和内涵相比较，真说得上是南辕北辙、背道而驰了。如果没有足够的资料和论据证实近代中国资本主义的兴起是不曾经历原始积累阶段的，或中国的原始积累不是劳动者与其劳动资料的分离，而是更归于结合的过程，那么，就不可能用自耕农的增多及其分化和永佃制的扩大来解答太平天国革命推动了中国资本主义兴起的课题。林增平还认为："永佃制并不是在长江中下游各省普遍地实行和扩大，而只是在部分地区有所发展。在实行永佃制的地区，情况也有很大差别。有的地

---

① 董楚平：《论平均主义的功过与农民战争的成败》，《历史研究》1980年第1期。

区，佃户确曾借助永佃权不同程度地遏制了地主的贪得无厌的剥削，有的地区，则永佃权反成了地主豪强加重盘剥的手段。因此，似乎不宜不加区别地说永佃制'使地主与佃农之间土地依附关系遭到破坏'，笼统地作出'永佃制成为农民反对地主的有力工具'的评价。""更需要提出，即使是在农民利用永佃制使地主的贪欲遭到压抑，感到'深受其制'的地区，也缺乏确凿可靠的史实足以说明，一部分商人、地主和官僚是因此而转向投资新式企业的。"①

在摈弃政治性抬捧之后，对太平天国的历史作用，不管是肯定的多些还是否定的多些，研究者们开始尝试用一种客观历史发展和联系的观点来看问题了。刘大年说："太平天国是否推动了社会生产力的前进，我以为从直接的结果来看，很难找到它推动生产力前进的有说服力的论据。它的重要意义是很明显的。它把广大分散的人民反抗斗争集中起来，对封建宗法社会的全部权力、秩序加以扫荡，极大地加速了清王朝和整个封建制度的衰落、崩溃，此其一。它对外国侵略者展开大规模武装斗争，打破了西方资产阶级迅速把中国殖民地化的企图，此其二。太平天国在思想上、组织上都比过去许多次农民战争发展得更高些，对于后来的人民群众斗争具有显著影响，此其三。但这些都不属于直接推动生产力的内容。如果我们的眼光看得远一点，情形就不一样了。把太平天国放在中国整个民主主义革命，即从旧民主主义到新民主主义革命的全部过程中加以考察，把它看做推翻半殖民地半封建社会的有重要意义的一步，有了它，然后才出现义和团运动、辛亥革命，而后才有五四运动，而后才有新民主主义各个阶段的斗争，而后才有民主革命的伟大胜利，而后才有社会主义制度下生产力的大发展，就可以说它是推动了生产力的前进。"② 章开沅也同意太平天国是中国近代史基本线索中的重要环节。他说，太平天国的主要历史功勋并不在于建设新制度，而是在于破坏旧制度，破坏旧制度就是为新制度的产生开辟道路。尽管"反满"（"讨胡"）不是太平天国农民战歌的主旋

---

① 林增平：《太平天国革命推动中国资本主义发展的问题有待进一步探索》，《历史研究》1979年第10期。

② 刘大年：《关于历史前进的动力问题——在太平天国运动学术讨论会上的发言》，《近代史研究》1979年第1期。

律，但是太平军以国内战争的形式公开而广泛地声讨满洲贵族统治的罪恶，并在所到之处扫荡其各级官僚机构。清王朝虽然借助外国侵略者的援助扑灭了农民战争的烈火，但是它再也不能恢复原有的相对稳定的政治态势，"外重内轻"已成必然的趋向。如果说，1525年德国农民战争的主要受益者是各地诸侯，那么太平天国运动的主要受益者则是地主阶级的地方实力派。湘军、淮军的崛起及各派洋务集团的产生，都说明封建专制主义"大一统"的局面已经暗藏着分崩离析的危机。①

二 关于洋务运动研究

"文化大革命"结束之后的十年间，洋务运动研究的进展，有两波。一波是那些曾经认为洋务运动是把中国引向半殖民地的反动运动的学者，开始承认其也有积极历史作用的一面。如牟安世对他在《洋务运动》一书的结论提出修改补充，说原来的结论"缺乏客观上的不以人的意志为转移的另一方面，即清政府通过这一运动，建立了机器局，使用机器进行生产，出现了'一个完全的技术变革'，并且产生了无产阶级，在一定程度上显示了中国资本主义的发生和发展，因而在中国近代史当时的现代化问题上迈出了第一步"。② 胡绳的新著《从鸦片战争到五四运动》对洋务运动做了专节论述，说洋务派办的军事工业"是带有资本主义性质的企业"，民用企业"带有较多的资本主义性质"，从举办军事工业转到"求富"的民用企业"是一个进步的趋势"。这些看法较之他过去的观点显然有了变化。③ 夏东元也不再以洋务派执行的政治路线作为评价洋务运动的出发点，说"不能完全用政治上的革命与反动来评价经济上的前进与倒退"，他通过考察洋务运动中变革思想的发展，认为"它是符合时代潮流的"。④ 黄逸峰、姜铎则在《历史研究》1979年第2期上发表论文《重评洋务运动》，进一步重申他们在"文化大革命"前的观点，认为应该"全面评价洋务运动"，既承认它"是一个反动的运动"，又不能就"到此为

---

① 参见章开沅《民族运动与中国近代史的基本线索》，《历史研究》1984年第3期。
② 牟安世：《关于洋务运动的几个问题》，《吉林大学社会科学学报》1981年第3期。
③ 胡绳：《从鸦片战争到五四运动》，人民出版社1981年版。
④ 夏东元：《洋务运动发展论》，《社会科学战线》1980年第3期。

止","因为洋务运动毕竟在中国近代史上长达三十五年的时期内,占有相当重要的地位。它在中国大地上首先办起了一批中国人自己的军民用企业,揭开了封建中国采用西方资本主义生产方式的序幕……它兴办了中国第一个近代煤矿,第一个近代钢铁厂,第一个近代织呢厂,第一个近代纺纱厂和织布厂等等。这是洋务运动客观存在的另一面,也是评价洋务运动不能一笔抹煞的一面"。

然而,思想解放大潮中的学者们,已经不满足于上述这样的认识水平,这便形成了洋务运动研究的另一波。徐泰来撰文表示不同意黄逸峰、姜铎对洋务运动"主要方面"否定、"次要方面"肯定的评价,他认为"洋务运动在中国近代史上是一个具有进步性的运动。它是独立的封建中国沦为半殖民地半封建社会初期历史的必然表现。它揭开了封建中国采用西方资本主义生产方式的序幕。它与封建顽固势力的斗争,实际上是促进中国社会生产力发展还是阻碍这种发展的斗争。它与外国侵略者的斗争,反映了中华民族与外国侵略者的矛盾,也反映了新兴的中国民族资本主义同走向没落、垂死的西方资本主义的矛盾。但是,由于历史条件的局限,封建主义的束缚,外国资本主义的钳制,这个运动又带有封建性、买办性,它与封建顽固势力和外国侵略势力的斗争不彻底不坚决,往往以妥协、失败而告终,它在某些方面还限制了民族资本主义的发展。因而严重地限制了运动取得更多的成就"。①

正面地肯定洋务运动,把它作为中国近代历史发展过程的一个阶梯来考察的领军学者,是李时岳和胡滨。李、胡二人提出了"洋务运动—戊戌维新—辛亥革命"代表中国近代历史进步潮流的概念,其影响很大。1980年《历史研究》第1期发表李时岳的论文《从洋务、维新到资产阶级革命》,文章说:"洋务运动、维新运动和资产阶级革命,是近代中国前进的几段重要历程。长期以来,从'批判剥削阶级'的原则出发,形成了一些固定的观念:办洋务就是买办化、卖国主义;搞维新无非是妥协、改良主义;干革命也不正确,因为是资产阶级的,必须'立足于批'。先验的原则窒息了人们的思想,研究工作只能在固定的框框内弥缝

---

① 徐泰来:《也评洋务运动》,《历史研究》1980年第4期。

补苴。稍许出格,'歌颂帝王将相'、'为改良主义涂脂抹粉'、'为资产阶级争历史地位'等等罪名即随之而来,从而扼杀了学术民主,也就禁锢了科学前进的脚步。拨乱反正,必须从实际出发,打破框框,重新进行认真的探索,广泛展开自由的讨论。"作者指出:

> 中国是以半殖民地的屈辱地位被强制拉入资本主义世界体系的,落后使中国挨了打。当欧洲出现资本主义曙光的时候,中国仍然沉睡在封建主义的漫漫长夜里,封建统治者妄自尊大,固步自封,闭目塞听,闭关自守,造成了对世界的愚昧无知。鸦片战争前,地主阶级中出现了以林则徐、龚自珍、魏源等为代表的一些人,他们提倡通经致用,揭露政治危机,讲求兴利除弊。这些有识之士,被称为改革派。但是,他们的改革主张仍然拘囿于古老的圣经贤传,并不能适应正在酝酿着巨大变化的中外形势。终于鸦片战争爆发了,堂堂天朝上国竟被不知从何而来的外夷小丑打得惨败。旷古未闻的奇耻大辱促使人们发愤图强。改革派开始认识了在当时世界潮流下改革的主要方向:"师夷长技以制夷"。不过,改革派人单力薄,在权贵的压抑下不能有所作为。鸦片战争后,封建统治阶级仍然歌舞升平,醉生梦死,昏昏然不思振作。"师夷长技以制夷"的主张只不过成为一种珍贵的思想资料在历史文库里闪闪发光。
>
> 紧接着是轰轰烈烈的太平天国农民战争。广大农民奋起用武器批判封建统治阶级的残暴和昏聩,打乱了整个封建统治秩序。全国规模的阶级大搏斗,使得地主阶级改革派也投入了镇压农民战争的反革命行列。林则徐死于前往广西镇压农民起义的途中。魏源在江苏高邮举办团练,抵抗太平天国。他们的后继者曾国藩、左宗棠、李鸿章之流纷纷崛起,成为农民战争最厉害的敌人。
>
> 历史于是出现了转折。
> 农民战争打击了腐朽的权贵势力,给予地主阶级改革派掌握权柄的机会。掌握了权柄的改革派镇压了农民战争,成为新的权贵。新权贵们懂得"师夷长技"的必要,洋务运动于是发轫。旧权贵势力没

有铲除，于是发生了洋务派和顽固派的斗争。洋务运动蹒跚跛行。洪仁玕向西方学习的方案《资政新篇》，尽管得到了洪秀全批准，但在太平天国只是一纸空文，而恰恰是镇压太平天国的刽子手们却将《资政新篇》的主要内容如兴办近代工业、矿业、铁路、航运、电讯等等付诸实施。历史的发展就是这样矛盾、迂回的。

正是在洋务派主持下，中国拥有了第一批机器生产的兵工厂、造船厂、纺织厂、钢铁厂以及煤、铁矿场，创办了第一个轮船公司，铺设了第一条铁路、电线，建立了第一支海军舰队，开设了第一批外语、科技学校，派遣了第一批留美、留欧学生，翻译了第一批科技书籍，出现了第一代科技人才和在本国厂矿里的产业工人，在"官督商办"、"官商合办"的企业里一些地主、官僚、商人逐渐向资产阶级转化。所有这些，至少在客观上使封建坚冰出现了裂口，从而为开通资本主义的航道准备了某些必要的条件。

李文认为："一八四〇年到一九一九年的中国近代史，经历了农民战争、洋务运动、维新运动、资产阶级革命四个阶段。前一阶段孕育着后一阶段的因素，前后紧相连接。前一阶段的运动尚未结束，后一阶段的运动业已萌发；后一阶段的运动已经开始，前一阶段的运动尚留尾声，前后交错。它反映了近代中国社会的急剧变化，反映了近代中国人民政治觉悟的迅速发展，标志着近代中国历史前进的基本脉络。"不久，李时岳与胡滨又合写了《论洋务运动》一文，对"四个阶段"（后来史学界习惯称为"四个阶梯"）说，做了补充性阐述。他们表示不认同中国近代史是以帝国主义和封建势力为一方，以人民群众为一方，循着所谓两条路线斗争向前发展的观点。他们认为"在中华民族灾难深重的年代里，为了阻止中国向半殖民地、殖民地沉沦，不同阶级的政治代表人物从事过不同形式的探索和斗争"。"争取独立和谋求进步始终是历史的主题；而向西方学习、发展资本主义，则是近代中国争取独立和谋求进步的根本道路。洋务运动虽然不属于人民反帝反封建的反抗运动，但它顺应历史发展的潮流，缓慢地逐步朝资本主义方向挪动，在暗地里或客观上为中国的独立和进步积累着物质力量。"因此,"洋务运动表现了中国社会进步不可逆转的方向"。在洋务运动之前爆发的太平天国农民起义,遭到洋务派的镇压,二者从阶级关系来说是对立的,但又存在曲折的联系。正是农民战争打乱了封建统治秩序,造成了一种新的局势,使洋务派得以"把林则徐、魏源等人开其端绪的学习西方的主张着手付诸实现"。从这方面来看,洋务运动可以说是"农民战争的副产品","曲折地反映了农民的伟大历史作用"。至于洋务运动与维新运动的关系,他们认为,早期维新思想家实际上属于地主阶级改革派或洋务派;早期维新思想实际就是洋务思想。随着洋务运动的发展,维新派才从洋务派中分化出来。因此,洋务运动与维新运动有着明显的继承关系。[①]

另一位颇有声望的近代史学者陈旭麓也表示了与李、胡相近似的看法:"事物的新陈代谢,决不只是一个简单否定和替代的公式,而是一个扬弃和汲取的复杂过程。近代中国的改革是从上层开始的,是在外国资本主义侵略和农民起义的双重压迫下迈开第一步的,依次推移,由上层肇始,逐级发自中下层,它的发展形成一个塔形。"他认为,洋务运动、戊戌变法、辛亥革命是"一个否定一个而且象浪圈一样一圈比一圈大地彼此联系着"。在革命势力兴起之前,"洋务运动和戊戌变法,代表历史前进的步伐"。[②]

西学的引进及其对中国社会的影响,是评价洋务运动的重要方面。《历史研究》1982 年第 1 期发表青年学者叶晓青的论文《近代西方科技的引进及其影响》。叶文说:"在世界文明发展中,十九世纪被称为'科学世纪'。这是由于科学已从经验描述上升为理论,形成了自己的体系,并且对人类社会的各个方面发生巨大的推动作用。科学的思想一旦指导、渗透人类社会生活,就会起到改变人们的观念以至改造客观世界的作用。十九世纪中叶以后,中国终于结束了闭关自守的局面。西方近代科学技术开始传入我国。从此,任何顽固人物,再想把中国隔绝在世界潮流之外,已经绝对不可能了。"叶文指出,西方近代科学,曾在明末清初由传教士传

[①] 李时岳、胡滨:《论洋务运动》,《人民日报》1981 年 3 月 12 日。
[②] 陈旭麓:《中国近代史上的革命与改良》,《历史研究》1980 年第 6 期。

入中国,但当时社会的反应是冷淡的。"到了近代情形却迥然不同:科学在中国开始植根,并产生了一系列连锁反应,产生了久远的影响。其所以有这样不同的结果,与洋务运动是分不开的。"陈旭麓分析了洋务派在引进、学习西学时的口号"中体西用",指出"这是近代中国特殊历史条件下的产物,是在中西文化两极相逢的矛盾中第一阶段的结合形式,是以以新卫旧的形式来推动中国社会的新陈代谢"的口号。①

第五节 中国近代史诸问题的理论再思考(下)

一 关于戊戌维新研究

在"文化大革命"史学中,用列宁所批判的"改良主义"来评价戊戌维新,其当然没有一点值得肯定的余地。而在史学反思中,黎澍指出,戊戌维新"是资产阶级民主性质的改良运动。这次运动企图依靠当时统治阶级的开明君主的支持,实行自上而下的政治改革,表现了它的软弱性。但是这次运动代表了刚刚登上政治舞台的新兴资产阶级的利益和要求,第一次提出实行君主立宪的政治主张,要求采取一系列有利于资本主义发展的政治、经济、文化措施,以改变国家贫穷落后的面貌。这样一种变封建主义为资本主义的政治理想和救国途径,不管它多么不彻底、不切实,但却是以往几千年来农民运动从未提出、也不可能提出的,所以有划时代的意义"。②

杨立强在《民族觉醒的一块里程碑——关于戊戌变法评价的若干问题》(《复旦学报》1979年第5期)一文中说,19世纪60年代,中国民族资本主义企业在通商口岸及其附近地区破土而起,到了八九十年代,民族资产阶级形成了一股新兴的社会力量。由于民族资本主义一问世就在内外压迫的夹缝中挣扎,因而民族资产阶级要求冲破本国封建主义和外国资

---

① 陈旭麓:《论"中体西用"》,《历史研究》1982年第5期。
② 《一九七九年的中国历史学》,载《中国历史学年鉴》(1979年),人民出版社1980年版。

本主义侵略势力的重重障碍。1895年后，终于形成了以康有为、梁启超为代表的变法图强的政治运动。这是当时尚处于在野、无权地位的新兴资产阶级，向内外反动势力争权利、求生存的斗争，也是以这个阶级作为首领的中华民族反对列强瓜分、挽救民族危亡的一次尝试。把这场运动的领导阶级及其代表人物视为"统治阶级"，势必混淆新兴与腐朽、进步与反动、革命与反革命的界限，这是不符合19世纪末中国的社会实际的。杨文进而指出，不管有些维新志士曾经在某些场合表白无意从根本上推翻旧制度，也不管他们当中某些人的主观意图如何，戊戌变法反映了中国民族资产阶级要求传播西方思想文化，用相对先进的资本主义制度替代封建制度的强烈愿望，则是毋庸置疑的事实。变法过程中尖锐、激烈的斗争昭示：它不是某些企图"补天"的封建文人一种矫揉造作的空言粉饰，而是一场真真实实的资产阶级社会变革运动。针对以往否定改良主义的种种指责，该文说："人们公认，鸦片战争以后，中国就变成了半殖民地半封建社会，中国人民的主要敌人是帝国主义和封建主义。在这一历史条件下发生的戊戌变法运动，不也是为了反对帝国主义侵略和封建主义压迫吗？不也是为了变革贫穷落后、受欺挨打的半殖民地半封建社会制度这个旧事物的'质'，使中国能够走上民族独立、国家富强的道路吗？谭嗣同等维新志士殷红的鲜血，并不是用以涂抹封建庙堂的，而是浇灌了民族解放的鲜花。问题既然如此，却说他们不想改变半殖民地半封建社会性质，岂非自相矛盾？"该文最后评价道：戊戌变法是中国民族资产阶级正式登上历史舞台的第一次勇敢的政治尝试。这场运动是中国近代史上一次带有一定群众性的、实实在在的社会变革运动。首先，它为民族资本主义发展创造了有利条件。其次，它冲破了清政府的例禁，初步争得了言论、出版、结社等民主权利。最后，它促成了中国第一次思想解放的潮流。所以说，"戊戌变法是中国历史上的一场进步的爱国的政治运动，是近代史上中华民族觉醒的一块里程碑"。

左步青、章鸣九从中国近代经济及社会历史环境角度，阐述戊戌维新的进步意义：19世纪末叶，中国的资本主义刚产生不久，民族资本还很微弱。1872—1894年，中国还只有74个民族资本主义近代企业，1895—1898年，新创办61个厂矿企业。这100多个民族资本企业，无论与帝国主义的企业和官办企业比，还是与以小农经济为基础的封建经济比，都是小得可怜。与此相适应，民族资产阶级这时也还不可能形成一支独立的政治力量，充当这个阶级的政治代言人的，主要是从地主阶级当中转化来的知识分子和一些开明官吏。他们的思想武器是半中半西，既是中国的传统思想，又有从西方拿过来的还没有消化的资产阶级民权学说。总之，这个阶级无论在经济、政治还是思想上，都还是一个发展不充分、不成熟的阶级。但是，国际国内的政局却时不我待，民族危机迫在眉睫，这个不成熟的民族资产阶级只得仓促上阵，这便是戊戌变法的阶级基础状况。由于中国资产阶级及其政治代言人不成熟，由于中国资产阶级与帝国主义和封建势力还有着千丝万缕的联系，由于这个阶级对工农群众抱着敌视的态度，这一切就决定了资产阶级与封建顽固势力的第一次政治较量，必然采取改良主义的办法。可见戊戌变法运动之所以采取改良的形式，是由历史状况和阶级力量状况所制约、所决定的。它不是在革命形势已经具备的情况下，偏偏不走革命道路，硬是坚持走改良的道路，而是在革命形势没有形成，革命要求未曾提出之前，所做的改良的尝试。这场改良运动，是中国有史以来第一次资产阶级性质的政治运动。正因此，这次运动对封建制度触动的深度，在中国漫长的封建历史上是破天荒的，不仅为历史上封建制度自身发展过程中曾发生的某些变法和改革所不可比拟，而且也为农民起义所不能企及。关键就在于它虽然软弱，但终归是表达了新的生产力和新的生产方式的要求。他们指出："这样的自上而下的改良主义运动，应当怎样公正地评价呢？显然不能像戚本禹那样把它说成是一条反动的道路。它所起的推动历史进步的作用是不能抹杀的，它在中国近代革命史上的启蒙作用是不能抹杀的。"[①]

李时岳则从中国近代一环扣一环的历史发展线索角度，来评价维新运动：

  洋务运动破产之日，即维新运动兴起之时。

---

① 左步青、章鸣九：《评戚本禹的〈爱国主义还是卖国主义？〉》，《历史研究》1979年第12期。

洋务运动在始初阶段，曾经得到各方面进步人士的一致拥护。被称为早期维新思想家的冯桂芬、容闳、王韬、薛福成、马建忠等人，实际上都是洋务运动的积极倡导者、参与者或支持者，即地主阶级改革派或洋务派。所谓早期维新思想就是洋务思想。对洋务运动的某些批评，基本上属于条陈或建议的性质。随着洋务运动的发展，地主阶级改革派或洋务派中逐渐出现了不同的倾向，或向官僚买办资产阶级转化，或向民族资产阶级转化。中法战争的失败，把洋务运动的纸老虎戳了一个大洞。洋务运动的反动本质开始被一些进步人士所觉察，它阻碍民族资本主义发展，导致外国侵略势力深入的反动作用的一面，逐渐显示出来，于是，反映民族资产阶级利益的维新思想开始崭露头角。他们指摘洋务派只是学习了西方的皮毛，而没有学习西方富强的本原，西方富强的本原不在于军事装备、机器生产，而在于资本主义的经济制度和政治制度。因此，中国要想富强，必须实行全面的、根本的改革。"根本不净，百事皆非"、"全变则强，小变仍亡"。他们批判地主阶级改革派"中学为体，西学为用"的理论说：有其体才能有其用，牛以负重，马以致远，如果以牛之体而求致远之用，以马之体而求负重之用，结果只能是"两撅"而已。这样，维新思想便突破了洋务思想的樊篱，不是枝节的改革，而是根本的改造。这是新兴资产阶级要求变半殖民地半封建的中国为独立的资本主义的中国的呼声。甲午中日战争的失败，宣告了洋务运动的破产。事实证明，枝节的改革不能救中国。甲午战争后帝国主义妄图瓜分中国的严重危机刺激人们寻求新的救国方案，于是，维新思想大发展，并在康有为、梁启超、谭嗣同等维新派推动下，迅速掀起了维新运动的高潮。

维新运动首先是作为爱国运动而彪炳于史册的。一八九五年，割地赔款的《马关条约》传到北京，康有为联合全国各省进京会试的一千多名举人，向皇帝上书，请求"拒和、迁都、变法"，标志着维新运动高涨的起点。这次"公车上书"，完全可以和一九一九年"巴黎和会"上中国外交失败的消息传来，北京学生三千多人在天安门前集合，要求"外争国权，内惩国贼"的"五四"示威游行相类比。

"公车上书"虽然没能阻止《马关条约》的签订，但大大地激发了广大知识分子的爱国热情，广泛地传播了变法维新以救亡图存的思想。维新派奔走呼号，救亡必须维新，维新为了救亡。他们反复申述亡国灭种的危机，痛斥地主阶级当权派的因循守旧、媚外卖国。他们把救亡图存作为变法维新的前提和目的，从而动人心弦地论证了变法维新的迫切性和必要性。"能变则全，不变则亡"，如再徘徊迟疑，四万万中国人即将沦为帝国主义的奴隶，连皇帝和群臣也将求为长安布衣而不可得。正是这个救亡的号召，使维新运动能够在短短的时间里迅速高涨起来，并得到全国上下广泛的支持和同情。维新运动的每一步进展也都是和当时的民族危机紧相联系的。在由德国强占胶州湾而掀起的瓜分狂潮刺激下，维新运动随即进入了最高潮——一百零三天的"百日维新"。

维新运动又是一个资产阶级的新文化运动。救亡是维新的前提和目的，维新则是救亡的内容和办法。为了团结维新志士，造就维新人才，推动维新事业，维新派开展了广泛的宣传、组织活动。建学会，设学堂，办报刊，鼓吹资产阶级的新文化，批判封建主义的旧文化，搞得热火朝天。据梁启超《戊戌政变记》的不完全统计，一八九五年后的二三年间，各省设立的学会、学堂、报社就有五十一所，其中学会二十四所、学堂十九所、报社八所。李提摩太《留华四十五年记》则说，从一八九五年到一八九七年，仅报纸一项即从十九种增加到七十种。这些学会、学堂、报刊，一般都以向西方学习为宗旨。"要救国，只有维新，要维新，只有学外国。"（《论人民民主专政》，《毛泽东选集》第四卷，第一四七五页）欧榘甲描述当时情况说，举国士民"家家言时务，人人谈西学"。所谓"时务"，就是变法维新，所谓"西学"就是资产阶级的新文化——从西方传来的自然科学和社会政治学说。"物竞天择"、变化发展、独立自由、平等民权等观念被介绍进来，"恪守祖训"、专制皇权等观念遭到抨击，人们开始从封建文化思想的桎梏中得到解放，从而出现了一种朝气蓬勃、生动活泼的气氛。

凭借着救亡爱国运动和新文化运动的浩大声势，维新派博得企图"重振乾纲"的帝党官僚的青睐,并迫使最顽固、最腐朽的后党势力暂时退让,演出了维新运动的最后一场重头戏——戊戌变法。这是资产阶级夺取政权的初次尝试。按照康有为的设计,这场具有政变性质的变法是企图依靠皇帝的威力,通过增设新衙门由维新派掌握实权,保留旧人物的虚位虚衔以减少阻力的办法来完成的。在中央,设立制度局总揽新政大纲,并设立法律、度支、学校、农、工、商、铁路、邮政、矿务、游会、陆军、海军等十二个局分管各门事务;在地方,每道设立民政局,每县设立民政分局,督办各项新政。"请皇上勿去旧衙门而惟增置新衙门,勿黜革旧大臣而渐擢小臣。多召见才俊志士,不必加其官而惟委以差事,赏以卿衔,许其专折奏事足矣。彼大臣向来无事可办,今但仍其旧,听尊位重禄,而新政之事,别责之于小臣,则彼守旧大臣既无办事之劳,复无失位之惧,则怨谤自息矣。"这就是康有为向光绪皇帝陈述的根本方案,即所谓"变法之原"。这是企图从顽固势力手中夺取政权的方案。光绪皇帝出于"不甘作亡国之君",采纳了维新派的建议,擢用维新人士,颁布变法诏令,力图为民族资本主义的发展开辟道路,给民族资产阶级某些民主权利,予资产阶级文化事业以合法地位。"百日维新"在全国范围内把维新运动推向了最高潮。自然,以为守旧大臣"无失位之惧"便不会反抗,只不过是维新派的一厢情愿。代表新兴资产阶级利益的维新人士,企图把封建顽固势力挤到一边,执掌政权,这本身就是严重的阶级斗争,顽固势力是不会甘心去坐冷板凳的。他们结集在西太后的周围,伺机而动,一举扑灭了新政,结果是光绪皇帝被囚,康有为、梁启超逃亡,谭嗣同等"维新六君子"被杀。

综上所述,维新运动作为救亡爱国运动,具有反对帝国主义的性质;作为资产阶级新文化运动,具有反对封建主义的性质,"百日维新"是资产阶级夺取政权的初次尝试,维新派和守旧派的斗争,实质是新兴资产阶级和封建顽固势力之间的阶级斗争。维新运动的终极目标是要把半殖民地半封建的中国变为独立的、民主的、资本主义的中国。①

李时岳得出这样的结论：从总体上考察，维新运动可以说是资产阶级的启蒙运动。维新派的进步作用在戊戌变法失败后也没有立即消失。谭嗣同的《仁学》后半部，被改名为《君祸》，由革命派刊行。梁启超在《清议报》和《新民丛报》上鼓吹资产阶级的世界观、人生观。严复精心翻译介绍西方资产阶级的社会政治理论和哲学思想。所有这些，都具有反封建的启蒙意义，都为资产阶级革命运动的兴起做了思想理论上的准备。长期以来，把维新运动说成资产阶级改良主义运动是不确切的。维新运动显然不属于改良主义的范畴。它并不是为了维护半殖民地半封建制度，只是采取了企图通过政变实行自上而下改革的形式，即改良的手段。不应该把改良和改良主义混为一谈。维新运动的历史意义，不在于"特殊的历史条件下"的"客观进步作用"，更不在于以它的失败"证明了改良主义道路走不通"，而在于它点燃了爱国、民主的火炬，召唤着一代仁人志士为救国救民的真理而献身，召唤着资产阶级革命的到来。

陈旭麓从他的社会历史"新陈代谢"的观点，看待戊戌维新，指出："戊戌维新运动虽然没有发动群众，也不触动社会基础，只是进行自上而下的政治改革，但就其趋势来说，它打击封建顽固势力，策划君主立宪，最终想建立资本主义制度，就不'只是限于改良'地维护旧制度，而是一个要求作较大革新的改良运动，与改良主义迥然不同。它之遭到封建顽固派的镇压也说明了这一点。"②

李时岳后来又撰文进一步说明了自己的观点，可以看出，他的观点与陈旭麓的观点十分接近。他说："康有为等维新派是形成中的资产阶级的代表。中国资产阶级是从地主、官僚、商人（包括买办）转化而来的，形成过程中自然会带有原来所属阶级的胎记。但重要的不在于'半地主'，而在于'半资产阶级'，即向着新兴社会势力的转化、前进。维新志士大多出身于地主、官僚家庭，但都是多少接受了资本主义思想的知识

---

① 李时岳：《从洋务、维新到资产阶级革命》，《历史研究》1980年第1期。
② 陈旭麓：《中国近代史上的革命与改良》，《历史研究》1980年第6期。

分子。他们为了振兴中华，不惜抛头颅、洒热血，倡导和推行资产阶级的改革，和封建守旧势力进行了一场有声有色的搏斗。维新运动不是可有可无的历史过场，而是资产阶级革命准备阶段的重要环节。在自上而下的和平改革尚可指望的时候，人们是不会轻易走上暴力革命道路的。他们充当了这个时期不可缺少的先行者角色，为推进中国的资本主义化做出了不可磨灭的功勋。"①

以往对由维新派演变而来的立宪派，也是一概骂倒的。解放思想则必然引出对立宪派及其运动的重新思考与评价。章开沅等人撰文说，立宪派不是要维护清朝封建君主专制制度，而是要实行属于资产阶级性质的君主立宪政体。就这一目的而言，立宪派和革命派没有什么不同，所不同的是在手段、方法上。立宪派采取请愿的合法斗争方式来迫使清王朝对资产阶级开放政权，这与革命派采取暴力革命推翻清王朝是有所区别的。相比之下，前者温和，后者激烈；前者保存的封建残余较多，后者较少，两者有激进与缓进之别。立宪派与革命派的关系经历了三个阶段：20世纪初年以前为第一阶段，两派之间的政治关系没有明显的分野。尽管革命派已经进行了两次武装起义，但与维新派仍保持良好关系。从20世纪初年到辛亥革命前夜为第二阶段，两派的关系逐渐破裂进而势不两立，在一系列重要问题上展开了大规模的公开论战。但这种矛盾只是同一阶级的不同政治派别在阶级利益基本一致的前提下的矛盾。武昌起义后为第三阶段，立宪派纷纷倒向革命派，这是阶级利益的共同性和政治目标的一致性所决定的。辛亥革命的成功，正是革命派与立宪派共同斗争的结果。②

随着对改良派认识的转变，康有为、梁启超、谭嗣同等一批戊戌维新时代的人物研究在史学界、哲学界吸引了更多学者的注意力，其中李泽厚对梁启超的评价颇有代表性。李撰文说，戊戌变法失败后至1903年，梁启超的政治活动应予基本肯定。其理由是：1898—1903年，是梁启超作为资产阶级启蒙宣传家的黄金时期，是他一生中最有群众影响、起了最好

---

① 李时岳：《戊戌变法历史评价的若干问题》，《学术研究》1983年第6期。
② 参见章开沅《辛亥革命史研究的几个问题》，《华中师院学报》1979年第1期；段云章《孙中山与辛亥革命学术讨论会纪要》，《中国社会科学》1980年第2期。

客观作用的时期。这段时间虽短，但却非常重要。因为他在这一时期中，对一代青年的思想起了重要作用。在这一时期中，梁启超根据自己当时吸取和了解的西方思想学说，结合中国的情况，通过他特有的流畅明白、"笔端常带感情"的文字，向广大青年介绍了西方各种理论学说和一整套新的世界观、人生观、社会思想和社会道德观念。他所办的《新民丛报》，虽被清廷严禁，仍然畅销国内，数量高达一万数千册，这在当时是一个巨大的数字，足见梁启超的启蒙宣传，完全符合了人们的需要，受到了热烈的欢迎。他也就成为当时这些青年中极有影响的人物。包括鲁迅和郭沫若一代人都受他这种启蒙思想的影响。因此，对"这种启蒙工作的意义不应低估，它构成当时人们（主要是青年一代）思想发展前进中的一个不可缺少的过渡环节。在政治上，它铺排了一块由不满清政府而走向革命的思想跳板；在观念上，它安排了由接受初步启蒙洗礼而走向更开阔更解放的思想境界的媒介"。所以，梁启超是近代资产阶级初兴时期在启蒙思想和学术领域的主要代表人物。①

二 关于义和团运动研究

在"文化大革命"史学中，戚本禹等人把义和团运动完全用于现实政治斗争，所以反思也由此起步。左步青、章鸣九在《评戚本禹的〈爱国主义还是卖国主义?〉》（《历史研究》1979年第12期）一文中说，19世纪末叶爆发的义和团运动，是一次以农民群众为主体的反帝爱国运动。义和团的广大群众在反帝斗争中表现得十分英勇顽强，沉重地打击了帝国主义的侵略势力。但是必须指出，按照马克思主义的原理，严格意义上的革命，只能是新的生产方式代替旧的生产方式，进步的社会制度代替腐朽的社会制度的深刻变革。在阶级社会中，这种革命变革突出的标志，便是政权由旧的统治阶级转到新的统治阶级手里。义和团运动是不是具备这种性质的历史事件呢？显然是不具备的。义和团运动的最主要缺点，就是它只反对帝国主义的侵略，而不反对封建的社会制度和清王朝的封建政权，甚而在"扶清灭洋"的旗帜下，淹没了农民运动本应具有的自发的反封

---

① 李泽厚：《梁启超王国维简论》，《历史研究》1979年第7期。

建本性，并终于被封建顽固势力所利用，成为封建势力和帝国主义势力相勾结的牺牲品。义和团运动从来就没有提出一条改变封建制度的道路来。他们不同意把义和团运动说成是一次革命，这便涉及了由"三次革命高潮"说建构的中国近代史诠释体系。

次年，《历史研究》第1期又发表了王致中的论文《封建蒙昧主义与义和团运动》。文章说："人们应当记得，被称作近代三次革命高潮之一的义和团运动，在文化革命高潮中，曾经近乎戏剧性地成为一时舆论注视的中心。今天人们已有可能冷静思考：戚本禹为什么要用'爱国主义还是卖国主义'作题目来为当时的'批判'点火？人们更有理由向历史的深处探究：究竟应当怎样认识义和团运动？"作者指出：中国是一个有长期封建传统的农民众多的国家。近代中国的农民是戴着封建主义的沉重镣铐，在反侵略战场上同帝国主义搏斗的。这种情况的存在，使义和团运动不可避免地带有浓重的封建蒙昧主义色彩，从而也使它对中国近代历史的发展进程，不可能起到如某些论者所夸大的那种伟大作用。因此，研究封建主义对义和团运动的影响，是正确认识和评价这个运动的一个重要方面。作者引用李大钊的话评价道："义和团虽发于仇教之心理，而于西洋人的器物一概烧毁，这都含着经济上的意味，都有着几分是工业经济压迫的反动，不全是政治上、宗教上、人种上与文化上的冲突。"正是因为这些，就注定了中国人民走向独立和自由的道路，必然是漫长而痛苦的。因此，对于《清宫秘史》这样的电影和它反映的复杂时代及人物，根本不应简单地武断地用"爱国主义还是卖国主义"去作判决。光绪皇帝的勇敢改革，对于新生产方式引入中国是一个积极的倡导，对于中国近代历史发展进程无疑是起积极促进作用的，但在当时却被义和团目为"二毛子"，新中国成立后又再次被赠以"卖国主义"的恶谥，义和团的农民们本来就遭受封建的残酷压迫和剥削，帝国主义的侵略和新生产方式的出现，对他们无疑是雪上加霜。如马克思所说，从纯粹的人的感情上来说，看到这勤劳的、宗法制的农民丧失古老的文明与祖传的谋生手段，是会感到悲伤的。不过从冷静的历史的观点来看，他们对新生产方式和新生活方式的反抗，却并不能成为历史前进的积极推动力量。但义和团在当时却被慈禧们崇以"义民"，67年后又被戚本禹笼统冠以"爱国主义"的美名。

这真是现代中国历史的莫大之悲剧！

　　章开沅也认为义和团本身不是一次革命，正如同太平天国不是一次革命一样。因为旧式农民不代表先进生产方式，不可能实行社会的根本变革。目前有些文章，对义和团运动的落后性、封建性谈得较多。为了突破禁区，论述一下这个问题也是可以的。正如我们不能苛求于辛亥革命时期的资产阶级革命派一样，我们也不能苛求于像义和团这样大规模的反对帝国主义的旧式农民战争。① 林增平说，在中国近代史分期问题讨论中，义和团运动被定为近代的第二次革命高潮。这就是说，从1864年太平天国失败后到1900年的36年当中，中国历史的进程就是为了酝酿、发动这样一个革命高潮。可是，从义和团运动本身来说，却不免使人提出疑问：难道中国人民费了36年的思想准备和力量积蓄，到头来竟掀起了这样一次缺乏组织、缺乏思想指导、纯属自发的散漫的革命高潮吗？事实上，19世纪60年代以后在中国社会里酝酿的变革，是另一种运动，那就是中国的资本主义化的运动。这开始是"洋务新政"；"洋务新政"的破产，导致了变法维新的兴起；戊戌维新的失败，又启发了进步的中国人走上民主革命的道路。包括孙中山在内的许多著名的革命家，差不多都是先后从维新营垒中分化出来的。我以前也赞成义和团运动是第二次革命高潮的说法，现在改变了，开始持反对态度。② 廖一中认为，关于义和团对待封建制度和清朝统治的态度问题是一个牵涉义和团运动性质的问题。已往有的著作把它说成是反帝反封建的革命运动。事实并非如此。革命，是针对改变生产方式，或者以进步的政权代替反动的政权而言。而义和团对此毫未触及。那种认为反帝就是革命的看法未必确切。古往今来，各个国度都有反抗外来侵略的斗争（包括战争），这是保卫祖国独立和民族利益的斗争，它与革命是两个不同的概念，不能混同。清王朝是代表国内的地主阶级和帝国主义对中国人民进行统治的半殖民地半封建政权。而义和团起义既不改变生产方式，也不推翻清王朝，又怎能说是革命呢？因此，义和团

---

① 见《光明日报》1980年5月27日。
② 同上。

运动只是一次反帝爱国运动。① 戴逸则认为对义和团运动的评价要坚持两点论，既要看到它的主流方面，斗争的正义性和历史功绩，也要看到运动有严重的弱点。一是组织性差，散漫无纪律，没有形成统一的队伍，没有明确的纲领和策略；二是笼统的排外主义，凡是外国人、外来事物，不分青红皂白，都要排斥；三是愚昧落后，迷信宗教、反对新事物。"文化大革命"中，有些人对义和团落后消极面视而不见，存在着片面性。林彪、"四人帮"正是利用了人们思想上的片面性，大肆歪曲义和团，煽惑群众，达到为帮派利益服务的反动目的。他们把义和团说成是先进的东西，要无产阶级去继承、仿效那种错误、落后的行动。把红卫兵比之为红灯照，火烧英国代办处，比之为攻打使馆区，胡闹一通，造成很大的损失，这个教训应该吸取。义和团运动的正义性当然要肯定，但不是绝对地肯定一切，不能把它的弱点当成优点。在社会主义革命和建设时期还鼓吹搬用义和团的组织形式与斗争形式更是荒谬的。②

李侃指出，有观点认为义和团运动既然是反帝爱国运动，清朝政府又是帝国主义的走狗，从这个意义上说，义和团在反对帝国主义的同时，也就必然起到打击清朝封建统治的作用。但却不能由此得出结论说，义和团要推翻清朝封建统治。研究历史应该从历史实际出发，而不能从原则出发，更不能从主观设想和推论出发。"扶清灭洋"这个代表义和团行动纲领的口号的提出，反映了帝国主义与中华民族的矛盾极度激化，同时对减轻清朝统治者的残酷镇压，对义和团运动的迅速发展，起到了一些积极的作用，但是这个口号本身，又带有很大的消极因素，它模糊了清朝统治与帝国主义的关系。以致到了后来，竟成为清朝统治者得以蒙蔽、欺骗甚至利用和控制义和团的原因之一。这个口号清楚地表明：义和团并不是把清朝统治者当作帝国主义的走狗，决心把它推翻，而是把它作为帝国主义的对立物去加以扶持。③ 丁名楠认为，搞清楚义和拳的源流与评价义和团运动的性质有关。团练是清朝腐朽统治的一种支持力量，秘密结社则历来受

---

① 参见廖一中《论清政府与义和团的关系》，《历史研究》1980 年第 3 期。
② 见《光明日报》1980 年 5 月 27 日。
③ 参见李侃《义和团运动研究中的几个问题》，《历史教学》1979 年第 2 期。

清政府的查禁，是它的对立物。义和团是后者而不是前者。清政府强有力地支持义和团的说法不能成立，同样，各省官员支持义和团的说法也不能成立。清政府即使与帝国主义有矛盾，也不至于会依靠义和团对帝国主义宣战。开战后不久清政府要驻外使节向所在国政府解释的电令，说了真话，它说"中国即不自量，亦何至与各国同时开衅，并何至恃乱民以与各国开衅"。但在6月中，它确是公开向帝国主义宣战，这又怎样解释呢？应该说，这是义和团逼出来的，是整个形势的发展逼出来的。它是违反清政府的本意的。义和团运动的整个过程有力地说明义和团是同清政府相对立的，后者对外宣战是被逼的。清政府一开始就强有力支持义和团以及各省官员支持义和团的说法，是经不起事实的检验的。"扶清灭洋"这个口号在运动中十分普遍，可以说是义和团的行动纲领。这个口号看来至少在主观上不要求推翻清政府，也没有表示要反对封建土地制度，因此说义和团运动不反封建，也是有道理的。①

朱东安、张海鹏、刘建一等学者仍主张对义和团运动的历史作用给予基本肯定。他们认为通常所说的义和团的排外主义实质上是农民阶级有历史局限性的民族革命思想，也是中国人民反抗帝国主义侵略的原始形式。它反映了中国人民反帝斗争初期的共同特点。因之，对义和团的排外主义，不应采取简单回避或全盘否定的态度，而是需要对它作出合情合理的解释。从中国人民反帝斗争的发展过程来看，义和团的排外主义是帝国主义侵入中国后，在中国人民中产生的一种不成熟的反帝思想和原始的反抗形式。它是一个被压迫民族在生死存亡的危急关头一种要求生存权利的本能反应。它的看来似乎有些"过分"的思想和行动，正表明中国人民对帝国主义的认识还处在积累经验的感性认识阶段，对帝国主义的斗争还属于初级阶段的自发斗争。尽管它不免片面和肤浅，甚至有些幼稚可笑，但就中国人民反帝斗争的全过程来说，这个发展阶段却是必不可少的。

他们还认为，义和团反帝爱国运动主要是中国农民发动起来的。从主要的意义上可以说，它仍然是一次单纯的农民战争，或者说是一次单纯的农民爱国运动。农民阶级具有两重性：是被压迫、被剥削的劳动群众，却

---

① 参见丁名楠《义和团运动评价中的几个问题》，《文史哲》1981年第1期。

不是先进生产方式的代表。当帝国主义侵入时，农民可以具有坚决的反帝行动。但作为小生产者，眼光狭窄，文化落后，完全靠直觉和经验来观察、认识问题。因而不可能认识帝国主义的本质，不可能把帝国主义的掠夺政策同它借以实行经济掠夺的工具——铁路、商品机器等加以区别，不可能理解这些东西还同时具有代表资本主义先进生产方式的性质，也不可能了解历史发展的方向和中国人民反帝斗争的真正前途。因而，在当时的历史条件下，义和团在反帝斗争中以排外主义为指导思想和斗争形式是不可避免的。在这个意义上我们可以说，排外主义是当时中国农民在反帝斗争中所可能采取的唯一形式。如果全盘否定了义和团的排外主义，所谓承认义和团是一次反帝爱国运动势必就成为一句空话。义和团的排外主义在经济学的形式上是错误的，因为它毁坏了一些机器、商品等资本主义的先进生产工具和工业产品，但它在历史上却是正确的，因为把帝国主义侵略势力驱逐出中国的要求和行动是革命的、正义的，而被这种排外主义所发动起来的农民群众反对帝国主义的斗争，正是中国发展民族资本主义必不可少的条件。正是由于义和团运动的打击，才迫使帝国主义不得不暂时收起瓜分中国的打算，清政府不得不进行一些它在戊戌变法时所坚决反对的政治、经济改革，使中国民族资本主义在 20 世纪第一个十年获得了空前未有的发展。从这个意义上甚至可以讲，义和团运动实现了戊戌变法所没有实现的目标，为辛亥革命的爆发准备了政治、经济前提。因此他们坚持认为，无论义和团运动有多么大的弱点和错误，它在中国近代史上的地位是不能否定的。[①] 作为"三次革命高潮"说的提出者，胡绳在当时发表了这样的意见：近来学术界有一种看法，以为义和团运动够不上称为一次革命高潮。在我看来，在充分估计义和团运动的反帝斗争意义的时候，必须看到它具有的严重弱点；同时也不能因为在当时的历史条件下，义和团运动不可能发展为一个健康的反帝斗争，就把它的历史地位抹杀掉。义和团虽然是传统的农民斗争形式的继续，但是把打击的矛头直接指向帝国主义侵略势力，而且义和团运动时期已经有了资产阶级倾向的政治力量。因此胡绳坚持说，包括戊戌维新和义和团运动在内的第二次革命高潮时期是中

---

① 参见《应当如何看待义和团的排外主义》，《近代史研究》1981 年第 2 期。

国近代历史中的一个重要环节。①

1984年，李时岳在《中国近代史主要线索及其标志之我见》(《历史研究》1984年第3期)一文中，对他提出的"四个阶梯"说中为什么没有义和团运动的位置做了进一步的说明。他认为通常所说的义和团运动，实际上包括两部分内容，一是从60年代开始的反洋教斗争的新高涨，一是反对八国联军侵略的战争。事实上，反洋教运动从来就不具有农民革命的性质。开头，它曾经是封建官绅倡导的"排斥异端""保卫圣道"的运动，随着中国半殖民地化的逐步加深和清朝统治者对外的日益屈服，斗争卷入了越来越多的下层群众，而封建统治阶级则分层退出斗争行列，有的站到斗争的反面，有的退居斗争的后台，但运动始终表现出明显的民族自卫的性质。甲午战争后，严重的瓜分危机使一部分官绅感到屈辱仍不能求存，"排外"情绪于是又激动起来。从1898年四川余栋臣开始的"扶清灭洋"运动就是在这种情况下兴起的。《余栋臣檄文》声明："但诛洋人，非叛国家"，用明确的语言规定了斗争的方向以及和清朝廷的关系。清政府剿抚兼施，镇压斗争后对余栋臣等人的处理也就和对农民起义领袖的处理迥然不同，从轻从宽，甚至给予一官半职。山东义和团的兴起也是得到乡绅乃至官府支持的。清朝朝廷在如何对待义和团的问题上发生了意见分歧：屈服于帝国主义压力者主剿，惧怕丧失"民心"（实指"绅心"）者主抚。戊戌政变后掌握了朝廷权柄的顽固大臣们，怀着被帝国主义抛弃的恐惧心情，企图利用"群众斗争"以显示自己的能量，因而主抚派占据优势。没有主抚派的默许，义和团不可能进入京津；没有清政府的号召，义和团不可能在华北和东北普遍涌现。随之而来的便是帝国主义的军事压迫和反侵略的义和团战争。战争是帝国主义发动的。作为一场反侵略的民族战争，从宣战、组织抵抗到媾和，清政府始终处于支配的地位，义和团只是被使用的一种力量。尽管以义和团为代表的广大军民进行了可歌可泣的英勇战斗，但无从扭转清政府的叛卖和投降。战争的直接结果是标志着中国半殖民地化进一步加深的《辛丑条约》和企图分割中国大片领土的俄军盘踞东北。把义和团战争看成被歪曲的农民革命，不能不说是性质上

---

① 参见胡绳《从鸦片战争到五四运动》上册，人民出版社1981年版，序言。

的误认。作为民族战争，由于参加的阶级、阶层很广泛，不同阶级不同阶层的人们自然会带着不同的政治见解投入战斗，对这些不同的政治见解和行动主要应从是否有利于民族战争的开展来进行评价，而不必胶着于反封建或不反封建。作为帝国主义发动的侵略战争，它应属于中国半殖民地化那条线索的重要标志，不把它列入主要线索，丝毫不意味着对农民运动的地位和作用的贬低或否认。何况义和团战争本来就不是农民运动，中国的单纯农民战争的历史到太平天国就最终结束了。

三 关于辛亥革命研究

李时岳这样论述辛亥革命与戊戌维新的关系：还在维新运动开始高涨的时候，中国民主革命先行者孙中山便建立了第一个资产阶级革命团体兴中会。在戊戌变法前乃至变法失败后若干年内，兴中会员和维新人士之间的关系是很融洽的，"向无芥蒂"，"彼此往来异常亲热，真无所谓有彼此之分"。这种情况，一方面反映了当时维新派以封建顽固势力为主攻方向，他们的活动具有启蒙的进步性质，另一方面也说明革命思想路线还没有完全成熟。事实上，民族主义、民权主义乃至民生主义，几乎都是由维新派发其端而由革命派竟其绪的。维新派首先提出只有实行民族主义才能有效地抵制帝国主义侵略的命题，鼓吹"满汉不分，君民一体"以实行民族主义。革命派从维新派手中接取了民族主义的大旗，着力论证不推翻以满族贵族为首的清朝统治，广大汉人的民族精神便得不到发扬，因此，实行民族主义的根本道路在于"排满革命"，建立"民族的国家"。民权主义理论最早也是维新派揭示的，不过，维新派以人民觉悟程度不够为理由，认为必须经过"开明专制""君主立宪"，借以"新民德""开民智""鼓民力"，把民主共和的实现推到遥远的未来。革命派争辩说，人民群众中蕴藏着民主主义的种子，只要去其禁遏，助其生长，就能迅速开花结果，"今日之民智，不必恃它事以开之。而但恃革命以开之"。维新派还介绍过西方社会主义运动的消息，并借以吓唬革命分子。革命派则引社会主义为同调，把社会主义看成"医治"资本主义"弊病"的药方，并从中引申出改革中国封建土地制度的民生主义，作为战斗的目标之一。维新派说，维新为了救亡，救亡必须维新。革命派说，维新不能救亡，救亡必须革命。20世纪初年,资产阶级革命派完成了对维新思想的改造,于是以独立的面貌出现于中国政治舞台,开展了资产阶级革命运动的新局面。

李时岳指出,资产阶级革命是近代中国人民反帝反封建斗争发展的最高阶段。资产阶级革命思想体现了当时时代智慧的最高觉悟。孙中山的三民主义就是这种思想的结晶。资产阶级革命派是当时人民群众最先进的政治代表。他们觉悟到自己的历史使命,自认为是"中等社会"的代表,负有"提挈"和"卵翼"下等社会,以"矫正"和"破坏"上等社会的责任。他们不像历来的农民战争那样,运用宗教的形式,秘密组织和发动群众,而是公开向群众呼吁,力图唤起群众的觉醒,为建立共和国而斗争。资产阶级革命派不仅属于人民群众,而且是人民群众中最有觉悟的一部分,当时的工人、农民在政治上是资产阶级革命派的追随者,觉悟了的分子便成为资产阶级革命派的成员。他评述道:政治觉悟是千金难买的非常宝贵的东西。旧式农民战争的英雄在失败的时候只能发出"天亡我也"的呼声,资产阶级革命党人在敌人的法庭面前,却能慷慨陈词,声明革命的必要,坚信革命事业的最后胜利。正是基于一定的政治觉悟,一代革命志士舍生忘死,英勇奋斗,用鲜血谱写了为真理而献身的壮烈诗篇。刘敬安"劲拒不稍回曲"的"铁汉"精神,林觉民《与妻诀别书》的思想境界,千秋万代,仍然感人肺腑。经过斗争、失败、再斗争、再失败、再斗争的艰苦历程,终于推翻了二百多年来的清朝统治,扫荡了最顽固最腐朽的满族亲贵势力,结束了两千多年来的封建帝制,创立了中国历史上从未有过的民主政体,为后来人民革命的胜利奠下了基石。他们的革命情操,他们的丰功伟绩,是永远值得人们崇敬和纪念的。

李时岳批驳"文化大革命"史学的观点说:有人认为,对资产阶级革命派不能"无原则地歌功颂德",因为他们本身属于剥削阶级,他们革命的目的绝不是也不可能是劳动人民的解放,他们所要改变的只是剥削的形式,而且在当时的世界形势下,资本主义也绝不是中国的出路,所以,必须"立足于批"。看来,"立足于批"的所谓"原则",就是宁可让历史停滞不前,也不可让非劳动人民为历史的前进做出贡献。按照这种"原则",人类如果不能在一夜之间进入共产主义的大同世界,就应当永远像狼群一样在原始森林里徘徊;从原始人群到共产主义之间的一切文明、进步,都是必须诅咒的。这种"原则",似乎很革命,实际上是"革革命的命"。正是在"立足于批"的原则指导下,出现了把资产阶级革命派及其领导的革命运动和人民群众及其自发斗争割裂开来,对立起来,借歌颂自发性以贬低觉悟性的咄咄怪事。①

关于辛亥革命的性质问题,曾有一番讨论。有人把这场革命说成主要是"反满",对此,刘大年发表意见说,这时的"反满"斗争已经是受资产阶级指挥,服从于资产阶级革命利益的运动。理由是:其一,它为资产阶级所发动。单纯的农民战争过去了,工人阶级还没有作为独立的力量登上政治舞台,除了资产阶级革命的风暴,当时没有其他社会力量能掀起这股"反满"怒涛。其二,它斗争的主要内容也就是资产阶级民主革命的主要内容,即推翻封建统治,反对站在这个统治背后的帝国主义。其三,决定这场革命的成败、面貌的,不是"反满"斗争,而是整个阶级斗争的形势,领导这个革命的资产阶级本身的特点,资产阶级与工人、农民群众的关系。资产阶级在某种程度上依靠热情高涨的群众把统治中国二百六十多年的清王朝推翻了。② 章开沅就辛亥革命时期的中国资产阶级是否"形成一股阶级的力量"做史实叙述说,20世纪初年,中国出现了一系列前后连续的群众运动,其中规模较大和影响较广的有:拒俄运动、抵制美货运动、收回矿权运动、国会请愿运动,以及直接导致辛亥革命爆发的保路风潮,等等。这些运动是古老中国逐步迈入近代的前进步伐,同时,它们也记录了资产阶级成长觉醒的轨迹。他认为1904年以后各地商会的先后建立,可以看作中国资产阶级已经成为一支独立的阶级队伍的重要标志。总之,辛亥革命时期的中国,有一个资产阶级存在着,活动着,在社会生活的各个领域,都可以感受到它的影响。③ 章开沅还专门研究了辛亥革命与江浙资产阶级的关系。指出20世纪初年的江浙,曾经是辛亥革命在国内的重要策源地,新的思潮最为鼓荡发达。但同时,这里又是帝国主义侵略中国最重要的基地,中外反动势力一起往这儿集结。先进的社会因

---

① 参见李时岳《从洋务、维新到资产阶级革命》,《历史研究》1980年第1期。
② 参见刘大年《评国外看待辛亥革命的几种观点》,《近代史研究》1980年第3期。
③ 参见章开沅《就辛亥革命性质问题答台北学者》,《近代史研究》1983年第1期。

素与顽固的黑暗势力交叉对峙，历史的现象充满着自我矛盾。江浙联军攻克南京和临时政府的建立，既是辛亥革命高涨的顶点，又是转向全面妥协与失败的起点。江浙资产阶级曾经把总统的桂冠奉献给孙中山，然而曾几何时，又迫使同盟会的领袖把政权移交给袁世凯。这些奇特现象的纷然杂陈，不应归咎于某些个人的品德缺陷所导致的背信弃义，而是他们所依附的那个经济结构和自己的矛盾性格使然。①

辛亥革命研究还涉及其他一些问题。胡绳认为，辛亥革命并没有提出反对外国帝国主义的口号。在政治和思想上领导辛亥革命的同盟会的纲领中并没有反帝国主义的内容。孙中山在1905年提出三民主义，他赋予民族主义的含义是"驱除鞑虏，恢复中华"。虽然如此，应当承认，中国资产阶级领导的这一次推翻清王朝的民主主义革命，在实质上也是反对外国帝国主义的。正因为资产阶级革命派坚决主张推翻被帝国主义维护的清政府，并且认为，革命应该使中国成为一个独立的国家。他们在实际上站到了同帝国主义对立的立场上。资产阶级革命派在反对君主立宪派的同时，也反对义和团的斗争方法。如果不是只看一时的效果，而是通过历史发展的全程来看，我们必须充分肯定辛亥革命推翻两千年来的君主专制制度、树起了民主共和国的旗帜的功勋。从一时的效果来看，辛亥革命以后，中国的黑暗并不次于清朝末年，但从历史的发展全程来看，辛亥革命的成功及其失败在中国人民的解放斗争史中具有极其重要的意义。② 黎澍也对辛亥革命的一些历史问题发表意见说，当年有这样的历史现象：资产阶级政治运动的出现先于资本主义的发展和资产阶级的形成。资产阶级的实业家们很长时期不支持甚或反对革命，只是在武昌起义爆发后和革命党人实行过短暂的合作。资产阶级革命党人用以发动革命的最有效的口号是"反满"。"反满"口号所包含的思想内容在革命党人中是很不相同的。但总的说来，它是基于摆脱帝国主义的侵略、挽救民族危亡，又是和民主主义觉悟相联系的。随着革命运动的发展，共和国的观念日益为多数人所欢迎。坚持"反满共和"的革命党人是颠覆清廷的主要力量。孙中山废除

---

① 参见章开沅《辛亥革命与江浙资产阶级》，《历史研究》1981年第5期。
② 参见胡绳《辛亥革命中的反帝、民主、工业化问题》，《历史研究》1981年第5期。

君主专制、建立共和国的思想，实际上成为革命运动的指导方针。武昌起义是在孙中山影响下并以他的名义发动起来的，是清末革命运动长期发展的结果。由于经济来源枯竭，得不到任何力量的支持，孙中山不得不把总统职位让给袁世凯。①

四 关于近代人物研究

随着洋务运动、戊戌维新等历史研究的新进展，对曾国藩、左宗棠、李鸿章、康有为、梁启超等一大批历史人物自然亦开启了重新评价的闸口。另外，五四时期新文化运动著名学者胡适，新中国成立后曾经被作为思想批判的敌酋。刚刚踏入新时期的思想学术界也小心地提出了对胡适进行再评价的问题。有人认为，胡适是以中国民族资产阶级的学者身份而积极参加五四新文化运动的。那时，他举起"打倒孔家店"的反封建旗帜，宣传民主与科学，提倡白话文和新文学，为中国民族资产阶级的发展鸣锣开道；在哲学思想上，他鼓吹进化论和实验主义，为民族资产阶级提供了世界观和方法论。尽管胡适后来政治上向右转了，但对这样一个在中国现代史上有过重大影响的人物，仍然应该本着历史唯物主义的科学态度，对他作出实事求是的评价。② 有人认为，胡适所谓"大胆假设，小心求证"是一种治学方法，有其可取之处。在这种方法指导下做学问，首先要求占有大量的资料，然后从对资料的研究中逐步形成观点和看法，提出假设，再去细心求证。在求证时，胡适强调要避免从情理推测，要继承前人的优秀成果，要敢于创新，反对在研究上采取影射附会的主观主义态度。这些无疑有可取之处。③ 五四新文化运动的另一位著名人物陈独秀，后来虽与胡适走了不同的道路，成为中国共产党的创始人和早期领导者，但在国内史坛，随着"左"的思想的发展，陈独秀是一个被全盘否定的历史人物，

---

① 参见黎澍《辛亥革命几个问题的再认识——纪念辛亥革命七十周年》，《中国社会科学》1981年第5期。

② 参见胡曲园《评胡适"五四"前后的哲学思想——兼论历史人物胡适的评价问题》，《复旦学报（社会科学版）》1979年第3期。

③ 参见全增嘏等《评胡适的"大胆假设，小心求证"》，《复旦学报（社会科学版）》1979年第3期。

对其进行研究也属于"禁区"。中共十一届三中全会后，党内有了民主空气，党史研究者开始重新讨论陈独秀的评价问题。尽管当时供研究的历史资料还不像后来那样丰富，但有人还是提出大革命失败的历史责任不应该完全归咎于陈独秀，因为这与共产国际的错误指导有着直接的关系。陈独秀的每一个错误，都与共产国际相关联。例如，1926年3月"中山舰事件"后，苏联顾问团就反对反击。同年11—12月召开的共产国际会议，还肯定国民党的整理党务案。蒋介石背叛革命后，斯大林在《中国革命问题》一文中，仍然认为国民党的武汉政府是革命营垒。所有这些，都对陈独秀的错误领导产生重大影响。[①] 与此同时，陈铁健发表在《历史研究》上的论文《重评〈多余的话〉》，对中共早期另一位领导人瞿秋白的狱中文章进行"重评"，引起不小的反响。瞿秋白在"文化大革命"中，因一篇《多余的话》被打成"叛徒"，坟墓被掘。陈文认为，对瞿秋白写《多余的话》要进行科学的分析，其中有光辉部分，也有灰暗部分，但光辉部分是主要的，灰暗部分是次要的。灰暗部分虽然令人不爽，但不能就此认为瞿秋白对革命事业丧失信心，更不应认为他是"叛变革命"。第一，《多余的话》说自己"当中国共产党的领袖是一个'历史的误会'"，"一场噩梦"。在这里，他坦白地写出了自己一生无法解脱的矛盾，既不是对于党的工作的恶意诅咒，更谈不上用这种诅咒来推卸责任，讨好敌人，以免一死。第二，《多余的话》虽然过分流露了低沉、颓唐的情绪，但是瞿秋白直到牺牲也没有改变他对马克思主义的信仰，只是坦率地承认"始终不能够克服自己的绅士意识"，"终究不能成为无产阶级的战士"。第三，《多余的话》不仅无损于烈士的革命大节，相反，它以罕见的自我解剖，深刻地表现了作者的内心世界的种种矛盾，透过这篇发自肺腑的自白，人们可以较清楚地看到作者灵魂深处某些本质的东西，这同标榜一贯正确、文过饰非、诿过于人、归功于己的人比，何若霄壤之别。[②]

[①] 参见钱枫等《大革命失败不能完全归咎于陈独秀》，《中国社会科学》1980年第4期。
[②] 参见陈铁健《重评〈多余的话〉》，《历史研究》1979年第3期。

五　关于中国近代史基本线索讨论

对于中国近代史的宏观考察，20世纪50年代起曾以"分期问题"作过讨论，并形成"三次革命高潮"说。新时期李时岳提出"四个阶梯"说，于是讨论又起，谓之"基本线索问题"。除了前已述及的李氏的两篇文章[1]，把中国近代史概括为"两个趋向"（即"从独立国家变为半殖民地并向殖民地演化的趋向"和"从封建社会变为半封建并向资本主义演化的趋向"），前者向下沉沦，后者向上发展（即通过"四个阶梯"）的论说外，章开沅从民族运动的视角，认为"可以把这八十年概括为'两个阶段，三次高涨'，即以1900年为界标，把中国近代民族运动区分为前后两个阶段，在第一阶段经历了太平天国和甲午战争后的戊戌维新、义和团这两次民族运动的高涨；在第二阶段又经历了辛亥革命这次更具近代特征的民族运动的高涨"。他说"三次革命高潮一词还是以不用为好"。[2] 苏双碧则认为，在考虑近代史线索时，要注意到两点：一是为争取政治上的独立所做的斗争，二是为发展民族经济所做的斗争。据此，他提出，从林则徐的禁烟运动开始，经历太平天国运动，洋务运动中民族资产阶级的出现，戊戌维新时资产阶级第一次登上政治舞台，义和团反帝爱国运动，以及辛亥革命的推翻清王朝统治，五四时期的彻底反帝反封建斗争，构成中国近代前八十年历史发展的主要标志。[3]

张海鹏撰文坚持毛泽东关于中国近代史的"两个过程"（即：帝国主义和中国封建主义相结合，把中国变为半殖民地和殖民地的过程，也就是中国人民反抗帝国主义及其走狗的过程）的理论，是中国近代史基本线索的正确概括。他认为发展资本主义，是中国近代史"两个过程"的题中应有之义，没有也不应该被忽略，但民族资本主义在19世纪末才有少量生长，因此说民族资产阶级成了19世纪的时代中心是没有什么理由的，农民阶级是那个时代的中心，他们承担着反帝反封建的民主革命任务。如

---

[1] 即《从洋务、维新到资产阶级革命》（《历史研究》1980年第1期）和《中国近代史主要线索及其标志之我见》（《历史研究》1984年第3期）。

[2] 参见章开沅《民族运动与中国近代史的基本线索》，《历史研究》1984年第3期。

[3] 参见苏双碧《关于中国近代史研究的几个理论问题》，《近代史研究》1984年第1期。

果以"洋务运动—戊戌维新—辛亥革命"为主要线索,就会贬低农民的作用。①

1986年《历史研究》第1期发表姜进的论文《历史研究的非线性化及其方法论问题》,以新一代学者的姿态,对线索问题讨论提出意见。她说历史线性发展的观念,是18—19世纪理性时代的产物,它的特点是理论的简约,但也构成了与社会现实内容丰富性的矛盾。体现在中国近代史的研究中,就是抓主线的思维方式,长期纠缠于某几个问题,使研究领域狭隘,研究层次难以深入。"对于中国近代史研究者来说,深刻反思整个中国近代化过程,如何能够作出具有时代高度的回答,在很大程度上取决于他能否超越关于历史线性发展观,在现代意义上把握近代社会和文化变迁的内涵。"那么新方法的研究如何进行呢?她似乎还没有具体的尝试,只是谈到20世纪人文科学的新进展,可以说是在两个层次上摆脱了历史的线性发展观。在宏观方面,出现了文明或文化圈的观念,用以取代线性的发展模式;在微观方面,对某个特定的文化,不再满足于描绘一条简单的发展线索,而是力图重建它的社会文化结构,注重剖析它的深层结构,立体地把握它独特的内涵。这种动向值得我们研究。

---

① 参见张海鹏《中国近代史的"两个过程"及有关问题》,《历史研究》1984年第4期。

第 四 章

世纪之交的中国近代史理论研究

第一节　中国近代史研究范式讨论

一　中国近代史分期问题续论

1954—1957 年的中国近代史分期问题讨论，因"对 1919 年后的历史作自由的学术研究，在当时的政治环境下有碍难之处"[①]，讨论者形成以 1840—1919 年为中国近代史学科时限的基本共识。[②] 但如前所述，当时不少学者是将这一界定作为权宜之计而接受的；将这一学科时限写入高校历史系教学大纲，也主要是基于实际操作的考量。因为，社会形态理论在马

[①] 参见张海鹏《20 世纪中国近代史学科体系问题的探索》，《近代史研究》2005 年第 1 期。
[②] 也有少数学者持不同意见，如牟安世在 1982 年出版的《鸦片战争》一书，提出鸦片战争应爆发于 1839 年 9 月 4 日的九龙之战。（参见牟安世《鸦片战争》，上海人民出版社 1982 年版，第 154 页。）来新夏在 20 世纪 80 年代仍坚持 1839 年开端说。并提出，以 1839 年为近代开端，表明中国人民是以抗击侵略者为自己近代历史的开端，而非以英国入侵为开端。（参见来新夏《林则徐与禁烟运动》，《福建论坛》1982 年第 6 期；《中国近代史分期问题讨论综述》，《文史知识》1984 年第 9 期。）对 1839 年开端说，李少军、杨卫东撰《读牟安世著〈鸦片战争〉》（《福建论坛》1983 年第 6 期），徐立亭撰《评中国近代开端说》（《史学集刊》1991 年第 3 期）提出批评。概而言之，1839 年开端说，同 1840 年开端这一主流认识，所争只是鸦片战争爆发时间，二者并无多少实质差别。此外还有 1861 年开端说（参见殷方勇、易行仲《辛酉政变是中国近代史开端的标志》，《争鸣》1990 年第 1 期；刘光永《中国近代史上限异说》，《甘肃社会科学》1994 年第 3 期）、1905 年开端说（参见高升斗《中国近代史的开端应是同盟会的成立》，《理论探讨》1988 年第 4 期）、1911 年开端说（参见唐建增《中国近代史分期之我见》，《云南教育学院学报》1989 年第 1 期；沈渭滨《论辛亥革命与东南地区社会结构的变迁——兼论中国近代史的开端》，《复旦学报》2002 年第 2 期），这些观点影响均较为有限。

克思主义史学理论中居于相当重要的位置,以社会形态、社会性质的转变来标示"近代史",相较于以新旧民主主义的革命性质变化来标示"近代史",实际上具有更为有力的理论依据。既然1840—1949年的社会形态被界定为"半殖民地半封建社会",那么以此作为中国近代史的学科时限,显得更有理论底气。

随着时间推移,中国近代史实际研究工作频频突破1919年的下限。全国近代史研究重镇——中国科学院哲学社会科学部(1977年改建为中国社会科学院)近代史研究所于1972年成立民国史研究组,这就从学科建制上打破了1919年的学科界限;1979年近代史所创办《近代史研究》杂志,明确表示:"本刊欢迎下列有关中国近代史(1840—1949年)的稿件。"这种"破界"现象,后来在近代经济史、政治史、法制史、教育史、社会史等专门史领域,以及近代通史性著作写作领域,渐趋普遍。

当年首倡1919年下限说的胡绳在1981年所著《从鸦片战争到五四运动》序言中提出:"在中华人民共和国成立已经超过30周年的时候,按社会性质来划分中国近代史和中国现代史,看来是更加适当的。"[①] 陈旭麓在讨论近代史线索时也指出,应着眼于历史社会形态将1840—1949年的110年作为一个完整的历史时期。[②] 这样,以1949年为近代史下限似乎达成了共识。[③]

不过,对于高校教学来说,1919年为近代史下限问题不是一个纯粹的理论问题,而是涉及课程设置、教材编写和师资准备,甚至从业者的饭碗等一系列实际操作的问题。许多从事党史、革命史或从党史、革命史转入现代史教学的教师一直反对1949年近代史下限说。[④] 1983年9月中国现代史学会和北京市历史学会召开现代史科学体系专题讨论会,与会

[①] 胡绳:《从鸦片战争到五四运动·序言》,人民出版社1981年版,第1页。
[②] 参见陈旭麓《关于中国近代史线索的思考》,《历史研究》1988年第3期。
[③] 也有学者持近代史1911年下限说(参见余意明《辛亥革命应是中国近、现代史的分界线》,《人文杂志》1986年第6期),但殊少应和者。
[④] 王廷科全面阐述了1919年近代史下限说的理由。参见王廷科《正确估价我国新民主主义革命的历史地位》,《四川大学学报》1981年第1期。

的有全国高等院校教"中国现代史"的教师四十余人，多数人仍主张以1919年的五四运动为中国现代史的起点。彭明发言："一般说来，社会科学研究机关的同志，大都同意中国现代史从中华人民共和国开始的意见，而从事高等院校教学的同志，则从教学实际出发，反对这一意见。根据作者所接触的教师来看，讲现代史多年的同志认为再往上去教'五四'以前的历史，或者专门去教中华人民共和国以后的历史，都有困难。长期从事近代史教学的同志，认为让他们去从事五四以后历史的教学，也有困难。由此看来，双方意见的统一，还要有一个过程。"①

1997年胡绳在祝贺《近代史研究》创刊100期时，再次提出："把1919年以前的80年和这以后的30年，视为一个整体，总称之为'中国近代史'是比较合适的。这样，中国近代史就成为一部完整的半殖民地半封建中国的历史，有头有尾。1949年中华人民共和国成立以后的历史可以称为'中国现代史'，不需要在说到1840—1949年的历史时称之为'中国近现代历史'。"② 随后，张海鹏继续多次呼吁打通中国近代史学科中的1919年这一壁垒③，并得到中华人民共和国史研究者的认同。④ 2007年出版的马克思主义理论研究和建设工程重点教材《中国近现代史纲要》（高等教育出版社）、张海鹏主编10卷本《中国近代通史》（江苏人民出版社2006年版），均将近代史学科时限定为1840—1949年。2012年由中共中央宣传部组织近代史专家编写的高校历史专业教材《中国近代史》出版，将此学科时限进一步予以确认。

近代史时限的确定，虽可看作学科成熟的标志，但我们必须认识到，

---

① 彭明：《一九八三年中国现代史研究述评》，载《中国现代史讲习班讲义》，第12页。
② 见《近代史研究》1997年第4期。
③ 参见张海鹏《中国近代史的分期问题》，《光明日报》1998年2月3日；《关于中国近代史的分期及"沉沦"与"上升"诸问题》，《近代史研究》1998年第2期；《20世纪中国近代史学科体系问题的探索》，《近代史研究》2005年第1期。
④ 朱佳木指出："将中国近代史的上下限由原来的1840—1919年改为1840—1949年，并将中国现代史的起点由原来的1919年推迟至1949年。在这个前提下，再把中国现代史与国史、当代史合并。合并后，可以称之为'中国现代史'，也可以称之为'国史'或'中国当代史'。"（参见朱佳木《论中华人民共和国史研究》，《中国社会科学》2009年第1期。）

中国近代史学科的时限是具有相对性和开放性的。"所有历史分界线都是人为的，都是以重大政治事件为标志的，这种划分是为了使历史研究更好地彰显不同时段的特点，掌握历史发展的进程，但是如果过分坚守，画地为牢，可能适得其反。"① 步平明确明示，"随着时代的发展和人们对时代特征的认识的加深，'近代'时限的演进是不可逆转的趋势"。② 朱宗震亦提出："迟早，中华人民共和国的历史，也会被后人合并到中国近代史的范畴中去。"③ 胡锦涛在 2008 年纪念中共十一届三中全会 30 周年大会上提出"三次革命"：辛亥革命、中国共产党领导的新民主主义革命和社会主义革命、改革开放④，其中新民主主义革命同社会主义革命结合作为第二次革命，就从时间上跨越了 1949 年这一近代史下限。拉长历史的视界后，"中国近代史的研究下限不应是一成不变的，其继续向下延伸的趋势应当是从事近代史研究的学者能够预料的"，"如果将近代史研究的下限严格限制在 1949 年，显然已经禁锢了近代史研究的发展"。⑤ 也有学者质疑以社会形态作为分期的标准：社会形态的含义相对稳定不变，而各种历史时期则是相对而言的，"近代史应是距当代人不太久远但又非绝大多数当代人所能亲身经历的社会历史，现代史则是与当代人密切关联的社会历史。……确定'古代'、'近代'和'现代'这些概念的关键因素是时间，而且都不可缺少'当代人'这一参照系"。⑥ 姜涛则对中国近代史时限提出了新的看法。他指出，近代是指距离自身所处不远的年代，其本质上是相对史，它必须随着时间的推移不断与特定的绝对历史年代重合或分离。所谓"半殖民地半封建社会"，从绝对的中国史的角度看，实际上只是指从清王朝前中期的"治"走向晚清民国时期的"乱"，再到中华人民共和国重新走向"治"这么一个过渡时期或中间环节。相对于研究者而

---

① 彭南生：《关于新世纪中国近代史研究如何深入的思考》，《史学月刊》2004 年第 6 期。
② 步平：《改革开放与中国近代史研究》，《近代史研究》2009 年第 5 期。
③ 朱宗震：《中国近代史分期问题新思考》，《上海行政学院学报》2001 年第 2 期。
④ 参见胡锦涛《在纪念党的十一届三中全会召开 30 周年大会上的讲话》，《人民日报》2008 年 12 月 19 日第 3 版。
⑤ 步平：《改革开放与中国近代史研究》，《近代史研究》2009 年第 5 期。
⑥ 阎照祥：《论历史分期的相对性》，《史学月刊》1998 年第 3 期。

言,近代史活的灵魂就是"近",它必须回答现实所提出的一系列问题。因而根本不必拘泥于1840—1919年或1840—1949年的所谓近代史的上下限的划分,这些年限并非不可逾越的鸿沟。但是,"近"也不是无限逼近,而是应该与"眼下"保持一定距离。他认为保持30年左右的距离较为合适。因此,中国近代史学科的下限应该后延。在目前,中国近代史至少应当包括整个清史、中华民国史和(与眼下保持一定距离的)中华人民共和国史。① 换言之,他认为近代史下限在当前至少可以延至改革开放之初。

事实上,继近代史研究重心从晚清下移至民国后,一些从事近代史研究的学者,已开始逾越1949年这一学科时限,而将目光投向20世纪50年代。近年来,不少学者从"革命"的角度倾向于将中国革命的下限延伸到"文化大革命"结束。"1949年的'解放',只是国家政权的更替,并非中国革命的终结。1949年以后大规模的革命运动仍在继续。"② 随着研究者"破界"愈趋普遍,中国近代史的研究时限似乎不必限定。严亚明认为,近代史的时段只是历史时间框架,是构筑史学体系所必需的思维工具,只具有相对的意义,不能作僵化理解,应根据具体研究对象来确定研究的时空范围。③

至于中国近代史的上限,以1840年鸦片战争为中国近代史的上限长期以来似成不容置疑的定论,并无多少学术探讨的余地。2000年高翔所著《近代的初曙——18世纪中国观念变迁与社会发展》,还被人警示曰"将18世纪和近代扯在一起,是不是要回到尚钺的老路上去?"④

还值得一提的是,20世纪50年代来新夏提出:1840年英国大量派遣军队入侵不过是1839年军事进攻的继续和扩大,因此应以1839年作为中

---

① 参见姜涛《近代史:一门与时俱进的学科》,《首都师范大学学报》2003年增刊;《近代史就是要近》,《近代史研究》2010年第2期。
② 王奇生:《革命与反革命——社会文化视野下的民国政治·前言》,社会科学文献出版社2010年版,第3页。
③ 参见严亚明《关于中国近代史上限的几点思考》,《青海师专学报》2002年第3期。
④ 高翔:《近代的初曙——18世纪中国观念变迁与社会发展》,社会科学文献出版社2000年版,第626页。

国近代史的开端。① 来新夏在20世纪80年代仍坚持1839年开端说。并提出,以1839年为近代开端,表明中国人民是以抗击侵略者为自己近代历史的开端,而非以英国入侵为开端。② 牟安世于1987年明确提出应以1839年九龙之战为中国近代史开端。③ 对1839年开端说,李少军、杨卫东,以及徐立亭撰文提出批评。④ 笔者以为,1839年开端说同1840年开端说所争只是鸦片战争爆发时间,二者并无实质差别。此外,还有将近代史开端置于1840年以后的诸如1861年开端说⑤、1905年开端说⑥、1911年开端说⑦、1898年开端说⑧。但这些观点的影响均较为有限。

而美国学界的中国近代史研究者"除最老式和最激进的以外",都放弃了把1840年鸦片战争作为"总的分期标界"。"认为'中国社会以外的力量'(孔飞力语)入侵中国与中国近代史开端之间有必然的因果联系,这种假设本身已被宣告无效。"而"美国史家可能认为自己日益抛弃1840年,随而更多地从内部考察中国近世史是成熟的标志,是美国史学进入成年期的标志,说明我们终于超越了旧模式的'思想上的帝国主义',并以中国自身为基地,从中国的情况出发来对待中国历史"。⑨ 这一被柯文总结为"中国中心观"的美国中国学研究取向,也影响到大陆学界对近代史开端问题的认识。

---

① 参见来新夏《略论中国近代史的开端年代》,《天津日报》1957年3月22日。
② 参见来新夏《林则徐与禁烟运动》,《福建论坛》1982年第6期;《中国近代史分期问题讨论综述》,《文史知识》1984年第9期。
③ 参见牟安世《试析中国近代史的开始及其上限》,《学术月刊》1987年第2期。
④ 参见李少军、杨卫东《读牟安世著〈鸦片战争〉》,《福建论坛》1983年第6期;徐立亭《评中国近代开端说》,《史学集刊》1991年第3期。
⑤ 参见殷方勇、易行仲《辛酉政变是中国近代史开端的标志》,《争鸣》1990年第1期;刘光永《中国近代史上限异说》,《甘肃社会科学》1994年第3期。
⑥ 参见高升斗《中国近代史的开端应是同盟会的成立》,《理论探讨》1988年第4期。
⑦ 参见唐建增《中国近代史分期之我见》,《云南教育学院学报》1989年第1期;沈渭滨《论辛亥革命与东南地区社会结构的变迁——兼论中国近代史的开端》,《复旦学报》2002年第2期;张剑《辛亥革命与中国近代史的开端——沈渭滨教授访谈录》,《探索与争鸣》2001年第9期。
⑧ 参见陈冠玉《齐赫文斯基之中国近代史开端说刍议》,《史学月刊》2011年第12期。
⑨ [美]柯文:《在中国发现历史——中国中心观在美国的兴起》,中华书局2005年版,第206、209页。

2003年，许苏民接续侯外庐"早期启蒙说"并加以发挥，提出中国近代化之路的"内发原生"模式，将明万历九年（1581）确定为中国近代史之开端，是年推行"一条鞭法"，且西方传教士利玛窦来华。① 晁中辰则明确将明隆庆元年（1567）开放东南海禁作为中国近代史之起点。② 还有一些学者提出应打通明清史与近代史的樊篱。如赵世瑜认为，以往的研究往往忽略明清史与中国近代史之间的连续性，导致将社会变革的多面性与复杂性简化。近代的历史不仅是东南沿海的历史，近代的主题也不仅是帝国主义侵略和近代化。如晚清时期大规模的西部移民以及由此而来的"边村社会"的形成，这一重大历史变化如果不从明朝、至少是清雍正以后的移民浪潮去把握，则看不到其在19世纪中国历史中所扮演的重要角色。刘志伟亦提出，尽管在具体内容上存在历史脉络的断裂，但问题的逻辑从来都是贯通的，近代史的研究者不必事先划定一个时间断限，而要依据研究的问题伸延时间上的视野。如农业经济史研究中，赋税问题和租佃问题自明清至民国时期始终是一脉相承的，要弄清这类问题的来龙去脉及变化的逻辑，就必须贯通起来进行研究。③

大陆学界对近代史上限问题的反思，总体来说影响较为有限，1840年为近代史开端仍是主流意见，且通过高校学科设置予以强化。有学者力图回避"近代史"分期之牵扯，如桑兵以民国学人使用的"晚近历史"代之。其所谓"晚近历史"，"大体指清代至民国时期，偶及晚明"。他明确表示：用"晚近"一词，方便之处"一则避开近代史开端的分歧；二则防止将清史截然分为两橛，不相连贯；三则避免治近代中国史上不出嘉道之讥"。④

---

① 参见许苏民《"内发原生"模式：中国近代史的开端实为明万历九年》，《河北学刊》2003年第2期；许苏民、戴林云《建立中国自己的近代史话语体系——许苏民教授访谈》，《学术月刊》2006年第8期。

② 参见晁中辰《明代隆庆开放应为中国近代史的开端——兼与许苏民先生商榷》，《河北学刊》2010年第6期。

③ 参见谢维《中国近代史研究三十年——过去的经验与未来的可能走向》，《近代史研究》2010年第2期。

④ 桑兵：《治学的门径与取法——晚清民国研究的史料与史学》，社会科学文献出版社2014年版，绪论第2页。

不少研究中国现代化的学者，从现代化的角度观察问题，认为从古代中国到现代中国的演进才是一个完整的历史过程，这个过程至今仍在继续。姜义华赞成这种观点，他认为中国社会从古代向现代的迈进，以20世纪最后20年成绩最为辉煌，值得大书特书。① 而胡绳晚年对近代史的再思考，也是延伸到了邓小平"三个有利于"的论述，这说明历史研究不宜设限。王也扬总结说，"近代史"一词的英文，即"Modern History"，本就含有近代、现代与当代之意。历史是一条斩不断的长河，把时间界限当作研究界限，人为竖立藩篱的做法，不利于学者思考和研究问题，这就不是真正意义的历史研究了。②

而对于中国近代史时段内的具体分期，朱宗震认为，从1840—1949年，应以1901年为界分为前后两期，前后期又各分为两期，共分四期，即：1840—1869，1869—1901，1901—1927，1927—1949。值得注意的是，他将1901年作为近代史前后期的界标。他的主要理由是：其一，辛丑条约后，列强在华使节成了中国政府的太上皇，从而完成了中国的半殖民地化。其二，1901年后，列强对清政府的压力和中国社会内部的自觉的变革运动，形成某种合力，构成了对"中学"体制的突破。此后开始了对传统政治体制的冲击和更新。他特别强调："以1901年为界，不仅仅是因为发生了义和团运动，而是因为中国社会在列强侵略局面下，经过长期的积累，到这时发生了局部质的变化。"③ 另一种更具影响力的观点，则是以1912年中华民国成立作为关键的分期界标。李良玉提出，作为中国近代通史，不应再考虑以1919年划分为上下两编，而应以1912年民国初创作为分期界标。他将近代110年分为五个阶段：1840—1861，1861—1894，1894—1912，1912—1927，1927—1949。④ 房德邻也认为，以1919年划界的中国近代史其实是中国近代旧民主主义革命史和新民主主义革命史，统称民主革命史，这是专门史，而不是作为通史的中国近代史。1919年作为文化史的标志性年代是合适的，但是对于经济、政治、社会、外交

---

① 参见姜义华《新时期呼唤史学的新发展》，《近代史研究》1994年第1期。
② 参见王也扬《关于中国近代史研究的下限及其他》，《天津社会科学》2000年第5期。
③ 参见朱宗震《中国近代史分期问题新思考》，《上海行政学院学报》2001年第2期。
④ 参见李良玉《关于中国近代史的分期问题》，《福建论坛》2001年第1期。

等专门史，1919年不能作为标志性年代；若从通史的视角看，1919年五四运动自然并不具有划时代的意义，因而应以1912年中华民国的成立为界标，将中国近代史划分为前后两个不同时期。在他看来，1912年中华民国成立的意义远远超过1919年五四运动，中华民国的成立结束了两千多年的帝制，在整个中国通史上有划时代意义；1840—1912年的近代史其实只是"前近代"，1912—1949年才是"近代"，因为1912年南京临时政府的成立才建立了一个近代的国家政体。而现在我们所见到的晚清史和中华民国史实际上是晚清政府史与民国政府史，二者简单相加并不等于中国近代史。[1]

相较于大陆学界，台湾学界对近代史时限持更为开放的看法。如近代史研究重镇"中央研究院"近史所就将研究范围上探明清之际，并注意引进人才以开拓明清之际至鸦片战争的研究。据张玉法先生所言，这也是郭廷以的理念。[2] 同时他们对中国近代史下限也并无明确的界定，对于20世纪50年代以后亦多有关注。

自20世纪初中国学界将"近代"概念用于历史编纂以来，对于中国近代史的时限问题讨论甚多，一直众说纷纭莫衷一是。梁启超曾指出："历史是不可分的，分期是勉强的"[3]；"时代与时代之相嬗，界限常不能分明，非特学术思想有然，即政治史亦莫不然也。一时代中或含有过去时代之余波，与未来时代之萌蘖"[4]。罗家伦也强调："时间空间的本质，原来是不可以割裂的"；"近代史名称，也不过是就研究便利而划分的一个段落"[5]。此后学者在讨论近代史断限问题时，不断表述此意。马克思主义学者戴逸1956年强调"近代""现代"概念的相对性与含混性，随着

---

[1] 参见房德邻《中国近代史的含义究竟是什么》，《近代史研究》2010年第2期。
[2] 《张玉法先生访问纪录》，《郭廷以门生故旧忆往录》，台湾"中央研究院"近代史研究所2004年版，第68页。但张玉法本人曾明确表示："以1840年代为中国modern history的开始，较符合历史的真相。"张玉法：《现代中国史的分期问题》，《中国现代史论集·第一辑·总论》，台北联经出版事业公司1980年版，第9页。
[3] 梁启超：《中国历史研究法补编》，上海书店出版社1989年版，第50页。
[4] 夏晓虹编：《梁启超卷》，河北教育出版社1996年版，第5页。
[5] 罗家伦：《研究中国近代史的意义和方法》，载李定一、包遵彭、吴相湘《中国近代史论丛、史料与史学》第1辑第1册，台北正中书局1959年版，第52页。

时代变迁必将被赋予不同的内涵。① 刘大年也明确表示：近代、现代这些沿用已久的历史学术语本系相对而言，并非严格的科学术语。②

"近代"概念的相对性，意味着对中国近代史的时限问题须持更开放的看法。章开沅呼吁走出"80年或110年"的中国近代史，"在基础知识与学术视野两方面至少要向上延伸到清史乃至明史，而尤其需要重视明清之际经济、文化的内在变迁。同时也要向下延伸到1949年以后"。③ 彭南生指出："所有历史分界线都是人为的，都是以重大政治事件为标志的，这种划分是为了使历史研究更好地彰显不同时段的特点，掌握历史发展的进程，但是如果过分坚守，画地为牢，可能适得其反。"④ 桑兵亦认为，历史断限本为研究便利，若变成安放史事的框架，"虽有整齐划一之便，若不能灵活把握，反而削足适履，不免割裂史事的联系，一定程度妨碍了对历史的认识，则有本末倒置之嫌"。⑤

还须看到，在讨论中国近代史的时限问题时，学者实际上面临两难：一方面承认"近代"时限为相对而言，不宜也难以作特别分明的分割；同时中国近代史学科建置又要求有确定的学科时限。张海鹏提出，对于近代史断限的问题，应该区分个人研究与学科建设：个人研究可以"不受时空限制"，而学科建制则还须寻求近代史时限的共识。⑥ 虞和平也提出"学科时限"与"研究时限"的区分：所谓"学科时限"，指"获得学界基本共识，并形成制度性确认，被全国相关研究和教育机构统一规定采用的时限"。所谓"研究时限"，指"既缺少学界基本共识，又没有形成制度性确认，只是学者们在自己研究中自行采用的时限"。个人"研究时限"的破界是正常的，但在不断"破界"中又会逐渐凝聚新的共识，形成新的"学科时限"。⑦

---

① 参见《中国近代史分期问题讨论集》，三联书店1957年版，第228—229页。
② 参见刘大年《回答日本历史学者的问题》，《刘大年史学论文选集》，第496页。
③ 章开沅：《近代史学刊·发刊词》，华中师范大学出版社2001年版，第4页。
④ 彭南生：《关于新世纪中国近代史研究如何深入的思考》，《史学月刊》2004年第6期。
⑤ 桑兵：《晚近史的史料边际与史学的整体性——兼论相关史料的编辑出版》，《历史研究》2008年第4期。
⑥ 张海鹏、龚云：《中国近代史研究》，福建人民出版社2005年版，第428页。
⑦ 虞和平：《改革开放以来中国近代史学科的创新》，《晋阳学刊》2010年第6期。

"近代"只是相对而言，朝代的界线则是确定不移。早在20世纪30年代，周谷城即指出朝代分期意识之根深蒂固："……现在治史的人，虽认为朝代为不甚重要了，然为旧习所拘，叙述的对象仍限于朝代之内，仍未由朝代之内移到朝与朝之间。"① 近年来1912年民国建立作为分期界标的意义日益凸显，反映出中国传统史学中朝代史的潜在影响。中国近代史所包含的"晚清"与"民国"两个时段，在断代史观念之下，前者作为清史的固有部分、后者作为中华人民共和国的"前朝"得到强化。原来力图超越"断代"而求"断世"的中国近代史，也不得不面临被弱化甚至分解的危机。未来中国近代史学科如何演化，仍需有识之士慎重酌量。

二　近代中国社会性质问题讨论

20世纪30年代，中国思想界围绕中国社会性质问题展开了一场持续近十年的论战，近代中国的社会性质为"半殖民地半封建社会"的论断（简称"两半论"）获得相当程度的认同。其后经毛泽东在其著作中进一步阐发②，"两半论"成为唯物史观派中国近代史诠释体系的理论基石与核心命题，也是中共民主革命理论的基本出发点。长期以来在学界被视为定论，无人提出异议。但这种一致并无牢固的基础，对此概念仍缺乏深入探讨。有学者指出，很多带指导性的理论概念，如半殖民地半封建社会性质，虽为大多数研究者接受，但因"缺乏严格的、科学的、建立在大量事实基础上的论证，因此难以经受住来自反面的挑战"。③ 自20世纪80年代中期起，有学者对此质疑，并提出挑战。

---

① 周谷城：《历史完形论》，载于沛编《历史学·史学理论卷》，兰州大学出版社2000年版，第143页。

② 1938—1940年，毛泽东相继发表《战争和战略问题》《中国革命和中国共产党》《新民主主义论》，对近代中国社会性质做了系统论述。他指出："自从一八四〇年的鸦片战争以后，中国一步一步地变成了一个半殖民地半封建的社会。"（毛泽东：《中国革命和中国共产党》，《毛泽东选集》第2卷，人民出版社1991年版，第626页。）"中国的特点是：不是一个独立的民主的国家，而是一个半殖民地的半封建的国家；在内部没有民主制度，而受封建制度压迫；在外部没有民族独立，而受帝国主义压迫。"（毛泽东：《战争和战略问题》，《毛泽东选集》第2卷，人民出版社1991年版，第542页。）

③ 参见张海鹏《中国近代史研究的回顾》，《近代史研究》1989年第6期。

李泽厚在1986年率先对"两半论"表示质疑:"我们关于中国近代史的一些非常基本的概念、范畴、命题、判断……有的则是流行多年,奉为定论,其实却似是而非,大可商榷。例如,'半封建半殖民地'的'社会性质'的概念和命题,便是如此。"① 同年,刘耀撰文提出,半殖民地是指国家地位,半封建是指社会经济形态。半殖民地化与半封建化是两种不同性质的变化,"决不能把它们等同或混淆起来"。这两种变化具有相对独立性,起始时间也不一样:半殖民地化始于鸦片战争,半封建化则始于1895年。② 杜经国1987年发表《中国"半殖民地半封建社会"概念新议》一文,认为半殖民地这个概念所涉及的是国家主权和民族独立问题,与由生产方式所决定的社会性质这个概念属于不同范畴,不能混为一谈。帝国主义可以通过侵略把中国变成它们的半殖民地,但没有也不可能改变中国的社会性质。③

1988年,李时岳明确提出:"半殖民地"指国家地位而言,"半封建"指社会经济形态而言,二者分属不同范畴,并无必然联系④;"两半论"之失误"在于忽视了资本主义在中国发生和发展的巨大进步意义,尤其是资产阶级在政治上文化上对封建主义的斗争。由于没有认识半殖民地半封建不是统一的整体,导致在反帝的任务完成之后,反封建的任务迟迟没有完成";并表示"重新检讨'半殖民地半封建'这一提法,是要为设计新的近代史构架寻找理论基点"⑤。李时岳的观点向"两半论"发出了尖锐挑战。不过,他也承认,在用来表述近代中国社会性质时,"'半殖民地半封建',突出了反帝反封建的革命任务,不失为较好的概括"。他又认为"'半独立半资本主义'缺乏鲜明性",并反对"半殖民地半资本主义"或"半独立半封建"等胡乱搭配。⑥

---

① 李泽厚:《开辟中国近代史研究的新阶段》,《文汇报》1986年12月30日。
② 参见刘耀《中国半殖民地半封建社会若干问题的探讨》,《社会科学战线》1986年第3期。
③ 参见杜经国《中国"半殖民地半封建社会"概念新议》,《广州研究》1987年第9期。
④ 参见李时岳《关于"半殖民地半封建"的几点思考》,《历史研究》1988年第1期。
⑤ 凌峰:《李时岳关于近代中国社会性质问题答记者问》,《学术研究》1988年第6期。
⑥ 李时岳:《关于"半殖民地半封建"的几点思考》,《历史研究》1988年第1期。

针对以上质疑，不少学者加以反驳。汪敬虞认为，"半殖民地"与"半封建""是一个不可分割的整体。中国这一东方巨人的近代苦难，也是个完整的历程。当他的一只脚踏进半殖民地社会，另一只脚必然进入半封建社会"。"用半殖民地半资本主义的提法取代半殖民地半封建的提法，以之为中国近代社会定性，那既没有如实反映近代中国的历史现实，也不能正确指明中国未来的发展方向。"① 马敏也认为"两半"是统一的整体，完整地表述一种"特殊的过渡形态"，"半殖民地不单纯是一个国家的政治地位问题，而还有其特定的经济内涵"。② 张磊指出："'两半论'作为中国近代社会的定性分析，是我国马克思主义理论家长期对国情研讨的结果，在这种认识基础上建立和制订的中国共产党的民主革命政纲已被历史进程所证明，应该说，它是科学的——反映了社会客观存在。"③ "'两半论'科学地反映了近代中国的基本国情"，"否定'两半论'是缺乏根据的"；判定"两半论""延误了我们反封建历史任务的完成"是"妄加罪状"。④

苑书义撰文认为：近代中国的"半封建"不等于"半资本主义"，"半封建"与"半殖民地"相互关联、相互制约，"半封建"支撑着"半殖民地"，"半殖民地"又制约着"半封建"，二者是同步同趋的。"近代中国在从独立国家变为半殖民地并向殖民地演化的同时，逐步地从封建社会变为半封建社会。"⑤ 陈旭麓提出："1. 半殖民地半封建社会是一个过程，两个半字在于表明二者的并存，不能机械地用统计数字的百分比来理解；2. 半殖民地在揭示国家丧失独立的同时，也揭示了被卷入世界市场的资本主义生产，民族资本就是相对于外国资本和买办资本的半殖民地产物，不能把半殖民地理解为单一的政治概念；3. 半殖民地半封建既相区

---

① 汪敬虞：《中国近代社会、近代资产阶级和资产阶级革命》，《历史研究》1986年第6期。
② 马敏：《过渡特征与中国近代社会形态》，《历史研究》1989年第1期。
③ 林有能：《中国近代社会性质的再认识——广东史学界的一场争论》，《学术研究》1989年第6期。
④ 张磊：《关于中国近代史研究的几点思考——兼论中国近代社会性质》，《学术研究》1991年第2期。
⑤ 苑书义：《"半封建"浅释》，《河北学刊》1988年第5期。

别又是互存的，不能截然分为两片，试问没有半殖民地何来半封建？"①

20世纪90年代中期以后，关于"两半论"的讨论渐趋平息，但仍然不乏涟漪。由于挑战"两半论"者虽不无学理根据，却并不能提出取而代之的概念，有破无立自然不能令人心服。强调"两半"是不可分割的整体并维护"两半论"的声音似重新居于主流。张海鹏认为，如果因过去的研究存在缺陷，就对"两半论"提出否定意见是不妥的。实际上提出异议者也没有拿出新的观点，也没能找到更好的概念来对近代社会性质作出说明。但这种看法现在有逐渐蔓延之势，值得我们这些研究中国近代史的同行认真考虑，并寻求新的论证、新的说明。②他还提出：如何看待"两半论"，"可以从学理上去分析，也可以从历史实践上去分析。但是任何学理的分析，都只能基于历史实践。脱离了历史实践的分析，都是书生之见，是靠不住的。近代中国的新民主主义革命，它的历史实践是什么呢？它正是基于对中国社会性质的正确认识和分析，才制定出新民主主义革命的战略、策略，才能明确革命对象、明确革命力量、明确革命前途。中华人民共和国的成立，社会主义道路的选择，都是这个历史实践的结果。离开这个历史实践，虚构各种臆测的理论，怎么能与历史的实践相符合呢？"③

刘大年强调，半殖民地指民族不独立，国家领土主权遭到破坏，着重讲对外一面；半封建指长期的封建制度开始崩溃，但没有形成独立的资本主义，着重于对内一面。二者互为表里，密不可分，取消其中一面就不存在另外的一面。因此，半殖民地半封建社会和其他任何社会一样，是一个整体运动过程。"照那些否定半殖民地半封建社会的说法看来，中国近代110年的正反两面，实际上什么都不再剩下，只剩下了漆黑一团或者白茫茫一片。"④

---

① 陈旭麓：《关于中国近代史线索的思考》，《历史研究》1988年第3期。
② 参见张海鹏《正确认识近代中国社会的性质是研究中国近代史的出发点》，《高校理论战线》1995年第8期。
③ 张海鹏：《60年来中国近代史研究领域有关理论与方法问题的讨论》，《近代史研究》2009年第6期。
④ 刘大年：《方法论问题》，《近代史研究》1997年第1期。

韩廉认为,"半殖民地""半封建"虽然论述问题的角度不同,但都涉及列强入侵引起的从经济基础到上层建筑全方位的变化,具体涵盖了经济、政治、思想文化等各个层面,而不仅指国家政治地位的改变。半封建也不仅指社会经济形态的变化,而着重强调社会形态的变化。① 方小年亦认为,"半殖民地"和"半封建"两个概念均涵盖了政治、经济和文化等各方面内容,以"半殖民地不是社会经济形态,不能用以表述近代中国社会性质的说法也是不能成立的"。②

不过,分歧意见依然存在。一些学者提出以辛亥革命或民国成立为界,来对近代史的社会形态加以区分。杜经国认为,1911年辛亥革命为中国封建社会转变为半封建社会的界线。③ 左文华则认为,辛亥革命以后,中国社会由封建社会转变为资本主义社会。④ 赵立人、仓林忠亦持类似见解。⑤ 这一观点的提出,同中国近代史领域兴起的着眼于近代中国资本主义因素萌生与发展的现代化研究有密切关系。不过,认为中华民国时期中国已形成完全意义的资本主义社会形态,则还需要更多的史料支撑与论证。

有关"两半论"的争论众说纷纭,并无定论。近年来学界对于秦汉以后为"封建社会"的质疑,则使"两半论"中的"半封建社会"受到根本意义的冲击。因为,近代中国是由古代中国发展而来,"封建社会"既然名不副实,则"半殖民地半封建社会"自也无从谈起。

早在1986年,何新就曾提出,中国史学界称秦汉以后为"封建"时代,是照搬欧洲历史模式而造成的"概念和术语的错乱"。⑥ 冯天瑜等在1990年对秦以后封建社会说加以辨析并提出质疑。⑦ 李慎之在1993年10

---

① 参见韩廉《对中国"半殖民地半封建"社会性质的再认识》,《湖南师范大学学报(社会科学版)》1998年第2期。
② 方小年:《"半封建""半殖民地"概念考析》,《文史哲》2002年第4期。
③ 参见杜经国《中国"半殖民地半封建社会"概念新议》,《广州研究》1987年第9期。
④ 参见左文华《对中国近代史的一点思考》,《云南民族学院学报》1986年第4期。
⑤ 参见赵立人《有关近代中国社会性质的几个问题》,《学术研究》1991年第2期;仓林忠《1840—1949年中国社会性质商榷》,《安徽史学》2000年第3期。
⑥ 参见何新《中国古代社会的重新认识》,《读书》1986年第11期。
⑦ 参见冯天瑜、何晓明、周积明《中华文化史》(上),上海人民出版社1990年版,第226—230页。

月撰文指出:"滥用'封建'这个词原来正是政治势力压倒'知识分子的人文精神'的结果";"封建"这个词"完全是中国近代政治中为宣传方便而无限扩大使用的一个政治术语"。① 同年他又在《发现另一个中国》一文中提及"封建"被滥用,"名实不符,只能乱人视听"。② 此后,学界陆续出现一些质疑中国"封建社会"的文章。③ 2006 年,冯天瑜出版 40 万字的《"封建"考论》,对古今中外"封建"概念的由来和发展进行了系统考察,将秦以后属于封建社会的观点说成是一种"泛封建观",批评它既不符合"封建"的"古义"和"西义",也"与马克思封建社会的原论相悖",是概念的误植,因而要循名责实,正本清源。他提出以"宗法地主专制社会"代替"封建社会"一说。④ "封建社会"的名实问题关系重大,此书引起相当的反响,将封建问题的讨论推向高潮。2006 年 10 月武汉大学召开"封建社会再认识"讨论会;中国社科院历史研究所、经济研究所与《历史研究》编辑部在 2007 年 10 月召开"'封建'社会名实问题与马列主义封建观"学术研讨会;2008 年 12 月苏州科技学院人文学院召开"封建与封建社会问题"讨论会。

随着对中国秦以后是封建社会的质疑升温,封建坚持论者也不乏其人。李根蟠在 2004 年撰文系统回顾从古代至近现代中国"封建"概念的演变,认为将秦汉以后的中国定性为"封建地主制"是社会史论战时取得的一致意见,是唯物史观与中国历史实际相结合的产物。⑤ 2007 年李根蟠又撰文对冯天瑜的著作提出批评。他认为,"封建"概念在实践中向前发展,中国共产党人和马克思主义史学家的封建观是马克思、列宁封建观

---

① 李慎之:《"封建"二字不可滥用》(1993),载《中国的道路》,南方日报出版社 2000 年版。

② 李慎之:《发现另一个中国——〈游民文化与中国社会〉序》,《传统文化与现代化》1998 年第 5 期。

③ 主要有周东启《中国有封建社会吗》,《求是学刊》1993 年第 5 期;方兢《走出史学研究的樊篱——论中国历史上没有封建社会》,《文化中国》1998 年第 2 期;叶文宪《封建和"封建社会"新论》,《浙江学刊》2000 年第 4 期;赵利栋《近代中国的封建与封建主义》,《浙江社会科学》2002 年第 4 期;侯建新《"封建主义"概念辨析》,《中国社会科学》2005 年第 3 期等。

④ 冯天瑜:《"封建"考论》,武汉大学出版社 2006 年版。2007 年扩充至 52 万字再版。

⑤ 参见李根蟠《中国"封建"概念的演变与封建地主制理论的形成》,《历史研究》2004 年第 2 期。

的发展。他还强调,"封建社会"名实问题"不仅牵涉对秦以后两千多年来社会基本性质的认识,而且牵涉到对中国新民主主义革命基本理论的评价,牵涉到用什么历史观进行研究的问题";"中华人民共和国建立前的中国是半殖民地半封建社会,新民主主义革命的任务是反帝反封建,这是写进了中国共产党纲领的。鸦片战争前的中国是封建社会,既是这个纲领的逻辑前提,也是中国共产党人和马克思主义史学家运用唯物史观考察中国的现实和历史所得出的结论";"秦以后是否封建社会,从来就不仅仅是书斋中的问题,因为它牵涉到肯定还是否定中国新民主主义的历史,肯定还是否定中国马克思主义史学"。① 郭世佑则对李的这种说法质疑道:"能否用新民主主义革命的胜利来反证新民主主义革命理论与历史观的科学性,在我看来也值得斟酌……如果用新民主主义革命的胜利来论证毛泽东的近代史论与新民主主义理论的绝对科学性,将不适当地夸大意识形态的作用,最终偏离马克思主义。"② 黄敏兰指出,"半殖民地半封建社会"的定性,并不是中国共产党人和马克思主义史学家自己对中国社会历史做认真研究后得出的结论,而是苏联人——列宁和共产国际对中国施加的影响。而当时列宁对中国社会的复杂情形并不了解,"在并不了解中国情形的情况下做出的对中国社会性质的概括,究竟会有多少科学性呢?""为了维护这样一种对中国近代社会并不可靠的论断,而不惜损害中国古代的历史,岂不是有违历史学求真的原则吗?"③

关于"封建社会"名实问题的讨论,依然无定论。而对此问题的认识,无疑又与近代社会性质问题关联起来,近代社会的"半殖民地半封建"性质,则又事关中共新民主主义革命的理论。这其中学术与政治的纠结,的确相当复杂。因而有学者呼吁"请为'封建社会理论研究'松绑",对古代社会性质重新加以概括,提出新的概念,"学术研究必须跨

---

① 李根蟠:《"封建"名实析义——评冯天瑜〈"封建"考论〉》,《史学理论研究》2007年第2期。
② 郭世佑:《"封建"、"半封建"的理解与近代中国社会的性质》,《史学月刊》2008年第3期。
③ 黄敏兰:《"封建":旧话重提,意义何在?——对"封建"名实之争的理论探讨》,《史学月刊》2009年第8期。

越政治，突破已经凝固的框架，才能获得长足的发展"。①

三 中国近代史研究范式问题讨论

前已述及，早在基本线索论争尚在进行的 1986 年，青年学者姜进即发表《历史研究的非线性化及其方法论问题》，认为"近代中国社会在一个世纪的风云动荡之中，发生了极大的变化。这个变化的内容是如此丰富，以至于很难用某一条基本线索概括尽净"；关于近代史基本线索的争论未能摆脱"历史的线型发展观"的樊篱，抓主线的思维方式导致研究领域狭隘、研究难以深入。② 此文"包含着解构线索之争的意思。'系统论'、'非线性化'、'非体系化'，都暗含着不需要找出单一而统领性的线索来分析和解释历史"。③ 因而，90 年代后，曾经热闹一时的中国近代史基本线索问题讨论渐趋停歇。继之，有关中国近代史研究范式的讨论出现了热潮。基本线索讨论与范式讨论前后相继，紧密关联。"现代化范式"对"革命史范式"的挑战，可以视为 20 年来中国近代史研究理论问题讨论的一条主脉络。

"范式"（Paradigm，或译规范、典范）这一概念，源于美国科学史专家托马斯·库恩（Thomas Samuel Kuhn）1962 年出版的名著《科学革命的结构》。库恩并未对"范式"概念作明确的定义。从他的论述中，"范式"的基本内涵大体可以理解为某一"科学家共同体"在研究中所遵循的基本理论框架、研究方法、思维模式、实践规范。在某一时期总有一种主导范式，当这种主导范式不能解释的"异例"积累到一定程度时，便可能发生范式转换亦即科学革命。

"范式"这一产生于自然科学史研究的科学社会学概念，随着库恩著作的翻译出版而为中国学界所知悉。④ 虽然在理解上或存在歧义，这一概

---

① 刘志琴：《请为"封建社会理论研究"松绑》，《读书》2009 年第 6 期。
② 姜进：《历史研究的非线性化及其方法论问题——对近年来洋务运动史研究的一个检讨》，《历史研究》1986 年第 1 期。
③ 郭世佑、邱巍：《突破重围——中国早期现代化研究》，河南大学出版社 2010 年版，第 51—52 页。
④ 参见［美］库恩《科学革命的结构》，上海科技出版社 1982 年版。

念却迅速在文学、社会学领域得以运用,并且联系到了不同时期人们所关注的不同话题与说法。如有学者指出,研究历史"虽然有一些通行的求证规则使我们忠于史实,但是在所有的历史研究中都不可避免地引进大量主观成分。选择什么事实,赋予这些事实以什么意义,在很大程度上取决于我们提出的是什么问题和我们进行研究的前提假设是什么,而这些问题与假设又反映了在某一特定时期我们心中最关切的事物是什么。随着时代的演变,人们关切的事物不同,反映这些关切的问题和前提假设也随之发生变化"①。

近代史领域的"范式"问题受到广泛关注,始于美国学者德里克(Arif Dirlik)1995 年发表的《革命之后的史学——中国近代史研究中的当代危机》一文。② 他运用库恩的概念,表述美国中国学研究中曾经主导中国近代史解释的"革命范式",受到晚近崛起的"现代化范式"的剧烈冲击。"现代化范式"论者的研究,"或者否定革命是近代中国历史的中心事件,或者在仍肯定其中心地位的前提下,将其理解为至少是一场失败和一种中国发展的障碍"。中国革命"变成了衰落与失败的故事。它甚至被描述为一种畸变,一种对中国历史正常道路的偏离","打断了清末以前一直进行的朝着现代化方向的发展进程"。"马克思主义分析的两个中心概念——帝国主义和阶级——也遭到含蓄或明确的拒斥。""革命范式"有被"现代化范式"取而代之之虞,德里克将之命名为后革命时代的"范式危机"(crisis of paradigm)。③

---

① [美]柯文:《在中国发现历史——中国中心观在美国的兴起》,中华书局 2002 年版,前言第 41 页。

② 在德里克之前,黄宗智于 1991 年就运用库恩的"范式"与"范式危机"概念,对当时的美国中国学界的研究状况加以反思。他指出,美国学界关于中国历史变迁的解释中,曾居主导地位的"停滞的传统的中国"观念及其派生的"冲击—反应"模式,受到"近代早期中国"这一新观念的动摇。但新观念尚不足以成为支配性的模式。因而整个中国社会经济史研究处于"范式危机"之中。参见黄宗智《中国经济史中的悖论现象与当前的规范认识危机》,《史学理论研究》1993 年第 1 期。此文原载于英文版《近现代中国》(Modern China)第 17 卷第 3 期(1991 年 7 月)。或许黄氏的分析主要着眼于社会经济史,因而并未引起整个近代史学界的震动。所以一般的学术史回顾"范式"争论往往只回溯到德里克之文。

③ 参见[美]阿里夫·德里克:《革命之后的史学——中国近代史研究中的当代危机》,《中国社会科学季刊》(香港)1995 年春季卷,第 135—141 页。

德里克对美国中国学界研究趋向的描述，同中国近代史学界的状况竟然相当契合。大陆近代史学界在80年代的基本线索讨论中，实际上已形成"四个阶梯"说对"三次革命高潮"说的挑战。徐秀丽研究发现，中国学者张亦工可能是最早将"范式"引入历史研究领域的学者。① 早在1988年，张亦工就在《历史研究》杂志上撰文《中国近代史研究的规范问题》，开始运用库恩的概念来反思和分析中国近代史研究的趋向，只是他那时将"paradigm"译为"规范"。张亦工明确表示："本文借用了T. S. 库恩提出的'规范'这个概念。他讲的主要是自然科学研究的规范。他认为一门成熟的科学只有唯一一种规范，大多数社会科学还没有形成这样的规范。"张还对库恩的理论做了发挥，将之作为反思近代史研究的理论概念："社会科学领域可能还没有像物理学那样形成涵盖范围广泛的研究规范，但是就某一学科的某一学术共同体来说，却存在类似于自然科学的研究规范，至少在我们的中国近代史研究领域就存在着研究者所共同遵循的规范。"他将自50年代以来形成的研究规范名之为"传统规范"，其特点为"从革命史的角度把握近代史"。张亦工撰此文的意旨，更重在对隐隐浮现的新规范的感知。他指出："近几年来，由于社会环境变化和研究者的思想解放，近代史研究领域陆续出现了一些与传统规范有所不同的理论、原则或概念，它们还不成其为完整的规范，只能称为规范性的认识或理论，但是发展下去有可能在一定的条件下形成新的规范。"因而"我们的近代史研究正处在研究规范发生某种变化的过渡时期。如果说必须有所突破，近代史研究才能跟上社会现实前进的步伐，那么这个突破就在于用科学的批判态度对待五十年代以来我们所习惯的传统规范，同时根据新的需要和条件形成新的研究规范，创造几种互相竞争的研究规范并存的新局面"。② 虽然张亦工的文章并未给他所谓"传统规范"和"新规范"命名，但确如学者指出："后来发生的范式争论，在1980年代末实际上已经呼之欲出了。"③

如上所述，德里克用以分析美国学界而提出的"革命范式"与"现

---

① 徐秀丽：《中国近代史研究中的"范式"问题》，《清华大学学报》2015年第1期。
② 张亦工：《中国近代史研究的规范问题》，《历史研究》1988年第3期。
③ 徐秀丽：《中国近代史研究的范式问题》，《清华大学学报》2015年第1期。

代化范式"两个概念，及所论二者之间的紧张关系，同张亦工对中国近代史研究动态的概括竟然如此切合。这两个概念的引入，为近代史诠释体系的巨大变革提供了颇富解释力的理论工具，因而很快在中国大陆学者中激起热烈的反响，并引发了近代史学界有关"范式"问题的论辩。

值得指出的是，坚持以"革命"为近代史主题的学者，对于"革命史范式"这一概念其实多有保留。如张海鹏就曾表示，"革命史范式"这个概念"不是很准确"，只是鉴于"革命史范式"的概括"反映了中国近代史学科体系的核心内容，且为许多学者所采用"，因而可勉强接受这一"提法"。[①] 郑师渠亦明确表示："'革命史范式'的提法应当慎重。长期以来，近代史研究确实只突出了反帝反封建的斗争，在研究视野与内容上都显得单一、偏枯；但是，因此便将之定性为'革命史范式'，却是不准确的。""将经几代学者认真研究所形成的对近代中国社会历史发展具有真知灼见的一系列重要认知，简单定性或归结为'革命史范式'，不仅不准确，而且不公平。"[②]

步平认为，范式问题的争论与对中国近代史上"现代化历程"与"革命历程"孰轻孰重的判断有紧密关系。而这种孰轻孰重判断的变化并非产生于主观性的政治立场的动摇，而是源于客观的时代变化。[③] 这个时代变化，当然缘自中国迈入了改革开放的新的历史时期。从现代化角度来论述中国近代史，是随着20世纪80年代后期引进现代化理论而热起来的，至1996年已有五本中国现代化史著作出版。[④] 对中国的现代化史研究进行理论建构的是罗荣渠。罗荣渠（1927—1996），四川荣县人，毕业于北京大学，并长期任教于该校历史系。罗氏在1996年撰写《走向现代化的中国道路》一文，借用德里克提出的"革命史范式"与"现代化范

[①] 张海鹏：《20世纪中国近代史学科体系问题的探索》，《近代史研究》2005年第1期。
[②] 郑师渠：《近代史教材的编撰与近代史研究的"范式之争"》，《近代史研究》2010年第2期。
[③] 参见步平《改革开放与中国近代史研究》，《近代史研究》2009年第5期。
[④] 分别为罗荣渠《现代化新论》，北京大学出版社1993年版；章开沅、罗福惠主编《比较中的审视：中国早期现代化研究》，浙江人民出版社1993年版；胡福明主编《中国现代化的历史进程》，安徽人民出版社1994年版；许纪霖、陈达凯主编《中国现代化史》，上海三联书店1995年版；周积明《最初的纪元：中国早期现代化研究》，高等教育出版社1996年版。

式"两个概念，认为"当前中国近现代史研究中的新进展就是在'革命'的传统范式之外出现了'现代化'这个新范式"。他对"现代化范式"地位的估量比较低调："现在还谈不上这个新范式已经取代了传统范式，只能说是出现了两种范式并存的局面，目前主导范式仍然是革命史范式。"①罗荣渠率先运用现代化理论研究中国近代史，并构建了"一元多线发展观"这一理论模式。② 由他及其门下形成了"现代化范式"在国内学界的队伍。持"革命史范式"者则对之进行辩驳。但"范式"问题的争论并"没有发生以前出现过的'一扬一抑'或'非此即彼'的结果，因为两种'范式'都没有否认对方存在的价值"。③

争论主要围绕两个问题展开④：

一是中国近代史的主题究竟为何？"革命史范式"与"现代化范式"之命名，即凸显了其各自所认定的中国近代史之主题。两个"范式"的支持者在关于中国近代史的主题问题上产生了较为激烈的论争。在"现代化范式"论者看来，中国近代史的主题无疑应是"现代化"。罗荣渠提出："90年代以来，中国自己的现代化理论在历史唯物主义的基础上开始形成。理论的主要基点是：把以阶级斗争作为社会变革的根本动力转变为以生产力的发展作为社会变革的根本动力；现代化作为世界历史进程的中心内容是从前现代的传统农业社会向现代工业社会的大转变（或大过渡）。从这个新角度来看，鸦片战争以来中国发生的极为错综复杂的变革都是围绕着从传统向现代过渡这个中心主题进行的，这是不以人们意志为转移的历史大趋势。有了这个中心主题，纲举目张，就能够探索近百年中国巨变和把握中国近现代史的复杂线索。"⑤

"革命史范式"论者，则坚持中国近代史以"革命"为主题。张海鹏

---

① 罗荣渠：《现代化新论续编》，北京大学出版社1997年版，第99页。
② 罗氏的理论成果体现于《现代化新论》（北京大学出版社1993年版）、《现代化新论续编》（北京大学出版社1997年版）。
③ 步平：《改革开放以来的中国近代史研究》，《光明日报》2009年1月13日。
④ 此部分内容参考了徐秀丽《中国近代史研究中的"范式"问题》，《清华大学学报》2015年第1期。
⑤ 罗荣渠：《现代化新论续编》，北京大学出版社1997年版。

明确表示:"近代中国的时代基调是革命,从革命的视角审视,中国近代史上的政治、经济、军事、文化思想、社会变迁,以及中外关系的处理,区域发展,少数民族问题,阶级斗争的状况,无不或多或少与革命的进程、革命事业的成败相联系。一部中国近代史,如果抓住了这个基本线索,就能够顺藤摸瓜,理清近代中国社会历史的各个方面。"因而中国近代史的书写理应以"革命"为中心。① 龚书铎也认为,"近代中国是半殖民地半封建社会,帝国主义同中华民族的矛盾、封建主义同人民大众的矛盾,是当时中国社会的主要矛盾,离开了反帝反封建的民族民主革命,现代化就无从谈起"。他进而强调,"如果以现代化代替革命作为近代史的主线,那么整个近代历史就要重写,就会引起意识形态领域的思想混乱,就会导致严重的政治后果"。②

二是"革命史范式"与"现代化范式"之间的关系。讨论主要围绕究竟孰主孰从展开。在罗荣渠的理论架构中,其"现代化范式"是"以现代化为中心来研究中国近现代史,不同于以革命为中心来研究中国近现代史,必须重新建立一个包括革命在内而不是排斥革命的新的综合分析框架,必须以现代生产力、经济发展、政治民主、社会进步、国际性整合等综合标志对近一个半世纪的中国大变革给予新的客观定位"。③ 跟随罗荣渠从事现代化研究的林被甸、董正华明确表示:"以'现代化'作为历史研究的范式或主题,正在被越来越多的史学工作者所接受。这固然与我国正在全面展开的现代化事业呼唤与之相适应的理论科学研究有关,也是中国史学日益向深度和广度发展的结果。'现代化'并不排斥'革命',但'革命'显然不能涵盖现代化的全过程。"并强调:"正如革命是中国现代化进程中的一个重要阶段,我们同样也应该把'革命史'看做中国现代化进程研究的一个重要组成部分。"④ 虞和平在其《中国现代化历程》的绪论中也表达了类似的观点:"如果就完整意义上的现代化而言,反帝反封建的改革和革命应

---

① 张海鹏:《20世纪中国近代史学科体系问题的探索》,《近代史研究》2005年第1期。
② 龚书铎:《中国近代化研究中的几个问题》,《当代中国史研究》2005年第4期。
③ 罗荣渠:《走向现代化的中国道路》,《中国社会科学季刊》1996年冬季号,后收入《现代化新论续编》,北京大学出版社1997年版。
④ 林被甸、董正华:《现代化研究在中国的兴起与发展》,《历史研究》1998年第5期。

该包含在现代化进程之中。这是因为，反帝是为了争取国家独立、建立平等互利的国际关系，以便合理地利用国外资源；反封建是为了争取民主、建立政府与社会的良性互动关系，更好地进行现代化的社会动员。所以反帝反封建的改革和革命既是现代化的一个组成部分和一种重要动力，也为现代化建设解决制度、道路问题，并扫除障碍。"① 也有学者详细分析了现代化能包容革命的理由："第一，现代化包含了革命的内容，革命是进行现代化的根本保障；第二，现代化包含了民族独立的内容，民族独立是进行现代化的基本前提；第三，现代化包含了社会、经济、思想、文化等领域的变革内容；第四，现代化强调了生产力的主导作用，这是历史唯物主义的基本原则。""现代化从更广阔的范围内揭示了近代中国历史发展的基本内容。"② 简言之，"现代化范式"论者，其主流意见并不否定"革命"以求得民族独立的价值，并不希图完全替代"革命史范式"，但认为"现代化范式"能包容"革命"，比"革命史范式"具有更强的解释力。

"革命史范式"论者，也在其体系中为"现代化"留有一席之地。如吴剑杰表示，中国近代历史纷繁复杂，丰富多彩，从任何一个侧面或角度为视角去观察、研究它，都将是一种有益的探索。其所反对者"是以'现代化'作为更主要的视角来建构近代史研究'新范式'的理论框架，从而将近百年中国历史概括为'一场现代化史'，用以取代所谓'旧范式'及其基本认识"。③ 龚书铎亦主张，以革命为主线并不排斥现代化，"中国近代民族民主革命的最终目标是国家的独立、民主、统一和富强，其中已经包含有争取现代化的涵义"。④ 郑师渠说，"现代化范式"可以被"革命史范式"所通约和涵盖，"近代的民族民主革命不仅构成了中国现代化的前提条件，而且其本身同时即构成了中国现代化的重要内容"。⑤ 张海鹏则提出："用'革命史范式'撰写中国近代史，局限于革命的

---

① 虞和平主编：《中国现代化历程》第 1 卷，江苏人民出版社 2001 年版，绪论第 22 页。
② 王旭东、黎俊祥：《以现代化为主线略论中国近代史研究》，《史学理论研究》2003 年第 3 期。
③ 吴剑杰：《关于近代史研究"新范式"的若干思考》，《近代史研究》2001 年第 2 期。
④ 龚书铎：《中国近代化研究中的几个问题》，《当代中国史研究》2005 年第 4 期。
⑤ 郑师渠：《近代史教材的编撰与近代史研究的"范式之争"》，《近代史研究》2010 年第 2 期。

视角，可能对社会经济的发展、社会的变迁注意不够。如果在'革命史范式'主导下，兼采'现代化范式'的视角，注意从现代化理论的角度，更多关注社会经济的发展、更多关注社会变迁及其对于革命进程的反作用，就可以完善'革命史范式'的某些不足。反过来，如果不注意'革命史范式'的主导，纯粹以'现代化范式'分析、撰写中国近代史，就可能改铸、改写中国近代史，而使得中国近代史的基本面貌变得面目全非，令人不可捉摸了。这样的研究，新意是有的，但是脱离了历史真实的新意，将为智者所不取。"① 可见他们的意见是，"革命史范式"已经包容"现代化范式"，比"现代化范式"具有更强的解释力。

对此，《近代史研究》杂志主编徐秀丽评判说，"革命史范式"与"现代化范式"均试图以己为主体而包纳对方。这种争论持续有年，"事实上不大可能说服对方，达成共识。而且，任何解释系统都应该有自身的界定，'无所不包'常常导致自身意义的稀释"。② 对于"革命史范式"与"现代化范式"在近代史研究中的实际地位，不同的学者观感颇有出入。罗志田指出："以所谓研究'范式'言，任何框架性的诠释都应该以广泛充实的具体研究为基础，今日中国近代史的框架体系并不十分令人满意（仍受苏联体系影响），然既存研究似尚不足以支持基本的框架性修改。比如，说近代中国史'其实是一场现代化史'这一诠释体系就非常缺乏具体研究的支撑；我无意判断这一解释框架是否'正确'，根本是关于所谓'现代化'的论著数量实在有限。"③ 郑师渠认为，所谓"革命史范式"与"现代化范式"的争鸣，"还仅是部分研究者范围内的一种概念上的讨论，而非在实践层面上两种范式的真正角力"。"革命史范式"毕竟产生了不少具有典范意义的著作，长期以来为广大同行所公认；而所谓"现代化范式"则不能等量齐观，既有研究"尚不能说业已取得了公认

---

① 张海鹏：《20世纪中国近代史学科体系问题的探索》，《近代史研究》2005年第1期。

② 徐秀丽：《中国近代史研究中的"革命史范式"与"现代化范式"》，《中国社会科学院院报》2006年5月30日第7版。

③ 罗志田：《见之于行事：中国近代史研究的可能走向——兼及史料、理论与表述》，《历史研究》2002年第1期。

的、具有典范意义的成就,从而促成了学术共同体的确立,并为之提供了实践的模型"。在他看来,"现代化范式""当下还仅是一种新的研究视角与新的探索,而远非业已形成的客观存在",遑论取"革命史范式"而代之。① 而据夏明方的观察,"虽则在官方意识形态宣传和教科书领域,革命史范式的主导地位一直未曾受到怎样的撼动,但是在学术研究领域,随着现实生活中市场经济地位的确立乃至市场霸权的建立,现代化范式还是逐步取得其事实上的统治地位"。② 郭世佑等则认为:"在学术体制上支持革命史范式的力量多些,而在学术思想上,现代化范式则更具影响力。"③ 杨念群亦认为:"'革命史叙事'已让位于对现代化道路合法性的解说,或者说是'革命史叙事'已屈从于'现代化叙事'的逻辑制约之下,再也无法具有其至高无上的控制地位。"④

如此看来,对于两个范式究竟何者居于优势,学者们的观感判断见仁见智,难有定论。不过大体可以确定的是,"现代化范式"虽然打破了原来"革命史范式"唯我独尊、一统天下的格局,但总体说来,"范式转换"的局面很难说已在近代史学界完成。⑤ 事实上,德里克就曾表示:

---

① 郑师渠:《近代史教材的编撰与近代史研究的"范式之争"》,《近代史研究》2010 年第 2 期。
② 夏明方:《中国近代历史研究方法的新陈代谢》,《近代史研究》2010 年第 2 期。
③ 郭世佑、邱巍:《突破重围》,河南大学出版社 2010 年版,第 65 页。
④ 杨念群:《"感觉主义"的谱系——新史学十年的反思之旅》,北京大学出版社 2012 年版,第 223 页。
⑤ 关于历史学的"范式转换"是否可能,学界也有过讨论。杨念群认为,"革命"模式与"现代化"模式二者"是复杂的重叠关系,由于各自处理的对象和范围并不一致,怎么可能要求出现像自然科学那样的范式转换奇观呢"。而且在他看来,"历史学可能根本就不存在自然科学意义上的'范式转换'的可能性"。(参见杨念群主编《空间 记忆 社会转型:"新社会史"研究论文精选集》,上海人民出版社 2001 年版,第 55 页。)马敏则认为:"社会科学"的范式之间仍存在哲学意义上的否定或扬弃基础上的"范式转换"。"在将库恩的理论借用于历史研究中时,最适宜于'观其大要',而不能拘泥于细节。这就是要认真去思考这一理论对于我们深化历史思维的启迪作用。而'范式转换'对史学研究的启迪作用,首先就在于对某些规范性认识的质疑。"(参见马敏《商会史研究与新史学的范式转换》,《华中师范大学学报》2003 年第 5 期。)左玉河认为,自然科学确有差别,在运用范式概念时不能完全墨守库恩的定义,必须照顾到社会科学的特点对库恩理论加以限定和阐释。中国近代史领域确实存在范式及范式转换的问题,只是对范式及范式转换要作广义上的理解而已 。(参见左玉河《中国近代史研究的范式之争与超越之路》,《史学月刊》2014 年第 6 期。)

"在史学领域，出现一种支配性范式是既无可能又不可欲的。"① 他明确提出，"就目前来说，最有可能的结果是两种范式的共存"，虽然这种共存可能"不太和谐"。他由此又阐述了中国近代史研究范式的"扩散"问题。②

在中国史学界，不少学者强调"革命史范式"与"现代化范式"并非对立，而可以"兼容并蓄、相互借鉴与共同繁荣"，即所谓"横看成岭侧成峰"。③ 曾业英指出，倡言以"现代化"范式取代"革命史"范式，"这种以偏纠偏的思维方式，对正确解释中国近代历史的发生发展过程并无多大帮助，甚至还可能是有害的"。④ 步平认为："'现代化'范式弱化了'革命史范式'侧重于从政治史角度对历史发展的解释，而更重视历史与中国现代化之间的逻辑合理性的论证，关注经济史、社会史与文化史。……事实上并不存在以一种范式完全取代另一种范式的可能。"⑤ "中国近代史研究中的'范式'多元并存的状态，是思想活跃的直接结果，对于拓展中国近代史研究的广度和深度，对于近代史研究中理论思维的深入具有积极意义，推动了学术界的思想解放，深化了关于中国近代史研究的理论思维。"⑥ 蔡礼强也认为："革命史范式与现代化范式之间并不是一种简单的更新或取代关系，而是一种互相竞争但并非完全排斥的不同理论体系，双方都有存在的价值和必要。"⑦ 马克锋则提出，两个"范式"可以在中国近代史不同的分支领域并行不悖，各擅胜场，二者正可以互为补充、相互促进。⑧ 还有学者力图超越研究范式的争议，认为"革命史范式

---

① ［美］阿里夫·德里克：《革命之后的史学：中国近代史研究中的当代危机》，载《中国社会科学季刊》1995年春季卷。
② ［美］阿里夫·德里克：《欧洲中心霸权和民族主义之间的中国历史》，《近代史研究》2007年第2期。
③ 王也扬：《"革命史观"和"现代化史观"并不对立》，《北京日报》2008年3月31日第19版。
④ 曾业英：《实现了本所几代人的夙愿——读〈中国近代通史〉有感》，《近代史研究》2007年第5期。
⑤ 步平：《改革开放与中国近代史研究》，《近代史研究》2009年第5期。
⑥ 步平：《改革开放以来的中国近代史研究》，《光明日报》2009年1月13日。
⑦ 蔡礼强：《中国近代史研究的两大基本理论范式》，《甘肃社会科学》2006年第3期。
⑧ 参见马克锋《近五年来中国近代史研究述评》，《教学与研究》2010年第11期。

和现代化范式之争在本质上是不同的现代化道路之争,现代化范式所批判的只是教条主义化的革命史范式,而革命史范式所能反击的也是教条主义化的现代化范式。此两种范式的合理性限度固然都应该继承和发扬,学科体系的有效进展又要求对之皆予超越"。① 更有学者力图以唯物史观对"范式"之争加以整合:"所谓革命史观,所谓现代化史观,都不是指导历史研究的正确的史观。指导历史研究的正确史观,是马克思主义唯物史观。"②

或许"很多学者用现代化范式时更强调其对革命史范式的解构力量,而不是想再建立一个和革命史范式相似的笼统性的历史解释框架",因而"现代化范式"论者对于范式并存竞争说不难接受。③ 董正华明确提出:"史学家所选择的众多路径、取向或'范式',是可以兼容、互济的。不同的史学观点、史学流派相互间应当宽容、共处。对因理论和方法不同而出现的'分歧',不必急于达成'一律'。史学研究不断涌现新的'范式'和多种'范式'并存,史学界出现不同的流派或'学派',是史学走出'危机'和萧条而重新步入繁荣的征兆,也是有利于史学理论研究繁盛的好事。"④ 虞和平在2010年总结改革开放以来的近代史研究时,将主题创新概括为"从一个主题发展到一主一次两个主题,或叫做两个基本问题、两个任务、两个走向。这两个主题,一是反帝反封建革命,二是争取近代化,以前者为前提"。⑤ 这是对胡绳、刘大年关于中国近代史有关论述基本精神的概括。胡绳在1990年提出:"在近代中国前面摆着两个问题:即一、如何摆脱帝国主义的统治和压迫,成为一个独立的国家;二、

---

① 纪宝成、刘大椿主编:《中国人民大学中国人文社会科学发展研究报告(2010—2011):文理渗透与方法创新》,中国人民大学出版社2011年版,第291页。
② 张海鹏:《中国近代史研究的基本评价和方法论问题》,《中国社会科学院院报》2006年12月14日第7版。
③ 郭世佑、邱巍:《突破重围》,第62页。但同时也有学者质疑"并存说"是根本没有实践意义的空中楼阁。(参见朱浒《"范式危机"凸显的认识误区——对柯文式"中国中心观"的实践性反思》,《社会科学研究》2011年第4期。)
④ 董正华:《多种"范式"并存有益于史学的繁荣》,《史学理论研究》2003年第3期。
⑤ 虞和平:《改革开放以来中国近代史学科创新》,《晋阳学刊》2010年第6期。

如何使中国近代化。这两个问题显然是密切相关的。"① 在《从鸦片战争到五四运动》1997 年的再版序言中，胡绳明确指出："从 1840 年鸦片战争以后，几代中国人为实现现代化作过些什么努力，经历过怎样的过程，遇到过什么艰难，有过什么分歧、什么争论，这些是中国近代史的重要题目。以此为主题来叙述中国近代历史显然是很有意义的。"② 刘大年则提出"两个基本问题"并予以反复论述："中国近代历史上有两个基本问题：第一，民族不独立；第二，社会未能工业化、近代化。"③ 近代化与民族独立"两个问题内容不一样，不能互相代替，但又息息相关，不能分离"。④ "民族独立与近代化，不是各自孤立的，它们紧密地联结在一起。没有民族独立，不能实现近代化；没有近代化，政治、经济、文化永远落后，不能实现真正的民族独立。中国人民百折不回追求民族独立，最终目的仍在追求国家的近代化。"⑤ 刘大年还力图将民族独立与近代化两个主题整合进"民族运动"这一概念："110 年的历史运动是什么？我以为基本的运动是民族运动。中国近代民族运动的内容有两项，一是要求民族独立，二是要求中国近代化。从西方侵略中国这一天起，就是民族运动的开始，也就在我们面前提出了近代化问题……我们说中国近代史的主题基本上是民族问题，就是说从鸦片战争到中华人民共和国成立这段时期，中国所有的阶级，没有一个不参加民族斗争，不卷入民族斗争的。"⑥

徐秀丽指出，在胡、刘二人的言说中，"'革命史范式'的痕迹宛然可见，对现代化视角研究的重视也毋庸置疑，对于近代史两大任务（民

---

① 胡绳：《关于近代中国与世界的几个问题》，《人民日报》1990 年 10 月 17 日。
② 胡绳：《〈从鸦片战争到五四运动〉再版序言》，《胡绳全书》第 6 卷（上），人民出版社 1998 年版，第 8 页。
③ 刘大年：《民族的胜利，人民的胜利》，《人民日报》1995 年 8 月 15 日。
④ 刘大年：《关于研究孙中山与中国近代化问题》，《文汇报》1996 年 11 月 13 日。
⑤ 刘大年：《抗日战争与中国近代史基本问题》，《我亲历的抗日战争与研究》，中央文献出版社 2000 年版，第 354—355 页。
⑥ 刘大年：《中国近代历史运动的主题》，《近代史研究》1996 年第 6 期。章开沅于 1980 年提出以民族运动为近代史的线索，他所谓的"民族运动"是一种"兼具民族独立和社会革新双重要求的混合型运动"。（参见章开沅《民族运动与中国近代史的基本线索》，《历史研究》1980 年第 3 期。）刘大年借用了章开沅提出的这一概念，但添加了新的内涵。

族独立和现代化）的完成，虽分了时间上的先后，却全然未作主次的分野"，这是"前辈大家的一种智慧"。① 对两个"范式""未作主次的分野"，体现了胡、刘二人力求超越范式之争的圆融，也反映了他们力图与时俱进的意向，因而获得较为普遍的认同。在这种氛围下，"现代化范式"与"革命史范式"的争论，双方超越了意气之争，而主要是学理之争，其对于中国近代史研究自具积极意义。"它对于史学领域的拓展、史学内容的丰富、史学解释的多元，尤其是对于'现代化范式'的'脱敏'，产生了积极影响。"② 在此过程中为中国学界逐渐接受和运用的现代化理论，作为历史认识的工具，有力地推动了中国近代史研究的发展。但毋庸讳言，现代化理论本身也存在不足。步平指出，以"现代化范式"阐述社会变革过程，必须注意到现代化的理论从某种程度上是被引进的理论，是在西方的学术话语系统中被磨炼得相对纯熟的理论，如果照搬这一理论，把中国仅仅看作是普遍化的西方历史在东方的特殊范例，就容易陷入"历史虚无主义"的泥潭。③ 姜新认为，现代化理论具备历史事实判断工具的基本条件，但其不能充当衡量一切价值的尺度。广义现代化价值尺度无法确定合理的内涵以及合适的外延；狭义现代化价值尺度忽视现代化道路的多样性和现代社会的复杂性，人为将现代与传统、西方与东方对立，忽视传统的价值，抹杀现代局限。我们对于现代化理论应该批判吸收，绝不能过分迷信，若将之奉为评判一切事物的价值尺度，则可能产生谬误。④ 吴英也指出，现代化理论尽管正确指出了农业社会向工业社会转型的必然性，并客观地总结了工业化和城市化过程的一些本质性，但它的研究范式受西方结构功能主义思潮的影响，实质是将西方，尤其是美国的发展道路视为现代化的标准模式；

---

① 徐秀丽：《中国近代史研究中的"革命史范式"与"现代化范式"》，《中国社会科学院院报》2006年5月30日第7版。
② 徐秀丽：《中国近代史研究中的范式问题》，《清华大学学报》2015年第1期。
③ 参见步平《改革开放以来的中国近代史研究》，载《过去的经验与未来的可能走向——中国近代史研究三十年（1979—2009）》，社会科学文献出版社2010年版。
④ 参见姜新《历史事实判断工具还是价值评价尺度——对史学领域"现代化"理论的质疑》，《安徽史学》2010年第2期。

在历史发展规律的揭示上,它认定西方,尤其是美国式的现代化道路乃是历史发展的规律,而无视后发国家演进路径的多样性,同时也无视发达国家演进路径的多样性。① 杨天宏亦指出:"'现代化'理论显然不是一种周至完备的理论,用这一理论指导中国近代历史研究,同样可能因内容狭隘导致系统性的缺失。"②

在"革命史范式"与"现代化范式"的论争渐趋消歇时,有学者对这两个叙述范式都提出批评,认为"对反帝反封斗争和发展资本主义的强调都是在基于侵略/反抗,或在近代/传统的二元对立,这多少是在重复当年殖民统治者在被殖民者中蓄意设置的'文明'/'愚昧';'肮脏'/'干净';'先进'/'落后';'开放'/'保守'的简单区分,不管其主观目的怎样,客观上都在中华民族内部制造了分裂,以及随之而来的歧视、对立和仇恨,而对实际历史自然也有太多的歪曲、遮蔽。在这两种叙述范式中,主角都是殖民统治者、西方列强及其相应的近代发展,中国自己的形象不论是作为反抗者(侵略/反抗),抑或作为学习者(近代/传统),都是其光明底色的陪衬。这种以西方为中心,或者说以西方意识作为投射而建立起来的民族主义史学,最大的尴尬莫过于当被殖民者叙述自己的历史时,不得不把舞台让位给外来侵略者,使之继续扮演主角"。③

在"革命史范式"与"现代化范式"之外,也有学者提出了新的近代史研究"范式"。譬如随着社会史研究的兴盛,出现了将之视为一种"新的史学范式"而非"一个学科分支"的呼声。④ 马敏将"以新社会史为标志的'总体史'"视为史学发展的方向。⑤ 而在后现代思潮的影响下,"后现代范式"亦成为"一种意欲取代革命史范式、现代化范式的竞争性

---

① 参见吴英《中国历史教科书的编纂不能离开唯物史观的指导》,《史学理论研究》2010年第4期。
② 杨天宏:《系统性的缺失:中国近代史研究现状之忧》,《近代史研究》2010年第2期。
③ 胡成:《全球化语境与近代中国半殖民地问题的历史叙述》,《中国学术》2003年第1期。
④ 参见赵世瑜《再论社会史的概念问题》,《历史研究》1999年第2期。
⑤ 参见马敏《商会史研究与新史学的范式转换》,《华中师范大学学报》2003年第5期。

范式"。夏明方认为："后现代范式对规律和确定性的抵制、对启蒙与进步的质疑、对民族国家的解构、对过去或传统的怀念、对差异和边缘的关注，则体现了现代化发展到一定程度之后以'解构现代化'或'反现代化'的形式出现的对现代化的批判和反思。"他进而呼吁一种以研究时限"历史化"、研究空间"全球化"、研究对象"生态化"、研究主体"多元化"、历史哲学"复杂化"、研究目标"相对化"、历史资源"数据化"为基本特征的"新革命范式"。① 不过就目前来看，这一提议因包容过广、主旨不够明晰，尚未产生足够的反响。美籍华裔学者李怀印在其著作《重构近代中国——中国历史写作中的想象与真实》中提出"在时与开放"史观："重写中国近现代史不仅仅意味着在中国发现过去曾被目的论史学所遗弃的一面，更重要的是要抛却型塑现存叙事的结果驱动之视角，而将近代中国不同时期的各种暂时'结果'解释为一系列发展迹象，代表着引导中国迈向其'近现代史'之终极目标的多种可能性，尽管此一目标尚未被明确定义。我把这种方法称为'在时和开放'的历史。所谓'在时'，即强调在研究某个特定的历史事件时，从事件正在发生的彼时彼刻观察问题，因为事件的发展有各种各样的可能性同时存在，而事件的参与者不像后世史学家那样，能够清晰地预知正在进行的事件的可能结果。谓其'开放'，是因为这种方法不像革命或现代化的目的论史学那样，将中国近现代史加以'关闭'，亦即基于各种不同的目的论假想，而明确界定历史的'结局'；这个结局可能是共产党革命以及随之而来的社会主义过渡，也可能是改革开放时代'中国特色'的现代化，或者是21世纪之交新自由派或新左派知识分子所期望的任何其他结果。不同于传统史学的结果驱动视角只是从'事后'的角度以排他的方式追溯历史事件的'原因'，在时、开放史观的长处，正在于它在解释近现代中国不断演进中的各项发展之原因时具有包容性，使其有能力更加接近于过去的客观实际。"②

---

① 夏明方：《中国近代历史研究方法的新陈代谢》，《近代史研究》2010年第2期。
② [美]李怀印：《重构近代中国——中国历史写作中的想象与真实》，岁有生、王传奇译，中华书局2013年版，第278—279页。

左玉河指出，正是在近代史的范式之争中，人们看到两种范式的局限，开始探寻建构新范式，提出了多种力图超越两种范式而带有创新意义的替代性路径。"尽管这些新范式还不够成熟甚至有较大缺陷，但其在全球化视野下重建中国特色理论的方向是值得肯定的，也提出了许多有价值的意见，为进一步建构成熟的中国近代史研究的新范式提供了借鉴。中国学者沿此方向继续探索，会在为时不太长的将来建构起全新的更加符合历史真相的中国近代史解释框架和叙事方式。"①

前已叙及，因中国近代史同现实政治总是存在着剪不断的纠葛，与"范式"问题相关的超出学理层面的争论始终存在。诸如"告别革命"和"走什么路"的争论，"走向共和"的讨论，"冰点"事件，等等，其影响也远远超出学界，而吸引了社会各界的视听。这些争论确实也体现了"革命史范式"同"现代化范式""两者之间的冲突和张力"。②

李泽厚对20世纪"革命"的反思，在1986年提出"救亡压倒启蒙"的命题③，1992年5月发表《和平进化，复兴中华：谈"要改良，不要革命"》④ 时已见端绪。⑤ 1994年他在与王德胜的谈话录中明确提出："我认为辛亥革命是搞糟了，是激进主义的结果。清朝的确是已经腐败的王朝，但是这个形式存在仍有很大意义，宁可慢慢来，通过当时立宪派所主张的改良来逼着它迈上现代化和'救亡'的道路；而一下子痛快地把它搞掉，

---

① 左玉河：《中国近代史研究的范式之争与超越之路》，《史学月刊》2014年第6期。
② 夏明方：《中国近代历史研究方法的新陈代谢》，《近代史研究》2010年第2期。
③ 参见李泽厚《启蒙与救亡的双重变奏》，《走向未来》1986年创刊号。这一观点受到学界不少质疑和批评，如：金冲及《救亡唤起启蒙——对戊戌维新的一点思考》，《人民日报》1988年12月5日；丁守和《关于五四运动的几个问题》，《历史研究》1989年第3期；姜义华《理性缺位的启蒙》，上海三联书店2000年版，第116—117页。1990年5月5—8日在长沙举行的"若干哲学、思想史问题讨论会"，重点即是批判"救亡压倒启蒙"的观点。
④ 此文刊于《中国时报周刊》（美洲版），分两次刊出，一为1992.5.3—9，一为1992.5.10—16。（转引自黄克武《论李泽厚思想的新动向：兼谈近年来对李泽厚思想的讨论》，《"中央研究院"近代史研究所集刊》第25期，1996年6月，第444页。）
⑤ 李泽厚对革命的反思与批判，也受到欧美学术界的影响。在欧美学界，"自1980年代起，从总体上质疑革命就已成为一种现代性现象，并追溯到了1789年的法国革命"。（［美］阿里夫·德里克：《欧洲中心霸权和民族主义之间的中国历史》，《近代史研究》2007年第2期。）

反而糟了，必然军阀混战。所以，自辛亥革命以后，就是不断革命；'二次革命'、'护国、护法'、'大革命'，最后就是49年的革命，并且此后毛泽东还要不断革命。直到现在，'革命'还是一个好名词、褒词，而'改良'则成为一个贬词。现在应该把这个观念明确地倒过来：'革命'在中国并不一定是好事情。"并要"反省整个中国近代史"。① 此论一出，引起轩然大波。

1995年李泽厚与刘再复出版对话录《告别革命——回望二十世纪中国》②，对20世纪扬"革命"、抑"改良"的历史文化现象做了系统批判，进而主张重新评判中国近代史。此书明确提出："二十世纪中国的第一场暴力革命，是孙中山领导的辛亥革命。当时中国可以有两种选择，一是康、梁所主张的'君主立宪'之路，一是孙中山主张的暴力革命的道路。现在看来，中国当时如果选择康、梁的改良主义道路会好得多，这就是说，辛亥革命其实是不必要的。""我常说当时逐步改良可能成功，革命则一定失败。即使没有袁世凯，辛亥革命后也必然是军阀混战，各据一处，称王称霸，都不再听中央的号令，都觉得自己可以当总统、当皇帝。"作者痛心于"中国在20世纪选择革命的方式，是令人叹息的百年疯狂与幼稚"。并表示"我们决心'告别革命'，既告别来自'左'的革命，也告别来自'右'的革命。二十一世纪不能再革命了，不能再把革命当作圣物那样憧憬、讴歌、膜拜，从而再次悲歌慷慨地煽动群众情绪，最终又把中国推向互相残杀的内战泥潭"。③ 期望21世纪不要再革命，不属于史学范畴；然而李氏批判的锋芒所指，主要还是整个20世纪的中国革命。

李泽厚提出的"告别革命"论，以反思近代史而立论，直接挑战并完全颠覆中国近代史"革命史范式"的论述，因而很快受到官方组织的批判。1995年6月，国家教委高等学校社会科学研究中心在北京召开

---

① 李泽厚、王德胜：《关于文化现状和道德重建的对话》，《东方》1994年第5期。
② 李泽厚、刘再复：《告别革命——回望二十世纪中国》，香港天地图书有限公司1995年版。值得指出的是，此书非仅李泽厚一人之思想，而不乏二人对谈相互激发之成分。
③ 同上书，第129、70、4页。

"中国近现代研究的历史观和方法论"专题讨论会。次年4月，又在北京召开以"五四运动与二十世纪中国的历史道路"为主题的讨论会。7月，中国社科院中国特色社会主义理论中心与近代史研究所联合召开座谈会。9月，国家教委社科中心等部门联合举办"中国近代（1840—1949年）重大是非问题系列讲座"。这几次讨论会均主要针对"告别革命"论展开批判。在这些批判的基础上，1997年出版了《走什么路——关于中国近现代历史上的若干重大是非问题》（山东人民出版社1997年版）一书。2001年还出版了《历史的回答——近代史研究中的几个原则争论》（北京师范大学出版社2001年版）一书。

  对"告别革命"论的批判主要基于以下几点：（1）革命是民族危机和社会矛盾激化的产物，是客观形势使然，并不是随心所欲可以制造出来的。（2）社会改良的办法只能在同一个社会制度内运行，如果要推翻旧制度，建立新制度，改良则无能为力，只能让位于革命手段。在某一国家近代化的变革中，究竟采取何种方式，取决于其实际状况。因而脱离具体历史环境去抽象地争论革命与改良的对错优劣，是对历史的不尊重。（3）革命的"破"与"立"是辩证的关系，"破"为"立"扫清道路，创造前提；"立"巩固和发展"破"的成果。革命的本质和核心在于建设与创造。（4）告别革命实为告别社会主义。社会主义正是革命的产物，告别革命论者是通过否定革命的手段以达到否定社会主义的目的。"对革命本身的否定，势必对革命后果——人民共和国和社会主义制度的否定。"①

  虽然这些批判有官方组织的背景，也多从政治层面着眼，但平心而论，从学理层面来说，"告别革命"论缺乏史论应有的严谨。李泽厚有哲学家的气质，也使得他更重思辨而相对忽视实证。"革命"是多种复杂社

---

① 详参龚书铎等《正确评价辛亥革命的历史意义》，载《走什么路——关于中国近现代历史上的若干重大是非问题》，山东人民出版社1997年版，第238—249页；李文海、刘仰东《辛亥时期的志士仁人为什么选择了革命》，同上书，第250—258页；张海鹏《"告别革命"论错在哪里？》，同上书，第86—94页；谷方《评"告别革命"论》，同上书，第69—85页；《"五四运动与20世纪中国的历史道路"学术讨论会综述》，同上书，第393—397页。

会因素"合力"的产物，往往不以某一思想愿望为转移。"告别革命"论如果作为一种哲理，自可一说；但如果作为史论，则无疑缺少应有的实证支撑和历史分析。其在评判革命与改良时，整体否定革命历史和革命价值，这种脱离具体历史时空的思维模式也使之难以获得史学界普遍的认同。

不过也应看到，"告别革命"论对近代史学界反思革命产生了影响。辛亥百年之际，章开沅明确提出应该清理辛亥革命的负面因素："革命从手段提升为目标，乃至衍化为至高无上的神圣。此乃幼稚的荒唐，而在现实生活与学术研究中却长期成为精神枷锁。"[①] 王奇生所著《革命与反革命》一书明确表示："革命确实是近代中国历史的主调，是主导整个近代中国历史发展的一个重要符码。在业已告别革命的今天，作为历史研究者，不能仅仅简单地放弃、淡忘或者否定那些我们曾经长期沉迷的观念，而有必要追问，那些早已熔铸成为我们思想价值观念的革命话语和革命政治文化是如何建构起来的？又是如何演变的？"[②] 这种新的发问与运思方式，将对于"革命"的反思又推向了一个新的层次。

此外，李泽厚"如果中国当年选择康梁的道路"之议，还引发了一场史学方法论的讨论。房德邻、朱宗震认为，历史不可以假设，我们无须在"假设"上浪费时间。[③] 王也扬、赵庆云则认为，所谓"历史不可以假设"，是指作为既成事实的历史不可能重复再来一遍，在这个意义上，的确"后悔药没地方买"。但就历史研究而言，假设方法却是一种应该肯定的方法。其一，在历史事实的探索、求证方面，胡适"大胆假设，小心求证"说被公认是有效的研究法。其二，客观历史的可能性是多样的，历史经验教训的总结也不能不问一下"如果"。王也扬指出，"以历史结果的一种事实来论证该历史事物的全部，是一种简单化"；说历史必该如

---

① 章开沅：《辛亥百年遐思》，《近代史研究》2011年第4期。
② 王奇生：《革命与反革命》，社会科学文献出版社2010年版，第101页。
③ 参见房德邻《评"假如"史学》，《近代史研究》2005年第3期；朱宗震《不要在"假设"上浪费时间》，《近代史研究》2006年第5期。

此,只有一种选择,则是宿命论。"政治家这么做情有可原,史学家也这么做就有违职业的要求。"①

第二节 "在中国发现历史"的影响及思考

美国学者柯文(Paul A. Cohen)所著《在中国发现历史——中国中心观在美国的兴起》②,通过对美国学界研究中国近代史的"冲击—反应""传统—现代"与"帝国主义"这三种有强烈"西方中心"色彩的研究模式进行批评总结,就中国近代史的研究取向提出以"中国中心观"(China-centered approach)为主导范式的新认识,"希望摆脱欧洲或西方中心先入为主的假设来审视中国的过去"③,倡导以中国为出发点来深入探索中国社会内部的变化动力与历史进程。其典型特征为:(1)从中国而不是从西方着手来研究中国历史,并尽力采取内部的(即西方的)准绳来决定中国历史哪些历史现象具有重要性;(2)把中国按"横向"分解为区域、省、州、县与城市,以展开区域与地方历史的研究;(3)把中国社会再按"纵向"分解为若干不同阶层,推动较下层社会历史(包括民间非民间历史)的撰写;(4)欢迎历史学诸学科中已形成的各种理论、方式与技巧。④"中国中心观"突出了在中国近代史研究中"中国"的历史主体地位,"从整体意义上开始把中国史的研究方法从政治经济学的角度向人类学的区域研究方向实施转换,也就是说从空间意义上扭转了

---

① 王也扬:《客观历史的可能性与研究者——读房德邻教授〈评"'假如'史学"〉感言》,《近代史研究》2006年第1期;赵庆云:《也说历史研究中的"假设"问题》,《近代史研究》2008年第1期。

② [美]柯文:《在中国发现历史——中国中心观在美国的兴起》,林同奇译,中华书局1989年版。英文原版 Discovering History in China: American Historical Writing on the Recent Chinese Past, New York: Columbia University Press, 1984。

③ [美]柯文:《变动中的中国历史研究视角》,《在中国发现历史——中国中心观在美国的兴起》,中华书局2007年增订本,第246页。

④ 林同奇:《译者代序》,载[美]柯文《在中国发现历史——中国中心观在美国的兴起》,中华书局1989年版,第4—5页。

设问中国历史的方式，所以具有库恩所说的范式变革的作用"。① 柯氏所提倡的"中国中心观"虽然并非一套完整和规范的解释框架，却在大陆学界受到不少研究者的赞赏与仿效，"在中国发现历史"成为流行的口号。柯文此书中文版 1989 年由中华书局出版，很快售罄，2002 年再版，其对中国史学界影响可见一斑。这固因美国学术的强势地位，同时也因此书"对中国大陆研究近代史之成果与方法的某些值得商榷的看法，有待我国史学界作出回答"。②

对柯文《在中国发现历史》一书，大陆学界早在 1986 年就通过此书的翻译者林同奇的一篇评介文章而有所了解。林同奇介绍"在中国发现历史"潮流产生的背景：美国史学界经过 1964—1974 年越南战争及水门事件的震动，部分学者对美国与西方文明的精神价值发生根本动摇，对西方"近代"历史发展的整个道路与方向产生怀疑，进而对既有研究中国近代史以西方为出发点的模式提出挑战。这一动向，实际上反映了美国 70 年代以来研究亚、非、中近东及其他非西方社会的总趋势，即力求摆脱"殖民地史"的框架而从各国社会内部的特点探索其历史进程，且反对将非西方社会的历史视为西方历史的延续。林氏认为，"中国中心观"的核心思想为"力求设身处地（empathically）按照中国人自己的体会来重建中国的过去"，并强调"中国中心观"只有和历史的比较研究相结合，才能给史学研究带来更加广阔的视野与深刻的洞察力。林氏指出，"中国中心观"最引人注目的一点是对历史描绘精细化的要求，但因过于强调"区分"，不免低估了"综合"（integration）过程之重要性。"低估了总框架在人类认识或理解的积极的建设性的作用，如果缺乏一个正确的总框架指导全局，一味追求精细，便往往是只见树木不见森林。"而中国近代史研究，只有在微观研究与宏观研究相结

---

① 杨念群：《美国中国学研究的范式转变与中国史研究的现实处境》，《清史研究》2000 年第 4 期。收入黄宗智主编《中国研究的范式问题讨论》，社会科学文献出版社 2003 年版，第 298 页。

② 林同奇：《柯文新著〈在中国发现历史〉评介》，《历史研究》1986 年第 1 期。

合的情况下才能得到健康发展。①

刘大年1990年在文章中以相当的篇幅评析"中国中心观"。他认为:"中国主线论批驳那种以为在近代历史舞台上,西方扮演主动的角色,中国只扮演消极、被动的角色,以及批评殖民主义观点的遗留,是正确的和有说服力的。"不过他又指出:"美国学术界把他们关于近代中国与世界的争论,叫做中国历史'剧情主线'的争论。归纳起来,也就是一个西方主线决定论,一个中国主线决定论。……倘若有人以为那对立的两条主线,非彼即此,二者必居其一,必定使自己陷进泥坑里,无法自拔。说外国侵入不起决定作用,那等于说,中国是自己把自己变成了半殖民地,变成了被压迫民族的。不会有人听信如此荒唐无稽之言!说中国内部力量不起决定作用,那等于说,中国的民族独立是外部侵略势力开恩赐予的,而不是中国人民战胜了所有强大敌手后所获得的。同样不会有人听信如此荒唐无稽之言!""'中国中心观'过于看轻了外部世界的作用,对于外部势力深入到中国社会内部结构里面发生的毒害影响估计不足。他们的'内部取向'观念有的含糊不清,或者变成了陈旧的心理史观。"②

刘大年基本上站在革命史观的立场上对"中国中心观"加以评论。革命史观强调近代史研究的中国主体立场,强调中国近代历史发展的根本动力来自中国内部,这与"中国中心观"所提倡的研究取向是契合的;但革命史观诠释体系中,"帝国主义"是近代中国落后屈辱历史的根源③,因而自不能认同"中国中心观"对于中国近代史上"帝国主义"因素(包括正面与负面作用)的淡化。刘大年对"中国中心观"的批评,同20世纪50年代对尚钺的批判实有其相通之处。正如日本学者并木赖寿所说:"对十分注重欧美及日本的殖民地主义、帝国主义因素的中国研究者

---

① 林同奇:《柯文新著〈在中国发现历史〉评介》,《历史研究》1986年第1期。
② 刘大年:《中国近代化的道路与世界的关系》,《求是》1990年第22期。
③ 美国学者费惟恺在20世纪60年代曾认为,将近代中国的贫困、软弱归咎于"帝国主义"是在外国找一个"替罪羊"。参见费惟恺《重写历史:中华人民共和国对过去的解释》,《多伦多季刊》第30卷第3期,1961年4月;《披着马克思主义外衣的中国史学》,《美国历史评论》第LXVI卷第2期,1961年1月。

来说，柯文的理论可能是一种'内因论'，这种理论甚至还会被看成'西方资产阶级史学'观点。因为强调外来侵略，颂扬反侵略斗争的立场，是和把中国的现行政治体制作为革命历史成果这一观点相联系的。而'内因论'忽视外来侵略的因素，有可能导致为殖民主义、帝国主义辩护的结果。"[1] 这一点也为柯文早已预料："只要中国人对西方入侵的一段经历记忆犹新，积怨未消，就很难接受一种冲淡帝国主义在他们过去一百五十年历史中之作用的估量。"[2] 柯文1996年在《历史研究》第6期发表的《〈在中国发现历史〉新序》中辩解曰："中国中心观不否认外来因素在中国中的作用，相反，它们所采用的方法更有效地分析了外来因素在中国的特殊表现。"不过有学者认为："柯文所讲的不否认外来因素的作用，并不等于他已把近代以来中国历史的发展当作是一个内外因相互交织，辩证互动的结果。他只是通过范围的限定来看待'西方'对中国的影响。"[3]

后来对"中国中心观"的诸多评论，大多循着刘大年的论述思路，着眼于中国近代史的发展动因以展开"内因"与"外因"之辨析。如汪熙一方面肯定柯文"把自己的理论体系建立在较精密和周全的论证上面，并以各种历史事实加以验证，其基础比较扎实"，同时明确表示，"中国中心观"可以称为"内因论"，而"外因和内因这两种取向都不能偏废。须知19世纪中叶以后西方世界撞击中国的大门，并以各种不平等条约为跳板侵入中国，这是历史的事实。但是任何外来冲击不论是正面的还是负面的，只有通过中国内部的因素才能起作用。中国社会内部自有其运动的规律，它必然会向前运动发展，并且最终决定中国社会发展的进程与结局"。"在一定的历史条件下，外因（在这里指西方的冲击）也可以成为主要的一面。……离开了西方的冲击及其影响，很多中国内部的事就无法

---

[1] [日] 並木赖寿：《P. 柯文的〈在中国发现历史〉》，汪婉译，《国外社会科学》1993年第3期。

[2] [美] 柯文：《在中国发现历史——中国中心观在美国的兴起》，林同奇译，中华书局2005年版，第209页。

[3] 陈君静：《论柯文的"中国中心观"》，《史学月刊》2002年第3期。

解释。"①

陈君静强调,"超越'传统与现代性'是柯文中国史观的理论出发点和实质之所在"。"'中国中心观'作为一种全新的学术趋向,毕竟给'西方中心主义'还占支配地位的美国中国史研究领域打开了另一扇透视中国的新视窗,为美国中国史研究增添了新的活力。它对于克服长期支配中国史研究的'西方中心主义'理论框架及其研究模式,促使美国中国史史家转向从中国历史本身出发,根据对历史主体自身的认识,理出中国历史演进中的问题,具有重要的意义。"同时亦指出:"任何外来的'冲击'不论是正面的还是负面的,只有通过中国内部因素的整合才能产生作用";"柯文的中国史观也存在着明显的缺陷。其最大者,恰好与其所批判的'西方中心观'相对应"。如果按照柯文主张的"中国中心观",突出强调中国历史的主体性,又容易忽视现代世界发展的客观趋势和中国近代社会的具体历史发展实际。这要求史家把近代以来的中国历史看作是各种内外因素互动和"合力"所推动的,因此必须从单向度研究改为多向度的综合研究。任何只持"西方中心"或只持"中国中心"的观念,都是片面的。②

吴怀祺指出,柯文的"中国中心观"其实还是以"冲击与回应"为基本思维框架,不可避免牵涉到内因与外因问题。与内因、外因论相通是其合理之处,能丰富我们对中国近代社会变化的认识。他同时认为,柯文未能对内因、外因的辩证关系作深入探讨,其"矛盾的内心也是缺乏一以贯之的理念",因而"思想活跃有余,但缜密不足"。③

张仲民认为,作为对以西方为中心来考察中国近代史的一种"反动",柯文的"中国中心观"能看到以往研究者没有能注意到的许多面相,并注意把西方对中国的影响按层次和地域区分,这自然是很可贵的努力,一定程度上代表了美国甚至海外汉学界研究中国历史的新动向。然而

---

① 汪熙:《研究中国近代史的取向问题——外因、内因或内外因结合》,《历史研究》1993年第5期。
② 陈君静:《论柯文的"中国中心观"》,《史学月刊》2002年第3期。
③ 吴怀祺:《内因与外因:柯文"中国中心观"的解析》,载朱政惠主编《海外中国学评论》第4辑,上海辞书出版社2012年版,第89—105页。

"又由于它内在矛盾性——过分强调了中国的内部因素在中国近代发展中的作用,会导致'中国中心'的困局。而从历史实际来看,引起中国近代变革的动力仍然在西力的进入,所以柯文这一研究范式仍有其巨大的局限性,并不能完全说明近代中国的变化"[①]。王剑则指出:"虽然柯文本意是想摆脱'西方中心观'框架逻辑实证主义的缺陷,并追求历史的独特性和真实性,但关键是柯文所依托的价值标准和话语体系,毕竟还是源于西方。尽管在西方的知识体系支持下,我们可以概括了中国历史的独特一面,但这能否接近中国历史真实始终是一个争议颇多的主题。"[②]

耿云志在《近代中国文化转型研究导论》中指出,"中国中心"模式"过分高估了传统文化内部某些变动的程度及其意义","外因与内因的关系,绝不是某一个总是主要的,另一个总是次要的。何者为主,何者为次,完全要看具体的情况"[③]。

总体说来,在对柯文"中国中心观"的思考中,"外因、内因结合论已成学界的基本共识"[④],即使柯文本人也赞同将中国近代史"看成是内外因素相互交织相互作用的产物"[⑤]。但这种共识可能更多具理论意义,在中国大陆学者的研究实践中则"已经产生某种不可忽视的误会,不少人开始较为封闭地考察近代中国"[⑥]。柯文提出"中国中心观",其"心目中的读者主要是西方特别是美国的中国专家",因而他本人也曾担心"中国同行们由于对美国研究中国史的学者多年以来努力探索的争论焦点不甚熟悉,对于用来表述这些争论焦点的一套惯用术语感到陌生,是否就能理解这本书的论证,从而体会书中提出的问题对于美国史家所具有的重要意义"[⑦]。大陆学者对"中国中心观"的误读,证明柯文的担心不无

[①] 张仲民:《一个思考:由柯文"中国中心观"谈起》,《人文杂志》2003年第5期。
[②] 王剑:《美国中国近代史观的展现及其他——关于柯文〈在中国发现历史〉的思考》,《浙江大学学报》2001年第3期。
[③] 耿云志:《近代中国文化转型研究导论》,四川人民出版社2008年版,第5、6页。
[④] 虞和平:《改革开放以来中国近代史学科的创新》,《晋阳学刊》2010年第6期。
[⑤] [美]柯文:《〈在中国发现历史〉新序》,《历史研究》1996年第6期。
[⑥] 罗志田:《近三十年中国近代史研究的变与不变》,《社会科学研究》2008年第6期。
[⑦] [美]柯文:《在中国发现历史——中国中心观在美国的兴起》,中华书局2002年版,中文版前言第1—2页。

道理。

　　针对"中国中心观"在中国引起的误会,罗志田提出"发现在中国的历史"。① 他认为,在近代中国,不仅政治,多数文化、思想、学术、生活、经济等方面的变化,处处可见外来的影响。如果外来"冲击"退隐或淡出,则所见仅为一个虚幻而失真的"近代中国"。因而必须保持充分考虑"在中国"近代的各类外来因素的开放取向,"并希望时刻警惕不要陷入哪怕是无意识的封闭倾向"。他还指出,西方学者所长本在中国之外,柯文所归纳的方向使其向中国之内倾斜,自然非常适合。我们本相对更长于内,"同样跟着再向内转,便可能未受其利而反见其弊;若在关注中国当地的同时,侧重在地之外来影响,则更适合自身的特点,或可收扬长避短之效"。②

　　罗志田所强调者实为相当关键的一点,即必须考虑柯文提出"中国中心观"主要为纠正美国学界中国近代史研究根深蒂固的"西方中心论"之偏,以展现中国历史独特的一面,有其特定的针对性和学术语境。西方学者试图以中国为主体研究中国近代史,与中国本土学者进行近代史研究的主体意识,二者实不可同日而语。

　　近年来,对"中国中心观"的学理批评逐渐走向深入。夏明方结合社会史、思想史等方面的研究实践,对"中国中心观"展开反思和批判。他指出,在"中国中心观"的理论主导下,学界走上了对18世纪中国现代性的"发现之旅",即采用愈益宽泛的现代性定义,发现中国历史内在自发的"现代性"。在他看来,这种做法"与其说反映了历史的真实,不如说是这些学者的思想对中国历史的发明"。③ 而且,这类研究"又无不以反西方中心论为旨趣,却因其针锋相对的逻辑,一方面难免滑向'中国中心主义'的老路,另一方面又为西方中心的延续提供了合法的外衣";"就国内学者而言,这样一种力求在中国本土寻找现代性的努力,

---

①　罗志田:《发现在中国的历史——关于中国近代史研究的一点反思》,《北京大学学报》2004年第5期。
②　罗志田:《近三十年中国近代史研究的变与不变》,《社会科学研究》2008年第6期。
③　夏明方:《十八世纪中国的"思想现代性"——"中国中心观"主导下的清史研究反思之二》,《清史研究》2007年第3期。

使用的却是地地道道的美国中国学理论，结果在冲击以往的马克思主义教条的同时，又逐渐走上了一条新教条主义的道路"。①

夏明方进而将"中国中心观"体现于近代中国史观的三大核心内容归结为"柯文三论"：在历史变化动力上的"去冲击论"；在历史变化方向上的"去近代（化）论"；在历史变化主体上的"去帝国主义论"。"中国中心观"对中国史自身之"剧情主线"的揭示，意在通过一种看似超然的历史连续性把人们习惯上理解的中国近代化过程化解于无形，亦即在打破"传统"与"近代"的界限的同时，又将"近代"与"传统"一起从现实与理论中统统抹掉。"柯文实际上采取了一种类似于拔河比赛的策略：你说是'西方冲击'，我偏要寻找中国历史的内在动力；你坚持传统与现代的二元对立，我则抹去两者之间的差异；你认为帝国主义发挥了决定性的作用，不管是好是坏，我就要淡化帝国主义的影响力。如此针锋相对，势必矫枉过正，从一个极端走向另一个极端，以致在激发人们历史想象力的同时，又严重束缚了人们的思想。"柯文的理论存在着内在困境：他以打破传统与近代二元对立的所谓欧洲中心论模式为目标，但他用以破解这一模式的逻辑工具却是"极其纯粹的导引近代化潮流的现代科学分析方法"，因而"这实际上是以一种方法论上的现代性来消解现实历史中的现代性"。"中国中心观"自身潜在的矛盾，是其走上新教条主义的内在根源。②

李学智则主要从柯文对"冲击—反应"模式的批评入手，对"中国中心观"加以剖析。他认为，实际上，承认西方冲击的作用，并不就是否认了内部因素，认可中国近代历史发展的"冲击—反应"模式，并不影响人们"在中国发现历史"。柯文的"中国中心观"弱化乃至否认近代西方世界与中国之间存在的重要差异，否认西方列强的侵略对近代中国所造成的冲击，模糊甚至混淆了"晚清中国的改革思想与活动"与此前中国历史上的改革所具有的重大区别，对中国近代史和近代中西关系做了背

---

① 夏明方：《十八世纪中国的"现代性建构"——"中国中心观"主导下的清史研究反思》，《史林》2006年第6期。
② 夏明方：《一部没有"近代"的中国近代史——从"柯文三论"看"中国中心观"的内在逻辑及其困境》，《近代史研究》2007年第1期。

离史实的阐释，因而难以成立。中国具有悠久的改革传统，但这与晚清的变革是由西方的冲击而引发并不矛盾。西方的冲击，是欲认识近代中国不能不认真对待的事情，否则关于19世纪中后期的变革乃至整个中国近代史将无法解释。此外，柯文对"首次相撞"等概念的使用及论述的逻辑亦存在舛误。近代西方社会内部存在的差异和东西方之间存在的差异不可相提并论。总体说来，柯文主要不是出于对中国近代历史的具体研究，而是源于作者对其自身社会现象的反思及进一步的推演，从而对既有模式反其道而行之地构建一个新的解释框架，然后去套用于中国近代史。①

也应看到，以上学者对"中国中心观"的批评，基本上针对柯文的理论表述及其逻辑架构而展开，缺乏对相关研究实践的系统检视。而"中国中心观"首先是一种通过具体研究实践而表达的取向。实际上，美国中国学界自20世纪70年代以来的不少著作都具有"中国中心观"背景，这一取向也在中国史学界得以广泛运用。朱浒着眼于通过分析"中国中心观"指导下的研究实践，以把握这一取向达致的研究后果及其缺陷。他认为，"中国中心观"对原有认识框架的挑战，在实践上更多采取了某种单向度逆反立场。它其实未能形成对外部与内部、整体与局部、上层与下层、西方与东方等一系列二元对立的超越，而是从一个极端跳向另一个极端。从迄今为止的研究实践观之，业已形成三种严重缺陷，即追寻内在连续性的迷途、作茧自缚的地方史路径和反东方学的东方学措辞。②

笔者认为，"中国中心观"针对美国学界20世纪50年代以降的中国近代史诠释模式，力求超越，通过移情之法将问题的中心置于中国内部。这种对"西方中心"的反思无疑是必要的，其在中国学界引起广泛而深远的影响绝非偶然。不过但凡理论问题，"立"可能比"破"更难。"中国中心观"在破除"西方中心论"上虎有生气；但就建立取而代之的诠释体系来说，则仍嫌建设性不足。

对"欧洲中心论"的反思与警示无疑是必要的，但如果仅以"中

---

① 参见李学智《冲击—回应模式与中国中心观——关于〈在中国发现历史〉的若干问题》，《史学月刊》2010年第7期。
② 参见朱浒《"范式危机"凸显的认识误区》，《社会科学研究》2011年第4期。

国中心"取而代之,势必产生以偏纠偏的问题。夏明方、李学智、朱浒等人对"中国中心观"的思考与批评,剖析柯文方法与逻辑的内在矛盾,指陈其根本上存在的缺陷,确实"表明进入21世纪以来中国学者在与外国学者进行学术对话时的心态,与改革开放初期相比,已经成熟和深刻了许多"。① 就中国近代史的研究取向而论,有学者提出:"若在世界范围内以中国社会镜像作为窗口,并结合中国文化传统进行历史与现实的比照,则所谓西方中心论,中国中心论都不排除西方—中国相互打量的目光。只不过前者是从立足西方来看中国,即从外向里看。而中国中心论则更多的是侧重世界视野中的中国问题分析,强调从中国的角度分析西方的冲击及其影响,多为从内向外看。无论是中国中心论还是西方中心论,研究者都要注意区域意义上中国与世界整体观念的关系。尤其要把握近代中西文化会通的语境中从里向外看、从外向里看,这两者的视域交融在什么地方?分界线在哪里?"② 巴勒克拉夫的论述或许亦不无助益。他认为,推进当代历史研究不仅在于集中批判"欧洲中心论",而且"还必须在其他方面付出同样巨大的努力去克服民族和种族的局限性",必须"抛弃中心和边缘的观念,不论这个中心是位于欧洲还是位于中国"。③

第三节　借鉴西方理论与挖掘传统资源

一　关于借鉴西方理论

中国近代史是一门国际性学问,中国本土近代史研究的繁荣发展,离不开融会贯通地借鉴、吸收欧美学术的理论方法。新时期以来,中国史学与国际史学的交汇日益加深。在中国近代史领域,欧美国家的学者经常提出一些新颖的理论,受到国内学者仿效。但也不免出现盲目照搬等现象。

---

① 步平:《改革开放与中国近代史研究》,《近代史研究》2009年第5期。
② 王天根:《史学框架与史学求真的限度》,《安徽史学》2011年第5期。
③ [英]杰弗里·巴勒克拉夫:《当代史学主要趋势》,杨豫译,上海译文出版社1987年版,第148—149页。

如曾业英所说:"否定了旧的教条主义,又自我套上新的教条主义的枷锁。"① 例如,近年来后殖民理论对中国近代史研究产生了相当的影响,黄敏兰指出:"误读和滥用后殖民理论不是一两个人的所为,而是学界一股比较普遍的潮流。""食洋不化尚为其次,危害历史研究才是最主要的"。②

中国学界弱于理论建构、一味追随欧美学界的现象,使得有人呼吁以更为理性的态度对待西方学术的理论方法,以确立中国学者对于中国近代史的话语权。罗志田指出,如果我们没有自身的学术立足点及在此基础上的学术优势,根本谈不上与西方史学的对话。近年来颇受关注的"民间社会"(civil society)理论,"本是欧洲学者诠释欧洲社会的,一些美国学者开始用于解释近代中国,在美国学界便已存在争议,盖其在多大程度上适用于欧洲以外同时代或不同时代的各类社会,实在还需论证。窃以为这一理论对认识近代中国确有启发,或可以较宽泛地借鉴,然似不必亦步亦趋"。再如"东方主义"观念,其立论的基本素材取自曾为殖民地的阿拉伯或穆斯林"东方",以之来观照基本保持领土主权的近代中国,则理论与实际未必契合。③ 胡成提出,我们与欧美学术的互动,并非在于单向度的曲从或迎合意义上的"国际接轨",而是希望能够与之进行双向的平等学术对话。作为亲身参与,并且也是这一历史的创造者的中国学人,研究中国历史实际上具有西方学者难以比拟的优势,更容易发现中国历史的内在精神。④ 马敏认为,借鉴、运用西方的理论,必须避免掉进西方概念和西方话语的陷阱而不能自拔。因为我们分析研究的毕竟是中国的问题,其中自会有种种变异,不能削足适履。借用西方概念必须结合中国历史的实际,赋予新的解释。更为理想的办法是直接从中国历史本身抽象、提炼出某些概念,从而真正建立中国自己的话语。如"绅商",便是从文献中

---

① 《"海外史学理论及方法与中国近代史研究"学术座谈会纪要》,《近代史研究》2000年第3期。
② 黄敏兰:《近年来学界关于民主、专制及传统文化的讨论——兼及相关理论与研究方法的探讨》,《史学月刊》2012年第1期。
③ 罗志田:《见之于行事——中国近代史研究的可能走向》,《历史研究》2002年第1期。
④ 参见胡成《我们的中国史研究如何走向世界?》,《史林》2011年第5期。

直接抽绎出的概念，如能围绕这一关键词进行种种厘清和内涵外延的重建工作，或许有望形成"以我为主"的理论解释框架。朱政惠则指出，我们要尽可能借鉴和应用国外学者研究中国历史的成果，对他们的研究也要用批判的眼光看待和分析，不能因为有价值就随便用，不假思索就吸收。但我们又不能不注意国际社会科学的发展和自我调适，否则会被边缘化。① 其实，西方学者对运用他们自己创造的理论工具也持谨慎的态度。如美国学者黄宗智就在指出理论对于中国近代史研究的作用时，着重对自己在学术生涯中遇到的四个主要的"理论陷阱"做出批评和反思。这四个"理论陷阱"为：不加批判地运用，意识形态的运用，西方中心主义以及文化主义。②

在 2010 年 6 月召开的"史学理论：中西比较与融通"学术研讨会上，刘家和、易宁等指出，我们不仅要了解西方的史学理论前沿，而且要了解其理论是如何在扬弃的基础上形成的，要了解他们理论的逻辑论证思路，这是与西方学者"对话"的基础。李剑鸣认为，中国的史学理论应该走出自己的道路，而不应只为西方理论做注脚。张越提出，我们以往对西方史学的了解和接受重在观点上的借鉴和方法上的照搬，现在应进一步对观点形成的论证过程做更深入的研究，对方法背后的知识背景做理论上的剖析。邓志峰认为，中国的史学理论要回到自己的传统之中才能有所发展。因此，我们的史学理论研究，目前最根本的问题是要把中国史学传统之中最根本的、奠基性的东西发掘出来，才可能有大的突破。③

二 关于挖掘传统史学理论资源

众多史家颇忧心于离开西方概念和理论则无以表述中国近代史的局面，并对如何做到以我为主体的融汇西方史学理论发表意见。同时，也有史家将目光投向民国以来的本土史学，欲接续学统，从中国史学传统中寻找理论资源。其中尤以桑兵用力较深，收获亦丰，在尊西趋新的风气之下

---

① 参见朱政惠《史学理论与史学史研究的新思考——与海外中国学研究关系的讨论》，《安徽史学》2010 年第 2 期。
② 参见黄宗智《学术理论与中国近现代史研究》，《学术界》2010 年第 3 期。
③ 参见李娟《"史学理论：中西比较与融通"会议综述》，《史学史研究》2010 年第 4 期。

颇具特色。①

桑兵（1956— ），河北威县人，毕业于四川大学，任教于中山大学历史系。桑氏对中国自身传统史学的重视由来已久。2000年在讨论海外史学理论方法与中国近代史研究时，他对于学界一味追随外国史学理论方法的趋向颇有批评，认为近年来不知源流本末主从正邪的拿来主义和格义附会过滥，越是高明的海外史学理论方法越是和者盖寡，反而旁门从者如云。他强调"前贤的灼见是值得借鉴的"，并借陈寅恪所云"其真能于思想上自成系统，有所创获者，必须一方面吸收外来之学说，一方面不忘本来民族之地位"来表明对待外来理论之正确态度。② 此后，桑兵潜心于晚清民国学术史研究，并以学术批评针砭学界时弊，多次就近代史研究的理论方法立论，意欲匡正学风，纠其偏弊。他的史学思想、理论与方法，主要取法对象为陈寅恪、傅斯年等人，大体有以下数端：

1. 不能以后来外在系统解读材料。桑兵指出，中国史学界不少人研治史学，"若不借助于后来外在系统，则几乎无法读懂材料，或者说不知材料有何意义。而一旦以后来外在系统为指导，又难免观念先行，肢解材料本身的联系与意思。也就是说，今人的问题意识，往往不从材料及其所记述的历史而来，而由后出外来的理论而生"。③ 此语也许激烈了一点，受到朱宗震的批评。④ 实际上，王国维早在1916年即对影响日深的西方史学理论评论曰："吾侪当以事实决事实，而不当以后世之理论决事实，此又今日为学者之所当然也。"⑤ 海外学者如柯文亦曾表达相似的意思："中国史家，不论是马克思主义者或非马克思主义者，在重建他们过

---

① 有论者谓：桑兵治学，"用力承接王国维、陈寅恪以来中国学术转承的脉络，在通晓世界的基础上潜心于'中国典范'亦即'中国史学知识之骨架'的建造，似在重光民族学术之本"。（参见张太原《发现史料之外的历史——以傅斯年研究为例》，《近代史研究》2010年第2期。）

② 《海外史学理论及方法与中国近代史研究学术座谈会纪要》，《近代史研究》2000年第3期。

③ 桑兵：《庚子勤王与晚清政局·绪论》，北京大学出版社2004年版，第3页。

④ 参见朱宗震《评桑兵先生对百年来中国史学的挑战——读〈庚子勤王与晚清政局〉》，载《史学方法与学术批评》，广西师范大学出版社2008年版，第176页。

⑤ 王国维：《再与林（浩卿）博士论洛诰书》，《观堂集林》第1卷，中华书局1959年版，第49—50页。

去的历史时,在很大程度一直依靠从西方借用来的词汇、概念和分析框架。"① 而余英时则指出:"我可以负责地说一句:20世纪以来,中国学人有关中国学术的著作,其最有价值的都是最少以西方观念作比附的。如果治中国史先有外国框框,则势必不能细心体会中国史籍的'本意',而是把它当报纸一样的翻检,从字面上找自己所需要的东西。"②

桑兵所论窃以为仍可纳入"史""论"关系探讨的范畴。其指陈批评者类似于"以论带史"。"以论带史"在1949年新中国成立后一度盛行,在"文化大革命"中更被极端化,以致取消了史学自身存在的价值。改革开放以后,学界对原来视为天经地义的预设提出质疑,对"以论带史"的做法加以反思。但随着西方理论方法的大量引进,新形式的"以论带史"——即以西方理论为框架,以中国史料填充其中——又开始盛行。

桑兵所指陈批评者,确有其现实针对性。以后来外在框架来梳理史料,难免移史就观,强史料以就我,对与框架矛盾的史料视而不见。如此治史,难免如陈寅恪所言:"其言论愈有条理统系,则去古人学说之真相愈远。"③ 桑兵所论,还涉及对史学泛社会科学化的警示。他表示:"史学着重见异,有别于社会科学的主要求同。"④ 近代以来,社会科学对史学研究的影响与日俱增,被视为史学获得"科学"地位的必由之路。"在泛社会科学化的影响下……史学不是从史料中解读出来,而是先入为主地按照一定的格式将史料肢解后重新拼装。"⑤ 社会科学强调普遍的解释力,强调研究对象的"匿名"性。对于史学社会科学化的利弊得失,学界亦见仁见智,并无定论。值得指出的是,桑兵并非对于在史学研究中援用社

---

① [美]柯文:《在中国发现历史——中国中心观在美国的兴起·序言》,中华书局1989年版,第1页。
② 余英时:《论士衡史》,上海文艺出版社1999年版,第459页。
③ 陈寅恪:《冯友兰〈中国哲学史〉上册审查报告》,载陈美延编《陈寅恪集·金明馆丛稿二编》,生活·读书·新知三联书店2001年版,第280页。
④ 桑兵:《中国近现代史的贯通与滞碍》,《近代史研究》2010年第2期。
⑤ 《海外史学理论及方法与中国近代史研究学术座谈会纪要》,《近代史研究》2000年第3期。

会科学的理论方法完全排斥，事实上完全排斥亦不可能。① 他只是针对中国史学界的学风流弊，强调对于种种概念、理论与方法能否适应研究对象保持必要的自觉，力图保持史学主体性。② 即他所谓"今日中国史学求新必先固本，根本巩固，才能行大道，成正果"。同时他也提出，"不应视其他学科为不学而能，在与其他学科的学人有效合作的前提下，学习和借鉴相关的理论和方法，严格遵守必需的戒律，并对其中的不适用性有充分的自觉，防止生搬硬套，更不能在不同学科之间跳来跳去"。③ 总体说来，他对于社会科学方法虽并不排拒，但还是持相当保留的态度。

与以外在系统解读材料密切相关的是，桑兵在治学取径上特别强调不能"悬问题以觅材料"，而应首先放眼读书，"由细心苦读以发现问题"。④ 因为，悬问题以觅材料，"首先，势必使得中国人变成外国人，读不懂中国书，只能用外国观念来理解中国书；其次，将各种文献统统当作史实的客观记录，则作者的主观不可见，同样影响对文献的理解，尤其是无法探究作者的心路历程"。⑤

2. 回到历史现场。桑兵从回顾总结社会学、人类学对史学的影响启发之中，提出研治近代史应追求"回到历史现场"。其所谓"回到历史现场"，"不仅要回到一定的空间位置，回到事情发生的那个时代或那段时间，而且要设法回到当时当地，回到事情正在发生的过程之中"；"要和历史人物一起经历其事，而且不是作为旁观者，也不仅仅是参与者之一，

---

① 杨奎松指出："近代以来的中国史学，从目的到方法，直至整个话语系统，早已发生了脱胎换骨的变化，这种变化已经潜移默化地影响到一切从事历史研究的史学家的骨髓里面去了。"参见杨奎松《历史研究的微观与宏观》，《历史研究》2004 年第 4 期。

② 有学者对"看不懂的新名词，搞不清的洋理论，西化的语言系统"提出质疑，并强调"新社会史首先是历史"。参见瞿骏《新社会史首先是历史》，香港《二十一世纪》2005 年 6 月号。

③ 教育部社会科学委员会秘书处组编：《中国高校哲学社会科学发展报告 2005》，高等教育出版社 2005 年版，第 255 页。

④ 此本为王国维的主张（参见周光午《我所知之王国维先生——敬答郭沫若先生》，载陈平原、王枫编《追忆王国维》，中国广播电视出版社 1997 年版，第 165 页），经桑兵阐发而广为人知。

⑤ 桑兵：《傅斯年"史学只是史料学"再析》，《近代史研究》2007 年第 5 期。

而是和所有亲历者一起经历他们各自所经历的全部过程"。①

历史本体杳然难觅，如何才能重返历史现场？陈寅恪曾指出，对于古人学说，"应具了解之同情，方可下笔"。"所谓真了解者，必神游冥想，与立说之古人，处于同一之境界，而对其持论所以不得不如是之苦心孤诣，表一种之同情，始能批判其学说之是非得失，而无隔阂肤廓之论。"陈氏同时还指出："但此种同情之态度，最易流于穿凿傅会之恶习。……则著者有意无意之间，往往依其自身所遭际之时代，所居处之环境，所薰染之学说，以推测解释古人之意志。"② 通过"神游冥想"的推理想象获得"了解之同情"，主要针对史料凭借不足的古史。因易致想当然的附会，运用须十分谨慎，才可避免"穿凿傅会"。

桑兵强调指出，史家治史要重返历史现场，穿越时空所能凭借者主要还是史料。由于近代史料遗存丰富详尽，研究者可以不必主要依靠"神游冥想"的想象力，而可运用"以实证虚"之法，达到重返现场之目的。他指出，治近代史如仅止于用研究古代史的方法辨真伪、求大概，达到如上古史的精细程度并非难事。不过，用第一手资料能够直接证明的问题，大体上只是时、地、人、大体过程等比较简单表浅的部分，至于更为复杂的思维盘算、人际关系以及相关作用的详情究竟如何，一般很难以直接史料证实。此时则需要"通过对罗生门式的历史记录的大量细节进行实证，以此为铺垫，还原相关人物的相互关系和众多事实的相互联系，使得研究者凭借对错综复杂的事实的把握，让历史人物的关系和性格随着细节的丰富而逐渐显现，全方位地重现历史场景，研究者因而由局外人变成参与者，实现与历史人物的共同生活，真正获得对研究对象的了解之同情"。重返历史现场要求研究者"尽可能全面地了解所有当事人全部有关言行，并将各种不同的记录相互印证，从而揭示言行的所以然，才有可能整体把握错综复杂的历史事实，通过人物心路历程之真逐渐接近历史真相"。③

在他看来，陈寅恪晚年研究钱柳姻缘即为"回到历史现场"的典范。

---

① 桑兵：《从眼光向下回到历史现场》，《中国社会科学》2005 年第 1 期。
② 陈寅恪：《冯友兰〈中国哲学史〉上册审查报告》，载陈美延编《陈寅恪集·金明馆丛稿二编》，生活·读书·新知三联书店 2001 年版，第 279—280 页。
③ 桑兵：《从眼光向下回到历史现场》，《中国社会科学》2005 年第 1 期。

陈氏"所论证的不仅在社会常情与变态,而且与个人心境相沟通,由典型代表人物的具体殊境而非由制度与现实的差异来考察时代精神与情感;不仅描述外在的行为,而且揭示内在的思维;不仅通过神游冥想达到了解同情,而且经由剖析具体背景、原因、交流等相关联因素回到历史现场切实进入了解同情的境界;不仅分辨史料表面的真伪,而且力透纸背,揭示相关人事'放大真迹'的潜因与程度,从真相中发掘出实意"。①

"回到历史现场"是相当重要的一个概念。重返历史现场,重建历史场景,意味着应尽可能避免用后来的理论框架来摘取组装材料,并尽可能避免研究者的后见之明。罗志田批评史学研究中的"倒放电影"倾向,即针对研究者以今情度古意、滥用后见之明的做法。他认为,对后见之明的副作用必须有清醒的认识,即无意中可能会"剪辑"掉一些看似与结局关系不大的"枝节",结果呈现的历史虽然脉络分明,却漏掉了历史丰富复杂的面相。② 李怀印在《重构近代中国》一书中提出要构建"在时和开放"(within-time and open-ended)史观,其所谓"在时",即"强调在研究某个特定的历史事件时,从事件正在发生的彼时彼刻观察问题"。③ 这二者同"回到历史现场"实有相似之处。谢维则在"回到历史现场"的基础上,进一步提出"回到实践现场"。④

"回到历史现场",还涉及对于历史必然性与偶然性的探讨。若研究者不能节制后见之明,因在其看来史事的结局已然确定,其研究则难以摆脱论证历史发展必然性的窠臼。唯有回到历史特定的时空现场,才能对历史的偶然性与可能性空间有足够的关注,才可能展现历史发展的丰富性与多样性。

也有论者指出,后见之明并非全无积极意义,"一方面,由于当时人、当事人都有自己的立场和角度,经常无意或有意为后来之人的认知设

---

① 桑兵:《陈寅恪与中国近代史研究》,《晚清民国的国学研究》,第181页。
② 详参罗志田《见之于行事:中国近代史研究的可能走向——兼及史料、理论与表述》,《历史研究》2002年第1期;《民国史研究的"倒放电影"倾向》,《社会科学研究》1999年第3期。
③ 李怀印:《重构近代中国》,中华书局2013年版,第279页。
④ 参见谢维《回到革命史的实践现场》,《近代史研究》2014年第2期。

置一些陷阱和迷宫,如果只是强调返回历史现场,'处于同一之境界'可能会被历史误导","另一方面,如果只局限在历史现场,研究也就无法超越局中之人的眼界和经历"。① 但应看到,"回到历史现场"并非完全摒弃研究者的视角(事实上亦不可能),而是力图进入历史局中人的视角,并往返于两种视角之间。

如何才能重返历史现场,桑兵强调博采比较各方史料,揣摩时人的所思所想所为,通过"严谨的考证,以实证虚,由碎立通"而达致。② 在具体方法上,陈寅恪即继承并发展了宋贤长编考异治史方法③,桑兵则对之作了进一步阐发:"以事实证言论,以文本相参证,继以考订解释,可以明圣人之言行。此即宋代司马光等人的长编考异之法。"长编考异之法的依据"在于历史不可重复,只会演化,所以史学于比较中着重见异,而非求同。……长编考异于比较异同中寻绎历史因时空改变而发生的衍化以及无限延伸的事实联系,以求达到贯通的境界"。④ 具体说来,"即按时空顺序比较不同的材料,以求史事的生成衍化及其内在联系"。桑兵视长编考异法为基本治史方法,所谓"万变不离其宗,基本的做法一脉相承。在此之上,可以千变万化,在此之下,主要还是如何入门的问题"。⑤

就桑兵本人的研究实践而论,他近年主要致力于民国学术史研究,所涉及的多为观念精神层面之问题,虚玄而不好捉摸。但人的思维与行为互相关联,因而他将学与行结合考察,将思想还原为事实,以"俱舍宗解俱舍学之法",通语境以解文本,"不仅比勘文本,而且比较本事,把握头绪,了解同情"。⑥ 换言之,通过钩稽学人的人脉关系和具体活动,体察立说者的直接动机,回到历史现场,以展现晚清民国以来学术发展的面貌和趋势。因研究方法得当,"其研究课题不论新旧,皆能提出新颖的、

---

① 胡成:《叙述转向与新旧之间的整合——新世纪中国近现代史研究面临的一个问题》,《近代史研究》2008年第1期。
② 桑兵:《晚近史的史料边际与史学的整体性——兼论相关史料的编辑出版》,《历史研究》2008年第4期。
③ 王永兴:《陈寅恪先生史学述略稿》,北京大学出版社1998年版,第111页。
④ 桑兵:《"了解之同情"与陈寅恪的治史方法》,《社会科学战线》2008年第10期。
⑤ 桑兵:《中国近现代史的贯通与滞碍》,《近代史研究》2010年第2期。
⑥ 桑兵:《晚清民国的学人与学术·绪论》,中华书局2008年版,第6、7页。

更深刻的结论"①,令人耳目一新。

3. 治史应求贯通。近年来,所谓历史研究的"碎片化"问题受到近代史研究者的关注。《近代史研究》在2012年第4、5期连续发表多篇关于"碎片化"问题的笔谈。不少学者认为,就中国近代史研究状况而言,所谓"碎片化危机"多少有些言过其实。② 罗志田援用钱穆的"非碎无以立通",强调史学是一门以碎片为基础的学问,碎片研究自有其价值。③

桑兵并未直接参与此一讨论,但其所论又隐然与之密切相关。他同样引钱穆"非碎无以立通"等语,但其立意之侧重有所差别。他认为:"要将所有单体的史事安放到适得其所,必须碎与通相辅相成。研究要专而不宜泛,专则窄,容易流于细碎,但专未必就是不通。由碎而通,不仅要注意碎与碎之间存在关联,即使碎本身,得其所哉也是通的体现。否则,高谈阔论,门外文谈,便是泛而非通,实为不通之至。同样,碎也要通,一方面碎为通的部分,另一方面,贯通才能放置细碎得当。具体的专题研究若是孤立片面,非但不通,而且易误。有时甚至越是深入,越加偏颇。"④

研究琐碎化也与近代以来分科治学成为主流趋向有关。学科之间的分割和隔膜,容易使学者画地为牢,不敢越雷池半步。对于不少近代史学者研究偏于狭窄的现状,桑兵有尖锐批评。他虽不否认分科分段治学有因近代史料太多须缩短战线以便于实际操作的合理性,但同时特别指陈学科分割的弊端,"尤其近现代史,虽然已是断代之一部,还要进一步时间上分段,空间上分类。这种割据分封的专家之学,看似占山为王,转换角度和准则,其实就是落草为寇"。治史划分过窄,各守一隅,窄而深的努力往往流于狭隘的积习。学问支离破碎,失去整体性,所治窄而深的局部研究乃至对于学问的见识判断也会扭曲。琐碎化与随意性相反相成,都在侵蚀

---

① 陈以爱:《学术与时代:整理国故运动的兴起、发展与流衍》,博士学位论文,台湾政治大学,第7页。
② 参见郑师渠《近代史研究中所谓"碎片化"问题之我见》,《近代史研究》2012年第4期;王笛《不必担忧"碎片化"》,《近代史研究》2012年第4期;王玉贵、王卫平《"碎片化"是个问题吗?》,《近代史研究》2012年第5期。
③ 罗志田:《非碎无以立通:简论以碎片为基础的史学》,《近代史研究》2012年第4期。
④ 桑兵:《治学的门径与取法——晚清民国研究的史料与史学》,社会科学文献出版社2014年版,第19页。

近代史研究的整体性。研究领域过于偏狭和整体史的严重缺失，已经成为制约史学发展的瓶颈症结。因而他强调近代史研究必须追求贯通，要在整体之下研究具体，探寻个别的普遍联系。①

如何在博通与专精之间求得平衡？桑兵特别强调三点：其一为由博返约，读书须以目录学为门径，把握规模门类，分辨主次轻重，以收执简御繁之效。其二为由专致精，由精求通。但不能由专而偏，而应将具体的专门研究置于整体中的适当位置；亦不能局限于一隅，畛域自囿。其三为切忌横通。②

桑兵关于"贯通"的论述，从中国近代史研究惯常关于整体与碎片的二元对立式争论中跳脱出来，不失为解决中国近代史研究趋于细碎问题的可行之道。有论者指出："特定的人与事若不置于更宽广的时空脉络之中便会基本失去所谓'历史意义'，甚至难以索解，故一个研究具体问题的史家有意无意间又多少接受或遵循着某种框架性的诠释体系。"③ 这种框架性的诠释体系，或近似于史学界曾经热烈讨论的近代史研究"范式"问题。桑兵对"范式"这一舶来的概念不以为然，虽承认"教育很难避免范式的使用以求一律，小夫下士也需要范式的指引凭借才能梳理材料史事"，可还是强调"治史不能从一定的材料、观念出发，必须相对比较地看一切人事思想，因而高明者从不受所谓范式的框缚支配，也无须调整改变范式来修正看法"。④ 学界关于近代史研究"革命"范式、"现代化"范式的论争，若各执一端，则无从破解。郑师渠提出应超越范式之争，向通史的本义回归，突出"通"的特点。不仅纵向体现一以贯之的历史脉络，横向上也要体现中国社会各主要板块间的有机互动。⑤ 其看法与桑兵多所相似。

---

① 桑兵：《中国近现代史的贯通与滞碍》，《近代史研究》2010年第2期；《治学的门径与取法——晚清民国研究的史料与史学》，社会科学文献出版社2014年版，第50页。
② 参见桑兵《晚清民国的学人与学术》，中华书局2008年版，第10—14页。
③ 罗志田：《见之于行事：中国近代史研究的可能走向——兼及史料、理论与表述》，《历史研究》2002年第1期。
④ 桑兵：《治学的门径与取法——晚清民国研究的史料与史学》，社会科学文献出版社2014年版，第25页。
⑤ 参见郑师渠《近代史教材的编撰与近代史研究的"范式之争"》，《近代史研究》2010年第2期。

值得指出的是，桑氏所论"贯通"，即对史学研究整体性的追求，实际上并不排斥宏大叙事框架，只不过具体研究"背后那一套宏大叙事框架的深浅高下，不能一目了然"。① 换言之，研究者心中对近代史的整体观照并不可少，但无须以条条框框揭示出来，而隐含于具体研究之中，须阅读者留心体察与判断。

学术风气自与时代思潮息息相关。改革开放以来，中国大陆学界的近代史研究亦经历了由追慕域外理论方法到强调主体性的过程。与桑兵抱持类似倾向者实不乏其人。如罗志田亦致力于民国学术思想史的梳理和研究，欲接续一度被中断的学统。茅海建指出，近年来近代史学界出现了"学问越做越近，方法越用越老"的风气转移。② 当然，强调主体性并不意味着对域外理论方法深闭固拒，只是在强固根本之后，对外来理论可以多些自信，以从容采择，并能在实际运用中加以调适，进而能从丰富、复杂的历史事实中提炼出真正具有本土特色的理论概念。

第四节 跨学科研究与"碎片化"讨论

一 关于史学的跨学科研究

历史学的跨学科研究，是指通过吸收、借鉴相关的其他学科的知识、理论和方法，获取新的视角，拓展新的思路，以促进历史重构和历史阐释。其"主要表现为其他学科的理论和方法向史学领域的单向度跨越或移植"③，包括对其他自然科学和社会科学方法的援用。④ 跨学科研究被认

---

① 桑兵：《治学的门径与取法——晚清民国研究的史料与史学》，社会科学文献出版社2014年版，第28页。
② 谢维：《中国近代史研究三十年——过去的经验与未来的可能走向》，《近代史研究》2010年第2期。
③ 赵建群：《当代史学与跨学科研究》，《江海学刊》1998年第6期。
④ 有学者认为，史学的跨学科研究，有广狭二义："广义上说，跨学科史学包括运用自然科学和社会科学的理论和方法的史学，但狭义上主要是指运用社会学、人类学、经济学、政治学、心理学等相邻学科的理论和方法进行研究的史学。"（庞卓恒、李学智：《历史学方法论》，《中国历史学四十年》，书目文献出版社1989年版，第103页。）

为是一种极具潜力的史学研究方法,是历史研究取得创新成果的有效途径。

有学者指出,史学专科化是20世纪史学的一大特征,而跨学科研究是史学专科化的自然发展结果。① 民国时期的学人如梁启超、傅斯年、朱希祖、李大钊等已注意到其他社会科学方法对史学研究的辅助功能,并有所提倡。民国时期大学史学教育也呈现社会科学化的趋向。② 傅斯年、李济等人用考古的手段、语言学的方法研究中国古史,开始了史学的跨学科研究,取得了显著成就。而20世纪80年代以来中国史学界对历史研究方法的新探索,促进了史学跨学科趋势的深化。③

早在1979年,就有学者建议史学利用其他社会科学的概念与方法进行跨学科研究④,此后一直呼声不断⑤。80年代借鉴自然科学方法研究历史曾风行一时,系统论、控制论、信息论为诸多史家所热衷。虽然以自然科学方法治史因效果欠佳而招致批评,此一潮流旋即消沉下去,但却由此激发了学界探究史学方法的热潮,史学研究与其他学科相结合被不少学者视为未来发展的方向。1987年《历史研究》第1期发表评论员文章《把历史的内容还给历史》,呼吁"复兴和加强关于社会生活发展史的研究",同期刊发了一组社会史论文,宣示着"社会科学史学时期行将到来"。1987年创刊的《史学理论》(现改名《史学理论研究》)曾有意识地将跨学科研究作为刊物的特点之一。该刊在1988年的"新春寄语"中宣称:"从国际史学发展的状况来看,史学的变革必须走跨学科的道路。"⑥ 并就"历史学的发展与跨学科研究"举行座谈,刊物特设"跨学科方法论探

---

① 参见罗志田《学术与社会视野下的20世纪中国史学——编书之余的一些反思》,《近代史研究》1999年第6期。

② 参见桑兵《教学需求与学风转变——近代大学史学教育的社会科学化》,《中国社会科学》2001年第4期。

③ 参见王晴佳《中国史学的科学化——专科化与跨学科》,载罗志田主编《20世纪的中国:学术与社会·史学卷》(下),山东人民出版社2001年版,第711页。

④ 参见童斌《跨学科研究与历史学》,《国外社会科学》1979年第5期。

⑤ 参见庞群《小议史学的跨学科研究》,《世界史研究动态》1981年第5期;李惠国、吴元梁《当代史学的跨学科研究》,《大学文科园地》1985年第5期。

⑥ 见《史学理论》1988年第1期。

索"专栏。座谈中,学者们纷纷强调:"跨学科研究"是"一条非走不可的路"(严中平);中国史学界"必须进行跨学科研究"(陈启能)。这些均体现了"中国史学界对跨学科研究的热切向往"。① "学科整合"的概念也应运而生:"必须加快学科整合的过程。为此,从课题选择上,应尽早实现两大转移,即垂直转移和平行转移。所谓垂直转移,就是要把更多的力量投放到对中国近代化、现代化过程本身的研究上;所谓平行转移,就是在研究范围不变的情况下,研究课题向相应时期的社会生活史、物质文化史、心态史、观念史等集中和靠拢。只要迈出这一步,紧接而来的,就是必须向社会学、人类学、人口学、经济学等社会科学借取方法、模式和认识能力,用这些学科的学理去阐释相应的历史现象。"②

史学领域的跨学科研究真正从提倡走向实践出现在20世纪90年代,并很快表现出强劲的发展势头,至今方兴未艾。通过对经济学、人类学、民俗学、社会学、心理学等社会科学方法的引入和借鉴,历史研究呈现多元化趋势。尤其是社会史的兴盛,吸引着众多研究者投身其中,社会史成为中国近代史最具活力的分支。虽然学界对于社会史的概念、理论不无分歧,但其普遍运用跨学科研究方法却无疑义。③ 此后,历史人类学又成为热潮。人类学方法的引入,大大拓展了中国近代史的资料来源与研究范围。人类学的方法要求史学家进行田野调查,收集丰富的民间文献,由此使书写民众的历史成为现实。有学者将这一取向称为"史学的人类学转向"。④

21世纪以来,历史学与其他人文社会学科、自然科学相互交叉、渗透、融合,通过学科的结盟或联姻形成了诸如环境史、经济史、法制史、医疗史、历史人类学等一系列交叉学科,并取得了相当丰硕的研究成果,中国近代史研究也因此呈现一片繁荣景象。

---

① 王学典:《二十世纪后半期中国史学主潮》,山东大学出版社1996年版,第136页。
② 王学典:《史学的新世纪:走学科整合之路》,《20世纪中国史学评论》,山东人民出版社2002年版,第303页。
③ 赵世瑜强调:社会史是一种"整体的、综合的历史研究",需要以社会科学的"全部力量"来进行研究。详参赵世瑜《再论社会史的概念问题》,《历史研究》1999年第2期;赵世瑜、邓庆平《二十世纪中国社会史回顾与思考》,《历史研究》2001年第6期。
④ 参见邹兆辰《跨学科研究与史学研究的创新》,《江西社会科学》2007年第1期。

跨学科研究方法在历史研究中显得日趋重要，但其对研究者跨学科知识背景的要求则不易达到，因而在研究实践中运用跨学科方法颇具难度。就目前中国大陆史学界而言，虽然各个专门史学领域的不少研究者都在力图运用跨学科研究方法，但其实际情形及效果却难尽如人意。史学的跨学科研究带来的并非全是福音，也产生了一些问题。有学者指出："现在提倡跨学科研究，这本来是非常有益的。但是有的人并不对其他学科做一个较为深入的学习和研究，而只是套用其中的一两个观点或概念，就美其名曰跨学科研究。……跨学科研究并不容易，需要也应该探索。不过要避免把经念歪了，把它变成一种时髦，变成装点门面。"① 桑兵直言不讳地批评曰："迄今为止的跨学科，除了简单拼凑外，多为借跨学科之名凸显研究者感兴趣的方向或主题。""如果不能超越史学内部的分界，站在狭窄的专业甚至专题的立场去跨学科，其结果必然适得其反，非但不能拓展究竟，推动学术的扩展深入，反而会进一步细化地切割史学研究的范围，导致学术的边缘化和侏儒化，更加削弱民族整体的学术原创能力。等而下之者，甚至成为趋易避难的取巧捷径，不过造成一二转瞬即逝的新名词而已。"②

概而言之，史学的跨学科研究，与其他学科结合拓展范围的同时，史学却有丧失自身认同的危险，即所谓邯郸学步，反失其本。在不少交叉学科中都存在究竟以何种学科为主体的争论。如历史人类学（Historical Anthropology）究竟是历史学者的人类学化，还是人类学的历史学化，历史学者与人类学者从其学科本位出发争执不下。在文化人类学学者看来，即为人类学的"历史化"，甚至认为"这门新兴学科只能是文化人类学的分支，而绝不是史学的分支"。③ 而在历史研究者看来，"对历史学本位的坚持，是历史人类学在中国近代史研究中的根本"。④ 赵世瑜则认为："历史

---

① 龚书铎、董贵成：《百年来中国近代史研究回顾》，《东南学术》2000 年第 3 期。
② 教育部社会科学委员会秘书处组编：《中国高校哲学社会科学发展报告 2005》，高等教育出版社 2005 年版，第 254 页。
③ 苻太浩：《历史人类学刍议》，《思想战线》2003 年第 1 期。
④ 侯杰：《试论历史人类学与中国近代史研究中的几个问题》，《史学月刊》2005 年第 9 期。

人类学并非归属于某一学科或即某一学科分支,它可以是一种研究方法和视角,也可以被表达为一种研究风格,把它画地为牢只能是管理部门的权宜之计。"①

再如关于近代经济史的研究方法,一般来说有历史学和经济学两大基本方法:历史学方法包括传统的史料学和考据学方法,经济学方法主要指经济学理论、概念的运用方法。② 对于经济史究竟属于历史学还是经济学,学术界存在争议。每个学科都有自己独特的研究方法和视角。吴承明指出,"经济史首先是史,是历史学的一个分支,一切现有的经济学理论或者模型,都可以视为经济史研究的方法"。③ 但一些经济学出身的学者,则认为经济史是经济学的分支。由于学科归类上的不同,大家对于经济史的研究方法和研究目标有不同的认识。历史学出身的经济史研究者,主张经济史研究的目标是恢复历史真相;经济学出身的经济史研究者,更多的是把经济史研究当成检验经济学理论模型的实验室。因为研究取向不同,在研究过程中,前者极为强调史实的真实性,而后者更强调模型的完美性、适用性。前者更多的是采取归纳的、经验的方法,而后者更多的是采取逻辑的、演绎的方法。正因为这些差异,导致彼此之间难以沟通。倪玉平认为:"从终极目标上来说,历史学家的经济史与经济学家的经济史,都应该是相同的。因此之故,经济学家研究经济史,不能因为研究方法的不同,就成为不重视基础史料搜集整理的借口;历史学家研究经济史,也不能因为研究目标的不同,而成为不重视吸收和借鉴经济学方法的借口。"④ 受到倪玉平批评的黄敬斌,对此则有不同的看法。他更强调经济学对于经济史研究之重要。他认为,若不了解经济学的基本概念,不了解各经济变量之间的关系,单凭史料的收集考证,则无法真正探究社会经济

---

① 赵世瑜:《历史人类学:在学科与非学科之间》,《历史研究》2004 年第 4 期。
② 参见李伯重《历史上的经济革命与经济史的研究方法》,《中国社会科学》2000 年第 1 期。
③ 吴承明:《经济史:历史观与方法论》,上海财经大学出版社 2006 年版,第 281—282 页。
④ 倪玉平:《我们需要什么样的经济史?——评〈民生与家计:清初至民国时期江南居民的消费〉》,《近代史研究》2011 年第 1 期。

背后的规律性。他同时认为，史学方法的根本要义——实证主义，也是经济学本身的基本精神。① 从理论层面来说，倪、黄二人都认为，经济史研究中经济学研究方法与史学方法均不可或缺。但在研究实践的层面，不同专业背景的研究者，对于经济学方法与史学方法的确难以融会无间，而不免有所偏重。

又如近年来颇为引人瞩目的法律史研究。目前中国大陆学界的法律史研究者大多出身法学，其中多数人不曾受过严格的史学训练，史学基础薄弱是其通病。不少法律史研究侧重于法理辨析，史料只是必要的点缀，"以论代史"的问题比较突出。近年来，越来越多的史学出身的学者开始进入法律史领域，但他们往往缺乏法学专业知识，在做法律史研究时，刻意回避一些重要的法学问题。这种打"擦边球"的做法，导致法律史研究只选择某些与法律相关的现象，却漏掉了对法律本身的研究。胡永恒指出，法律史应当成为法学之源，为其他法学学科提供养分。这就需要研究者既具备扎实的史学功底，也要有足够的法学素养。法史兼修，才能真正实现跨学科研究。②

史学跨学科研究，会否带来史学本位丧失的危险？对此不少学者表示警惕。有学者表示，历史学的跨学科研究不论采用怎样的跨学科方法，其最终的目的都应是历史学的，是为回答历史学问题而采用其他学科方法的，并非是为了其他学科的研究而使用历史资料。因此，历史学的跨学科研究，必须坚守历史学本身的立场，要持有鲜明的历史取向和清晰的历史问题意识。③ 罗志田对史学跨学科研究持肯定态度，但他认为，"实施跨学科研究的前提是研究者受过系统的多学科训练，没有这样的训练实际上是跨不过去的"，他因而强调应先站稳史学的脚跟，"第一步还是限制在历史学科的大范围内，尽量跨越如思想史、社会史、政治史、军事史、外交史等所谓二级子学科的藩篱，以拓宽视野"。④ 刘志伟则强调："社会经

---

① 参见黄敬斌《经济史：经济学方法与历史实证主义——答倪玉平先生》，《近代史研究》2011年第1期。
② 参见胡永恒《法律史研究的方向：法学化还是史学化》，《历史研究》2013年第1期。
③ 参见汪志斌《历史学的跨学科研究及其创新意义》，《中华文化论坛》2012年第4期。
④ 罗志田：《立足于中国传统的跨世纪开放型新史学》，《四川大学学报》1996年第2期。

济史研究者只有坚守历史学本位，才有资格与人类学及所有社会科学对话。我们从社会科学研究得到启发的同时，更应该通过本学科的研究，为社会科学的理论体系做出贡献。"① 桑兵则呼吁，史学"在经历了长时期的学习和借鉴之后，应当有一个稳定的巩固期，重塑史学的独立性而减少对别科的依赖程度。中国史学的本与根，一为中国，一为史学，必须这两方面的基础牢固，才有可能学习外国，借鉴别科。……史学的本分做不好，欲靠跨学科来弥补，未免轻视别科的深浅，而有糊弄外行与后进之嫌"。② 张国刚亦强调历史学的独特地位："尽管历史学的每一步发展都可以受益和受启于新的社会科学，借鉴其方法论和手段来对历史进行新的叙事。但历史作为一个基本的知识领域而可能独立存在，历史学也因此而特具独立性，不借助任何社会科学的方法和视角，依然可以完成其使命。"历史学所传递的人类活动记忆，"采用何种方法来进行叙述和呈现，体现了叙述者的个人差异、喜好和时代影响，但并不能因此认为历史学依赖于这种或那种叙述方法而存在"。因此，"在我们承认历史学对社会科学理论具有包容性的同时，要提防将任何一种社会科学的范式、概念、视角奉为经典和权威"；"理论是灰色的，历史叙事的生命之树常青"。③

二 关于"碎片化"问题讨论

近年来，由西方学术界引入的"碎片化"概念，得到不少学者的共鸣。史学研究的"碎片化"，大体意指"研究问题细小琐碎，且缺乏整体关联性与普遍意义内涵"，这一倾向尤其在近年来新兴的社会史和社会文化史领域表现突出。④ 近年来，中国近代史研究逐步由关注上层政治事件与人物、聚焦革命等宏大主题，开始重心下移至下层社会、普通民众的日常生活，由此出现了微观研究热的趋向。有论者指出，这一史学转向背后隐藏着深刻的知识变迁，"是形成于19世纪的宏大叙事体系被后现代史

---

① 刘志伟：《地域社会与文化的结构过程——珠江三角洲研究的历史学与人类学对话》，载杨念群、黄兴涛《新史学》，中国人民大学出版社2003年版，第458页。
② 桑兵：《万变不离其宗》，《历史研究》2004年第4期。
③ 张国刚：《独立与包容：历史学与社会科学的关系略说》，《历史研究》2004年第4期。
④ 李长莉：《"碎片化"：新兴史学与方法论困境》，《近代史研究》2012年第5期。

学瓦解后出现的必然结果"。具体到中国语境,"微观史的繁荣是对过去那种僵硬的政治性宏大叙事的反抗,它本身具有思想解放的意义"。但微观史的写作越来越流于孤立化、表面化,因此表现出"碎片化"的趋势。① 早在20世纪90年代已有学者指出,当时逐渐成为热门的社会史研究存在"琐碎、重复,把历史分割太细的问题"②;"研究领域细碎,选题狭小,而未能形成共同话题,以及通过对这些问题的讨论而形成各自不同的学术观点和学术流派"③。

史学的"碎片化"引起中国学界普遍关注,还因法国学者弗朗索瓦·多斯(Francois Dosse)1987年撰写的《碎片化的历史学——从〈年鉴〉到"新史学"》一书(此书于2008年译成中文出版)。④ 多斯认为,以勒华拉杜里、弗雷等人为代表的年鉴学派第三代放弃了年鉴学派第一代马克·布洛赫、费弗尔等人所倡导的"整体史"的雄心,也不像年鉴学派第二代的布罗代尔那样关注"大历史",而主要进行系列史、微观史、心态史研究。如此一来,史学被分解成一堆碎片,失去了整体认知功能。⑤ 多斯的批判锋芒所向,其意义并不限于年鉴学派与法国。"碎片化"一词在中国学界流行开来,一些学者用以考察和反思中国近代史的研究状况。《近代史研究》杂志于2012年第4、5期连续发表了多篇关于"碎片化"问题的笔谈。

对于中国史学界是否已呈现如多斯所批评的"碎片化"研究倾向问题,换言之,来自西方的"碎片化"概念多大程度上能切中中国史学界的弊病,学者们众说纷纭,不少学者认为,就目前的中国近代史研究状况而言,所谓"碎片化危机"言过其实。郑师渠强调,应将"碎片化"的语义区分理解:目的只在于碎片化本身的,是为消极意义的碎片化;目的

---

① 王学典、郭震旦:《重建史学的宏大叙事》,《近代史研究》2012年第5期。
② 冯尔康:《深化与拓宽》,《历史研究》1993年第2期。
③ 胡成:《80年代以来中国近代史研究的创新问题》,《文史哲》1998年第3期。
④ 参见[法]多斯《碎片化的历史学——从〈年鉴〉到"新史学"》,马胜利译,北京大学出版社2008年版。
⑤ 也有学者对于多斯的观点并不认同,如汪荣祖认为第三代年鉴学派扩大了研究领域,是学术的更上层楼。详参汪荣祖《史学九章》,生活·读书·新知三联书店2006年版。

在于追求新的综合化者，是为积极意义的碎片化。人类对历史的认识与研究，正是经历不断的"碎片化"与不断的"总体化"，二者相辅相成，构成统一的历史发展过程。缺乏总体宏观的视野，微观研究难免细碎，无关大体；反之，不以微观研究做基础的所谓总体宏观把握，也难以深入，失之空泛。所以，具有宏观视野与总体观念的微观研究是积极的，不能因其选题具体甚至细碎，而低估其意义。缘于史家的个性与禀赋，事实也不可能要求人人都做综合与宏观的研究。当下中国近代史研究依然坚持追求总体史的传统，其中出现的所谓"碎片化"，是新旧思潮更替在特定阶段上的应有之义，本质是积极的。因此，所谓"碎片化"，并非"危机化"，它恰是近代史研究酝酿大突破的征兆。而当下近代史研究之所以仍不免给人以"碎片化"之观感，还是因为对近代历史的阐释，在根本的理论架构上，仍未实现真正的突破。由于缺乏新的权威性理论架构的统整，具体的研究便无法得到整合，进而提升为对近代历史总体性新的认知。因而，在当下的语境中，应慎重使用"碎片化"的提法。同时也应看到，历史家作为个人，研究什么以及如何研究是他的自由；但历史学界作为整体，若大多数人都对总体性、综合性与理论问题等重大问题的研究失去兴趣，只满足于具体细碎问题的研究，也会使历史研究偏离正确的方向。①

罗志田也有同样的观感，他认为现在的中国近代史研究不能说已在很大程度上呈现出"碎片化"的面貌，因为并非每一史家的每一题目都必须阐发宏大论述。越来越多的近代史研究涉入更具体的层面，或许是一种欣欣向荣的现象。在他看来，第一，史料本有断裂和片段的特性，则史学即是一门以碎片为基础的学问。第二，即使断裂的零碎片段，也可能反映出整体；需要探讨的，毋宁是怎样从断裂的片段看到整体的形态和意义。② 从事新文化史研究的王笛则强调，在现阶段的中国历史学界"碎片化"未必真的成为一个值得我们担忧的问题。过去中国传统的精英研究取向，造成学者只关心历史重大事件、政治经济、风云人物等方面的研

---

① 参见郑师渠《近代史研究中所谓"碎片化"问题之我见》，《近代史研究》2012年第4期。

② 参见罗志田《非碎无以立通：简论以碎片为基础的史学》，《近代史研究》2012年第4期。

究，对芸芸众生和日常生活缺乏兴趣，认为没有研究的价值。但历史研究的价值并非由研究课题本身的重要性决定，而在于研究的历史眼光和历史解释。纵观现存的中国史学研究成果，我们会发现其实我们对历史的"整体"了解得多，而"碎片"或细节了解得少。缺乏细节或"碎片"的整体史，是一种有偏差甚至谬误的整体史。从中国历史研究的传统和弊病来看，应该容忍或者说宽容所谓"碎片化"的研究。"碎片化"并不是消极的，它与整体化共存。任何历史研究都必须有碎片与整体，两者不存在孰轻孰重的问题。"碎片化"在目前中国近代史研究的语境中，本身可能就不是一个问题。因为中国研究"碎片"的历史，不过才开始，到目前为止，中国学者研究的"碎片"还远远不够。等十几二十年以后碎片的研究发展到相当高的程度了再来纠正也不迟。① 还有学者指出，从史学研究的发展规律来看，总是由宏观逐步走向微观和具体，大而化之的宏观和粗线条研究终究要被细致入微的精深和细部研究所取代。② 史学研究，应先以大看小，然后以小见大，进而以无数之小呈现不可言状之大。就是先要有全局的视野和充分的学科知识背景，再进行具体的研究，而通过小问题得以发现大道理，这样综合无限的有形个体逐渐呈现全体。在这个过程中，更重要的是大量的长时间积累的个体研究。③

李金铮对"碎片"与"碎片化"加以区分：只有当历史研究陷于琐碎、微观，且缺乏整体史观念时，才是碎片化；反之，如果具有整体史关怀，碎片研究就不是碎片化。碎片与碎片化是两个既有联系又有区别的概念。碎片与整体不是完全对立，而是对立统一的关系。一项成功的碎片或微观史研究，不在研究对象之大小，而是取决于是否增加了普遍联系和以小见大的整体史意识。宏观史学仍是整体史的最高追求，它强调对碎片研究的整合。大多数人从事碎片研究，少数偏重宏观史学，这是常态。不过，宏观史学的确是我们的弱项，但我们同时也缺乏一流的以小见大的微观史著作。所以，目前来说，碎片研究不是应该削弱而是应该进一步增

---

① 参见王笛《不必担忧"碎片化"》，《近代史研究》2012 年第 4 期。
② 参见王玉贵、王卫平《"碎片化"是个问题吗?》，《近代史研究》2012 年第 5 期。
③ 参见张太原《个体生命与大历史》，《近代史研究》2012 年第 5 期。

强。随着碎片研究的扩大,宏观史学才能水到渠成。①

但是,一个不争的事实也不能否认。自 1990 年以后,随着中国社会环境的改变,整个学术趋向亦发生了李泽厚所谓"思想家淡出,学问家凸显"的现象,史学日益转向实证,转向细枝末节。有学者甚至认为乾嘉传统已经无可争议地成为当代中国史学的主流。② 史学界注重事实研究,弱化价值评判,对于宏观理论问题的兴趣已然衰退。有鉴于此,一些学者对史学研究的"碎片化"问题感到忧虑,呼吁回归总体史,重建史学的宏大叙事。王学典认为,细部的历史越来越清晰,而整体的历史却越来越混沌,这是今天中国历史研究的真实写照。选题一味求小,研究领域愈发狭窄,重叙事、重考证、轻阐释等现象的大量存在,确实让当前中国的史学难避"碎片化"之嫌。王氏将当今中国史学在一些重大问题上所表现出来的失重和失语归咎于"碎片化"的流行。他注意到,近年来全球化趋势加剧,全球史的兴盛证明着宏大叙事式历史书写的生命力。中国近代史的蓬勃发展,很大程度受益于来自海外的理论建构,而本土的理论创新却显得贫乏。没有理论,中国史学只能拘泥于考据,而无法对中国历史作出宏观性的解释。处在"历史三峡"的中国,迫切需要那种能贯通古今的"大历史"。他提出,当前的历史学必须往"大"处走,尤其要关注社会、经济、思想等方面的大规模变动,从整体上探究其深化动力及深层结构。历史学关注的焦点不仅要重回历史本体,还要重回宏大叙事的路数上去。唯有如此,才能摆脱"碎片化"的困窘。③ 李长莉也认为,中国史学出现了"碎片化"趋向是不争的事实,随着越来越多的学人进入社会文化史这一新兴领域,纷纷选择具体而微的专题作为初入学术的门径,

---

① 参见李金铮《整体史:历史研究中的"三位一体"》,《近代史研究》2012 年第 5 期。
② 参见许纪霖《没有过去的史学危机》,《读书》1999 年第 7 期。虽然罗志田对这一判断表示质疑(参见罗志田《乾嘉传统与九十年代中国史学的主流》,《开放时代》2000 年第 1 期),但确实一定程度上反映出学术气候的转变。庞卓恒也有大体相似的判断(参见《史学需要理论和实证研究齐头并进——访庞卓恒教授》,《历史教学问题》2000 年第 2 期)。而张书学等更认为,"回到傅斯年"的治学取向在 90 年代"几成披靡态势"。(参见张书学、王晓华《"回到傅斯年":九十年代中国内地史学的走向》,《傅斯年与中国文化》,天津古籍出版社 2006 年版,第 84—93 页。)
③ 参见王学典《重建史学的宏大叙事》,《近代史研究》2012 年第 5 期。

群相跟进，势成风气，使这种"碎片化"倾向有愈演愈烈之势。中国的新史学本是为回答中国社会的内在结构与文化形态等深层次问题而生，其微观研究方法也是为了更有效地承担这一功能。但这种理论上的宏微相济，在研究实践中却不易把握。微观研究发展开来，研究问题趋于细小，研究方法偏重深描，走向极端便出现脱离整体关联的"碎片化"倾向，研究题目零星琐碎，缺乏内在与外在的关联，成为游离于历史意义之外的碎片、尘埃，失去了历史价值。尤其因中国近代距今较近，社会与文化的史料浩如烟海，为研究者从中寻找小题目提供了广阔空间，因而在近代社会与文化史领域"碎片化"倾向更为突出。她强调，矫正"碎片化"的方法，是要在具体实证研究的基础上，加以一定的抽象"建构"，才能描述和展现具体事象背后的隐性、无形、抽象的社会结构和文化形态。①

对于"碎片化"这一现象的判断，综合学界讨论的看法，有几点值得注意：

首先，肯定碎片研究，或曰细节研究对于历史学发展的基础性价值。对碎片与"碎片化"应有所区分。论题不避饾饤琐细，只要有思想贯穿其中，这种碎片研究就有其意义与价值。如有学者指出，史学碎片化类似于"剪刀加糨糊"的堆砌史料的做法②，只有经过一番"连缀编排"的功夫，"碎片"才会变成整体结构中的要素。史学的任务之一便是整齐碎片，使之条理化。③

其次，在新兴的社会文化史等领域，确实一定程度上存在"碎片化"现象，研究论题过于琐屑，"割裂了、压缩了历史学的功能，是对史学功能的矮化或弱化"。④ 而解构"宏大叙事"，推崇"小叙述"的"微观史学"，完全放弃对于历史总体性认识的追寻，这确属后现代主义所导致的偏颇。诚如有学者指出："立志在中国近代史领域做出贡献的历史学者，可以借鉴后现代史学的积极因素，却不能被碎片化选题牵着走，否则，史

---

① 参见李长莉《"碎片化"：新兴史学与方法论困境》，《近代史研究》2012 年第 5 期。
② 参见池子华《反思社会史的双重面向——以社会史碎片化问题为中心》，《贵州师范大学学报》2012 年第 2 期。
③ 参见朱小田《构建整体社会史的学术使命》，《徐州师范大学学报》2011 年第 1 期。
④ 靳延史：《历史研究不应当碎片化》，《中国社会科学院院报》2009 年 1 月 6 日第 11 版。

学研究的价值是要大打折扣的。"① 虽然后现代思潮对中国史学界的负面影响还不十分严重，但若由高明者提醒其偏弊，纠正其风气，指示治学的正途，对于新进学人会有所裨益。

再次，近代史领域的"碎片化"倾向，既同现今鼓励"发表"的学科制度有关，也同近代史资料极丰富有关。因而，在研究实践与学术评价中，要避免迷信"新材料"的趋向，而应以是否提出有价值、有意义的问题，是否增进了对"过去"的了解作为标准。②

最后，不应完全放弃对于历史总体认识的追求。虽然从终极意义上，历史整体认识只是理想，可能永远存在于追求的过程之中，但毕竟不可放弃这一理想。碎片、细节研究自当构成推进整体历史认识努力的组成部分。

第五节　后现代思潮对史学研究之影响

后现代思潮于 20 世纪 80 年代初传入中国，但其影响主要限于文学领域，当时对有着强大实证传统的中国史学并无多少触动。90 年代以来，后现代思潮开始渗透到中国史学研究领域，尤其在青年学者群体中渐有流行之势，成为近年来最令人瞩目的新趋势之一。后现代史学以实践效用而不以客观存在的过去作为真实性标准，将所有史料均视为充满主观意涵的文本，淡化甚至抹煞史学与文学虚构的界线，易走向随意虚构历史的极端，给历史学带来具有颠覆性的冲击。

对于后现代史学，中国史学界态度分歧多样："有人把它当作是仅仅出现在现代西方社会的思想新潮或时髦花样，与正在进行现代化建设的中国社会无甚关联，因而采取了一种事不关己、高高挂起的态度；另有人或则出于对后现代历史研究的误解、反感，或则出于对正统历史研究方法'过于保守的忠诚'，对其大加贬斥，多多少少表现出一种德里克所谓的

---

① 张海鹏：《六十年来中国近代史学科的确立与发展》，《历史研究》2009 年第 5 期。
② 参见章清《"碎片化的历史学"：理解与反省》，《近代史研究》2012 年第 5 期。

那种'蒙昧主义取向';也有人故作遮掩态,表面上敬而远之,实则心通意会,给人一种'犹抱琵琶半遮面'的感觉;当然也有学者直截了当,把它看作是代表中国学术未来走向的最新思潮,曾经大声疾呼,身体力行,特别是随着今日中国现代化事业因进入突飞猛进的阶段而呈现出越来越多的负面效应时,更多的学者对此趋之若鹜。"①

美国学界的中国近代史研究,早已颇受后现代思潮的影响,并出现诸如何伟亚、杜赞奇等著名学者。其研究具有以下鲜明特色:其一为大唱"断裂原则",主张通过将历史过程"碎片化",以求打破革命史范式或现代化范式等线性近代史观的限制,对社会历史线性发展规律提出挑战。其二,"试图把中国在近代的变化置于一种全球发展的权力脉络之中重新加以定位,借以在相对平等的语境中透视双方的互动关系",以何伟亚的"帝国碰撞论"、刘禾的"跨语际实践"为代表。其三是对诸如性别史、医疗史、缠足史等边缘问题的嗜好,搜寻在"现代化叙事"中被压制、遮蔽的声音。其四为"语言学转向",从文本分析的角度,对历史叙述与历史本真之间的关联性提出强烈质疑,主张对历史对象进行"想象性的重构"和"建构式的理解"。其五为对概念化的历史书写方式的摒弃,提倡一种"讲故事"的叙述方式。国内有学者将 20 世纪 90 年代中叶以后出现的这股"后现代思潮"称为一种新的学术范式之诞生。② 这一学术研究取向或"范式"对中国近代史学界也产生了不可忽视的影响。

后现代思潮对中国近代史研究的影响虽非大张旗鼓,却可润物无声。胡成撰文明确指出,新世纪以来中国近代史研究出现了一个明显的叙述转向,即对边缘、性别、底层、族群、区域及诸多以往被忽略的历史面相的呈现及重估;力图揭示知识系统在各种参差多元、相互作用力量的交互网络中形成和发展的历史演化;新的叙述转向将容纳包括民间历史在内的各种记忆和讲述,现代性史学专门化和职业的设定亦受到冲击。这一转向在某种程度上来说是受西方后现代主义思潮影响的产物,对 20 世纪初兴起的现代性史学形成了挑战。他也指出,新的叙述转向与旧的现代性史学之

---

① 夏明方:《近代中国研究的"后现代视野"概论》,《晋阳学刊》2012 年第 3 期。
② 同上。

间虽然存在着某些重要的歧异，但并非水火不容。学术的发展需要新旧间的碰撞、对话、沟通和整合。①

对后现代主义史学，西方学界亦存在争议。后现代主义史学质疑自启蒙运动以来的理性主义和客观的历史主义，但是这个批判确实可能走向一个极端。这种激进的方式必然会引起一些历史学家的反感。也有人认为后现代主义作为一种思想或知识体系对历史学的了解相当肤浅，根本贡献不出什么东西。美国学界周锡瑞对何伟亚《怀柔远人》一书的批评，曾受到广泛关注，体现出两种史学理念的尖锐交锋。

中国也有学者对后现代史学持批判与否定态度。如于沛认为正是后现代史学的影响，导致中国"历史虚无主义大行其道"。历史虚无主义"虽有诸多表现形式，但有一点却是共同的，那就是都建立在历史唯心主义的理论基础上。正是在这个立场上，历史虚无主义和后现代思潮的历史观有了共同的语言。它们都否定客观存在的物质世界；否定人类从蒙昧、野蛮不断走向进步的历史进程；否认客观存在的历史真理；否认历史矛盾的客观规律性"。后现代思潮的历史观"对客观历史事实的'解构'、'拆解'、'摧毁'和'重新定位'，以及对历史过程'宏大叙事'的彻底否定，代之以形形色色的甚至是荒诞不经的碎片化，就产生了许多奇谈怪论，诸如中国文化先天不足，需用西方文化改造中国文化的'结构性缺损'；近代中国社会的性质不是半殖民地半封建社会；帝国主义侵略中国有理，甚至有功；反封建的革命运动不如改良；中国当务之急是'补资本主义的课'；以'重新评价'、'理性思考'为名，对历史人物进行是非颠倒的翻案等"。②

或因对于中国史学研究的实际情况了解不够，将中国近代社会性质、革命与改良的争论一概归咎于后现代史学思潮的影响，可能多少有些牵强。实际上，在后现代思潮传入中国之前，20世纪80年代之初，关于中国近代社会性质、革命与改良的相关争论已然兴起，挑战革命叙事者如李

---

① 胡成：《叙述转向与新旧之间的整合——新世纪中国近现代史研究面临的一个问题》，《近代史研究》2008年第1期。
② 于沛：《后现代主义历史观和历史虚无主义》，《历史研究》2015年第3期。

时岳等人,其立意与后现代史学亦不可同日而语。

更多的学者对后现代史学持较为平和中允的态度。如刘华初认为,后现代主义史学提出了一些有价值的命题和观念,揭示出曾经遮蔽的、需要思考和认真对待的问题,从而给当代史学带来以开阔的视野解释史料和历史事件的契机。但与此同时他也指出,后现代史学显得批判有余、建构不足,在诸多基本概念和问题上含糊其辞。总体说来,后现代主义史学的能动性建构意义被尊重传统的中国历史学者所忽视。对后现代史学,应辩证地认识,以开放心态接受其批判、借鉴反思,将之变成史学理论发展的一个内在环节,而不扼杀它所宣扬的滋生差异性的价值。他认为,后现代史学反对宏大叙事,并非完全去掉宏大叙事,只是不再让宏大叙事占据主导的中心地位,并给它附加约束条件、限制其有效范围。[1]

在赵世瑜看来,中国大陆学术界虽然也先后有一些关于后现代主义史学的介绍和讨论,但只是死水微澜,未能引起学者们的重视。他认为,后现代史学的主张确实存在诸多谬误,或许还有些危言耸听,"但这并不能成为我们闭目塞听的借口"。他强调:"虽然后现代主义对历史客观性的彻底摧毁并不一定成功,但它对近代以来'宏大叙事'的抨击是很有价值的。这种宏大叙事的建构实际上遮蔽了许多追求历史真实的原则和努力。"后现代史学的意义"并不在于它关于历史认识论的惊人之语,而在于它对近(现)代以来主导性历史话语的批判意识。在这方面,如果它竟成中国史学界的匆匆过客,那就不得不承认是我们的悲哀。"[2]

张耕华也指出,后现代史学理论的某些结论,看似"颠覆"和"解构"性的,但其实际的影响,毋宁说是建设性的。借助后现代的挑战,正好有助于我们重新阐明历史学的学科属性和史学演变的本质。我们如能"平心静气地应对这一挑战,自能引发出史学研究的一些新课题、新探索"。[3]

应该看到,近年来学术界对后现代主义史学思潮还是有较为全面系统

---

[1] 参见刘华初《西方后现代主义史学研究》,《史学史研究》2012年第2期。
[2] 赵世瑜:《后现代史学:匆匆过客还是余音绕梁》,《学术研究》2008年第3期。
[3] 张耕华:《后现代与史学史的新视角》,《学术研究》2008年第3期。

的引介的，如王晴佳、古伟瀛著《后现代与历史学：中西比较》（山东大学出版社 2003 年版）、黄进兴著《后现代主义与史学研究》（生活·读书·新知三联书店 2008 年版）、美籍史家伊格尔斯《二十世纪的历史学——从科学的客观性到后现代的挑战》（何兆武译，山东大学出版社 2006 年版）等。《史学理论研究》《山东社会科学》《学术研究》和《文史哲》等刊物对后现代史学也多有重视，其中尤引起人们注意者，是山东社会科学院主办的《东岳论丛》杂志，该刊特设了一个"后现代主义与历史研究"专栏，从 2004 年第 1 期到第 6 期连续发表了多篇讨论后现代史学的文章。

近年来，在人们的争议声中，后现代思潮已然对中国近代史研究产生了深远的影响，其带来的挑战也引起中国史学界的深入反思。《历史研究》2013 年组织以"史学中的后现代主义"为主题的笔谈，不少学者各抒己见。

于沛在文章中指出，后现代主义全盘否定理性主义和启蒙运动，将理性主义的历史认识论引入困境，彻底推翻了历史认识的前提和基础。在当下的中国学界，后现代思潮对以唯物史观为基础的历史认识理论构成挑战，后现代史学否定历史的客观实在性，否定历史矛盾运动的规律性，随心所欲地解读历史，导致历史研究中"宏大叙事"的消失，是一种倒退，也是历史虚无主义的理论根源。[①]

黄进兴认为，后现代主义史学呈现"语言迷恋"或"文本崇拜"的倾向，与历史实在论唱反调，与中国传统的"秉笔直书"及西方"陈述事实"的史学精神也迥然不同。后现代史学以"彼可取而代之"的态势攻讦现代史学，史家纵使"刻意排斥或回避后现代主义的挑衅，但是后现代主义的语汇业已充斥坊间的历史写作。……可见后现代主义的渗透力，无远弗届"。后现代主义消解"大叙述"（grand narrative），推崇"小叙述"的"微观史学"（microhistory），强调分歧与异质性，遂将整体的大历史（history）裂解为多元分化的小历史（histories）。后现代史学还一反实证史学，遂行"语言的转向"。"从史学方法的角度观察，'语言的转

---

① 参见于沛《后现代主义和历史认识理论》，《历史研究》2013 年第 5 期。

向'促使史学进行一系列的回归,从史实至语言、从语言至文本,最后从文本至符号,其结果则是将语言和经验完全隔绝。……封闭的文本论,令历史不再指涉过去;而失去对外的指涉性,历史变成自成一格的符号游戏。"他也强调指出,后现代史学虽有其偏颇之处,但绝非一无是处,"譬如它能激发史家的省思,重新去思考文本与史实之间的关联;再者,在开发新的史学领域尤功不可没"。①

董立河指出,后现代史学视历史进步为意识形态和神话,解构历史元叙事,取消了历史叙事与文学虚构的分野,否定重构真实过往的任何可能性,将历史事实等同于文学虚构和语言制品,使历史写作的客观实在性不复存在。作为传统历史学最终根据的"历史理性"遭到无情的奚落和攻击,从而导致历史学的合法性危机。后现代史学的理论缺陷是显而易见的。"其'语言唯心论'或'文本主义'的本体论立场,其极端怀疑主义和相对主义的认识论倾向,其'什么都行'的方法论原则,都难以成为史学研究的可靠指南。"但是他同时强调"后现代主义历史哲学对于史学实践是具有积极意义和价值的。以意识形态为主的元叙事的崩塌导致史学实践的革新……对语言再现历史实在元叙事的质疑击中了朴素客观主义或抽象经验主义的要害。它使人们充分注意到语言在历史写作中的重要作用,促使史学理论家以前所未有的热情研究历史话语和文本,详细考察历史书写的不同方面,并有助于历史学家突破陈旧的思维定式和僵化的研究路数"。"'语言学转向'还在某种程度上塑造了当今很多史学家的历史意识,并影响了他们对于未来史学前景的展望。"他强调指出:"后现代主义通过揭示宏大叙事的意识形态因素和理论建构性,打破传统史学观念独霸史学界的一元格局,从而向人们打开认识和书写历史的多种可能性。正是在后现代史学观念的影响和启发下,西方史学家重思历史,大胆革新,迎来史学园地繁花盛开的局面。在后现代主义状况下,每个历史学家都不能不正视后现代主义所提出的问题,而且只有在回应或批判这些问题的过程中才能有真正的创获。"他强调不能将后现代主义历史哲学作为虚无主义加以抨击,而应对之加以辩证的批判或"扬弃","以便重建历史学的

---

① 黄进兴:《后现代主义与中国"新史学"的碰撞》,《历史研究》2013年第5期。

合法性基础";认为"我们有必要去思考一种宏阔的世界历史理论或者元叙事,作为新的历史研究和写作的理论前提。……历史唯物主义是一种科学的历史哲学或元叙事,它所讲述的是一个符合人类社会发展规律的真实故事。在面向未来的元叙事的建构中,历史唯物主义如果不是唯一的选择,最起码也应该成为新叙事的最重要指导或参照"。①

同在 2013 年,《史学月刊》也刊载与后现代史学相关的论文。钱乘旦的论文主要从历史认识论角度阐发了自己的思考。他并不认同一些后现代论者的立场,强调历史研究的出发点仍然是"求真"。但他同时强调,"过去发生的事"通过记录与叙述留下许多混杂的"碎片"(即史料),历史学家在书写历史时是依据某种特定的标准有选择地去挑选"碎片"的。人们所看到的"历史"就不是一个纯客观或纯"真"的"过去",而是主观和客观的交融,是现在与过去的对话。历史研究是"过去"和"现在"的永久的互动,正因为这种互动,历史才有永恒的生命力。写历史是一个人类智慧的创造过程,不是单纯的还原,也不是简单的"归真";写历史是人类对"过去"的梳理与重新认识,是人类对"过去"的挑选与判别,体现着每一代人对"过去"的不断理解与不断思考。历史学家既是历史的撰写者,更是思想的创造者。历史研究让我们了解过去、思考过去,并且为"现在"提供思想。② 他的这一看法与传统史学有明显区别。以前也有多数史家承认,历史在不同的时代需要重写,但所着眼的是随着史料不断丰富,历史研究可以不断逼近历史真实。钱乘旦此文所强调的则是,不同时代的不同历史文本均有研究者主体的参与,也均有其真实性。将历史真实认定为一种具有时间性与历史性的存在。

王路曼的论文则通过梳理后现代主义在中国史学界的研究实践,着重指出:后现代主义为历史研究带来了积极影响。在认识论上,通过不断质疑和挑战现有历史叙事的"真相",并重视被传统历史叙事所忽视的事件与弱势群体,从而有助于更客观地还原历史真相;就方法论而言,后现代

---

① 董立河:《后现代主义之后的历史理性与史学实践》,《历史研究》2013 年第 5 期。
② 参见钱乘旦《发生的是"过去"写出来的是"历史"——关于"历史"是什么》,《史学月刊》2013 年第 7 期。

史学鼓励研究者透过史料表面挖掘其背后权力构建及对真相的掩盖。总而言之，以语言学和文化学转向为标志的后现代主义给历史研究注入了新鲜血液，扩充了历史写作的视野和维度。①

也有学者对后现代史学的影响作了更高的估价。郭震旦认为，后现代史学"是过去三十年来在历史思维领域注入的最具活力、持续时间最长的西方史学思潮。虽然无缘主流地位，但它在历史认识论和史学方法论等方面所催化的结构性变化，堪称一场未易旗帜的革命。正是后现代史学的引进，使得一部分急于弃旧开新的史学工作者找到了与过往体制化了的历史学疏离的空间以及与西方史学对话的共同语汇，在后现代理论大纛的导引下开始了史学转型的实验，形成了新的治史理论和叙事模式。因此，我们甚至可以毫不夸张地说，作为一种'外来物种'，后现代史学的理论和操作模式已经充分表现出它对中国历史的阐释力和表现力，正在中国历史图景中生成一个新的历史空间"。在后现代史学的影响下，历史学的基本观念在变动，中国史学的方向也在转换。他强调，随着微观史、下层民众史、身体史、疾病史、新文化史、新社会史在东方语境的勃兴，后现代史学已经在中国构筑了自己的历史空间。其中，以"新社会史"作为后现代史学的代言人可谓风头正盛，成为当前中国史学最令人注目的史学实践。"由于后现代史学的引进正值改革开放后过去那种'革命叙事'和'现代化叙事'模式日益显现其在史学方法论上的穷困和捉襟见肘的时期，因此颇有几分吊诡的是，在西方主要是展现其破坏性的后现代史学，在东方语境下却更多地被赋予了建设性的意义。学术界应该实事求是看待后现代史学对历史学的挑战，后现代史学完全可以也应该和包括现代史学在内的其他各种取向并存而竞争。"②

继《历史研究》2013年组织以"史学中的后现代主义"为主题的笔谈后，2014年关于后现代主义的讨论进展到了"后—后现代史学理论"阶段。所谓"后—后现代史学理论"，指的是反思"语言学转向"影响下

---

① 参见王路曼《后现代主义历史学五十年述评》，《史学月刊》2013年第11期。
② 郭震旦：《后现代史学在中国——一种新历史空间的生成》，《东岳论丛》2009年第8期。

的后现代主义史学理论,提出若干需要进一步辨析的基本概念。

大概从20世纪末尤其是从21世纪初开始,西方史学理论家(包括一些后现代主义者)开始冷静反思"语言学转向",尝试探索一种新的史学理论范式,有些学者称之为"后—后现代史学理论"。董立河根据近年来的相关论著,对"后—后现代主义"出现的理论背景、主要论题和学术指向作了述论。他指出,在"后—后现代史学理论"阶段,西方学者除了继续探究"叙事"等后现代问题外,更为关注"记忆""经验""在场""行动者""证据"和"普遍史"等问题。[1]

传统历史研究的史料来源是书面记录和某些形式的物质遗存,所反映的是有能力留下活动痕迹和思想观念的那部分人的历史。然而,后现代主义兴起,以新文化史为代表的后现代史学,要求打破一元化历史,呈现历史的多重面貌,尤其是传统史料所不能反映的社会下层、被民族国家话语所忽视的非民族国家范畴的社会存在的实相,在史料和研究对象上,就兴起了社会记忆的研究方法。关于历史与记忆的关系存在不同认识。彭刚认为,历史与记忆既密不可分,又存在区别。两者都基于时间而存在,在时间意义上,两者是密不可分的。记忆基于经验感受,历史基于合理推论。历史与记忆的最重要区别,就在于它的可证实性。因此,将历史和记忆简单等同或者径直对立,都是不对的。其次,历史记忆与历史真理并不简单等同。从认知科学角度而言,记忆并不是对真实发生过的事件的完整如实的记录,而是一个积极的、有选择性的建构过程。正是基于这一前提,对记忆的研究就不应该是一种对错研究,而应关注记忆产生的过程,以及如何理解其动力和意义。历史和记忆,都既有关于过去,又有关于现在。记忆既有个人属性,又有社会属性。历史学如何处理记忆?记忆的可靠性并不高,因此,历史学不能完全依赖记忆,而是应该谨慎对待记忆。但同时,历史学也可以利用自己成熟的"技艺"来处理记忆,使其为我所用。最后,彭刚讨论了历史记忆与历史正义的关系。在后现代主义看来,权力的阴影无处不在。无论是个人的还是特定群体的历史记忆,都可能受到权

---

[1] 董立河:《后—后现代史学理论:一种可能的新范式》,《史学史研究》2014年第4期。

力的操纵和利用。不同的权力塑造不同的记忆。①

卓立详细区分了历史故事与历史事实。他认为，故事与事实的区别是根本上的，而不只是语义上的。历史故事是一系列语句的集合，它指向连续的事件和叙事，而历史事实永远只是一个单独的陈述，它指向的是命题的集合。实证史学的根基是历史事实，不是历史故事。历史事实并非存身于个体主体层面，而是存身于语言与命题中。历史事实根本上是文本化的，它指向实证研究与确定性，其目标只是确定性，而不是历史意义或连续性。再现指向的是历史故事而不是历史事实，历史事实不需要再现，它存在的合法性取决于它是否与其他陈述冲突，它并非存身于个体主体中，而是通过置身于命题系统陈述系统中为群体所共享。"将历史事实视为存身于个体主体中是荒谬的，因为这实际上相当于将现实世界视为存身于个体主体中，不能因为过去事件已经过去，就以为认识历史事实有异于对事物的认知。"指向实证研究的文本系统其目标并非再现或描绘实存，而是重新建立自己的新的历史世界。而旨在再现过去的是历史故事，它是一种个体化艺术化的话语表达。历史故事因个体差异而面貌不同，但它们可以共同作为对历史事实的反映。②

与上述着眼于后现代与后—后现代范畴内的历史记忆、历史叙事不同，柯文在《历史三调》中文再版的前言中，主要在文化差异、史学实践层面讨论了历史事实和历史叙事的问题。柯文认为，比起东西方文化差异来，抛开事实的地域性而更多考察思想的实质内容，可能是更重要、更准确的。对文化的普世性和差异性给予同等重视，有助于超越中国历史研究中设定的壁垒和边界。历史与记忆之间微妙的关系，正说明人类共性在各自历史当中所发挥的奇特作用。古老的故事与当下的历史之间的互动，深刻反映了个人、群体或者全体人民将自己放置到空间历史记忆中的方式。为使过去的故事匹配当下的历史，大众记忆会对故事进行修改。因此，大众记忆塑造的过去的故事，与历史学家所要复原的真实历史是大相

---

① 参见彭刚《历史记忆与历史书写——史学理论视野下的"记忆的转向"》，《史学史研究》2014 年第 2 期。
② 卓立：《论历史事实的概念及其理论误区——关于重建客观史学理论基础的反思》，《史学月刊》2014 年第 5 期。

径庭的。由于历史学家的工作往往缺乏足够的或十分准确的证据,大众记忆对历史描述的模糊性就得不到专业的更正,从而加强了具有一定想象成分的历史故事的影响力,相对的,历史事实的影响力是比较小的。通过研究不同国家不同文化的故事与历史之间的关系,柯文发现,故事在大众记忆中的作用在世界史范围内具有某种超越性。[①]

近年来,后现代主义已从一个时髦的概念转而成为切实影响到中国大陆史学研究的史学思想。虽然不少研究者否认后现代主义的影响,但从其论题选择到研究成果的表述,又多少体现出后现代影响的印迹。不可否认的是,后现代思潮已然在中国学界激起波澜,并产生潜移默化的影响。总体说来,大陆史学界完全认同极端化后现代主义立场者还是少数,而多数学者更注重发挥后现代主义给史学带来的积极效应,如进一步拓展论题,关注失语的弱势与边缘人物,关注"话语""叙事"以及历史记忆的研究,对研究中的主观因素提高警惕,注重对史料的辨伪。虽然也有些不如人意之处,但总体来说似乎无须过于担心后现代主义会摧毁史学"求真"的根基。虽然相对主义史学在中国对传统实证史学形成冲击,但是对于历史事实与历史故事之间的差异,一些史家还是有比较清醒和深入的思考,多数史家仍坚持史学"求真"的理想。后现代史学对中国未来的史学研究到底会产生何种影响,目前尚难逆料,但中国史学界对其应作认真分析,重视后现代史学对现代史学的认知范式的反省、批判和对新的人文知识认识论基础的更新与探讨,发挥其认识论和方法论上的积极作用,以尽可能趋利避害,更多发挥其"立"的方面之作用,一味盲目跟风或深闭固拒均非科学态度。

第六节 公众历史学与史学大众化问题

"公众史学"是一个自美国舶来的概念。在美国肇始于 20 世纪 70 年

[①] [美] 柯文:《历史事实与历史叙写——〈历史三调〉中文再版序》,杜继东译,《兰州学刊》2014 年第 11 期。

代的"公众史学"(public history)① 运动，如今被视为公众史学发展的标准模板。② 公众历史强调的是历史与公众、与社会的联系，在中国本土其实也不乏渊源，在20世纪80年代，中国史学界就曾对应用历史学加以讨论。③ 近年来公众史学日益受到关注，其原因非止一端。一方面随着中国社会的世俗化、大众化，普通大众日益对历史产生兴趣；同时因信息技术的发展，博客、微博等自媒体的兴起给历史学带来深远影响。自媒体时代，由精英左右历史写作的格局受到有力冲击，公众积极参与历史知识的生产与传播，正成为一个不可阻挡的时代潮流。

有学者指出，公众史学的兴起还与后现代主义史学思潮密切相关。后现代主义思潮的主要元素为多元解释、反权威、分散话语权力，倡导保持

---

① 对于"公众史学"这一概念，学界存在分歧。就美国的public history，中文学界亦有"大众史学""公众史学""公共史学"等不同译法。姜萌辨析认为，"公共史学"可以涵盖"通俗史学""大众史学""公众史学"，因此建议统一为"公共史学"。(姜萌：《通俗史学、大众史学和公共史学》，《史学理论研究》2010年第4期。)王希认为应翻译为"公共史学"，因"公共史学"比"公众史学"的含义更广一些，至少覆盖三种范畴内的史学创作与实践：公共事务、公共领域、公民文化。(王希：《西方学术与政治语境下的公共史学——兼论公共史学在中国发展的可行性》，《天津社会科学》2013年第3期。)但学界近年趋向于使用"公众史学"这一概念。钱茂伟对此作了细致辨析："公共史学"无论从中文内涵还是翻译成英文来看，都与其实际所指有差异，且"公共史学"在美国有特定的含义，并非"公众史学"之意，而"公众史学"则更能体现众人参与、众人关心的意味，乃"众人本位的史学"。因此，宜使用"公众"而非"公共"。其次，"公众史学"与"大众史学"。"大众"可以有两种理解，一是包括社会各阶层的人民群众，二是特指社会下层的普通民众。从社会发展趋势看，使用"公众史学"比使用"大众史学"更准确、更适宜。(钱茂伟：《公众史学或公共史学辨》，《史学理论研究》2014年第4期；《公众史学的定义及学科框架》，《浙江学刊》2014年第1期。)陈新认为，在学科发展之初，大家理解不同是正常的。"其关键在于这两个词译成中文并不只有唯一性的对应概念。Public有公众、公共之意，history也有历史和史学之意。经过这几年国内一些主要研究者和实践者的沟通，我们逐渐开始倾向于使用两种译法，希望能够统一概念，便于传播，即，在实践领域称'公共历史'，在学术领域称'公众史学'。"(《公众史学的中国式境遇》，《社会科学报》2014年1月17日第5版。)

② 关于美国的"公共史学"(公众史学)情况，较早予以介绍者有：罗荣渠：《当前美国历史学的状况和动向》，《世界历史》1982年第5期；王渊明：《美国的公共史学》，《史学理论》1989年第3期；杨祥银：《美国公共历史学综述》，《国外社会科学》2001年第1期。近年的相关介绍更多，较有代表性为王希《谁拥有历史——美国公共史学的起源、发展与挑战》，《历史研究》2010年第3期。

③ 参见蒋大椿《基础历史学与应用历史学》，《上海社会科学院学术季刊》1985年第1期；刘文瑞《试论应用史学》，《西北大学学报》1985年第4期；向志学《对应用史学和历史资源研究、开发、应用问题的思考》，《武汉大学学报》1987年第5期。

差异的多样化历史写作，鼓励人们放弃"客观历史"的梦想，导致大众文化崛起，职业历史学的权威受到削减，进而促成了公众史学的兴起。①

概言之，从学术渊源来看，中国的公众史学是美国公众史学与中国本土史学大众化融汇的结果。钱茂伟更强调中国公众史学的本土性，认为其内涵有自身的形成过程，有其自己的史学资源与实践活动，与美国的公众史学颇有不同，二者"只是在名称上、学科建设路径上有所借鉴而已"。"对中国公众史学学科建设来说，美国的公众史学是值得借鉴的'它山之石'，但我们要建设的是中国特色的公众史学学科体系。"②

近年来，公众史学和史学大众化问题日益受到社会广泛关注，也成为学界讨论的热点。

应该注意的是，"公众史学"运动的开展令原先由知识精英相对垄断的历史解释话语权力被分散，"公众史学"对微观事物如小人物、社区历史、地方历史等方面的关注，也带来了职业历史学研究主题的局部转换，反过来又促成了职业历史学的发展。美国的公众史学模式，其关键在于职业历史学应服务于公众，将历史学方法应用到公众与历史交集的领域并达成相应的效果。公众史学与专业史学构成良性的互动关系。③

在当下中国，公众史学尚属新生事物，还停留在探索阶段，但相关实践近年来已颇为兴盛，并产生了相当的社会影响。2006年复旦大学成立公众史学研究中心，复旦大学历史系开设公共史学课程，且培养出一批公共史学专业的硕士研究生，也培养了一批对公共史学感兴趣的社会人士。2007年，上海师范大学以"中国近代社会研究中心"为平台开展公共史学的研究与教学活动。2009年上海大学将"公共史学"课程正式列入历史学系的本科生教学计划。2013年5月重庆大学主办了"公共史学研讨会"。2013年9月，上海师范大学成立了公众史学研究中心，次年7月举办"首届中国公众史学高校师资培训班"。与会的不同高校历史系的人士达成共识，将陆续成立与公众史学相关的研究中心，以之作为平台，启动

---

① 参见黄红霞、陈新《后现代主义与公众史学的兴起》，《学术交流》2007年第10期；陈新《从后现代主义史学到公众史学》，《史学理论研究》2010年第1期。
② 钱茂伟：《公众史学或公共史学辨》，《史学理论研究》2014年第4期。
③ 陈新：《"公众史学"的理论基础与学科框架》，《学术月刊》2012年第3期。

公众史学研究。计划于2014年在上海师范大学开展高校公众史学师资培训，邀请海内外公众史学教授开设课程。① 2014年1月，浙江大学成立公众史学研究中心。2018年浙江大学《公众史学》出版第1辑，2019年出版第2辑。所刊论文既有对海外公众史学前沿问题的引介评析，也有中国学者自身的理论探讨。

关于公众史学的著作，钱茂伟于2015年出版《中国公众史学通论》（中国社会科学出版社），李娜于2019年出版《公众史学研究入门》（北京大学出版社），对于学科发展自有促进。一些学术期刊也关注到公众史学的潮流，推动相关理论方法的探讨。《天津社会科学》2013年第3期发表"公众史学学科建设研究"笔谈。其编者按表示："近年来，国内公众（公共）史学获得了长足的发展。这主要表现在两个方面：一是社会机构创办了一批适合公众阅读的历史杂志，民间的历史知识生产渐成规模；二是有关公众（公共）史学的学科建设和理论架构开始起步。对中国史学界而言，过去曾有过发展应用史学、实用史学的各种倡议，即便当下，学者们在概念上是使用'公众史学'还是'公共史学'也仍存在分歧。不过，在某种程度上，一个未得充分界定却又被人们日益关注的领域，恰恰有可能是最富生命力的领域，公众（公共）史学会如何促成历史学社会功能的实现，仍然是值得大力探索的。"《史学理论研究》2014年第4期组织笔谈"面向社会需求的公众史学（公共史学）：老问题、新探索"。其编者按语表示："近年来，国内史学界有关公众史学（抑或公共史学）的讨论渐兴渐热，所涉内容既有理论方法和学科建设等纯学术性质的探讨；更有史学工作者如何让自己的研究面向社会大众，以及普通民众应该怎样更好地参与历史记述等老问题的新探索。历史学的研究如何服务于社会，这是一个长期以来一直困扰史学工作者的老问题，而公众（共）史学恰恰是为了解决这一问题，在拓展新的研究领域的实践过程中形成的新探索。"《甘肃社会科学》2014年第1期也组织"公共历史的现状与发展趋势"笔谈，编者按指出："历史是凝聚一个民族的认同感、缔造一个民

---

① 参见徐善伟《公共史学在中国高校发展的可行性及目前存在的问题》，《史学理论研究》2014年第4期；《公众史学的中国式境遇》，《社会科学报》2014年1月2日第5版。

族文化最强有力的武器。公共史学是为社会服务、面向大众的应用型史学，很多历史学家认为，中国的公共史学要发展，对公共史家进行一定的专业训练很有必要，历史学家应更多介入公共史学"。经过高校学术团体和会议的推动，以及学术期刊的推波助澜，"公众史学"在中国成为颇具声势的史学潮流。

王希是较早引介"公众史学"的学者，并有自己的理论思考。他认为公共史学的理想形态，"不是一种完全屈从于官方意志或某一特定利益集团的史学，不是一种枯燥无味的、板着一副说教面孔的史学，也不是一种调侃式的'娱乐史学'，更不是一种牟利式的'消费史学'。它应该鼓励交流与互动，但又允许独立性的思考；它引发的历史感受与个人的经历密切相关，但又能产生集体的共鸣；它并不毫无理由地排斥官方或个人叙事，但又始终保持一种批判精神"。①

王希还撰文强调，公共史学想要在中国史学界立足，专业史学界的支持"是关键之关键"："无论我们如何界定，公共史学必须首先是一门学问，需要取得同行认可的学术地位，在史学研究和教学的体制中占有一席之地。这是公共史学作为一门学科或一种学术领域获得发展的必备条件（除非专业史学界拒绝承认它有存在的必要）。……此外，公共史学家还需要拥有自己的专业组织，并定期出版本专业的学术期刊，发表研究成果。……我觉得，史学界内部一定要取得一种大致的共识，中国历史学会也应该考虑接纳公共史学学会作为其会员。在学科设置上，从教育部到大学的主管机构需要为公共史学提供生存和发展的空间。具体讲，就是在历史科目的学位方向设置中，将'公共史学'设置为一个学科或学位方向。此外，还需要有一些敢于'第一个吃螃蟹'的学校或历史学院系率先开设公共史学课程，摸索经验，编写教材，设计出一套既结合中国史学传统、又充满创新性的公共史学教学法和课程体系……与此同时，学科建设还应该有效地利用现有的'体制基础'。中国的史学传统源远流长，大众对历史的兴趣和热爱浸透在中国人的日常生活之中，历史学家应该考虑如

---

① 王希：《西方学术与政治语境下的公共史学——兼论公共史学在中国发展的可行性》，《天津社会科学》2013 年第 3 期。

何调动公众对历史的热情,并将其转化为建设公共史学的群众基础。事实上,中国一直都有'公共史学'的实践,也拥有发展'公共史学'的基础和资源,尤其是博物馆、展览馆、档案馆、历史遗址以及遍布各地的地方志办公室等。这些资源如能得到有效的利用,可以有力地推动公共史学的起步和发展。"他还提出建议:"从中央到地方的各级政府部门以及重要的国有和私营大型企业,都应该考虑设立'历史学家'的职位。"[1]

陈新也是"公众史学"的主要倡导者与推动者之一。他撰文对"公众史学"的理论基础与学科框架作了探讨,指出就中国现状而言,历史知识生产与公众传播已步入一个繁荣的时代,但其中也有隐忧。一是在这新一轮公众历史知识传播热潮中,以商业价值为核心的历史文化产品占据主导地位,体制内的历史教育因其产品枯燥无趣、表现形式落后而日渐缺位。二是职业历史学家科研经费不断增加,衣食无忧,大多无意介入公众史学领域以获取声名。"最终导致历史知识与真实性、价值取向的传统关联在公众层面渐被忽略,公众历史作品中呈现出'劣币驱逐良币'、重感官愉悦轻陶冶情操的倾向。"因而有必要"将排挤转为合作,将讥讽化为批评,以职业化的方式建立一个'公众史学'学科,培养一种更为严肃地、批判地对待历史文化的大众传播氛围"。他强调:"公众史学"是指公众在反思自我历史意识和历史认识生成的情形下所进行的历史表现与传播,作为学科,则是指由职业史学人士介入的、面向公众的历史文化产品的创制与传播。在当前状况下,职业历史学家面临两种路径的选择:或者是自觉地反思和分析自我历史认识、历史意识的形成过程,扬长补短,成为"公众史学"的参与者或引导者;或者是继续保持"圈内人"且只面对内行的身份,等待公众或外行在新型知识传播方式下自我提升,然后被取而代之。他热切呼吁:"以学术学科的建制与专业性眼光来建设'公众史学'学科乃当务之急。人们可以在历史认识形成过程研究与分析的基础上,超越国外'公众史学'学科建设在理论设计上的零散性;同时,充分考虑自媒体传播的趋势,结合史德、史学方法论、跨学科交流、实务

---

[1] 王希:《把史学还给人民——关于创建"公共史学"学科的若干想法》,《史学理论研究》2014年第4期。

操作四个层次进行学科构架设计。"他提出，公众史学学科可以通过吸纳传统职业历史学"圈内/外"的优势来构成。公众史学家需要承担起责任来提升公众历史认识/反思能力，需要满足一定的要求超越自我。其一为"史德立身"。"公众史学家首先承担的是一种社会责任和公众历史教育的职能。它不同于纯粹的私人历史写作，而是致力于将自己认为有益于社会的历史资源呈现、推荐给更广大的社会公众。……因而，善用历史并以历史引导公众向善，这对于公众史学家提出的道德要求，需要建立在公众史学家的良心和自觉基础之上。"其二是公众史学家需拥有多技之长。"公众史学家首先需要经历过职业化历史学的基本训练，了解职业历史学作为现实存在的价值所在，体验过历史学研究的艰辛，感悟历史学那崇高的求真理想。……既然要涉及更大范围的历史知识传播与历史意识的培育，公众史学家就需要对于传播学、社会学、心理学等学科有更多钻研，不把自己局限在以现代性主导的学科和专业区划之内，而是将一切有利于实现公众史学目的的技能与专业整合到其中来"。其三是广纳博采。"公众史学家作为直接与公众接触的新型专业化人士，其专业化表现之一是要求有广博的知识。他对历史学的更多领域要有尽可能多的了解，首先必须是包括职业历史学研究成果在内各类历史作品的一位好读者。他对于许多史学具体研究领域所了解的深度可能不如那个领域的专家，但他却要有能力广纳博采，成为历史学研究精粹的整合者和传播者。"其四是前沿定位。"公众史学家要将自己定位在文化趋向和脉搏的观测者的位置，这就需要在历史表现中不断反思他身处的文化、反思自身，以怀疑和敬畏的心态面对正要表现的题材。"他将公众史学学科架构分成四个层次：其一，社会道德与价值观分析与培育；其二，传统职业历史学方法论与实践性训练；其三，跨学科知识储备；其四，公众历史知识生产的组织和实务操作。[①]

另一位公众史学的倡导者钱茂伟，也对公众史学的学科定义及其框架作了探讨。他撰文强调：随着时代变化，史学内涵也必然发生变化。今日中国人民大众的主体作用越来越凸显，由精英史学而公众史学，是一个不可更改的发展趋势。学科意义上的公众史学是研究公众历史的写作及通俗

[①] 陈新：《"公众史学"的理论基础与学科框架》，《学术月刊》2012年第3期。

传播的学问体系，实践层面的公众历史是指公众可以消化的历史作品。在他的构想中，公众史学的学科框架包括五个部分：通俗史学、应用史学、小历史书写、公众写史、口述史学，这是一种适应未来公民社会形态的新史学。他表示，这样的学科框架建构厘清了几层对应关系，将大大丰富公众史学的内涵，具体表现在六个方面：一是由应用而书写层面，其设计的学科框架下延到了历史书写层面，凸显了历史书写的分量。二是由大历史而小历史，兼大历史与小历史于一体。如此一来，公众写史，既可以写国家大历史，也可以写公众与民间的小历史，书写对象大为扩大。三是由前代史而当代史，公众写的小历史偏重当代史。四是关注了由专业而业余的史学工作者队伍建设。更多地鼓励广大业余爱好者来参与大小历史的书写与解释活动，公众史学成为一项公众与专家均可参与的活动，这将大大扩大历史学队伍，从而有可能使史学由小众之学成为大众之学。五是由学术研究而通俗写作。如果将史学分为学术史学与公众史学两翼，则公众史学偏重的是与学术史学相对的公众层面的历史知识生产与传播。六是理论与实践相结合的公众史学。公众史学的实践层面即公众历史是非学术性的作品，属中下游层面的历史；但对公众历史的理论思考与史学建构，完全是理论化的、学术化的研究工作。钱茂伟尤其注重小历史书写，认为只有包含小历史书写的公众史学，才是完整的史学形态。他明确表示："以公众为核心，用公民眼光看历史，书写公民的个人史、家族史，这是公众史学形态。建设公众史学形态，才是改革的核心所在。有了这种形态的理论，我们的影视剧之类的通俗传播才会在内容与主题上有所根本性改变。有了这种形态的史学，才会对大历史的认识有所改变。有了这种形态的史学，才会真正关注公众的生活，书写公众的个人历史。今天的历史普及与通俗，仍停留于精英史学形态，必须转型到公众史学形态，才会有根本性的改变。"[①] 他还认为，与美国的公众史学相比较，中国的公众史学建设更关注史学主体的大众化，其发展动力来自民间社会。其学理来源有二：一是 20 世纪初以来的"民史"思想资源，二是后现代主义理论，强调发挥

---

① 钱茂伟：《公众史学的定义及学科框架》，《浙江学刊》2014 年第 1 期。

人的主体能动性。①

陈仲丹认为，公众史学与传统历史之间呈现出一种相互融通、互为补充的关系。"相互融通主要体现在公共历史的学科基础要靠传统历史的学术积淀来不断丰富，而互为补充又表现在公共历史扩大了传统历史的影响范围。"但也须注意到，"为突出这一学科的实用性，公共历史学者很自然会将其他学科与之相关的部分纳入其中，这就使得它与不少邻近学科的分界不甚清晰"，因此"对公共历史的范围不要做过度的扩张，将之随意延伸到其他学科领域"。有必要分清公共历史与相关学科的界线。如公众史学与历史教育学、档案学、考古学、博物馆学都有关联，但这些学科本身已是成熟学科，可能借用其研究方法，但应注意学科之间的边界。②

在未来，公共史学与专业史学必然共同存在，两者之间互相依存，缺一不可。祝宏俊认为，专业史学应成为公共史学的基础。因为在公共传播领域，文化多元、价值多元，各种思潮均可存在。在这一领域生产和传播的历史知识，"既可以促成社会的有序和健康，也可以导致社会的混乱和病变"。因此，必须给公共史学设置底线。第一条底线就是真实。史学失去真实性就失去了价值。第二条底线是责任。公共史家必须有道德责任意识和社会责任意识。"公共史学不能成为负能量的发源地、消极萎靡道德精神的温床。"公共史学不能用于反社会、反国家的活动，而应维系国家组织的存在。③

张文涛亦指出，公众史学在美国已有三十多年历史，但是它在历史学界的地位却好似二等公民。根本原因在于其实用性、服务性，与历史学的公正客观属性背道而驰。传统的历史学者认为，公众史学为权力服务，与政府职能和社会需求结合过紧，甚至有人认为，所谓"公众史学"，实质却是"私人史学"，不过是为政府部门、商业部门或其他社会组织服务的历史研究。那么公众史学价值何在？如何发展？张文涛认为："作为一门实践性很强的新兴分支学科，公共史学的时间价值目标不应当在于为某一

---

① 参见钱茂伟《公众史学或公共史学辨》，《史学理论研究》2014 年第 4 期。
② 陈仲丹：《公共历史的概念与学科定位》，《甘肃社会科学》2014 年第 1 期。
③ 祝宏俊：《公共史学之公共性反思》，《江海学刊》2014 年第 2 期。

个人、某个组织、某个团体提供什么样的服务,而在于以一种新的认知与表达手段增加人们的历史认识与体验。"公众史学借助图像等各种显示形式提供一种"在场的历史认识",是传统史学研究所不能提供的,具有一定的不可替代性。通过"在场感"可以获得"复活历史"的效果,拉近历史与现实、历史与民众之间的距离。"当在场感缩短历史与人们的距离时,历史不仅作用于现在,而且已经在参与创造未来。"①

目前,公众史学已成为近几年中国历史学界一个新的讨论热点,但是关于这一学科的一些理论问题尚待厘清。比如如何理解公共史学(公众史学)之"公共性"(公众性)。公共史学与传统史学是一对相对概念。所谓的传统史学其实就是近代以来独立化、科学化和政治化的史学。受其诞生的历史环境和背景的影响,传统史学具有一套特殊的知识体系,对从业者设置的门槛较高。更重要的是,传统历史学与民族国家之间存在一种结盟关系,使得历史学在服务民族国家的功能上异常强大,却缺乏"自我存在"的功能。而公共史学正是要突破传统史学作为"精英霸权"和"政治附庸"的不足,研究公共生活和公共领域。"从宏观的角度讲,公共史学的公共性主要体现在'研究'主体是公众,研究的选题、服务对象则是公共领域。"祝宏俊认为,公共史学的公共性体现在动态的史学研究的若干环节中。在研究者这个环节,公共史学之公共性表现为研究群体的开放性和公众性。在选题上,主要表现为市场导向性和业余性。公共史学的活动分为研究性活动和应用性活动,尤其以后者为主。其成果并不纯粹是满足国家需要或自我兴趣,而是主要面向市场、面向社会大众。而在服务对象上,可以将其受众称为"公共史学消费者"。决定一种史学是否是公众史学,主要看它的活动方式、产品形式和服务对象,"如果这方面具有了公共性特征,无论它的主体是专业的还是业余的史学工作者,这种史学活动就已经成为公共史学"。②

如何令公众史学与现行学科体制进行结合,实现其学科化,不同学者的看法因视角不同而颇有差异,对公众史学的学科体系之定位和界定亦各

---

① 张文涛:《在场感与公众史学》,《甘肃社会科学》2014 年第 1 期。
② 祝宏俊:《公共史学之公共性反思》,《江海学刊》2014 年第 2 期。

有侧重。一些学者更强调职业史家的参与对公众史学的重要性，呼吁专业史家应积极投身公众史学，在历史大众化中发挥应有的作用。也有学者如钱茂伟更着眼于大众参与个人小历史和所见闻的社会大历史的书写，发掘丰富的民史资源，使历史学由精英形态真正转化为大众之学。两种取向和而不同，并行不悖，并非对立关系，其基本共识为：专业历史学界对公众历史学不应持拒斥或轻视的态度，而应有专业学者投身其间加以引导；至于公众史学中专业史家与业余人士孰为主体，倒不必太过在意，也难以一概而论。如有学者指出，"公共性本是历史学的本质属性。历史学不是国家或意识形态的专利，更不是职业历史学家的专有垄断品"。① 但公众史学亦需要专业史家的积极参与，进行理论方法的探讨，设置规范底线，对之加以积极引导。如李娜所言，公众史学与传统史学发展相辅相成，并不矛盾。职业历史学的方法和技能仍有不可替代的作用。对历史知识的批判、分析、比较，需要长期严格的专业训练。历史的严谨、客观并不能因公众的参与和自媒体的介入变成消遣。②

当前的中国公众史学处于草创时期，自然需要借鉴海外有关经验。因为一定程度上，不同国家的历史学和历史学家面临时代发展中的相似问题，这是当今公众史学在不少国家发展兴盛的根本原因。但公众历史学在中国有基于传统和现实需要的自发发展，在借鉴、吸取美国经验的同时，应对这些中国自发发展的公众史学因素作具体分析。中国民间自发的历史热不同于学院派历史学的历史记录、历史表述和历史实践，可以借助公众历史学这股学科化、规范化的认知潮流，正式登入学术殿堂。因此，将公众历史学纳入主流史学的范围，并使之逐步学科化、规范化，这可能是未来一段时间须引起学界重视并为之付出切实努力的一个发展方向。笔者以为，这也正是专业史家关注社会现实、承担其社会责任的一条重要途径。至于是否应将美国公众史学的发展路径引入，应在更深入评估美国得失的基础上再做讨论。但一般说来，完全照搬照抄可能并非良策，也难以

---

① 焦润明：《网络史学与公共历史问题》，《甘肃社会科学》2014 年第 1 期。
② 参见李娜《美国模式之公众史学在中国是否可行——中国公众史学的学科建构》，《江海学刊》2014 年第 2 期。

实行。

概言之，公众史学其取向路径不必强行定于一律，这种多元的取向路径，体现出公众史学理论探讨的活跃，以兼容并包的心态对待之，或许更能促进公众史学的繁荣发展。通过在实践中摸索调适，不断完善，可能逐步形成具有中国特色的公众史学形态。当然，兼容并包不等于无所不包，也不等于放任自流，建构公众史学的学科形态，确实有必要注意其学科边界，否则无所不包必然会稀释甚至消解其学科特性。

互联网、自媒体时代的到来对于历史学的冲击，也是学界热议的问题。陈新认为，自媒体给历史学科带来的机遇要远大于危机。公众史学产生的大量涉及历史内容的文化产品需要一个去芜存精的筛选过程，这需要职业历史学家来完成。职业历史学家也可以直接介入公众史学领域，通过运用公众易于接受的表现手法，直接为公众提供可读、可思、可感的历史作品。[①] 陈新还指出，相对于社会公众对高质量历史内容的渴望，历史学界的努力是有限的。一方面，史学界作为整体，对于公众的历史需求是相对冷淡的；另一方面，史学界在从事艰深的学术研究之时，对于知识生产和传播的方式变迁如此迅速未能很好地适应。长此以往，会加剧史学界与公众之间的鸿沟。[②]

王利红亦指出，全球化、多媒体使历史知识社会化的主体最大化。人们在将研究历史与写作历史当作一种乐趣时，也在瓦解职业历史学的权威性。历史知识社会化的主体是全体社会成员。但在此进程中，历史学家可以成为重要的引领者。历史学家需放下"精英"的架子，以更平和与更切实的行动推进历史知识大众化。[③] 焦润明着重提出了网络史学的问题。他认为，网络史学是"从资料到成品皆直接或间接通过互联网运作的一种新兴的历史学边缘交叉学科"，从研究对象及所涉及范围来看，网络史学仍然具有历史学的基本要素，"广义的客观历史过程仍然是其研究对象，不过，被电子化并进入互联网传播的虚拟化了的历史内容，更是网络

---

① 参见陈新《自媒体时代的公众史学》，《天津社会科学》2013年第3期。
② 参见陈新《公众史学的中国式境遇》，《社会科学报》2014年1月2日第5版。
③ 参见王利红《试论历史知识社会化》，《历史教学问题》2013年第5期。

史学的研究领域,而这部分却不在传统史学的研究范围内"。网络史学适应互联网时代,扩充了传统史学的研究范围。同时,网络史学更热心于公共史学领域的研究。"一是网络作为一种开放的、跨国界的信息传输与交流平台,与传统的信息交换、交流方式完全不同;二是在互联网上人们交往的方式完全平等,人们参与历史问题的讨论完全是自由的,不受职业历史学家与非职业历史学家身份的限制,人们在网上更关心与自己相关的公共历史内容……这就决定了网络史学必须以公共历史话题为研究重点,才能很好地完成学科使命,并获得社会的认可。"网络史学的特点,一为史料存在形式之新,二为信息获取方式之新,三为写作与发表方式之新。网络史学成为与民众最为接近的史学领域,亦是史学参与公共历史话题研究的重要排头兵。在目前学科体系运作下,学院式的研究方式已经与历史本身的内在要求渐行渐远,其公共属性被淡化甚至被异化。然而由于网络史学异军突起,"大大改变了历史学公共属性中应用部分的原有生存方式,搭建了一座历史学家面向大众的桥梁,也营造了非职业历史工作者参与历史讨论的可能性"。由于网络平台具有平等性、公众广泛参与性和现实性等特征,我们可以说网络史学提供了史学进入公共视野的重要门径,网络史学自然也成为公众史学的重要领域和阵地。因此,公众史学需要借助于网络史学的现实参与。[1]

目前来看,高校还是公众史学发展的最重要的依托。部分高校已将公众史学纳入高校历史教学。时任国家基础教育课程教材专家工作委员会委员的赵亚夫撰文指出,随着社会和科学技术带来的冲击,传统高校历史教学面临困境,公众史学应成为高校历史教学的新途径。[2] 徐善伟强调,高校发展公共史学大有可为。中国史学一向有"求实"和"致用"的追求,公众史学即是"致用"的一种途径。"公共史学的出现也是历史学在新的历史时期实现其自身发展的一条新途径,这也为高校历史学科借以推动学院史学的创新和扩大历史学科的人文价值提供了机遇。"与此同时,"公共史学并不仅仅是对学院史学的一种反动,同时也有力地推动了学院史学

---

[1] 焦润明:《网络史学与公共历史问题》,《甘肃社会科学》2014年第1期。
[2] 参见赵亚夫《公共史学与高校历史教学》,《甘肃社会科学》2014年第1期。

向新的方向发展。两者表面上看来好像针锋相对，但实际上却是相互促进、相得益彰的。公共史学不仅没有弱化史学的学术价值，反而会进一步提升史学的学术价值。故而，在高校历史学科中发展公共史学，与史学自身的学术价值是完全一致的"。而且"在中国高校开展公共史学教育也是完全可行的"，且公共史学建设已经开始在一些高校有实际行动。他同时指出，目前在高校开展公共史学教育也面临诸多问题。其一是观念的转变。一些学院历史学者把公共史学看作"旁门左道"，这种偏见严重阻碍了公共史学在高校的发展。其二，公共史学的突出特征是其跨学科性，但中国现行的学科设置与教学和研究体制严重影响了交叉学科和边缘学科的发展，也影响公共史学的创立与发展。因此，要打破现有学科界限，集合各门学科力量建立合理的公共史学团队、建立合理的公共史学学科体系，就需要在学校层面进行整合。其三，公共史学的一个主要特征为其应用性，因此必须建立公共史学教育的现场教学基地和实践基地，还要整合学校与社会的资源。其四，缺乏公共史学研究与教学人才，也缺乏相关的公共史学教材。[①]

口述历史与公众史学在学科起源、记忆研究、历史呈现方式及研究方法上拥有共同关注点，并在实践中以不同方式合作。美国历史学者吉·布拉提（Jo Blatti）的《公众史学与口述历史》一文详尽论述了两者的关联与共同点。李娜研究认为，口述历史与公众史学都试图让历史回归公众，同时又是公众对历史的求真实践，二者共享话语权；公众史学与口述历史都认为唤起记忆便是挑战传统历史，甚至"只有通过口述历史，才能书写公众历史"；公众史学和口述历史的共同关注点实质是历史学家的历史和公众的历史之间的差距，口述历史的平民性和叙事性使其更为公众接受，口述历史在公众空间的呈现进而也能引发公众记忆，成为公众历史的一部分，"在某种程度上，口述历史就是公众记忆"；对话性、参与性、叙事性是连接公众历史与口述历史的核心。李娜强调，在历史回归公众的过程中，口述历史能帮助我们搜集到丢失的或未被记录的证据，从而让宏

---

① 徐善伟：《公共史学在中国高校发展的可行性及目前存在的问题》，《史学理论研究》2014年第4期。

大历史叙事中一度失语的群体有机会讲述和构建自己的历史。①

口述历史方兴未艾，但也存在一些问题。左玉河认为，目前出现比较普遍的混淆口述史料与口述历史界限的现象，妨碍了真正意义上的口述历史的发展。一是未形成较为完备的口述历史的理论方法，关于口述历史的基本概念、基本属性、学科归属等问题也模糊不清；二是口述历史研究缺乏必要的深度和专业研究队伍；三是口述历史实践缺乏工作规范。② 口述历史旨在以访谈方式发掘、采集、整理与保存口述者的历史记忆，呈现口述者亲历的历史真实。历史记忆是口述历史的基础，发掘历史记忆是口述历史的主要工作，但受口述者生理、心理及社会环境等因素影响，口述历史的真实性经常遭到质疑。左玉河对口述史的真实性问题作了较为深入的探讨。他指出："从口述者亲身经历的客观存在的历史真实，到口述历史文本的真实，中间要经过历史记忆加工、历史叙述呈现、叙述文本整理以及形成口述文本等多个复杂环节。可以说，每个环节都是一重帷幕，阻隔着历史记忆的穿透，从而使客观的历史真实大打折扣并有所变形。不仅客观的历史真实与历史记忆之间存在着阻隔和距离，而且历史记忆与历史叙述之间也有着阻隔和距离；不仅口述者的历史叙述受到多种因素干扰，而且叙述文本整理也有访谈者的主观参与，从而使音像文本与口述文本之间存在着较大阻隔。经过历史记忆加工、历史叙述呈现以及口述文本整理等环节而形成的口述历史文本，与历史记忆有一定的距离，与客观的历史真实距离更远。"他认为，口述历史视域中的"真实"可以分为四个层面：历史之真（客观的历史真实）、记忆之真（历史记忆中的真实）、叙述之真（口述音像的真实）、口述文本之真（根据口述音像整理的口述文本的真实）。从口述者亲历的历史真实到口述文本呈现的历史真实，即从历史之真到口述文本之真，经历了三重帷幕或者说三次筛选的过滤和阻隔。第一重帷幕是从历史之真到记忆之真。历史真实经过口述者的记忆存储、保持与回忆诸环节的过滤与筛选，形成了历史记忆，这中间因记忆的特殊机

---

① 参见李娜《公众史学与口述历史》，《史林》2015 年第 2 期。
② 参见左玉河《中国口述史研究现状与口述历史学科建设》，《史学理论研究》2014 年第 4 期。

能而使历史事实有所变形，大脑中存储的历史记忆之真也与历史之真有较大的间隔和差距，历史记忆的真实已经对客观存在的历史真实打了一些折扣。可以说，口述者的历史记忆之真只是选择后的部分历史真实，是经过记忆本身过滤和阻隔后的部分历史真实。第二重帷幕是从记忆之真到叙述之真，即将存储的历史记忆通过回忆的方式呈现出来，表现为历史叙述的过程。历史记忆的呈现是以语言和文字为中介的，以语言表述出来的就是口述，以文字表述出来的就是文献。语言和文字将存储于大脑中的历史记忆呈现出来。在这个过程中，受语言的限制和阻隔后呈现出来的历史记忆，既非记忆的全部，也非记忆的准确呈现。记忆在呈现中既有数量的减少，更有内容的失真和变形。在历史记忆转变为历史叙述过程中，心理、生理及社会环境等多种因素影响着历史记忆的呈现结果。第三重帷幕是从叙述之真到口述文本之真，即从叙述文本到形成口述历史文本的过程，是访谈者将音像文本转换为口述文本的过程。口述历史的双重主体特性决定了访谈者与口述者必须共同参与口述历史的工作。访谈者在整理过程中的主观取舍，实际上是对口述者呈现出来的历史记忆的检验、修订、补充和取舍。经过访谈者这道工序的过滤，口述者叙述的记忆中的历史事实再次经过处理。历史之真经过历史记忆、历史叙述、口述文本整理三重帷幕的过滤和阻隔，在口述历史文本中呈现出来的历史真实相对有限。口述历史所得到的历史真实，是口述者记忆中的历史真实，是部分历史记忆的真实，是客观历史真实的一部分。因此，我们应该坦然承认口述历史存在着某种失真及不可靠性。但是口述历史工作者不应悲观，更应当关注历史之真如何冲破多重帷幕的阻隔而得到部分呈现。他强调，口述历史的主要任务就是挖掘、采集、保存、整理口述者的历史记忆，口述历史研究者应着力发掘记忆之真、减少记忆呈现的阻隔，尽量逼近历史之真。历史记忆受其内在机制及自然因素的影响，其真实性很难为口述者所左右，但历史叙述的真实则是口述者所能把握的。"所以，口述历史的主要环节应该放在历史记忆呈现过程中，研究影响历史记忆呈现的多重因素，从而将历史记忆完整而准确地以语言表述的方式呈现出来。为此，必须排除历史记忆呈现过程中的多种因素阻隔，使历史记忆尽可能真实地呈现出来。这实际上就是口述历史所要做的主要工作。"①

与公众史学密切相关的，是史家的社会责任与史学大众化问题。近年来，史学思想日益多元，研究方法日趋多样化，研究领域日益拓展。但不无遗憾的是，历史学家的研究与变革的社会相脱离，一些国内重大理论问题的讨论，较少听到历史学家的声音。历史学家是否应关注当下现实，并承担为社会发展提供历史借鉴、以历史观念培育国民精神等社会责任的问题，引起学界的关注和讨论。

李文海批评"历史研究同社会生活的联系相对薄弱。史学存在着相当严重的自多封闭现象"。他指出，史学研究总有它一定的现实目标，总是为了满足和解决人们的现实需要而产生与存在。历史学固然不应该是政治的附属品和奴仆，但史学又无法同政治截然分开，互不关联。因而史学工作者应"清楚地认识到总结历史经验是为了有益于推动社会发展进步的政治需要，是为了有益于维护人民利益的需要"。当然，也不能要求任何一个研究课题都同现实生活有直接的关联。当我们在强调史学要关注现实的时候，"一定要防止简单化、绝对化，急功近利的态度，这种态度是有害于学术发展的"。②

阎照祥提出："关注现实和行使评判能力不仅是史学工作者的职责，还是最起码的权利，是体现历史研究的价值要素。"③ 李振宏亦认为，历史学家在选择研究对象的时候，总是有一个现实的影子无法摆脱，没有一个历史学家是在单纯地恢复历史真相。因而历史研究实际上也是一种关乎现实的学问。历史学家不能外在于这个现实的世界。而要发挥历史的创造作用，最根本的就是通过研究历史进行清醒的社会批判来实现的。求真是历史学永不过时的目标，但求真与历史学家发挥主体性创造并非必然矛盾。当我们以现实为支点开掘选题之后，在研究过程中尊重历史，从历史

---

① 左玉河：《从探寻记忆之真到逼近历史之真——口述历史视域中的真实性》，《人民日报》2015年9月21日第20版；《历史记忆、历史叙述与口述历史的真实性》，《史学史研究》2014年第4期。

② 李文海：《史学要关注现实，尊重历史——李文海教授访谈录》，《史学月刊》2013年第7期。

③ 阎照祥：《再谈史学工作者的社会责任》，《史学月刊》2013年第5期。

实际出发,围绕历史资料去阐述历史、认识历史,从中挖掘历史的启示和借鉴。因此历史研究达成服务社会的历史使命,是需要有科学态度和科学精神去支撑的。求真的学术志趣并不排斥研究的价值目的性,不排斥以现实为出发点的课题选择。① 刘泽华则特别强调历史学者应拒绝禁区,大力开展当代史以及与当代社会重大问题相关的历史研究,为国家民族命运的认识提供一个参照系。②

近年来中国崛起的话题成为人文社会科学的话语中心。王学典强调指出,在中国崛起的进程当中,史学家们应该成为积极的一员。当今中国史学家有两种责任不可回避:构筑能够解释中国的宏大理论;更紧密地关注现实。历史的宏大理论反映了一个国家和民族对其自身发展历史的深刻自觉。国家需要历史理论告诉自己从哪里来、长时段社会形态如何演变、何种动力在推动历史发展。只有弄清这些问题,才会明了国家和民族到哪里去。一个对这些基本问题处于懵懂状态的国家,无法看清历史大势。改革开放以后,史学界以西方引进的名词、概念、话语体系为准绳来衡定中国。"五种生产方式"说对中国历史的解释受到质疑之后,替代概念和理论框架的建构迟迟未能得到突破性进展。重返中国历史本体的研究,让中国历史重返中国,推动国人在中国史实的基础上重新认识中国历史整体发展的时序与规律,是中国史学的当务之急。③

研究历史不能脱离现实。一方面,研究历史如果完全摒弃现实关怀、完全与祖国的命运和前途毫无关系,这种研究存在的价值和意义都是值得质疑的。另一方面,历史学的根源在于现实,也只有在对历史和现实的连贯的考察中,才能建立起对历史的深刻认识。

历史学者不能处身于时代之外,这也是前引各位史家的共识。其实,民国时期强调"为学术而学术"的史学大家如陈寅恪、陈垣、傅斯年等人,也以自己的学术研究参与现代民族国家的建构,何尝完全躲进书斋与社会脱离。但历史研究确实又需要研究者能有相对超然的态度,尤其中国

---

① 参见李振宏《历史学家也是历史的创造者》,《史学月刊》2013年第5期。
② 参见刘泽华《再说历史学要关注民族与人类的命运》,《史学月刊》2013年第5期。
③ 参见王学典《崛起的中国需要历史学家的在场》,《史学月刊》2013年第5期。

近现代史去今未远，同当前现实有密切关联，更需要研究者客观、冷静的对待，不宜投入太多的情感因素。由此看来，中国近代史研究者不能不考虑其研究成果的社会影响，不能以在专业期刊发表与现实毫无关涉的窄而专的学术论文为满足，不能对史学大众化工作心存轻视，尤其对于方兴未艾的公众史学应予以关注和重视；与此同时，以今情度古意，借历史论现实政治，均非可取的研究理路。如何在史学研究与现实关怀中寻求平衡，还需要进一步探讨斟酌。

第七节 计算机网络技术在史学研究中的运用

计算机技术飞速发展，为历史学家提供了便捷、高效、准确的史料搜索和加工整理工具，日益成为治史利器，发挥着相当重要的作用；量化历史数据库的涌现，也使历史学的研究方法与研究形态得到发展，尤其是新的定量方法的运用推动了历史研究重心从特殊转向一般，从个别事件转向普遍过程，从叙事研究模式转向结构分析模式。[1] 20 世纪 90 年代以来，一种将大批量历史材料数据库化，并依靠定量分析揭示其中隐含的史实、检验和发展历史认识与经验的新方法逐渐在国际学界流行起来，涌现了不少有重大影响的史学成果，彰显出大规模量化数据库在结合历史资料系统研究人类社会长期变化与延续等大问题上的作用。[2]

数字史学在欧美史学界已形成一个相对独立的学科领域，在中国史学界也受到较多关注。有学者指出，中国学界"大数据时代似乎给史学研究带来了前所未有的兴奋"。[3] 2012 年，梁晨、李中清等学者利用北京大学、苏州大学的本科生信息电子数据库，对两校学生的社会来源进行大数

---

[1] ［英］杰弗里·巴勒克拉夫：《当代史学主要趋势》，杨豫译，上海译文出版社 1987 年版，第 77 页。
[2] 参见梁晨、董浩、李中清《量化数据库与历史研究》，《历史研究》2015 年第 2 期。
[3] 郭辉：《大数据时代史学研究的趋势与反思》，《史学月刊》2017 年第 5 期。

据分析①，所发表的成果受到学界瞩目，引起可观的反响。近年来，大数据、数字人文成为许多史学学术会议上的高频词。2013 年《甘肃社会科学》第 5 期刊发"信息转向：新世纪的历史学在召唤"专栏文章。专栏主持王旭东在"主持人语"中指出："如今的信息科学已经令我们开始树立起历史学基本属性之一是信息这一认知。在 20 世纪晚近以来世界潮流向信息时代迈进的过程中，国内外史学领域就方法论和史学理论层面上不懈的信息化应用探索与实践，更是丰富了我们的相关认知。这些均标志着一种转向的发生，这一转向便是信息哲学称之的'信息转向'。其实，信息转向不仅预示，而且已经在揭示一场新的更为深刻的史学变革的降临。这一变革不是别的，正是信息转向所引发的历史学领域信息革命。就某种意义而言，这场现在进行时的历史学领域信息革命，或许就是新世纪历史学向我们发出的召唤。"

《史学月刊》也敏锐把握数据化时代给史学带来的变革，于 2015 年第 1 期组织了"计算机技术与史学研究形态笔谈"。编者按指出："最近 30 年来，随着计算机技术的广泛应用以及在人文社科研究领域的普及，学术研究的路径、手段以至研究形态，都在发生着深刻的变化，一向被认为是最古老最传统的历史学科也不例外。如今的历史学研究，不光是搜集资料的方式或手段由于电子文献检索的推广而变得极为便捷，以往竭泽而渔、将材料一网打尽的梦想轻而易举地变为现实，而且数据库方法也渗透到逻辑分析的领域，影响到学者思维方式的改变。古老的历史学科，似乎正在展开一个学术科学化的发展方向。"

2015 年 9 月，《中国社会科学》杂志社与辽宁大学联合举办了"互联网与哲学社会科学"跨学科论坛；同年 12 月，上海大学与《中国史研究》杂志社联合举办了"大数据时代下的历史研究"国际研讨会。2016 年 5 月，北京大学举办首届"数字人文论坛"；同年 6 月，中国人民大学《清史研究》编辑部举办了"数字人文与清史研究"学术工作坊。2016 年 11 月，南开大学与《史学月刊》共同举办"新史学青年论坛：大数据

---

① 参见梁晨、李中清等《无声的革命：北京大学与苏州大学学生社会来源研究（1952—2002）》，《中国社会科学》2012 年第 1 期。

时代的史料与史学",《史学月刊》从会议论文中选择 6 篇刊发于 2017 年第 1 期"大数据时代的历史学笔谈"。编者按中强调指出:"最近 30 年来,随着互联网的发展和数据库方法的运用,学术研究的路径、手段以至研究形态,都在发生深刻的变化,人们已经真切地感受到学术研究进入了一个新的时代。虽然人们对这个时代的认识不同,分别冠之以数字化时代、数据库时代、计算机时代、互联网时代、信息化时代等不同的称谓,但人们对这个新时代、新趋势、新挑战的感觉则是真实而具体的。在这样一个崭新的学术时代面前,如何冷静地看待并适应学术的变化,是每一个学人都必须面对的问题。"

中国学界多数学者认为,数字技术给史学研究带来的是积极意义的变革,给历史学带来了全新的发展机遇,甚至标示了中国史学未来发展的新趋向。梁晨、董浩、李中清等学者高度评价利用数据库进行历史研究的价值,认为量化数据库推动的是"求是型学术",即通过统计分析从大规模系统数据中挖掘新事实、产生新认识。量化数据库研究是指各种搜寻能够涵盖一定地域范围、具有一定时间跨度的整体性大规模个人或其他微观层面信息的系统资料,并将这些资料按照一定数据进行电子化,构建成适用于统计分析软件的量化数据库并进行定量研究的方法。这种研究多以"大数据"为基础,扩大了史料范围和史学研究基础,"在扩展几乎所有史学研究门类材料范围的同时,为克服史料繁芜提供重要思路",重视对长时段、大规模记录中的各种人口和社会行为进行统计描述及彼此间相互关联的分析,以此揭示隐藏在其中的历史过程与规律。这种研究不仅使学者可以依托数据库理解个体是如何被宏观社会环境所规范和影响的,也可以理解这些微观、个体行为又如何集合起来塑造和改变宏观社会进程。传统定量研究往往不够重视实证材料或数据本身,而倾向于将研究问题抽象化,倚重数理模型和逻辑推导;量化数据库研究是一种更为基础和宽泛的研究思路和方法,"它既能够丰富、完善我们对微观人类历史和行为的认识,还有助于构建更为可靠的宏大叙事,促进我们对人类社会发展规律的进一步认识"。概言之,大规模量化历史数据库的建立为整个学界提供了更为丰富、灵活而有效的研究资源。对于历史学家来说,构建大规模历史数据库并采用定量研究方法,"必然促使他们从传统的文献解释研究模式向信息数据收集、数据挖掘、数据库建设和记录分析与写作模式转变"。梁晨等学者也指出，对于这一新兴学术浪潮，中国史学界远非充分参与，史家对数据库建设的认知大多还停留在资料永久保存阶段，以文献和数据检索为主要目的。数据库的可量化研究及由此带来的方法转变极少涉及。还须注意的是，量化历史数据库的应用并非鼓励纯粹定量分析，而是需要传统史学方法与定量方法的互补。定量分析对具体作用机制和社会、经济、制度环境的认识往往流于表面，传统研究擅长结合丰富的相关史料，深入理解一些典型个案。梁晨等人强调，提倡依托于大规模量化数据库的学术研究，不仅有助于历史学科自身发展，更能够促进跨学科、跨国界的学术交流与融合，并为全面深入认识中国社会历史特征、平衡东西方学术发展作出贡献。这必定会促进我国历史学科乃至整个人文社会科学平衡、健康、全面的发展，进而为国际学术进步提供丰富的"中国经验"。①

周兵认为，数字史学依托信息技术手段，反映了历史学不断开放、去中心化，并打破学科界限和话语垄断的趋势，大量史料和研究成果以数字形式发布在网络上，任何人均可以通过网络发表自己的观点和研究成果。数字史学表现出非线性的特点，具有强烈的互动性和参与度。随着技术的普及，数字和电子形式逐渐成为历史书写、记录、保存和阅读的主要方式，也在逐渐改变传统的历史学表现方式。不过，数字史学并不是要否定或取代原有的历史学传统，在运用最新技术的同时，它也广泛吸收了传统历史学的研究方法和成果。新的技术手段和传播方式为认识和表现历史创造了一个新的维度，也大大扩展了人类创造和分享历史知识的范围。数字史学呈现出开放性、平民化、多样性和互动性等特点，体现了时代车轮推动下的大势所趋。他也指出，在倡导之同时，还应认识到数字史学目前仍存在诸多问题。数字世界有强烈的虚拟性，虚拟的数字资料在真实性上尚无法同实在具体的纸质文本相提并论。数字资料的考释、辨伪是一个相当艰巨的课题。数字资料的收集、保存还涉及法律、政治、社会等一系列现实问题，尚待解决。②

---

① 梁晨、董浩、李中清：《量化数据库与历史研究》，《历史研究》2015 年第 2 期。
② 参见周兵《历史学与新媒体：数字史学刍议》，《甘肃社会科学》2013 年第 5 期。

吴玲总结了大数据时代给历史学带来的六个方面影响。其一，建设"全史料数据平台"，实现传统纸质文本史料向新样态史料转变。其二，极大扩充历史学研究者占有历史资料的广度，提升史学研究的精细化水平。其三，丰富传统的史料分类与索引体系。其四，推动历史学研究走向多元化，发挥历史学研究的现实功用。其五，利用计算机进行文本分析的方法将大大提升历史研究的效率与总体水平。其六，计算机技术、云存储技术的加盟将改变历史学研究队伍的构成。①

王旭东提出"信息史学"概念，认为21世纪以来，"处于信息化现在进行时中的史学研究，不论在方法论上还是理论上，随着时代的潮流正向纵深演进。新兴的信息史学，也开始微露出其尖尖角。……信息史学是指，将历史和历史认知及其诠释、抽象、结构到信息层面，系统地综合运用信息、信息理论、信息科学、信息化应用等相关的理念、方法和技术支持及实现手段，来研究探讨历史学领域里的诸种问题的一门新兴学问，或正在形成中的交叉/分支学科。概观近10余年的国际史学发展趋势中的一些变化，不难察觉到这极有可能是为期不远的史学变革的下一个方向汇聚点之一，而历史学的计量化问题，亦必然会成为其方法论应用实践探索中必须加以面对的重要课题"。②

李剑鸣认为，计算机网络给史学研究带来巨大好处，尤其是它极大地拓展了获取资料和信息的渠道，也使得对资料的检索和利用大为便利，"这就无异于敞开了史学的门户，可以接纳更多的参与者，也可能扩大史学作品的数量"。网络也使得一些长期被遮蔽和边缘化的史学题材，以及一些看来是处在禁区或"雷区"的问题在相对自由的网络空间引起关注，"有些文章经过网络传播一段时间以后，证明并不存在预想的风险，于是便引起了常规刊物和出版社的注意，最终取得了'合法'身份"。③

王加丰着眼于史料的拓展，强调指出，网上资料虽不是历史资料的全部，某种意义上也不是最重要的历史资料，但其作为史料的价值是不可否

---

① 参见吴玲《大数据时代历史学研究若干趋势》，《北方论丛》2015年第5期。
② 王旭东：《20世纪历史学传统嬗变和方法论的计量化》，《甘肃社会科学》2013年第5期。
③ 李剑鸣：《"网络史学"的神话与实际》，《史学理论研究》2011年第4期。

定的。在社会史、政治文化史等领域,网络资料正成为最重要的史料来源之一,特别有助于政治文化史或社会思潮或人物、团体的研究。传统的史料识别方法对网络资料同样适用。①

周祥森提出,在电子文明时代,由于时间感的麻木,历史学家从过去的热衷于研究时间性的线序"过程"转向考察空间性的块面"场所"或"平面场中的布局"。电子传媒技术推动下的当代史学形态出现"空间转向",并影响到当代史学形态。②马勇认为数据技术促进了史学与其他学科的渗透整合。他指出:信息化时代的到来,使历史学对史料的采集范围无限扩大。穷尽一切史料原来只是根本不可能实现的梦幻,在信息化时代成为现实,研究者可以瞬间寻找到自己所需要的史料。自然科学和技术科学的迅猛发展,充分数据化极大方便了历史学的量化研究,海量储存和检索从原来的不可能变成了可能,也为历史研究揭开了一个无限宽广的空间。互联网使历史研究发生革命性变化。今天的历史学家不仅可以迅速获得自己所需要的文献,而且很容易获得传统历史学不太重视的遗存形态。"诸如音像史料的大量出现,极具个人色彩的回忆录的大量制作,文献储存方式的便捷,既为历史学研究的深化、细化提供了可能,也使各门学科的相互渗透达到前所未有的程度。"③

姜义华也对大数据带来的史学变革给以肯定:"在历史学领域,大数据成百倍、成千倍地扩大了历史资料的范围……大数据使历史资料利用产生革命性变革,更集中表现在大数据有助于人们获得新的认知,因为它可以较好地用数字模拟方式在一个大范围内展现历史场景。大数据信息系统还可以较方便地将历史活动中各种要素全面、综合、动态地展示出来,这样,它就可能为历史研究创造新的价值基准。"④

邱伟云将数字史学的功能概括为验证、修正、创新。"验证"即透过数字技术,从巨量数据中,借由计算与分析,最后量化地验证过去史家曾提出过的研究结论。"修正"即透过巨量资料的计算分析,对过去史学研

---

① 参见王加丰《互联网资料的史料价值》,《史学理论研究》2011年第4期。
② 参见周祥森《空间转向:电子传媒技术与当代史学形态》,《史学月刊》2015年第1期。
③ 马勇:《学科渗透与历史学的本质》,《史学理论研究》2016年第3期。
④ 姜义华:《大数据催生史学大变革》,《中国社会科学报》2015年4月29日B05版。

究结论进行补充修正工作。"创新"功能即指从数字史学视野的优势进行巨观且复杂的计算,进而提出新的研究问题。①

互联网时代的历史学,正在发生一场深刻的变革,历史学的观念与形态均发生了变化。《史学理论研究》2011年第4期编了一组"互联网与史学观念变革"的笔谈文章,编者按语中指出:"互联网不仅改变着当代生活,也在记录和创造着历史;它不仅改变了史学研究方式,也影响和改变着史学家。史学家不仅在文献和文物中研究历史,更在自己的生活经验中感悟历史,因为昨天的生活就是今天的历史。显然,互联网极大地丰富了史学家的历史感受,这种感受必然或多或少地、有意无意地在他们的作品中反映出来。"

王晴佳也认为,信息时代改变了历史研究和著述的形式。"因为信息爆炸,随手可得,人们的阅读习惯随之改变。史家阅读史书和研究史料,也相应地受到了影响。当今已经很少有人会有像以前那样的闲情逸致……相反,由于知识的生产过剩,加上历史学科的专业化,历史研究者必须迅速了解和掌握同业者的研究成果,以求在研究中与之有所交接,并在此基础上寻求创新的可能。"这一变化可以称为一种史学上"叙述的转折"。②

马勇则主要着眼于"草根史学"的兴起给历史学带来冲击。他认为,互联网带来了中国的历史研究和史学表达的深刻革命。"这一次的史学革命对先前一百多年所建构的历史研究模式有根本性颠覆。在过去一百年,历史研究是一个逐渐专业化、圈子化的过程,历史研究越来越与社会实践、社会期待与社会大众的关切不相关,成为历史学专业人士的自娱自乐……专业研究者的研究成果总是使人觉得在为体制为职称而奋斗,从选题到论证,大多数都与社会需要社会感觉越来越远,称为高头讲章,结果也就被束之高阁……与专业的历史研究相反,'草根史学'在过去若干年呈现出越来越专业化的倾向……'草根史学'的发生与繁荣当然是因为史学表述手段的更新,具体的说就是互联网的普及和利用,特别是网络论

---

① 参见邱伟云《验证、修正、创新:数字史学方法的三重功能》,《南京大学学报》2019年第2期。
② 王晴佳:《互联网的普及与历史观念的变化》,《史学理论研究》2011年第4期。

坛和微博这种'自媒体'的出现，人人成为历史的创造者并没有能实现，但人人成为历史的记录者、研究者却有了现实可能性。如果我们这些深居研究院和大学校园的研究者不能正视这个现象，可以相信在不太远的将来，史学表达的话语权必将发生位移，草根史学家越来越多的话语表达必将逐渐颠覆我们的正统史学观念，重构一个新的历史解释体系。所以，专业史学工作者不仅要重视草根史学的研究成果，而且应该深度介入草根史学的工作平台，和他们一样在同一个平等的工作平台上对话。"①

对于与网络相伴兴起的非历史专业写作，李剑鸣的看法则有所不同。他虽然承认网络史学也促使我们对以往盛行的知识绝对主义观念作一点反思，不过，他认为对历史知识总体而言，网络所起的作用主要在于传播，而不是增益。网络史学通常不以创新为特点，"网上的讨论通常是议论多于学识。历史知识的突出特点是以事实性信息为主，而脱离材料制约的想法和心得，往往不能成为真正意义上的历史知识"。他强调："在网络时代，能与历史学者竞争并分享话语权的人会大为增加。但是，考虑到历史知识的性质和生产方式的特殊性，专业史家的地位似乎不会轻易受到撼动。"②

李振宏撰长文探讨因网络时代来临史学研究形态可能发生的变化。他指出，当代史学呈现出三种研究形态：其一，传统史学研究形态，其优势在于搜集材料、读书时间的拉长，在此过程中思考、酝酿文章的问题意识和观点。其二，新史学研究形态。和传统史学研究形态相比，新史学研究形态的最大特点在于文献检索技术的改变。"他不需要再由作者穷尽心力地去博览群书，一页一页地查找翻检，省去了史学研究中这个阅读原始文献的漫长的过程，可以在电子文献数据库中，几分钟甚至几秒钟之内，搜索到过去几个月所不能穷尽的文献资料。而如前所言，传统史学研究状态下的阅读文献，则是史学研究的一个实质性阶段，如今省却了这个阶段，研究的形态自然就发生了极大的变化。首先是研究的过程、时间大大压缩，很可能过去要半年、一年才可能完成的一篇论文，现在也就是十天半

---

① 马勇：《"自媒体时代"的历史研究和史学表达》，《史学理论研究》2011年第4期。
② 李剑鸣：《"网络史学"的神话与实际》，《史学理论研究》2011年第4期。

月就可以落笔;其次,它不仅仅是研究过程和时间的压缩,而且是对那个十分必要的读书阶段的超越,在选题确定之后,已经不需要再经历那个查阅原始文献的过程,不需要作者一页页翻书的那个直面文献并与文献信息反复交流的过程,于是,上述所言在这个过程中所经历的对问题意识的反复酝酿,在这个过程中对历史本身的一再感悟,都统统被省略掉了。或者说,它是省略掉了一个反复思考的过程。于是,如此完成的论文,其思想厚度就会大打折扣,就会有人们无法感知的缺憾。"其三为扭曲的史学研究形态,指一个没有历史学基础的人直接跨入史学研究领域,单靠电子检索所获取的材料而进行所谓研究过程。这一种研究形态是史学研究需要警惕的。互联网时代的史学变革,无疑带有不可逆转的趋势。"一切传统文献的数字化、各种日益综合的数据库、所有信息复杂链接并日益膨胀的大数据,等等,已经构成历史研究的现实场域。历史研究已经不可能再回到过去那种手工操作、一页页阅读、翻检文献的时代了。"历史学者如何适应这一转变?他认为最重要的趋势为:其一,由事实史学向思想史学转变。传统史学研究范式中,历史学家倾其毕生精力都用在史料上边。"如果学者之间比较高下,学问的深度和广度,基本上是以阅读文献的基础和占有史料的厚度来区分的,甚至有一些学术权威,就是凭着对史料的垄断来保证的。……然而,现在一切都翻转过来,再博学的大师,一辈子所看过的文献,所摘抄的卡片,也抵不上几分钟的网络检索,在整个史学研究过程中,搜集资料几乎不需要占用多少时间……我们必须有能力把众多材料中真实的历史信息凝练出来,提出与丰富的历史资料相匹配的历史判断。在这样的情况下,历史学家面临的不再是没有史料的窘境,不再是文献无法尽阅的苦恼,而是史料的丰富性难以驾驭,是史料的混乱需要清理。"历史学家对文献资源和历史知识的垄断没有了,他从自己的学识出发对历史事物的独特性判断则更有价值,"思想性成了互联网时代历史学家最最重要的东西。与此同时,历史学也完成了一个转变,即从传统的事实性史学,转变为思想性史学,历史学研究的目标,也将从弄清历史事实,转变为历史解读"。其二,由知识性史学向问题性史学转变。传统时代的历史学研究,基本上是一种知识性史学,"历史学家所获得的历史认识,不容易改变,更容易沉淀,大多具有历史知识的性质"。现在一个历史学家的历史认识要想得到同行的认可，在学术共同体中达成共识，就不再像从前那样容易。学术共同体内部的讨论或争鸣，使任何历史认识沉淀为历史知识都极其困难。现在由于互联网的发展而造成学术全方位开放，历史学家对历史学的垄断被打破，专业历史学家获得的历史认识也会面临众多非专业人士的质疑，"难以形成稳定的历史认知，其历史认识的知识性特征便被颠覆了"。此时"历史思维这个独特的东西，就成了历史学家存在价值的唯一支撑。有了这个东西，历史学家在面对历史现象的时候，就有他们独特的历史眼光，就可以从历史中发现别人所不能发现的问题，以此来影响社会，启迪他人。所以，历史学在新时代仍然能保持它的独立性的地方，就是以历史学家提出问题的独特性来表现的。由此，历史学也就从知识性史学发展为问题性史学"。其三，历史贯通性研究日益发展。"数据库、大数据的应用，开辟了史料搜集与应用的新时代，对历史的贯通性考察变为现实。"①

陈春声也强调指出，数字化时代历史学者的功力，更多地表现在眼界和通识方面。"新一代历史学者的工作，若要引起国内外同行的重视，更重要的是要有深厚学术史背景的思想建构，也就是说，'出思想'与否，可能会成为新的学术世代衡量史学研究成果优劣高低更重要的尺度。"②

在一些学者对数字史学给以欢呼的同时，也有不少学者对此抱持更为谨慎的态度，提醒学界必须重视并正确处理系统读书和按需搜集资料之间的关系。《史学月刊》2015年第1期笔谈的编者按语就指出："计算机技术的应用也带来不少新的问题，诸如以材料检索代替读书的便捷路径是否可靠，读书与检索的关系如何处理，数据分析与逻辑分析、历史分析的关系，如何看待数据库方法的局限性，在数据库方法日益推广的条件下理论思维的价值和意义，如何估价计算机技术带来的研究形态的变化，在新的科研条件下新一代史学研究人才如何培养，等等，都是需要认真面对和慎重思考的问题。"

乔治忠指出，中国历史研究因电子资源的扩展，带来巨大变化，史料

---

① 李振宏：《论互联网时代的历史学》，《史学月刊》2016年第11期。
② 陈春声：《新一代史学家应更关注"出思想"》，《史学月刊》2016年第5期。

查阅搜集空前便捷，传统治学方式受到冲击，并因此而启发新的探索、新的思维。但是历史研究不能单单依靠电子资源，特别不能因为电子资源便于利用，养成懒于寻求其他各种文献的作风。不过他认为，总体来说，历史学电子资源的建设与扩展，对于史学发展是利大弊小的好事，可以兴其大利同时除其小弊。①

还有一些学者对数字技术持警惕态度，更强调应避免对数据库的过度依赖，或被大数据误导。《史学月刊》2018年第9期"大数据时代史学研究的理论与方法"笔谈之"编者按"更表达了反思与忧虑："毋庸讳言，在真切感受并受惠于大数据技术带来巨变的同时，真正的史学繁荣并未如期而至，甚至还出现了一些不尽如人意的地方，如当下被称作'检索体'的论文便是将史学研究降格为利用大数据技术简单炮制的结果。"

包伟民结合自己的研究实践，认为数据技术在给研究工作带来便利的同时，也带来了一些前所未有的新问题。其一，检索关键词的设置并非易事，"往往需要每发现一个新的与研究议题相关的关键词，就返工再做一次检索，最后却仍无法保证是否已经将相关记载搜寻无遗。这无疑会给研究工作带来不小的困惑"。其二，因中国传统历史文献绝大多数为出于文人之手的描述性文本，计算机的阅读"只可能落实于文字表面，将数据信息与检索字串机械地一一对应"。且文本字面含义与史实之间常存在错位，有时文本与史实之间隔着好几层关系，"史家常常不得不依靠自己对史事大背景的掌握以及上下文的逻辑联系，有时甚至还得依靠揣摸作者行文的语气与心态，来做出判断"。这种复杂的情况，数据库检索很可能无能为力。目前学界批评的所谓"检索体"类文章，主要依靠数据库检索来完成资料搜寻工作，或依靠机器阅读来讨论议题，"可能正在于它们既不能把握住特定历史社会的基本脉络，对于引为论据的历史文本又常常割裂其与上下文之间的有机联系，更割裂了其与历史大背景之间的联系"。他特别提醒史学界同仁："我们应该将数据技术放到一个更为恰当的位置，在更好地利用它的同时，避开它可能带来的一些弊病。"②

---

① 参见乔治忠《历史研究电子资源运用的兴利除弊》，《史学月刊》2015年第1期。
② 包伟民：《数字人文及其对历史学的新挑战》，《史学月刊》2018年第9期。

王子今指出，实现有显著推进性的突出学术进步的主要因素，似乎还是先进思路的开拓和新出资料的公布，并不在于计算机技术作为研究手段的简单应用。① 王文涛指出，现在有些人以检索代替读书，用关键词检索，不认真读书也能查到资料，拼凑出文章。但是这样的文章很可能只是一孔之见，不可能成为高质量的研究成果。此外，我们还应充分利用计算机综合统计、归类分析的强大功能，增强从海量史料中发现知识的能力。② 陈鹏对史料型数据库的现状加以反思，认为数据库"由于其设计上的缺陷、学者自身学识和治学态度的影响，在使用过程中，不可避免地会暴露各种问题，值得我们警惕和深思"。③

胡优静强调指出，研究者利用历史学数字资源的过程中易遭遇误区："首先，'穷尽'史料变得更加艰难，而非更加容易。其次，研究者预先设定的思路往往成为搜索和筛选数据的藩篱而不自知。第三，数字资源更需要辨析，而且与传统史料相比更加困难。第四，数据库本身的'缺陷'使得研究者无意识地走进误区。"④

郭辉亦认为，大数据时代，历史研究能获得某些精确的史学结论，"但前提是数据本身应具备精确、客观的本质，否则，利用其进行的史学研究则无所谓精确。当前，不容乐观者是史学研究的大数据运用尚不成熟……迷信数据库者难免会导致史学研究的失真和失实，从而有损大数据时代历史研究精确性之本义"。"大数据还导致研究者先出结论，然后寻找论据证明；新生一代研究者不再强调史学基本功，使史料解读能力等较前辈学者偏低等问题。"⑤

姜萌指出，信息技术发展给中国史学带来的主要是史料的"数字化"而非"数据化"。"就中国史学研究的现状来看，'数字化'已经取得了一定的成绩，但还有许多问题需要进一步完善。也就是说，目前中国史学界

---

① 参见王子今《"史识"与计算机"利器"》，《史学月刊》2015 年第 1 期。
② 参见王文涛《信息时代的文献阅读和史料检索》，《史学月刊》2015 年第 1 期。
③ 陈鹏：《新世纪以来的史料型数据库建设与中国近代史研究》，《国家图书馆学刊》2013 年第 6 期。
④ 胡优静：《历史学数字资源利用的误区及其应对》，《史学月刊》2017 年第 5 期。
⑤ 郭辉：《大数据时代史学研究的趋势与反思》，《史学月刊》2017 年第 5 期。

还完全谈不上充分的'数字化','数据化'才刚刚起步,更谈不上'大数据'。"他强调:"在享受数字化便利之同时,我们也应该有基本的警惕之心,即数字化史学研究是一把双刃剑,给中国史学研究带来的影响有好也有坏。"具体说来,其一,"检索依赖"会造成史料的类型遮蔽,"特别是反证材料的遮蔽",因为数据库的"同类史料检索是最容易操作的,但是异类史料检索是很不容易操作的。这很有可能导致史学研究对反证材料的进一步忽视。毫无疑问,忽视反证材料的史学研究,是不能经受时间验证的"。此外,"检索依赖"也会导致对史料的解读脱离历史语境。其二,史学信息愈发嘈杂。"史学研究者如果接受的信息是单线的、片面的以及过多噪音,史学研究将会进一步碎片化,陷入盲人摸象的境地。"①

陈爽更是直言不讳地表示,当我们以数字化的方式在一定范围内穷尽史料之后,我们所期待的"史料大发现"的时代却并没有到来,我们依旧要在那几部最基本史著的字里行间寻求突破。技术手段的更新,也并没有带来终极意义上的学术思维革命。数字化时代的史学论著呈几何级增长,学者成为批量生成"个案研究"的工匠。借助先进的电脑网络手段,我们可以快速、便捷地检索到大量史料,而受到知识结构、学术积累和理论修为的局限,我们却无法确保自己能够准确分析鉴别并合理地运用史料。因此,在数字化时代,我们有必要提出回归传统:其一,"读书得间",数字检索不能替代读书,电脑网络所能够检索到的,只能是研究者预设了关键字词标签的"显性史料",而那些出乎研究者预设范围的"隐性史料"往往深藏于史籍的字里行间。其二,要有意识地探究史源。其三,要重视异说,消化反证。要对电脑检索搜集到的庞杂资料做细致的筛滤工作,不利自己论战的史料,不能忽视或忽略。其四,慎用数理统计。其五,要强化文献学的知识训练。其六,要重视文法。计算机技术有利于我们获得史料,但从占有史料到驾驭史料,还有很长的路要走。②

金观涛、刘青峰的《观念史研究——中国现代重要政治术语的形成》

---

① 姜萌:《中国史学在数字化时代的变与不变》,《史学月刊》2017 年第 5 期。
② 参见陈爽《回归传统:浅谈数字化时代的史料处理与运用》,《史学月刊》2015 年第 1 期。

（法律出版社2009年版）一书，运用统计学的方法来进行观念史研究，在研究方法上具有开创性。作者从1997年开始，建立研究1830—1930年间中国政治思想变迁的专业数据库。以十年之功，建立起一个庞大的"中国近现代思想史专业数据库"（1830—1930），此数据库包含了大约一亿两千万字。他们以关键词为中心，分别对重要的概念进行时间分布上的统计，并且根据其不同的意义归类解读，力图由此找到一份中国现代重要政治术语形成时期的观念史地图。[1] 他们撰写的这本著作通过对近百个现代政治术语的检索，得到数以千计的统计数据、数以万计条材料作为统计分析基础，制作了31幅词语演化函数曲线图、36个有关政治术语的统计表。希望通过对这些关键词的分析解答现实问题，阐明新名词演变背后的思想与政治意义。此书出版后受到学界高度关注，不少学者予以高度评价。但这一研究方法也受到一些学者的质疑。张仲民指出，数据库带来的工具快捷"也会让人容易忽视其局限和有限，无形中产生依赖与盲信，甚至是过度的自信，由是就会出现一些看似'科学'、'准确'的判断和结论。然而，观念的流行与心态的变化有时并无蛛丝马迹可寻，即使有所表露和展示，往往也很难用数据库中揭示出来的新名词或关键词的出现频率，表征其流行程度与广度"。而且其数据库所收资料"基本还是一些精英文献与数量不很大、内容不很多的杂志"。而对一些更为流行、读者更多、持续时间更为长久的主要报刊如《申报》《新闻报》等都未曾收录，还忽略了海量的文学材料、广告资料，"即使作者根据的为检索数据库后显现出的统计数字'真实'，但一旦样本取样都存在问题时，赖此而来的局部'真实'，相较历史实际来说，可能就是虚像了"。此外，从研究的方法论来说，计量方法只是在诸如经济史和人口史等很专门的领域发挥了一定作用，在处理文化、观念、心态等比较模糊且缺乏明显数据的问题时存在较多局限。"计量史学的局限就异常突出，其想取代传统历史学的雄心壮志就显得大而无当，因为文化、心态的变化不会像政治事件或经济数

---

[1] 参见金观涛、刘青峰《历史的真实性：试论数据库新方法在历史研究中的应用》，《清史研究》2008年第1期；白锐《一个词语的演变史就是一部观念史》，《南方都市报》2010年3月10日。

据、人口统计那样有比较真实、精确的日期与数字,即便有,光靠堆积数据也只能在周边打转,难入堂奥。"① 金观涛等回应称,引进数据库方法只是一种辅助方法,为对关键词的使用情况和类型分析这一素材搜集和整理的环节提供了极大便利。而他的研究是在数据库基础之上,再以人文学科的基本范式分析这些资料。因而,其研究并非计量史学,而是利用计算机数据库,令其服务于人文研究。②

计算机数字技术给人类社会发展带来深远的变革,也给史学带来不止于工具层面的深刻影响。对此时代潮流我们当然不能排拒。但在顺应、拥抱此一新潮流的同时,保持几分警醒与反思仍是十分必要的,唯此方能兴利除弊。中国学界近年来对此问题的热烈讨论与展望,可以作为我们思考的重要参照。随着数字技术的快速发展,也必定会给史学发展带来新的机遇和挑战,未来史学研究的形态会发生何种演变,我们当可拭目以待。

---

① 张仲民:《"局部真实"的观念史研究》,《东方早报》2010年5月23日。
② 参见金观涛、刘青峰《简答张仲民先生对拙作的评论》,《东方早报》2010年5月30日。

结　语

　　回顾中国近代史研究的理论风云，其跌宕起伏，不能不令人思考。

　　中国近代史学，有两个非常突出的特点。其一，它是救国史学；其二，它是党性史学。这两个特点，是解读其理论风云跌宕起伏的钥匙。

　　资中筠在《"以史为鉴"的不同出发点》一文中说："改革开放之初，我首次作为访问学者访美，参加了一次中美学者的交流会。有一位美国历史教授讲了一段见闻。他说：问美国学生为什么要学历史，绝大多数的回答就是感兴趣。他问过台湾的学生，得到的回答是，为兴趣而学历史对我们太奢侈，我们是为了救国而学历史；后来他接触到中国大陆的学生，对这个问题的回答竟如出一辙，尽管两岸处于对立的状况，各自所谓'救国'的含义可能相反。把学历史和救国联系在一起，令他这个西方人感到十分新鲜。"①

　　史学救国，与中国近代的历史命运相关。费正清把一部中国近代史归结为"冲击—反应"的历史，虽然有人质疑，但它毕竟说明了很多问题：由于西方列强的侵略，改写了并且深深地影响了近代中国的历史。在民族危机面前，梁启超撰《新史学》，大声疾呼："今日欲提倡民族主义，使我四万万同胞立于此优胜劣败之世界乎？则本国史学一科，实为无老、无幼、无男、无女、无智、无愚、无贤、无不肖所当从事，视之如渴饮饥食，一刻不容缓者也。……呜呼，史界革命不起，则吾国遂不可救。悠悠

---

①　资中筠：《"以史为鉴"的不同出发点》，《领导者》总第51期，2013年4月。

万事，惟此为大。"① 这便是"救国史学"的源头。这也说明了"救国史学"是一种被史学自身学术之外"惟此为大"的政治使命所绝对压倒的史学。从此，这样一种史学成为中国近代史学的主流。

戊戌维新运动，从某种意义上说，就是一场史学救国运动。维新派领袖康有为"发明最多者为史学"，他的有名的《新学伪经考》《孔子改制考》以及《俄大彼得变政考》《波兰分灭记》《突厥削弱记》《法国革命记》和一系列"上皇帝书"都是含有重要史学观点或以史学为基本内容的著作，这些著作发挥了巨大的政治作用，有的甚至直接触动了中国的最高统治者——皇帝，成为"百日维新"的理论和政策的依据。

中国传统的史学也讲"经世致用"，以"六经皆史"的说法最具代表性。"六经皆史"说认为，理从史出，事即为道，哲学、理论皆非"心""性"之学，乃是客观历史事实的总结。治学的目的不是"空谈"，而是"致用"。据此，章学诚阐述史学的三个要素："史所贵者义也，而所具者事也，所凭者文也。"② "譬之人身，事者其骨，文者其肤，义者其精神也。"③ 他强调义（理论）的重要性，又强调事（史实）与义的不可分割，而文则是二者的载体。康有为早年也是沿着这条六经皆史——经世致用的路子走的，可是到后来他却否定了"六经皆史"说，转而提出"六经非史"的观点。表面上，这是他放弃古文经学、接受今文经学的结果，实际上却反映了他在史学致用问题上的观念性改变，他的这个变化缘由自然离不开救国。

康有为在向中国历史寻求救国之道的同时，如饥似渴地"大攻西书"，这使他"新识深思，妙悟精理"，进而"演大同之义"，作《公理书》。他的所谓人类"公理公法"，如"人有自主之权"，"凡男女如系两相爱悦者，则听其自便"，"有人立之法，然后有君臣"等，皆来自西方，而在中国历史中却难以找到根据。在他看来，中国"文明不进，昧昧二千年"，正是因为"公理不明"，以致"历朝民贼得稳操其术，以愚制吾

---

① 梁启超：《新史学·中国之旧史》，《饮冰室合集·文集》之9。
② 章学诚：《文史通义·史德》。
③ 章学诚：《章氏遗书·方志立三书议》。

民"。但这些公理，又距离中国历史传统太遥远，如立即向老百姓直接说出，则会"陷天下于洪水猛兽"。怎么办呢？他认为中国人迷信权威，迷信经典，"欲救中国，不可不因中国人之历史习惯而利导之。又以为中国人公德缺乏，团体涣散，将不可以立于大地，欲从而统一之，非择一举国人所同戴而诚服者，则不足以结合其感情，而光大其本性，于是乎以孔教复原为第一著手"。① 要把孔子塑造成维新"教主"，借孔子之口张变法新论，则必须首先否定他那"述而不作"的保守形象，摆脱言必有据的人为羁绊。于是康有为宣称："上古茫昧无稽考"，六经非史，而是孔子"托古改制"的作品。孔子"生于乱世，乃据乱世而立三世之法，而垂精太平"，其书其言"不过其夏葛冬裘，随时救民之言而已"。② 他一反章学诚关于"义""事""文"三者不可分的史学观点，强调史与义不是一回事，是不是史实并不要紧，"盖《春秋》所重在义，不在文与事也"。③ 他说："孟子曰：'大人者，言不必信，惟义所在'"，"拨乱救民，硁硁必信，义孰重轻？巽辞讬先王，俾民信从，以行权救患，孔子乎，将为硁硁必信之小人乎？抑为唯义所在之大人乎？况寓言尤诸子之俗哉"。④ 这就是说，不应该由史事决定义理，而应该由义理决定史事。借历史来为"改制"的政治目的服务，"但求有济于天下"，"唯义所在"而对史事采取"不必信"的实用主义态度，都是孔圣人垂范的绝对正当的"大人"行为。他还主张"奉孔子为律例"，视二十四史"皆案情"，拿孔子的理论做尺度去断历史之案。⑤ 就这样，康有为把自己发明的"三世进化"说搞成孔子改制的"微言大义"，又借古论今，把自己所推崇的西方民主政治也比附到孔子身上，说那是中国圣人古已创立的东西："读《王制》选士、造士、俊士之法，则世卿之制为孔子所削，而选举之制为孔子所创，昭昭然矣。选举者，孔子之制也。"⑥ 而这一切都是因为在他心中有着一

---

① 梁启超：《康南海先生传》，《饮冰室合集·文集》之6。
② 康有为：《孔子改制考·序》。
③ 康有为：《春秋董氏学》卷1。
④ 康有为：《孔子改制考》卷11。
⑤ 康有为：《桂学答问》。
⑥ 康有为：《孔子改制考》卷9。

个超出学术、高于学术的政治追求——变法维新，救国救民。试问，有什么比得上这重要呢？为此又有什么方法、手段不可以拿来一用呢？康有为的代表作《新学伪经考》和《孔子改制考》就是这样写成的，其对中国近代史学的影响不可低估。

救国之所以"惟此为大"、压倒一切，是由于康有为等人感到，所谓"亡国灭种"的危险，这一回真的来了。"亡国灭种"说，来自严复所译西书《天演论》，里面说的理论是当时风行世界的社会达尔文主义，即"物竞天择，适者生存"论。历史上的中国，曾经不止一次地遭受异族入侵，乃至亡国，但那时的入侵者均为文化较低的"蛮夷"，结果征服者却让文化更高的被征服者给"灭"了"种"。但这次面临的西方入侵，则是"三千年未有之变局"，其严重性在于西学不仅在器物上，而且在义理上都要高于中学，一旦"亡国"，似乎"灭种"不可避免。从此，这可怕的梦魇便缠绕了一代又一代中国读书人的脑际，他们神经敏感，反应过度，心情只有一个字：急。1897年，德国欲强租胶州湾，康有为感到"亡国灭种"就在眼前了，他不顾一切地奔到京城，连续向皇帝上书，要求改革。当光绪皇帝启动改革时，康又强调："全变则存，小变仍亡"，希望在一天早晨便解决中国落后于西方的问题。结果戊戌变法因操之过急而失败，国事越来越糟糕，革命成为救国的主旋律。孙中山等人发誓要"毕其功于一役"，也是"全变"救国的思路。后来辛亥革命成功了，但国事并没有想象的那么顺利：推翻了清王朝，却导致军阀混战和列强趁机而入，救国问题不但没有解决，反而更加危险了。在无路可走的情况下，革命者只有选择"以俄为师"，向列宁主义学习"以党救国"的经验。这使中国共产党领导的人民革命最终获得胜利。

可以说，百年中国的救国急浪，是"言不必信，惟义所在"的救国功利主义史学的时代背景。

在救国的政治运动中，中国社会开始出现近代意义的政党。康有为和他的学生们被时人称为"康党"，他们自己也以"吾党"自居。既然有了党，在党人心目中，党的利益直接系于救国成败，乃最高利益之所在。于是乎，党的利益也加入了"惟义所在"的"义"字里，"党性史学"便从"救国史学"中产生了出来。

作为康有为的得意门生，梁启超早年接受康氏的"三世进化说"，以协助老师撰著《新学伪经考》《孔子改制考》等书而步入史坛，可以说，从经世致用到史学救国，梁启超是康有为的"青出于蓝而胜于蓝"者。但在以何种态度治史、史学如何致用的问题上，师生之间渐渐产生出分歧。还在协助康有为著书的时候，梁就"时时病其师之武断，然卒莫能夺也"。戊戌变法前夕，为了使国人容易接受维新派所推崇的西方议会民主制度，梁曾按照康有为的观点写过名为《古议院考》的文章，引用一些历史材料，说议院在中国古已有之。这篇牵强附会的文章发表后受到严复的来信批评。严复指出中国古代根本不存在西方式的民主政治制度，并告诉他孔教不可保，亦不必保，这才有利于思想进步。读了严信，梁启超深感"此人之学实精深，彼书中言，有感动超之脑气筋者"，并将严信"质之先生"，劝康有为著述立言应持极慎重态度。[①] 梁启超不认为史与义可以割裂，而认为历史认识的目的同史学的任务及其社会功能应该是统一的。他主张治史"力求真事真非"，从中得到"公理公例"，以"施诸实用"和"贻诸来者"。他对康有为为了达到政治目的，"对于客观的事实，或竟蔑视，或必欲强之从我"的做法不以为然，屡起而驳之。进而他看到这种现象是由中国社会特殊的政治与学术关系决定的："泰西之政治常随学术思想为转移，中国之学术思想常随政治为转移。"[②] "我国人无论治何种学问，皆含有主观的作用，搀以他项目的，而绝不愿为纯客观的研究。……惟史亦然，从不肯为历史而治历史，而必侈悬一更高更美之目的，如'明道'、'经世'等，一切史迹，则供吾目的之刍狗而已。其结果必至强史就我，而史家之信用乃堕地。此恶习起自孔子，而二千年之史无不播其毒。"[③]

梁启超不仅在学术上不同意康有为"强史就我"的做法，在政治上也曾不顾"吾党"利益，与孙中山派革命党人走得很近，这都出于他理想主义的秉性。但他终究没有脱离"康党"，他最有影响的史学著作《戊

---

① 见《梁启超年谱长编》，第77页。
② 梁启超：《论中国学术思想变迁之大势》，《饮冰室合集·文集》之7。
③ 梁启超：《中国历史研究法》第三章，人民出版社2008年版。

戌政变记》突出表现了他的"党性"原则。在这部著作中，梁以亲历者的身份讲述历史，成功地把以康有为为领袖的"康党"说成是戊戌变法运动的中心，而对具体史事，诸如戊戌奏折、"衣带诏"等，则迁就了康有为的说辞。后来梁启超做了这样的解释："吾二十年前所著《戊戌政变记》，后之作清史者记戊戌事；谁不认为可贵之史料？然谓所记悉为信史，吾已不敢自承。何则？感情作用所支配，不免将真迹放大也。"[1] 梁把自己的行为解释为"感情作用"，可知除了"义理"和利益原则，感情也是维系"党性史学"的重要因素。如同梁启超后来屡屡绝意政治，却终生"对政治不能释怀"，尽管他批评实用主义的时候，主张"为历史而治历史"，说过"只当成为学不成为学，不必问有用与无用"之类的话，但他绝非那种能够割舍史学的社会功能的人，他内心的矛盾与困惑，是那个时代爱国知识分子的共同问题。

孙中山派革命党人唾弃康党的保皇救国，坚决主张革命救国，而革命是要掉脑袋之事。在这种情况下，只有"党性"凝聚、纪律严格的党组织，才能够使党人团结一心，克敌制胜；同时也只有实行一党专政，毫不留情地排拒和镇压敌对势力，才能巩固革命的胜利。这便是列宁主义的要义。它大大超越了一般政党对"党性"的理解和要求。从苏联学习归来的国民党领袖蒋介石对黄埔军校学生说："我们中国革命，也要一切势力集中，学俄国革命的办法，革命非由一党来专政和专制是不行的。"[2] 蒋的战友戴季陶著《国民革命与中国国民党》一书，强调严格履行入党手续，不能让"三民主义的异端者"入党。戴对当时"党内合作"的共产党，表现出排拒的态度，说"大家所以要进中国国民党的原故，我想最少总不必一定希望闹完了中国国民党，就算达到革命的目的"。他指责中国共产党"只尽量在中国国民党当中扩张 C. P. 或 C. Y. 的组织"[3]，这就是两年后国共分裂，国民党对中国共产党血腥"清党"的伏笔。在抗战胜利曙光初现的1943年，蒋介石发表著作《中国之命运》，是为其

---

[1] 梁启超：《中国历史研究法》第五章，人民出版社2008年版。
[2] 蒋介石：《在黄埔军校的演讲》，1926年6月7日。
[3] 参见戴季陶《国民革命与中国国民党》，1925年7月。

"党性史学"的代表作。他在书中，由历史讲到现实，列数本党救国救民的伟大贡献，从推翻清王朝，到领导抗日战争，到改订不平等条约，最后他归结为一句话：没有三民主义就没有抗战，没有国民党就没有中国。而其他政党和主义则一概被斥为"祸国殃民"。这极大地刺激了当时也在艰苦抗战救国的共产党。毛泽东秘书陈伯达回忆，他在延安看了蒋书，便著文驳斥，几天几夜，边写边哭，感到极大的委屈与不平。[①] 中共机关报《解放日报》针锋相对地发表社论《没有共产党就没有中国》，社论列举大量事实，说明中国共产党"辛劳为民族""一心救中国""坚持抗战""建设敌后根据地""改善了人民生活""实行民主"等，最后也归结为一句话："如果今日的中国，没有了共产党，那就是没有了中国。"[②]

平心而论，国民党和共产党，是中国这块土地上为了救国而诞生的两个最大的革命党。两党的纲领在民主革命阶段也无根本抵触。在抗日战争中，两党共同抵抗入侵的敌寇，付出了巨大的牺牲。说"没有国民党就没有中国"，或"没有共产党就没有中国"，在一定意义上，都反映了一部分历史事实。然而两党如果采取完全排拒对方的认知态度，就必然会掩盖和抹杀另外很大一部分历史的真实。

与国民党相比，中国共产党"以俄为师"，更加注重理论对于革命的指导作用。他们学得马克思主义唯物史观和阶级斗争学说，用以对中国社会历史及其经济结构进行分析，来说明"中国人所组成的社会，不应该有什么不同"[③]，中华文明几千年同样是一部阶级斗争史。而通过搞阶级斗争，社会主义必然要代替封建主义、资本主义，历史规律不可阻挡。这不仅回击了"中国国情特殊论"，也鼓舞大批青年投入革命洪流。可以说，中国早期马克思主义史学家大多是革命家，他们根据革命的需要进行史学研究，唯物史观帮助他们弄清中国社会的性质，制定出革命的政策与策略；史学著述则是他们用以打击敌人、教育宣传群众的武器。史学为革命服务，这是中国近代"史学救国"传统的光大。虽然马克思主义的

[①] 参见陈晓农《陈伯达最后遗言》，香港星克尔出版公司2007年版。
[②] 《解放日报》1943年8月25日。
[③] 参见郭沫若《中国古代社会研究·自序》，人民出版社1977年版。

"义理"原非从中国的"史事"中产生,但其却是"放之四海而皆准"的"宇宙真理",拿来指导中国革命,乃理所当然!

经过浴血奋战,中国共产党于1949年驱逐国民党,建立了国家政权,但阶级斗争远远没有完结。这不仅在于被推翻的资产阶级不甘心灭亡,将以"百倍的疯狂"(列宁语)进行复仇,还在于革命队伍内部会不断产生新的资产阶级分子,更在于国际资本主义的包围、西方敌对势力的阴谋活动……毛泽东告诫全党同志:"千万不要忘记阶级斗争。"[1] 沿着这条道路,他和他的同志们走向了"无产阶级专政下继续革命"。与此相伴随,史学为革命服务,一步步变成"为革命研究历史"(参见前述戚本禹文章),这其中也没有什么不可逾越的鸿沟。

1963年《历史研究》杂志第3期发表刘大年的文章《中国近代史诸问题》,强调中国近代史研究的根本任务,是要以马克思主义揭示历史规律,"为当前斗争服务,满足当前斗争需要"。当前斗争是什么呢?就是"无产阶级和资产阶级之间的阶级斗争,社会主义和资本主义两条道路的斗争"。文章说:"坚持历史科学为当前斗争服务的原则。对于研究近代史,这是一个很突出的问题。""把学术和政治截然分开,是一种很荒谬很虚伪的观点。""要使近代史研究有效地为当前斗争服务,必须彻底地扫除这方面的障碍。"又说:"马克思主义历史科学公开宣称自己是党性的科学……党性本质上就是阶级性。各阶级政治斗争的最完整、最明显的表现就是各个政党之间的斗争。""马克思主义历史学有自己的党性,有自己的阶级立场。资产阶级历史学也是一样。问题只在于不同的党性、阶级立场在历史学里面发生的作用是什么。"用阶级斗争的观点,确实可以把"党性史学"分析得十分透彻,说明得非常到位。史学家们"各为其主"的"服务"便是。此时离"文化大革命"爆发还有两年,人们似乎已经有足够的思想准备来迎接它了。

刘大年的文章也谈到了"党性史学"与历史研究的科学性问题:"马克思主义历史科学的党性要求历史研究为无产阶级政治服务,反映当前时代的需要,决不是要违反历史,把过去描述得适合于现在的口味或是粉饰

---

[1] 毛泽东:《在中共八届十中全会上的讲话》(1962年6月6日)。

现实。只有最庸俗地看待马克思主义的人才会那样思考问题。历史发展的客观真理与无产阶级革命利益天然一致。遵循马克思主义，揭露历史发展，阶级、阶级斗争的客观真理，这就是为无产阶级服务。"既然马克思主义政党的利益与客观真理"天然一致"，那么，党性就等于是科学性。然而随后的"文化大革命"却给民众上了一课：任何政党都是由具体的人组成的，即使说某党的主义、纲领与客观真理"天然一致"，也并不意味其每个党员乃至领导者都代表真理。后来人们终于认识到，所谓党代表真理并非"天然"，也不能靠自称，必须经过实践的检验，其检验的主体只有人民！"文化大革命"中遭受迫害的国家主席刘少奇说："好在历史是人民写的。"而十年动乱结束之际，"实践是检验真理的唯一标准"成为社会共识。

当中国进入"改革开放"新的历史时期，人民群众的实践所证明的真理性认识，期待着中国近代史研究有新的突破，受此鼓舞，笔者曾写过如下一篇短文：

> 不管你承认不承认，历史认识总是当代人以当代的立场、情感和价值取向对历史的再评价。中国近代史研究的最大困难，莫过于它是离当代人最近的一段历史。"不识庐山真面目，只缘身在此山中。"当代人很难摆脱自身的立场、情感、利害与历史的直接关系，从而不能不影响历史认识的科学性。举例，1911年的辛亥革命，是中国资产阶级民主派的两翼——激进的革命派与温和的立宪派联合全国反清力量，通过合法的和非法的，暴力和非暴力的斗争，最后合力共举的结果。武昌起义前，立宪派以各省咨议局为依托，向清政府发动三次大规模"速开国会"请愿斗争，进而组织领导川、粤、两湖争路保路风潮，对促成辛亥革命的社会大运动有着相当重要的意义。但是在我国，立宪派的历史地位和作用，却长期得不到公允的承认，这在很大程度上是因为后来掌握中国政权的人们与立宪派有着历史的宿怨和政治的歧异，他们不喜欢也不愿意让自己的反对派来分享历史的光荣。又如，国共两党曾长期处于你死我活的尖锐斗争状态，由是则在中国现代史著作中，此岸史家连"国民政府"这一基本事实的称谓

也要以中共对其态度的变化而变化（1927年后称"国民党政权"，解放战争中称"蒋介石政权"，只在抗日战争中称"国民政府"），而彼岸史家亦满纸大骂"共匪"、"赤祸"，充满政治的偏见。试想，这样的史著如何能够传之后世？

看"庐山"而走不出"庐山"，除了上述认识主体的主观条件限制之外，还有客观的、时代的条件制约。当一历史事物的运动过程尚未完结之时，再高明的史家也难窥其全豹，得出完整、准确的论断。所幸我们今天正在跨越一个伟大的划时代的界碑。回首20世纪，中华民族为了从古代走向现代，经历了艰难、曲折的求索与奋斗。和平改革的失败，暴力革命的迭兴，或"全盘西化"，或"走俄国人的路"，或……多少志士仁人前仆后继，流血牺牲，谱写了可歌可泣的历史篇章，铺垫了认识真理的无价之路。当20世纪行将结束的时候，亘古未有的最深刻的历史巨变终于席卷中国大地，"几万万农民的生产方式和生活方式，整个中国延续了几千年的价值取向、思维方式和行为方式，方才真正开始从古代走向现代"（引自历史学家姜义华在中国史学界第五次代表大会上的发言）。百年富强梦，而今要成真！这使海内外每一个爱国的炎黄子孙激动万分，冰山为之消融，恩仇为之相泯。这也使我们的历史学家开始获得告别过去，走出"庐山"看"庐山"，在更高更宏远的视野上纵观时代风云，评说千秋功罪的条件——这是一个需要和产生大史家的时候，这是中国近代史研究新的突破的机遇所在。[①]

中国大陆的改革开放，适遇台湾社会的民主化转型，后来海峡两岸开始人员往来，直至"三通"，有成千上万的民众到了对方地区。在这一过程中，两地都经历了思想解放。这种解放，其中就表现为突破旧的"党性史学"的政治藩篱，从而直接影响到中国近代史研究出现越来越多的新成果。首先，两岸都在使中国走向现代化，并且都取得了巨大的历史性进步的事实，被人所共知，这就让过去蒋介石所谓"只有国民党及其主

[①] 王也扬：《走出"庐山"看"庐山"》，《学术研究》1994年第4期。

义能够救中国"的说辞不攻自破。其次，以往被革命党人所一致排拒的"非革命者"们，亦逐步得到了较为公正的历史评价，除了立宪派，还有袁世凯和民初北京政府等。譬如关于袁世凯与辛亥革命，长期以来国共两党均指其为"窃国大盗"。而在辛亥革命一百周年之际，大陆学者终于积极评价了袁氏在促使清廷和平退位方面的历史作用。① 又譬如台湾学者唐启华《被"废除不平等条约"遮蔽的北洋修约史》一书 2010 年在大陆出版，该书指出，中国史学界对袁世凯外交的评价，有一个变化过程。最具代表性的，莫过于王芸生《六十年来中国与日本》一书，该书 1933 年版的评价是："综观二十一条交涉始末经过，今以事后之明论之，中国方面可谓错误甚少。若袁世凯之果决，陆征祥之磋磨，曹汝霖陆宗舆之机变，蔡廷幹顾维钧之活动，皆前此历次外交交涉所少见者。"蒋廷黻对王书的书评说："关于二十一条的交涉，袁世凯、曹汝霖、陆宗舆诸人都是爱国者，并且在当时形势之下，他们的外交已做到尽头。"足见 20 世纪 30 年代，学界对袁世凯外交尚能公允待之。然而随着党化教育的深化，国共两党不断丑化袁世凯，数十年来，袁氏"窃国大盗"形象深入人心，王芸生同书后来的新版本，对袁的评价就大不相同了。② 唐书的这种直言不讳，体现了认识的与时俱进。

　　突破旧的"党性史学"的政治藩篱，走出"庐山"看"庐山"，并不容易。即使道理明白了，利益放下了，克服梁启超所谓"感情作用"也的确很难。举一个例子。台湾作家龙应台 2009 年出版了一本名曰《大江大海 1949》③ 的书，颇受读者的好评。该书写的是 1949 年中国内战失败者一方如何经历千辛万苦，撤退台湾的故事，其中也包括了作者的父母。作者在书中这样说道："如果，有人说，他们是战争的'失败者'，那么，所有被时代践踏、污辱、伤害的人都是。正是他们，以'失败'教导了我们，什么才是真正值得追求的价值。请凝视我的眼睛，诚实地告诉我：战争，有'胜利者'吗？我，以身为'失败者'的下一代为荣。"

---

① 参见马勇《从君宪到共和：袁世凯的一段心路历程》，《安徽史学》2012 年第 2 期。
② 参见唐启华《被"废除不平等条约"遮蔽的北洋修约史（1912—1928）》，社会科学文献出版社 2010 年版，第 154—173 页。
③ 龙应台：《大江大海 1949》，香港天地图书有限公司 2009 年版。

在书的最后，作者又这样总结道："太多、太多的不公平，六十年来，没有一声'对不起'。我不管你是哪一个战场，我不管你是谁的国家，我不管你对谁效忠、对谁背叛，我不管你是胜利者还是失败者，我不管你对正义或不正义怎么诠释，我可不可以说，所有被时代践踏、污辱、伤害的人，都是我的兄弟、我的姐妹？"看得出来，龙应台选择了一个最高位的站立点，用人道主义批判了世间所有的战争。可是，大江大海，1949，应该由谁来说一声"对不起"呢？冷峻的史事告诉人们：那场令无数同胞骨肉离散、神州赤县分裂至今的内战，发动战争的主要责任在国民党，这是明摆着的事实。而我们这位非常受读者爱戴的作家，却在这个关键问题上，批判的笔触显得有些懦弱，有些勇气不足，这不能不说是感情在起作用，毕竟在那群人里面也包括了她父母。在中国近代史研究中，克服感情因素的影响，最有效的办法便是假以时日。随着时间的远去，情感终会淡化；随着一代又一代人的离去，其思想也一定会退席。这是历史给人类进步设计的机制。而那些不愿意等待、想有所作为的史家，则只有尽量登高望远，排除种种外在、内在的东西对历史认识的干扰，努力追求客观公正一途了。

主要参考书目

《蔡和森文集》，上海人民出版社 1978 年版。
《蔡元培全集》，中华书局 1988 年版。
《当代中国高等师范教育资料选》，华东师范大学出版社 1986 年版。
《范文澜历史论文选集》，中国社会科学出版社 1979 年版。
《范文澜全集》，河北教育出版社 2002 年版。
《傅斯年全集》，湖南教育出版社 2003 年版。
《胡华纪念文集》，中国人民大学出版社 1997 年版。
《胡绳论"从五四运动到人民共和国成立"》，社会科学文献出版社 2001 年版。
《胡绳全书》，人民出版社 1998 年版。
《胡适书信集》，北京大学出版社 1996 年版。
《胡适文集》，北京大学出版社 1998 年版。
《建国以来史学理论问题讨论举要》，齐鲁书社 1983 年版。
《蒋廷黻选集》，台北传记学出版社 1978 年版。
《李大钊全集》，人民出版社 2006 年版。
《历史的回答——近代史研究中的几个原则争论》，北京师范大学出版社 2001 年版。
《历史科学中两条道路的斗争》，人民出版社 1958 年版。
《梁启超文集》，线装书局 2009 年版。
《刘大年史学论文选集》，人民出版社 1987 年版。
《罗尔纲与太平天国史》，四川社会科学出版社 1987 年版。

《马克思恩格斯选集》，人民出版社 1972 年版。
《毛泽东书信选集》，人民出版社 1983 年版。
《毛泽东文集》，人民出版社 1996 年版。
《毛泽东文艺论集》，中央文献出版社 2002 年版。
《毛泽东选集》，人民出版社 1991 年版。
《尚钺史学论文选集》，人民出版社 1984 年版。
《邵循正历史论文集》，北京大学出版社 1985 年版。
《饮冰室合集》，中华书局 1989 年版。
《恽代英文集》，人民出版社 1984 年版。
《中国共产党第九次代表大会文件汇编》，人民出版社 1969 年版。
《中国近代史分期问题讨论集》，三联书店 1957 年版。
《中国近世史》，江苏省立镇江中国 1929 年版。
《中国历史学年鉴》（1979 年），三联书店 1980 年版。
《中国农民战争史研究集刊》第 1 辑，上海人民出版社 1979 年版。
《中国现代社会科学家传略》，山西人民出版社 1982 年版。
《追忆陈寅恪》，社会科学文献出版社 1999 年版。
《走什么路——关于中国近现代历史上的若干重大是非问题》，山东人民出版社 1997 年版。
［美］杜赞奇：《从民族国家拯救历史》，社会科学文献出版社 2003 年版。
［美］费正清：《费正清对华回忆录》，上海知识出版社 1991 年版。
［美］柯文：《在中国发现历史——中国中心观在美国的兴起》，中华书局 1989 年版。
［美］库恩：《科学革命的结构》，上海科技出版社 1980 年版。
［美］伊格尔斯：《二十世纪的历史学——从科学的客观性到后现代的挑战》，何兆武译，山东大学出版社 2006 年版。
［日］沟口雄三：《中国前近代思想的演变》，中华书局 2005 年版。
［意］克罗齐：《历史学的理论与实践》，商务印书馆 2005 年版。
［英］巴勒克拉夫：《当代史学主要趋势》，上海译文出版社 1987 年版。
1991 年全国青年史学工作者学术会议编：《成长中的新一代史学》，陕西人民出版社 1991 年版。

包遵彭、李定一、吴相湘编：《中国近代史论丛》，台北正中书局 1956 年版。

布占祥等主编：《傅斯年与中国文化》，天津古籍出版社 2006 年版。

曾鲲化：《中国历史》，东新译社 1903 年印本。

陈白尘：《宋景诗历史调查记》，人民出版社 1957 年版。

陈登原：《中国文化史》，辽宁教育出版社 1998 年版。

陈恭禄：《中国近代史》，商务印书馆 1935 年版。

陈美延编：《陈寅恪集·金明馆丛稿二编》，三联书店 2001 年版。

陈平原等编：《追忆王国维》，中国广播电视出版社 1997 年版。

陈晓农：《陈伯达最后遗言》，香港星克尔出版公司 2007 年版。

陈仪深、黄克武等：《郭廷以先生门生故旧忆往录》，"中央研究院"近代史研究所 2004 年版。

陈智超编：《陈垣来往书信集》，上海古籍出版社 1990 年版。

戴季陶：《国民革命与中国国民党》，1925 年版。

范文澜：《中国近代史》，冀中新华书店 1947 年印行。

冯天瑜：《"封建"考论》，武汉大学出版社 2006 年版。

冯天瑜等：《中华文化史》，上海人民出版社 1990 年版。

冯友兰：《三松堂全集》，河南人民出版社 1986 年版。

复旦大学历史系编：《厚今薄古辩论集》，上海人民出版社 1958 年版。

傅斯年：《史学方法导论》，中国人民大学出版社 2004 年版。

高增德、丁东编：《世纪学人自述》，北京十月文艺出版社 2000 年版。

宫明编：《中国近代史研究述评》，中国人民大学出版社 1986 年版。

龚育之等：《毛泽东的读书生活》，三联书店 1986 年版。

顾颉刚：《顾颉刚日记》（1—12 卷），台北联经出版事业公司 2007 年版。

广西省太平天国文史调查团：《太平天国起义调查报告》，三联书店 1956 年版。

桂遵义：《马克思主义史学在中国》，山东人民出版社 1992 年版。

郭沫若：《中国古代社会研究·自序》，人民出版社 1977 年版。

郭世佑、邱巍：《突破重围——中国早期现代化研究》，河南大学出版社 2010 年版。

郭廷以：《中国近代史》，上海商务印书馆1947年版。

胡福明主编：《中国现代化的历史进程》，安徽人民出版社1994年版。

胡绳：《从鸦片战争到五四运动》上册，人民出版社1981年版。

胡绳：《帝国主义与中国政治》，香港生活书店1948年版。

华北大学历史研究室：《中国近代史》，新华书店1949年版。

黄敏兰：《20世纪百年学案·历史学卷》，陕西人民教育出版社2002年版。

黄峥：《王光美访谈录》，中央文献出版社2006年版。

黄进兴：《后现代主义与史学研究》，三联书店2008年版。

姜义华：《理性缺位的启蒙》，上海三联书店2000年版。

姜义华等主编：《二十世纪中国社会科学·历史学卷》，上海人民出版社2005年版。

蒋大椿：《历史主义与阶级观点研究》，巴蜀书社1992年版。

蒋廷黻：《蒋廷黻回忆录》，台北传记文学出版社1984年版。

蒋廷黻：《中国近代史大纲》，江苏教育出版社2006年版。

教育部社会科学委员会秘书处组编：《中国高校哲学社会科学发展报告2005》，高等教育出版社2005年版。

金毓黻：《静晤室日记》，辽沈书社1993年版。

金毓黻：《中国史学史》，河北教育出版社2002年版。

金观涛、刘青峰：《观念史研究——中国现代重要政治术语的形成》，法律出版社2009年版。

黎澍：《再思集》，中国社会科学出版社1985年版。

李鼎声：《中国近代史》，光明书局1937年版。

李新：《回望流年》，北京图书馆出版社1998年版。

李岳瑞原编，印水心修订：《（评注）国史读本》，上海世界书局1926年版。

李泽厚、刘再复：《告别革命——回望二十世纪中国》，香港天地图书有限公司1995年版。

李娜：《公众史学研究入门》，北京大学出版社2019年版。

历史科学规划小组编：《历史研究方法论集》，河南人民出版社1987

年版。

梁景和：《中国近代史基本线索的论辩》，百花洲文艺出版社 2004 年版。

梁启超：《中国历史研究法》，人民出版社 2008 年版。

刘大年：《中国近代史讲稿》，中共中央高级党校教研室 1964 年编印。

柳诒徵：《中国文化史》，中国大百科全书出版社 1988 年版。

路遥主编：《山东大学义和团调查资料汇编·前言》，山东大学出版社 2000 年版。

罗尔纲：《师门五年记·胡适琐记》（增补本），三联书店 2006 年版。

罗荣渠：《从"西化"到现代化——五四以来有关中国的文化趋向和发展道路论争文选》，北京大学出版社 1990 年版。

罗荣渠：《现代化新论》，商务印书馆 2004 年版。

罗荣渠：《现代化新论续编》，北京大学出版社 1997 年版。

罗志田主编：《20 世纪的中国：学术与社会》（史学卷），山东人民出版社 2001 年版。

钱穆：《中国近三百年学术史》，商务印书馆 1997 年版。

钱茂伟：《中国公众史学通论》，中国社会科学出版社 2015 年版。

秦孝仪主编：《先总统蒋公思想言论总集》，（台北）国民党中央党史委员会 1984 年版。

荣孟源主编：《中国国民党历次代表大会及中央全会资料》，光明日报出版社 1985 年版。

桑兵：《庚子勤王与晚清政局》，北京大学出版社 2004 年版。

桑兵：《晚清民国的学人与学术》，中华书局 2008 年版。

尚钺：《明清社会经济形态研究》，上海人民出版社 1957 年版。

沈兼士：《沈兼士学术论文集》，中华书局 1986 年版。

石父辑译：《苏联历史分期问题讨论》，中华书局 1952 年版。

唐启华：《被"废除不平等条约"遮蔽的北洋修约史（1912—1928）》，社会科学文献出版社 2010 年版。

童小舟：《风雨四十年》，中央文献出版社 1996 年版。

汪荣祖：《史学九章》，三联书店 2006 年版。

王光美、刘源：《你所不知道的刘少奇》，河南人民出版社 2000 年版。

王奇生：《革命与反革命——社会文化视野下的民国政治》，社会科学文献出版社 2010 年版。

王学典：《二十世纪后半期中国史学主潮》，山东大学出版社 1996 年版。

王学典：《翦伯赞学术思想评传》，北京图书馆出版社 2000 年版。

王玉璞等编：《刘大年来往书信选》，中央文献出版社 2006 年版。

王晴佳、古伟瀛：《后现代与历史学：中西比较》，山东大学出版社 2003 年版。

魏野畴：《中国近世史》，申江书店 1930 年版。

吴承明：《经济史：历史观与方法论》，上海财经大学出版社 2006 年版。

吴寿彭：《帝国主义侵略中国史》，武汉中央陆军军官学校武汉分校 1929 年版。

萧一山：《清代通史》，北京出版社 1923 年版。

徐秀丽主编：《过去的经验与未来的可能走向——中国近代史研究三十年（1979—2009）》，社会科学文献出版社 2010 年版。

许冠三：《新史学九十年》，香港中文大学 1986 年版。

许纪霖、陈达凯主编：《中国现代化史》，上海三联书店 1995 年版。

杨念群：《"感觉主义"的谱系——新史学十年的反思之旅》，北京大学出版社 2012 年版。

杨念群等主编：《新史学：多学科对话的图景》，中国人民大学出版社 2003 年版。

杨念群主编：《空间 记忆 社会转型："新社会史"研究论文精选集》，上海人民出版社 2001 年版。

虞和平主编：《中国现代化历程》，江苏人民出版社 2001 年版。

曾业英主编：《五十年来的中国近代史研究》，上海书店出版社 2000 年版。

张传玺：《翦伯赞传》，北京大学出版社 1998 年版。

张海鹏等：《中国近代史研究》，福建人民出版社 2005 年版。

张静如主编：《中国共产党思想史》，青岛出版社 1991 年版。

张朋园等：《郭廷以口述自传》，中国大百科全书出版社 2009 年版。

张世林编：《学林往事》，朝华出版社 2000 年版。

张宪文主编：《民国南京学术人物传》，南京大学出版社 2005 年版。

张艳国：《史学家自述》，武汉出版社 1994 年版。

张玉法主编：《中国现代史论集·第一辑·总论》，台北联经出版事业公司 1980 年版。

章开沅、罗福惠主编：《比较中的审视：中国早期现代化研究》，浙江人民出版社 1993 年版。

章学诚：《章氏遗书·方志立三书议》。

赵轶峰：《学史丛录》，中华书局 2005 年版。

哲学社会科学长远规划办公室：《历史科学研究工作十二年远景规划》（1956 年 4 月）。

郑鹤声：《中国近世史》，南方印书馆 1944 年版。

中共中央文献研究室编：《建国以来重要文献选编》，中央文献出版社 1992 年版。

中共中央文献研究室编：《周恩来年谱》，中央文献出版社 1997 年版。

中国历史研究会编：《中国近代史研究纲要》，光华书店 1948 年版。

中国社会科学院历史研究所编：《八十年来史学书目》，中国社会科学出版社 1984 年版。

中国社会科学院历史研究所编：《历史的记录——"四人帮"的影射史学与篡党夺权阴谋》，北京出版社 1978 年版。

中国史学会编：《第十六届国际历史科学大会中国学者论文集》，中华书局 1985 年版。

中国史学会秘书处编：《中国史学会五十年》，海燕出版社 2004 年版。

中华人民共和国教育部：《师院学院历史系中国近代史试行教学大纲》（1956 年 8 月），高等教育出版社 1957 年版。

周积明：《最初的纪元：中国早期现代化研究》，高等教育出版社 1996 年版。

朱发建：《中国近代史学"科学化"进程研究》，湖南师范大学出版社 2005 年版。